進化的
イノベーションの
ダイナミクス

変革期を超克する組織能力マネジメント

小沢一郎【著】

OZAWA, Ichiro

Dynamics of
Evolutionary
Innovation

東京 白桃書房 神田

巻頭カラー図表一覧

図表 5-1	イノベーションのパワーバランス・モデル（発展型）
図表 5-10	企業戦略へのリンケージ・モデル（拡張型）
図表 8-7	イノベーション創出プロセスにおける重点ポイント
図表 8-10	積極的企業の顧客戦略
図表 8-11	消極的企業の顧客戦略
図表 9-7	進化的イノベーションの各フェーズに必要なダイナミック・ケイパビリティ
図表 10-3	シングルビジネス&フル・イノベーション組織特性
図表 10-4	マルチビジネス&特化イノベーション組織特性
図表 10-5	マルチビジネス&フル・イノベーショ
図表 10-8	ブレーク・スルー組織

図表 5-1　イノベーションのパワー・バランス・モデル（発展型）

*「イノベーションの進行速度」は、「4種類の主要パワー」と、「それら内外の相互作用」によって決定する！

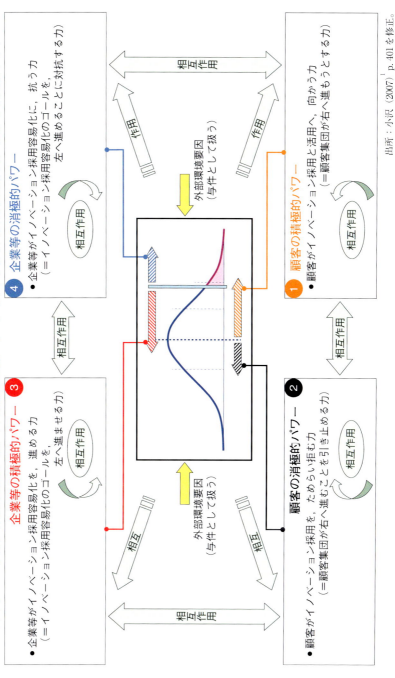

出所：小沢（2007）p. 401を修正。

図表 5-10 企業戦略へのリンケージ・モデル（拡張型）

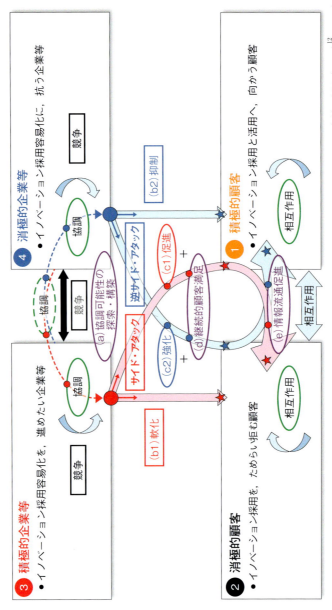

出所：小沢（2009d）[12] p. 114を修正。

図表 8-7 イノベーション創出プロセスにおける重点ポイント

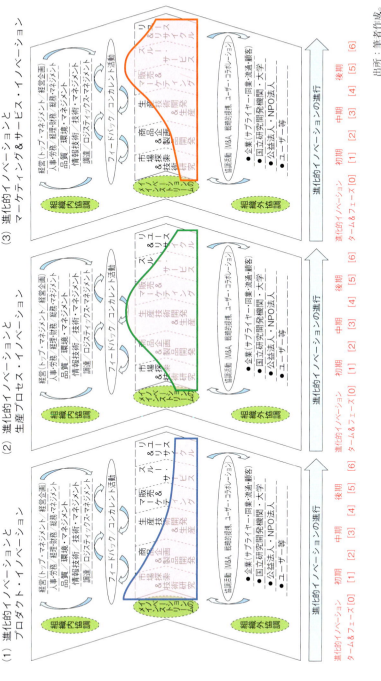

出所:筆者作成。

図表 8-10　積極的企業の顧客戦略

積極的企業の顧客戦略

フェーズ	ラガードに対して	レイト・マジョリティに対して	アーリー・マジョリティに対して	アーリー・アダプターに対して	イノベーターに対して
フェーズ[1]	—	—	*問題解決の必要要件調査（改善型）*価格と品質レベル調査	*問題解決の必要要件調査（改革型）*価格と品質レベル調査	促進・軟化 *新顧客満足
フェーズ[2]	—	（当該機能に対するニーズ・ウォンツ調査）（既存顧客満足）	*問題解決の必要要件調査（改善型）*価格と品質レベル調査	*促進・軟化 *新顧客満足 *サイド・アタック	*顧客満足度の維持・向上（買い替え対応）
フェーズ[3]	（当該機能に対するニーズ・ウォンツ調査）*販売方法＆サービス対応展開調査	☆消極的影響の排除（不安点調査）*販売方法＆サービス対応展開調査	*促進・軟化 *新顧客満足 ☆サイド・アタック ☆逆サイド・アタック封じ	☆顧客満足度の維持・向上（買い替え対応）	*顧客満足維持向上 *買い替え対応 *スノッブ効果対応 *次世代のヒアリング
フェーズ[4]	*消極的影響の排除（不安点調査）*販売方法＆サービス対応展開調査	*促進・軟化 *新顧客満足 ☆サイド・アタック *逆サイド・アタック封じ	☆顧客満足度の維持・向上（買い替え対応）	*顧客満足維持向上 *買い替え対応 *スノッブ効果対応 *次世代のヒアリング	*次世代対応（顧客満足度の維持・向上）
フェーズ[5]	*促進・軟化 *新顧客満足 *サイド・アタック	*顧客満足度の維持・向上（買い替え対応）	*顧客満足維持向上 *買い替え対応 *スノッブ効果対応 *次世代のヒアリング	*次世代対応（顧客満足度の維持・向上）	（次世代）

出所：小沢（2007）[18] p. 417を修正。

図表 8-11　消極的な顧客戦略

フェーズ	ラガードに対して	レイト・マジョリティに対して	アーリー・マジョリティに対して	アーリー・アダプターに対して	イノベーターに対して
		消極的企業の顧客戦略			
フェーズ[1]	＊既存顧客満足	＊既存顧客満足	＊既存顧客満足	＊既存顧客満足	抑制・強化 ＊既存顧客満足
フェーズ[2]	＊既存顧客満足	＊既存顧客満足	＊既存顧客満足 ＊沈静化	＊既存顧客満足 ＊沈静化	＊顧客の不満足点の掘り起こし
フェーズ[3]	＊既存顧客満足	☆既存顧客満足 ☆消極的影響の増大 ＊沈静化	抑制・強化 ＊既存顧客満足 ＊逆サイド・アタック ☆サイド・アタック封じ ☆サイド・アタック封じ	抑制・強化 ＊既存顧客満足 ＊サイド・アタック封じ ☆顧客の不満足点の掘り起こし	（次世代のヒアリング）
フェーズ[4]	抑制・強化 ＊既存顧客満足 ＊消極的影響の増大 ＊逆サイド・アタック ☆サイド・アタック封じ	☆顧客の不満足点の掘り起こし	☆顧客の不満足点の掘り起こし	（次世代のヒアリング）	（次世代対応）
フェーズ[5]	抑制・強化 ＊既存顧客満足 ＊サイド・アタック封じ	＊顧客の不満足点の掘り起こし	（次世代のヒアリング）	（次世代対応）	（次世代）

出所：小沢（2007）p. 419 を修正。

図表 9-7 進化的イノベーションの各フェーズに必要なダイナミック・ケイパビリティ

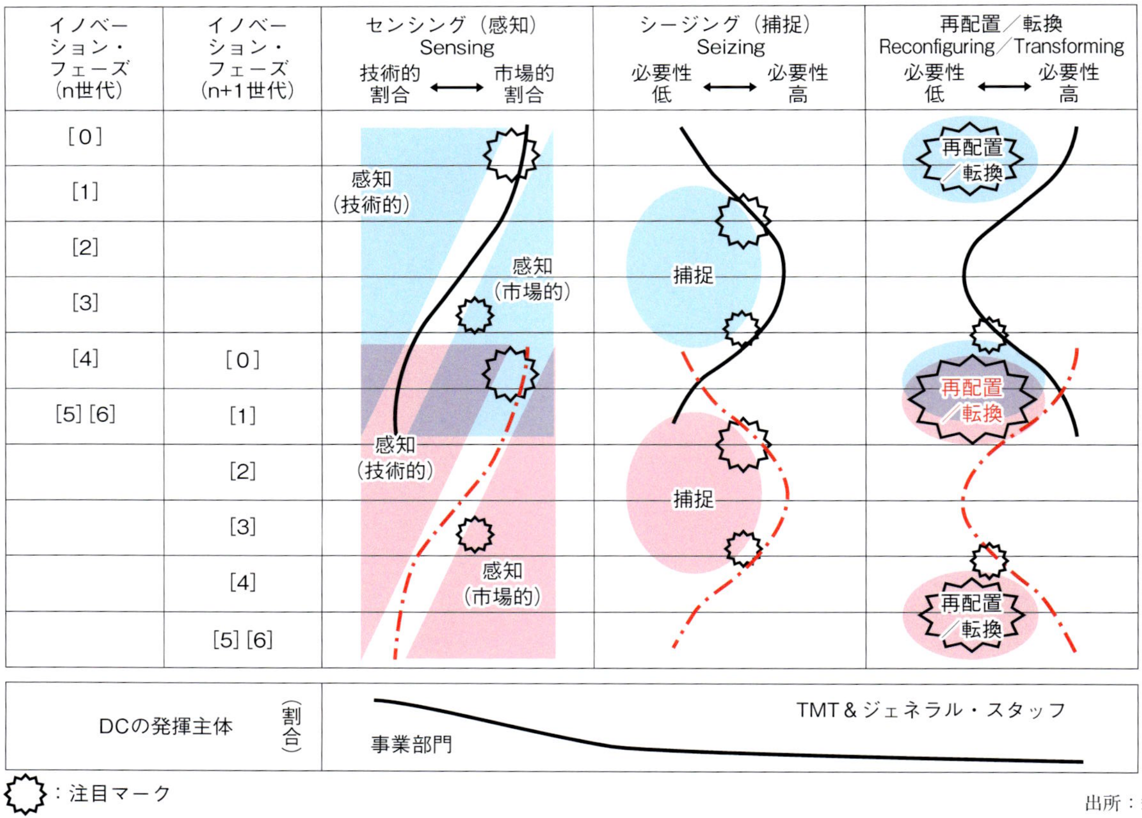

出所：筆者作成。

図表 10-3 シングルビジネス＆フル・イノベーション組織特性

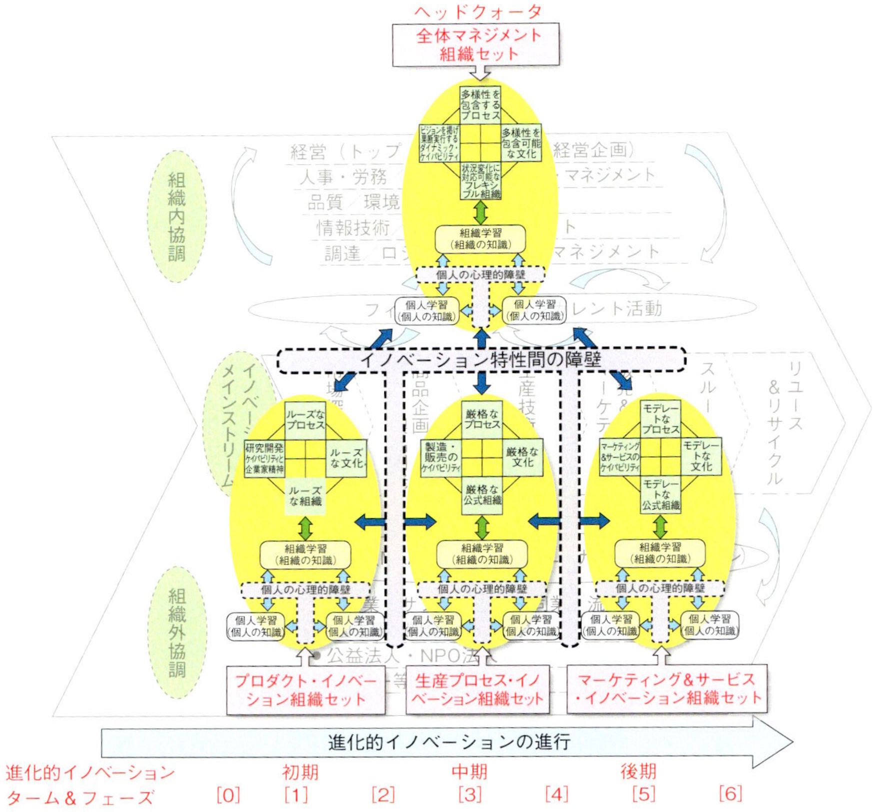

出所：筆者作成。

図表 10-4　マルチビジネス＆特化イノベーション組織特性

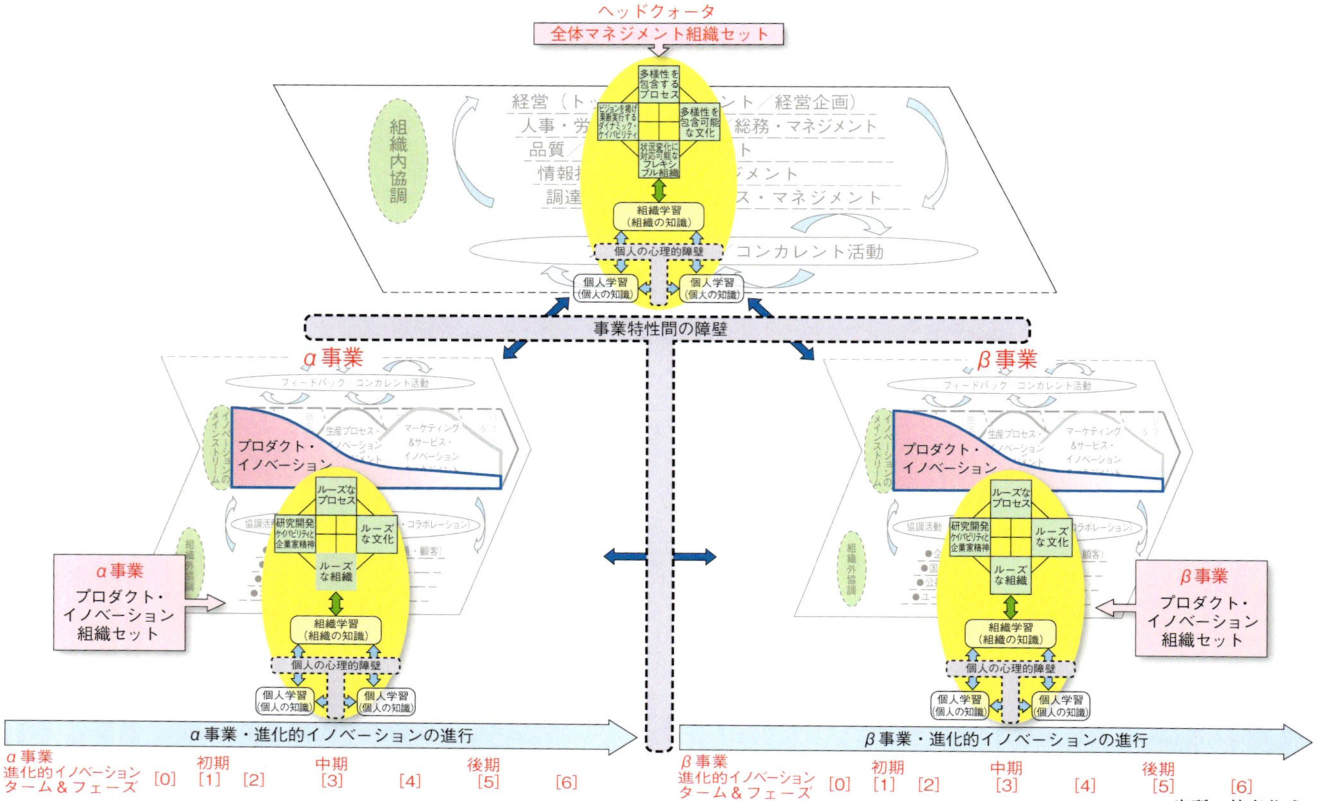

出所：筆者作成。

図表 10-5 マルチビジネス&フル・イノベーション組織特性

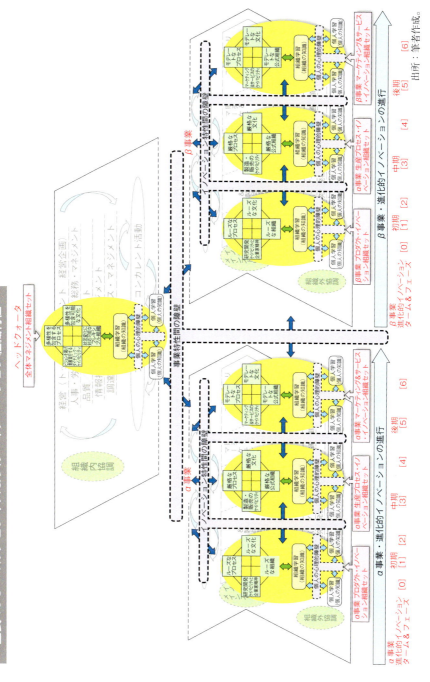

出所：筆者作成。

図表 10-8 ブレーク・スルー組織

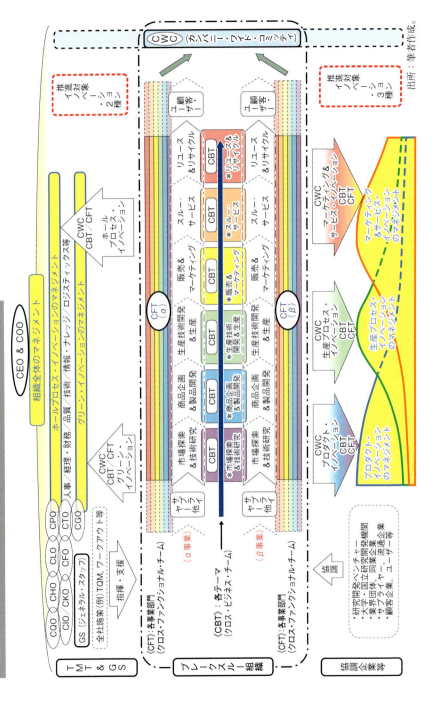

出所：筆者作成。

進化的イノベーションのダイナミクス

変革期を超克する組織能力マネジメント

小沢一郎

はしがき

1　本書の問題意識

　本書の基本的問題意識は，企業等の長期的盛衰を左右する要因に関して考察し，仮説として解答の1つを提示することである。

　例えば1980年前後，「Made in Japan」を世界に広めた光学カメラを始めとする精密機械産業に属する企業群において，売上高・数千億円という企業規模の差は，さほどなかったと言ってよかろう。しかし，あれから40年。キヤノン社は多角化を成し遂げて世界的な優良企業として売上高4兆円を越える成長を実現した一方，当時「一眼五社」[1]の1社であった旭光学工業社[2]はHOYA社の傘下を経て後[3]，リコー社のグループ[4]となった。コニカ社[5]とミノルタ社[6]は合併しコニカミノルタ社[7]として，オフィス分野でMFP＆プリンター等機器[8]とサービスを当面の主力事業とする生き残りを選択した[9]。その一方，オリンパス社は早々に医療用の内視鏡分野で独壇場を築き，ニコン社は半導体製造装置・FPD（Flat Panel Display）露光装置等へ事業領域を拡大し，他分野へ探索を継続している。さらに富士写真フイルム社は富士ゼロックス社を傘下に収めて富士フイルムHD社[10]と改名してオフィス機器分野を取り込む一方で，富山化学工業等を買収[11]して製薬・化粧品分野へと進出を続けている[12]。一体，このような差異は，何故・どのようにして生まれていったのだろうか。そして経営者はもとより全ての組織人達はどのように考え，行動すれば良いのであろうか。

　生物の進化過程においては遙か昔の恐竜のように未だ謎も多いのだが，上記関連のフィルム（銀塩）写真システム業界が，僅か10年程の間にデジタル写真システムへと進化していく様を我々は目の当たりにしている。本書においては，大潮流のようにパワフルでドラスティックなイノベーションを「進化的イノベーション（evolutionary innovation）」（詳細定義は本文）と呼ん

i

で注目する。それは，経営意思決定においてその後の盛衰を左右してしまう大きな分岐の局面なのである。その進化的イノベーションの進行メカニズムを解明すると共に，それを乗り越える組織能力マネジメントに関する仮説群を構築することが，前述の問題意識に対する解答の1つであると考えるのである。さらにその過程において，近年特に注目すべきである企業と顧客・消費者との相互作用を重視する観点から分析と思考の積み上げを試みたい。

2　本書をお読み頂きたい皆様

まず序章で「本書の目的と構成」を，各章の冒頭では「本章の目的と要約」を示しており，あとがきにおいて「本書の主要メッセージ」をまとめていますので，全体像を俯瞰して頂ける構成としています。

⑴ビジネスパーソン（business person）諸氏

本書をお読み頂ければ，必ず，それぞれのお立場でのビジネスに役立つ指針やヒントが含まれていると確信して，祈るような想いで本書を世に送り出しています。

筆者自身，ビジネスパーソンとして25年間勤務し，過半は直接的に経営に関わる業務（経営戦略・経営企画・経営監査）に携わってきました。その間に経営学理論が持つパワーに魅せられ，何とかオリジナルの考え方をまとめたいと志を立て，経営学研究者として大学に職を得て十数年が経過した今，その成果の1つとして本書をまとめたつもりです。

ビジネスパーソンは，「フロー的な情報・知識」と「ストック的な知識・知恵」とを得て，自身（自社）ならではの戦略＆戦術を組み立て，実社会で様々なチャレンジを実現し続けられることが醍醐味である，と筆者は考えています。すなわち，経営学の定石のみから策定した平凡な戦略では，競合他社からも容易に見破られて対策も練られてしまうが，そこに"仮説"を組み込んだオリジナリティ溢れる戦略こそが，従業員のチャレンジング・スピリッツに火を灯し，顧客にとっても新規の魅力を感じさせる可能性を高めるものと考えているのです。ビジネスパーソン諸氏には，是非，本書中に多く用意されている様々なヒントを生かして，各々の企業やご自身の業務／発想に応用して頂けると幸甚です。実務界でクリエイティブ／先進的／攻撃的な戦略を

仕掛けようとすればするほど，そこには，上層部等を説得する為に何らかの
サポートが不可欠であり，本書がその一端を担えればとの願いでもあります。

　「イノベーション」は，最狭義の「技術革新」ではなく，より多面的な「社
会に価値をもたらす革新[13]」です。是非，企業内で経営に携わる方々はもとよ
り，営業，開発，生産，サービス，間接スタッフ等々，多くの方々にお読み
頂き，本書を活用すると共にご意見を頂けますと幸甚です。

⑵ 経営学研究者諸氏

　本書においては，進化的イノベーションの進行を考察するに当たって，そ
れを取り巻く先行諸理論を幅広く考察しています。それらは，イノベーショ
ン論はもとより，経営戦略論，経営組織論，そしてマーケティング分野のマー
ケティング戦略論，消費者行動論，さらに経営史の一部も参考としていま
す。何故なら，現実のビジネスにおいては学者の世界における専門分野とは
無関係に，自らのビジネスに有用な理論／仮説が重要であり，そこに，経営
学が実務に資する原点があると考えるからです。従って，各専門分野の先生
方におかれましては，あまりに粗削りと映ることは承知ですが，上記趣旨の
為とご理解賜れば幸いです。

　本書は前述のように，仮説群の構築を目的として執筆したもので，しかも
時として若干の飛躍も含む仮説群として位置付けられます。それら仮説群を
構築する為に，上記のように様々な分野の先行研究から演繹（ディダクショ
ン：deduction）的に展開する，数々の事例や各種データから想いを巡らせて
アブダクション（abduction）的に仮説推論する，或いは帰納（インダクショ
ン：induction）的に検討してみる，等々の繰り返しによる努力を編み上げた
ものです。研究者の方々におかれましては是非，これら仮説群から新たな仮
説群へと育成してくださると幸甚です。

⑶ 学生諸子

　本書の理論を理解すれば，上記に述べたビジネスパーソンになるにせよ，研
究者になるにせよ，有用な要素があるものと信じています。また本書のよう
に，理論・事例・データ等の切り口から，時系列的に長く・空間的に広い観
点から探索し，オリジナリティある仮説を組み上げていける経営学の楽しさ
と奥深さを感じつつ，是非，面白がって読み，理解し，各自ならではの応用

を考えてくだされればと希望します。現時点，数多くの企業がそれぞれの方法で（少なくとも）生き続けていることを何よりの証拠として，経営学における正解は唯一ではなく無数の正解があります。そして，それらの正解群には各々の特徴があるのです。

3　謝意

(1)まず著者の指導教授である，慶應義塾大学・名誉教授の十川廣國先生に御礼申し上げたい。思えば，当時既に20年以上のビジネスマン経験の後に学究の道を志したいという無謀な筆者を快くお引き受けくださり，その後厳しい学究のご指導と共に，人生の幅広い楽しみと人間性の厚さをも併せてご教授頂いた。ご自身はアカデミック一筋に歩まれながら，ご尊父の影響も含めて実務に対して深いご理解のある先生のご指導を，今後も生かしていく所存である。

また当時の，慶應義塾大学・商学研究科の植竹晃久先生，渡部直樹先生，今口忠政先生，岡本大輔先生，菊澤研宗先生には様々なご指導を頂き，特に渡部先生と今口先生には博士学位請求論文の審査も頂いた。商学系の高橋郁夫先生にも，消費者行動研究の分野等においてご指導を頂いた。先生方に心から御礼を申し上げたい。また十川先生一門の，青木幹喜先生・神戸和雄先生・遠藤健哉先生・馬場杉夫先生・清水馨先生・今野喜文先生・坂本義和先生・山崎秀雄先生・山田敏之先生・周炫宗先生・横尾陽道先生・角田光弘先生・永野寛子先生方にも，私のような門外漢を受け入れてくださり共同研究をしてくださった広いお心に感謝致したい。なお，本書は博士論文をベースとしながらも，執筆後の研究成果を盛り込み大幅に改編したものであり，全て筆者の責任に帰するものである。

そして，現在籍を置く専修大学経営学部の教授陣，特に経営系列とマーケティング系列の先生方にも，様々な場での議論にお礼を申し上げたい。

(2)ビジネスパーソンと二足の草鞋を履いていた，青山学院大学大学院・国際政治経済学研究科・修士課程時代の指導教授である堀内正博先生，そして非常勤講師を務めておられた桑田耕太郎先生（首都大学東京・教授）には研究と論文のみでなくその後の進路に関しても温かいご指導いただき，御礼申

し上げたい。その頃，東京大学・名誉教授／経営研究所長の故・土屋守章先生にも，本当に様々なご厚意を賜り研究の支援のみでなく，先生のおおらかなお人柄とご配慮から多くの力を頂いた。心からの感謝を申し上げると共に，ご冥福をお祈り申し上げたい。

　また，蜂谷豊彦先生（一橋大学理事・副学長・経営管理研究科教授）には，現在まで20年以上の長きに渡り，ご指導とお付き合いを頂いており，研究者の世界へ導いてくださったのも蜂谷先生である。ここに記すと共に，深く感謝の意を表したい。

　さらに，私が所属している日本経営学会，組織学会，研究・イノベーション学会，国際ビジネス研究学会，日本マネジメント学会，日本商業学会，日本消費者行動研究学会，日本ナレッジマネジメント学会，日本オフィス学会等各学会において議論頂いた先生方，とりわけ貴重な示唆を頂いた服部健治先生（中央大学ビジネススクール・フェロー／（一社）日中協会理事長），妹尾大先生（東京工業大学・教授）に御礼申し上げたい。加えて，（公財）日本生産性本部・サービス産業生産性協議会，（一社）企業研究会，（一社）日本内部監査協会，（一社）科学技術と経済の会等の場で議論させて頂いた多くのビジネスパーソンの皆様方，及びスタッフの皆様方にも諸々のご配慮にお礼申し上げたい。

　⑶ビジネスマン時代においても，多くの方々に育てて頂いた。1981年，小西六写真工業㈱（後にコニカ㈱，現コニカミノルタ㈱）・電子写真研究所にエンジニアとして入社当時，片倉紘氏・田村高志氏・名越満氏ほかの方々からは，ものづくりの厳しさと楽しさを教えて頂いた。元々希望して異動した技術企画／商品企画／事業企画業務では伊藤国雄氏（後・取締役）に企画の基本を叩きこんで頂いた。本社経営企画部門へ企業内転身して以降は，米山高範氏（社長／後・会長）・植松富司氏（専務・社長／後・会長／後・取締役会議長）・吉村実氏（常務）・小宮衛氏（常務）・芳西哲氏（取締役）・岩居文雄氏（専務・社長／後・取締役会議長）・岩間彬氏（執行役／後・常務）・神戸勝氏（常務）・宮地剛氏（取締役／後・常務）・染谷義彦氏（執行役／後・常務）・安冨久雄氏（後・執行役）他，全ての方々のお名前を記す紙幅はないが，大企業を左右する意思決定の厳しさ，プロジェクトを動かしていく論理力／

ハート／決断力／実行力等々，まさに書ききれない程の熱量で頭・心・身体を鍛えて頂いた（なお役職はお世話になった当時）。

　思えば，写真用フィルムや印画紙のような化学プラントを抱えるプロセス産業と，カメラ／コピーマシン／プリンターのような組立産業という事業特性に関われた点。研究所・開発センター・生産・販売・サービス・リサイクル等々の機能特性を含むビジネス・プロセス全てに関われた点。その他，グローバル・ビジネスや，事業の買収・売却と企業統合に関われた点。中期経営計画策定のような企業内では天下を論ずる立場から，中計の骨子を支えるプロジェクトの１つを常に主体的に担当させて頂いた点，経営企画のみでなく経営監査にも携わせて頂いた点等々，まさに「経験から学ぶ場」としてのコニカ㈱／コニカミノルタ㈱には，心から御礼申し上げると共に，今後も同社の発展を祈念する次第である。

　(4)さらに遡ると，やはり，慶應義塾大学・工学部・機械工学科（人間工学研究室）でご指導頂いた故・佐藤武先生，山崎信寿先生の研究に対する真摯な取り組みと背中での教えが，ずっと心に深く根付いていた。難しい研究課題に対しても，いつもどこか楽しそうに取り組んでおられ，研究することに憧れを抱かせてくださった。お二人の先生方にも御礼申し上げたい。

　(5)また，いつも身近で支えてくれている専修大学大学院経営学研究科・小沢研究室，経営学部・小沢ゼミナール（通称：OZA－ゼミ）の仲間達，いつも元気と笑顔をありがとう！　普段は言わないがこの場を借りてお礼の気持ちを伝えたい。特に，本書の校正を手伝ってくれた，小沢研究室・博士後期課程の澤井一孝君，東史恵さんには研究仲間としても感謝したい。

　また，本書を読み様々な角度からアドバイスをくれた博士（商学）の小沢和彦君，修士（社会学）の小沢明彦君にも感謝している。

　さらに，遅筆な筆者を10年以上も見守り，本書の出版をご快諾頂くと共に，何点もの有益なアドバイスを頂戴した白桃書房の大矢栄一郎社長には心から御礼申し上げる。

　なお，専修大学からは，平成26年度研究助成：研究課題「イノベーションの創出プロセス研究」，及び，平成27年度研究助成：研究課題「イノベーションの創出プロセス研究(2)」として研究助成を頂いた。ここに記して感謝申

し上げる。

　最後になるが，常に見守ってくれていた亡父の勇吉，介護中の母・イネ子，弟の健治＆澄子夫妻と甥の史明に御礼を言いたい。そして，ビジネスマンから研究者への転身に当たり，未だ先行きが決まらないままに企業を退職してしまうという暴挙を決意した私を認めてくれたばかりで無く，献身的に協力してくれた妻・由美子には感謝の気持ちしかない。また私が研究者・教員として職を得るまで２人の子供達には，その中高生時代に一家の収入が激減する状況を受け入れざるを得ず苦労を掛けたが，そのような父の生き様から何か少しでも前向きなメッセージを得てくれればと願うばかりである。そして，数年前から家族になった娘（息子の妻）と彼らに授かった初孫からは，限りない夢と希望という輝きを常にもらっている。ありがとう！

　実は，本年初頭に自宅で倒れ救急搬送される車内で，救急隊員が同乗の妻に，命に関わる可能性を説明し覚悟を求める会話が聞こえてきた。その際，10年以上の研究成果として出版間近だった本書が心残りでやる瀬無かった。その後の入院と自宅療養生活の数か月間，病床でも細々と校正・執筆を続けた。遺言を綴っている感覚にも襲われた。現在は幸い復帰できているが，「生かして頂いている喜びと感謝を胸に，内なる心と体の声と対話しつつ，力強く今を生きる！」という人生観を深めることができたのは好事でもあった。その後も試練は続いているが，今後も明るく和やかに，自らの道を一歩ずつ歩んでいきたい。

　令和初の夏，多摩の丘にて

【注】

1　（光学式）一眼レフカメラを開発・生産・販売していた日本企業の有力５社ブランドで，オリンパス，キヤノン，ニコン，ペンタックス，ミノルタ（五十音順）を指す。
2　2002年10月，旭化学工業㈱からペンタックス㈱に社名変更。
3　2007年８月，HOYA㈱によるTOB（株式公開買付）により子会社。
4　2011年７月，HOYA㈱はペンタックス㈱のデジタル・双眼鏡等光学機器部門を分離独立し，ペンタックスイメージング㈱設立。同年10月，HOYA㈱から㈱リコーへの譲渡

により，ペンタックスリコーイメージング㈱に社名変更。2013年8月，リコーグループのデジカメ部門を集約し，リコーイメージング㈱に社名変更。

5　1987年10月，小西六写真工業㈱からコニカ㈱に社名変更。

6　1994年7月，ミノルタカメラ㈱からミノルタ㈱に社名変更。

7　2003年8月にコニカミノルタ・ホールディングス㈱設立，2013年4月に経営体制変更によりコニカミノルタ㈱へ。

8　MFP（multifunction peripheral）とは多機能周辺機器／多機能機等と言われ，複写機・プリンター・FAX・スキャナー等，多機能を有する事務機器。

9　2006年3月，カメラ関連事業をソニー社へ売却，証明写真事業と写真関連製品の国内販売事業を大日本印刷社へ委託。後に，写真関連ビジネスは，五月雨式に大日本印刷社へ売却（2006年10月，印画紙製造拠点の小田原サイトを売却。2007年3月，写真フィルム事業を売却等）。

10　1962年2月，富士写真フイルム社は英国ランクゼロックス社（米ゼロックス社の子会社）と出資比率50対50の合弁により，富士ゼロックス社を設立。

11　2006年10月。

12　2008年3月。

13　一橋大学イノベーション研究センター（編）（2017）『イノベーション・マネジメント入門（第2版）』日本経済新聞社，p. 3。

推薦のことば

　わが国企業を取り巻く環境は大きく、しかも急速に変化する時代を迎えている。その背景としては、少なくともひとつにはAI、IoT、ロボットなどに代表されるディジタル技術が急速に発展するとともに、ビジネスへの応用が急速に進められていること、もうひとつには中国、インドをはじめとするアジア諸国が台頭し、経済のグローバル化が従来とは異なった様相を呈しながら急速に進行していることが挙げられるだろう。経営環境が急速に変化する時代を迎えて、わが国企業は、ディジタル技術を取り込み、創造的なやり方で、人々の多様なニーズに応え、社会問題の解決を図ることが求められている。すなわち、イノベーションを生み出すことが求められているのである。

　しかし、イノベーションを生み出すには、「企業組織の内外にさまざまな障害や摩擦が存在しており、それらを解消あるいは緩和しなければ、たどり着くことができない」と本書の著者である小沢氏は喝破している。こうした言明は、企業の中枢において豊富な実務経験をもち、数々の修羅場を潜り抜けてきただけでなく、研究者としても付け焼き刃ではなくきちんとした修練を受けて学術的な業績を上げてきた小沢氏の面目躍如といえるだろう。こうした言明に象徴されるように、本書の最大の特徴は優れて実践的である点に求められる。実践的といっても、「こうやればうまくいく」というような、その場しのぎのインスタントなノウハウやスキルが書かれているわけではない。ビジネスパーソンとして大きな判断を求められる正念場に直面し、藁にもすがる思いで本を手に取ったときに、「そこに書いてあるといいなぁ」、「そこから得られるといいなぁ」と思われるようなヒントとはどういうものかを意識して書かれている。もちろん、「これがヒントです」とは書かれてはいない。必

要に迫られた人間が手に取り読み進めていくと、読み取ることができる示唆がちりばめられているのである。したがって、ある特定の断面に焦点を当てて深堀しているような学術書、研究書とは、少し異なる特徴がみられる。

第1に、イノベーションにフォーカスを当てているが、それに対して多角的な視点からアプローチしている。一般に、多くの研究者は、長年に渡って研究を重ねてきた自分の専門領域を持っており、そこから離れて主張を述べることには躊躇する傾向が強い。半可通な知識をひけらかすリスクを知っている、あるいは痛い目にあっているからである。本書は、「実務への役立ち」という小沢氏のこだわりを反映して、戦略論、組織論、マーケティング、消費者行動、歴史などの領域を横断したアプローチがとられている。

第2に本書では時間がキーとなる概念となっている。何十年も前に確立された経営理論や経営ツールは静学的であり、時間の経過に伴う変化を考慮したものとはなっていない。近年は「環境の変化に応じて自己をどのように変革するか」という意味で時間の経過を意識した考え方がとられるようになっており、本書もこの流れに沿ったものといえる。理論的にさらりと言えることであっても、実務のうえではそれを実行することが難しいことは多いが、「動的」な考え方もそのひとつであろう。例えば「今日は昨日と異なるやり方で進める」「明日はまた別のやり方を試してみる」というようなことが円滑に行われる為には、自己否定（これまでのやり方の否定）を伴い、「仮説-検証」型の発想ができ、多様性や異質性を受け入れることが重要である。しかし、これを同時に持つような文化・風土を作り上げるのは難しい。

第3に、イノベーションの種を大きく育てるための育成のマネジメントを、顧客との関係、企業間あるいは企業内における関係、イノベーションの進捗度を踏まえて、戦略に落とし込んでいる。ひとつひとつの要因は、ビルディング・ブロックのようなものであり、時間をかけてそれらを組み合わせれば、自分が欲しいもの（解決策）を得られるかもしれない。しかし、現実は複雑であり、未来は予測できないという時代に、それらのブロックをどのように組み合わせるのが良いか判断できないこともあるだろう。また、時間をかけるだけの余裕がない場合も少なくない。時間をかけて組み合わせているうちに、タイミングを逸してしまい、かえって逆効果になってしまうこともある

だろう。本書で提示されている仮説は、決断や対応を迫られる場面で暗中模索するなか、行く手を照らしてくれる光明のひとつとなるだろう。

　最後に、私と小沢氏との出会いについて触れておきたい。二十年余り前、その当時、コニカに勤務されていた小沢氏と名刺交換したときに、「コニカの小沢です」ということばとともにいただいた名刺には「小沢一郎」の名前。当時、自民党が下野したり、連立政権ができたりと政治が流動的に動いていた時期でもあり、その当時、政治家の小沢さんはその剛腕ぶりをいかんなく発揮していた。名刺を受け取りながら、老獪に政界を渡り歩いてゆく政治家のイメージが一瞬浮かんだが、目に前にはエネルギッシュなビジネスパーソンが精悍な顔つきで立っており、そのギャップに思わずほくそ笑んでしまった。その後数年して、部署を移動した際に、再び名刺を受け取った。その名刺には小沢一郎の名前とともにCIAの文字。私の頭には「CIAに関係している小沢一郎」というなんとも怪しげな人物像が一瞬浮かんだ。実際には、公認内部監査人（Certified Internal Auditor）の資格であり、もちろん怪しいことは一切ないのだが、CIAと小沢一郎という組み合わせに、思わず苦笑してしまった。

　二十年余り前には、お互いに現在のようなポジションにいるとは夢にも思わなかった。惰眠をむさぼっていた私にとっては、まさに「光陰矢の如し」である。しかし、この間に小沢氏がビジネスパーソンから研究者・教育者「小沢先生」への転身に当たって費やしてきた努力には感服するばかりである。今後も、学術と実務をつなぐ触媒としての活躍を期待したい。

　令和元年5月1日

一橋大学理事・副学長
蜂谷豊彦

【目次】

はしがき··· i

推薦のことば··· ix

序章　本書の目的と構成

序-1　本書の目的·· 1

序-2　本書の構成·· 5

第1部　イノベーションのパワーバランスと企業戦略

第1章　進化的イノベーションの概観

1-1　第1部及び本章の目的と要約·· 10

1-2　進化的イノベーションの具体例··· 11

1-3　イノベーションのジレンマの構図··· 18

1-4　顧客ニーズの変化··· 21

1-5　技術革新について··· 23

1-6　進化的イノベーションの概観モデル··· 24

第2章　イノベーションのパワーバランス

2-1　本章の目的と要約··· 26

2-2　顧客とイノベーション··· 27

2-3　企業等とイノベーション··· 37

2-4　イノベーションのパワーバランス・モデル（基本型）···························· 46

2-5　企業戦略へのリンケージ・モデル（基本型）···································· 47

第3章　増大する顧客パワー

3-1 本章の目的と要約 52

3-2 購買行動プロセス 53

3-3 顧客間相互作用の諸理論とパワーバランス 61

3-4 ネットワーク時代の現状 66

3-5 ネットワーク時代の顧客パワー 72

第4章　複雑化・活発化する企業等のインタラクション

4-1 本章の目的と要約 76

4-2 企業等間関係について 77

4-3 企業等インタラクションの環境変化と現状 83

4-4 企業間の競争と協調 92

4-5 企業等とユーザーとのコラボレーション 102

4-6 企業内組織間のコンフリクト 105

4-7 企業等間インタラクションの実態 108

第5章　パワーバランス・モデルと企業戦略

5-1 本章の目的と要約 112

5-2 イノベーションのパワーバランス・モデル（発展型） 113

5-3 企業戦略へのリンケージ・モデル（発展型）と戦略の拡張 115

5-4 顧客ロイヤルティと関係性マーケティング 126

5-5 企業戦略の拡張 130

第2部　進化的イノベーションのダイナミクスと組織能力マネジメント

第1部から第2部へ ……………………………………………………………………134

第6章　進化的イノベーションの進行プロセス

6-1 本章の目的と要約 ……………………………………………………………136

6-2 進化的イノベーションの進行フェーズ …………………………………137

6-3 イノベーションの普及曲線 ………………………………………………139

6-4 プロダクト・ライフサイクル ……………………………………………145

6-5 プロダクト・イノベーションとプロセス・イノベーション …………149

6-6 進化的イノベーションのダイナミクス分析 ……………………………152

第7章　イノベーションにおける顧客のダイナミクス

7-1 本章の目的と要約 ……………………………………………………………154

7-2 顧客グループの特性（Rogersによる） ………………………………155

7-3 各顧客グループの特性（Mooreによる） ……………………………160

7-4 各顧客グループのダイナミクス …………………………………………166

7-5 各顧客グループの相互作用（総体） ……………………………………171

7-6 顧客グループに応じた各種アタック ……………………………………174

第8章　イノベーションにおける企業等の ダイナミクス

8-1 本章の目的と要約 ……………………………………………………………180

8-2 イノベーション・プロセスの先行研究 …………………………………181

8-3 イノベーション創出プロセス・モデル …………………………………184

8-4	新たなイノベーションの仮説トライアル	189
8-5	積極的企業の顧客戦略	198
8-6	消極的企業の顧客戦略	204
8-7	企業等の協調フォーメーション	210

第9章　進化的イノベーションを超克する組織のケイパビリティ

9-1	本章の目的と要約	213
9-2	経営戦略論の系譜から	214
9-3	進化的イノベーションとダイナミック・ケイパビリティ（DC）論	221
9-4	組織セットに関する諸理論	230
9-5	進化的イノベーションを超克する組織モデル	243

第10章　進化的イノベーションを超克する組織全体マネジメント

10-1	本章の目的と要約	249
10-2	組織特性による組織の類型化	250
10-3	組織能力の発揮を阻む障壁	254
10-4	組織能力マネジメント	260
10-5	組織能力マネジメント・マトリクス	267

あとがき		273
1	本書の主要メッセージ	273
2	お読み頂いた「ビジネスパーソン」の皆様へ	278

| 参考文献 | 281 |
| 索引 | 335 |

本書の目的と構成

序-1 本書の目的

　現代の企業，とりわけ製造業が競争優位を持続する為には，「企業の主要活動に関して継続的にイノベーションが行われることが重要な条件」であることを基本認識として，本研究は，そのイノベーションに着目したものである。
　ここでは「イノベーション」を「社会に価値をもたらす革新」と捉えるが，その革新とは狭義の技術革新に留まらずに広い意味での革新であり，社会に受け入れられて初めて実現するものである。従って，イノベーションを検討するに当たっては，イノベーションが具現化された商品やサービスを提供する側である「企業等」と，その企業等と相互作用を持ちつつ商品やサービスを受け入れる側である「顧客／ユーザー」という，これら双方の行動主体を常に念頭におかねばならないと考えている。
　Abernathy & Clark（1985）はイノベーションを〈図表序-1〉のようなマト

1　十川廣國（1991）『企業家精神と経営戦略』森山書店，p. 110。
2　一橋イノベーション研究センター（2017）『イノベーション・マネジメント入門（第2版）』日本経済新聞社，p. 3。
3　Abernathy, W. J. and Clark, K. B. (1985) "Innovation: Mapping the Winds of Creative Destruction," *Research Policy*, Vol. 14, No. 1, pp. 3-22.

図表序-1　イノベーションの類型化

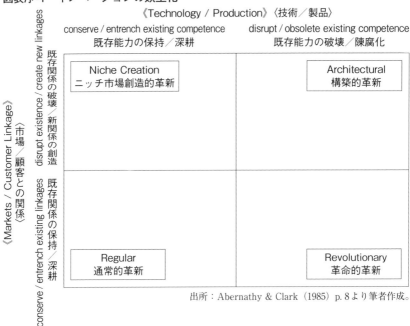

出所：Abernathy & Clark（1985）p. 8より筆者作成。

リクスで示している。まず，横軸には技術／製品（Technology／Production）を据えて左側に「既存能力の保持／深耕（conserve／entrench existing competence）」を，右側に「既存能力の破壊／陳腐化（disrupt／obsolete existing competence）」をおく一方，縦軸には市場／顧客との関係（Markets／Customer Linkage）を据えて，下段に「既存関係の保持／深耕（conserve／entrench existing linkages）」を，上段に「既存関係の破壊／新関係の創造（disrupt existence／create new linkages）」を置いている。そしてこれらの軸で仕切られた4つの象限に対して，左下の既存能力の保持／深耕＆既存関係の保持／深耕を「通常的革新（Regular）」，左上の既存能力の保持／深耕＆既存関係の破壊／新関係の創造を「ニッチ市場創造的革新（Niche Creation）」，右下の既存能力の破壊／陳腐化＆既存関係の保持／深耕を「革命的革新（Revolutionary）」，右上の既存能力の破壊／陳腐化＆既存関係の破壊／新関係の創造を「構築的革新（Architectural）」と呼んで性格分けしているのである。

本書ではこの図表の右側に位置付けられる，新たな技術的・製品的な能力によって既存の能力を破壊・陳腐化させ既存市場の奪取と新市場への拡大を実現していく類のイノベーションに着目する。つまり図表においては，右下の革命的革新を起こしつつ右上の構築的革新へも拡大していく従来と不連続なイノベーションである。しかしそのムーブメントもやがて，新技術がそのポテンシャルを発揮し市場が満たされるに連れて，その時点の既存能力となり，図表において左側の保持・深耕へ移行していく時期を迎える。そして，その時期には第3の新技術が図表の右側から市場と顧客を奪う動きとして発生する可能性が高まる。このような世代交代による「進化」とも言うべき，イノベーションの様相にフォーカスしたいのである。

　従って本書においては，「新たな能力体系からなる新システムが顧客によって受け入れられ，従来型システムから新システムへとドラスティックに移行していく類のイノベーション」を「進化的イノベーション（evolutionary innovation）」と呼ぶ。そしてそれを乗り越えること，さらには，その進化的イノベーションの機会を捉えて自社をより優位なポジションへとシフトさせることが，中長期的な経営戦略において極めて重要な事項であると著者は考えているからである。

　本書の目的は，このような進化的イノベーションを引き起こして進行させていくダイナミクスを解明し，そのイノベーションを乗り越える為に企業が有すべき組織能力マネジメントの在り方を解明する仮説群構築にチャレンジすることである。

　なお，イノベーションを引き起こす複数主体間における力関係に着目していくことになるが，伝統的な力学分野においては平衡状態に対する静力学（statics：スタティクス）に対し，運動状態を扱う動力学（dynamics：ダイナミクス）が区別されている。本書は実社会のイノベーションに経営学的視点から相対するものであり物理学の詳細議論には触れないが，経営現象においても企業や顧客である人々の動きに関する速度・加速度・慣性等のイメージを持ちながら議論すべきと考えているので，「ダイナミクス」観点からの分析枠組みを設定している。そこで次の〈第2節〉において本書の構成を説明するが，〈第1部〉においては相対的にはスタティクス寄りに構造と向き合い，

序章▶本書の目的と構成　3

図表序-2 本書の構成

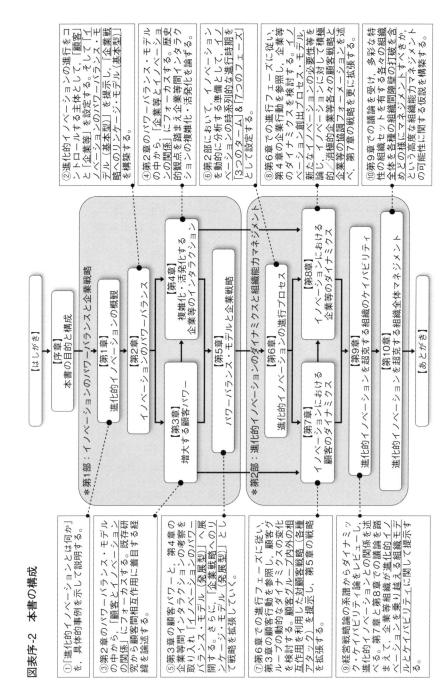

〈第2部〉において本格的にダイナミクスを解明する流れとして組み立てている。

序-2 本書の構成

本書の全体構成を〈図表序-2〉に表すが，前述の理由により，本書全体を通じて企業等側と顧客・ユーザー側という双方の行動主体が軸として貫く構成となっている。

《第1部：イノベーションのパワーバランスと企業戦略》を，〈第1章〉から〈第5章〉までの5つの章をもって構成する。〈第1部〉においては，進化的イノベーションの進行を制御するパワーバランスをモデル化し，そこから企業戦略へ繋がるインプリケーションを導出していきたい。

第1章：進化的イノベーションの概観においては，進化的イノベーションを定義した後に，年代を追って4つのケースに関して，「新システムの販売量が従来システムのそれに追いつき抜き去っていく世代交代の時期」に特徴的な「クロッシング（crossing）状況」を観察する。さらに，Christensenの破壊的イノベーション・モデルを参照し，写真システムにおけるデジタル化への進化事例に関する顧客ニーズの変化と技術革新の状況から，進化的イノベーションの概観モデルを描いてみたい。

第2章：イノベーションのパワーバランスでは，〈第1章〉で確認した進化的イノベーションの概観を踏まえ，進化的イノベーションの進行メカニズムを，「顧客とイノベーションの関係」と「企業等とイノベーションの関係」について分析し，それらを統合して「イノベーションのパワーバランス・モデル（基本型）」としてまとめる。そこから「企業戦略へのリンケージ・モデル（基本型）」を構築し，〈第3章〉以降へ続く議論の基盤を築いていく。

第3章：増大する顧客パワーでは，イノベーションのパワーバランス・モデルにおける一方の主体である顧客にフォーカスする。Rogersのイノベーシ

序章▶本書の目的と構成　　5

ョンの普及理論においても各採用者グループ内とグループ間の相互作用に触れているが，ここで改めて消費者の購買行動プロセスと，消費者間の相互作用に関する先行理論も含めてレビューしてまとめ，進化的イノベーション採用の顧客行動に関するヒントを得たい。さらに，この20年間で日本市場にもすっかり定着したインターネットなど情報通信技術（ICT）発展の影響力を検討して，消費者のパワーがいかに変化し増大しつつあるかを認識し，進化的イノベーション採用における顧客間相互作用を考察していく。

第4章：複雑化・活発化する企業等のインタラクションでは，イノベーションのパワーバランス・モデルにおける他方の主体である企業等に焦点を絞る。まず企業等とは，同業企業・サプライヤー企業・流通企業，NPO，時に協力者としてのユーザー，さらに企業内組織単位等も含めた総体である。このように本書における企業等とは単なる企業や複数企業の集合ではなく，複雑な様相を想定しているのである。そして，このような企業等間の競争と協調に関連する先行理論をレビューした後，特に近年，企業等間の相互作用が複雑化・活発化している背景と構造的状況をデータも参照しつつ確認する作業を進め，パワーバランス・モデルを発展させると共に，企業戦略への考察を深める準備とする。

第5章：パワーバランス・モデルと企業戦略においては，〈第2章〉で提示したイノベーションのパワーバランス・モデル（基本型）と企業戦略へのリンケージ・モデル（基本型）をベースとして，〈第3章〉でフォーカスした増大する顧客パワーと，〈第4章〉でスポットを当てた企業等のインタラクションに関する検討成果を盛り込む展開をしていきたい。そしてイノベーションのパワーバランス・モデル（発展型）を設定し，当モデルを利用した企業戦略へのリンケージ・モデル（発展型・拡張型）を考察するが，戦略拡張の為に顧客ロイヤルティと関係性マーケティングに関する先行研究の成果も応用して検討を進めたい。

《**第2部：進化的イノベーションのダイナミクスと組織能力マネジメント**》を，〈第6章〉から〈第10章〉に渡る5つの章をもって構成する。〈第1部〉で詳細にモデル化したイノベーションに対するパワーバランス・モデルと企業戦略への応用を〈第2部〉において発展させ，イノベーションのダイナミ

ック・アナリシスを進めると共に，そのようなイノベーションを超克する為に企業が有すべき組織能力とそのマネジメントへと議論を展開していきたい。

第6章：進化的イノベーションの進行プロセスでは，イノベーションの時系列的な進行時期を3つのターム＆7つのフェーズとして定め，イノベーションの普及理論と日本市場におけるイノベーション普及の実データを突き合わせて分析する。その分析結果を踏まえて，〈第1部〉で構築したパワーバランス・モデルを用いて進化的イノベーションにおける顧客と企業等のダイナミクス分析を行う意味について考察する。その後にイノベーションの進行に関する先行研究を参考に，〈第7章〉以降の展望を述べる。

第7章：イノベーションにおける顧客のダイナミクスでは，進化的イノベーションの進行フェーズに連れてシフトし拡大していく顧客のダイナミクスの状況を分析する。まず，Rogersが述べている各顧客カテゴリーの特性をレビューする。その後，Rogersの分類をハイテクノロジー（high technology）分野に適用して新たなマーケティング理論の構築を試みたMooreによる各顧客カテゴリーの特性と共に，彼が主張するキャズム理論をレビューする。そして，これら理論による特性と〈第3章〉で検討した顧客間相互作用の理論を総合して，各顧客グループ内部と，各顧客グループ間で発生する顧客間相互作用の分析を行う。そして，〈第5章〉で検討した企業等のアタック方法を各種顧客グループへ適用し，有効なアタック方法に関して考察を深めたい。

第8章：イノベーションにおける企業等のダイナミクスでは，〈第7章〉で分析した進化的イノベーションにおける顧客のダイナミクスを受け，その変化に対して企業戦略をどのように構築していけば良いかを検討したい。イノベーション・プロセスの先行研究と価値連鎖に関する研究をレビューし，それを基にオリジナルのイノベーション創出プロセス・モデルを設定する。そのモデルとこれまでの先行研究を照らし合わせると，新たなイノベーションの必要性が浮かび上がることを論じ，その仮説構築にトライする。これらをベースに積極的企業の顧客戦略と消極的企業の顧客戦略をそれぞれ立案していく。最後に，これら戦略を実現する上で，〈第4章〉で検討した企業等間インタラクションの応用と結び付けて考察を加えてまとめたい。

第9章：進化的イノベーションを超克する組織のケイパビリティでは，〈第

序章▶本書の目的と構成　　7

7章〉で分析した顧客のダイナミクスと〈第8章〉で考察した企業等の戦略の内容を総合し，企業等の組織が進化的イノベーションを乗り越える為に必要な組織の能力と，組織モデルに関する考察を深めることを目的とする。まずは戦略形成に関する先行研究の系譜をレビューし近年の経営戦略論の大きな流れを踏まえて，近年とりわけ注目すべきダイナミック・ケイパビリティ（dynamic capabilities：DC）を掘り下げて進化的イノベーションの進行過程に応じて必要となる組織能力について考察する。そして，組織にとって重要な整合性に関する先行理論をレビューし，進化的イノベーションに対応して変容可能で強くてしなやかな組織モデルを検討したい。

第10章：進化的イノベーションを超克する組織全体マネジメントでは，進化的イノベーションを乗り越え，かつ自社を優位なポジションへシフトし，さらにそれを持続する為に，どのような組織全体のマネジメントを行えば良いかという仮説構築にチャレンジしたい。まず，組織全体の特性から組織を類型化し，各々のケース検討から組織の能力発揮を阻む障壁を明らかにする。そして，それらの障壁を打破し，進化的イノベーションを超克する為にTMT（トップマネジメントチーム）が採り得る施策群を提案したい。すなわち，多彩な特性の組織セットを有する組織全体をどのようにマネジメントすれば良いかという，高度なマネジメントの可能性を論じて本書の締め括りとする。

あとがき

特に本書をお読み頂いたビジネスパーソンの皆様方へ向けて，本書での主要メッセージと所感を述べさせて頂きたい。

第**1**部

イノベーションの
パワーバランスと
企業戦略

進化的イノベーションの概観

1-1 第1部及び本章の目的と要約

　まず，本書の基本テーマである「進化的イノベーション」を，「新たな能力体系からなる新システムが顧客によって受け入れられ，従来システムから新システムへとドラスティックに移行していく類のイノベーション」と定義しておく。なお，ここでの「能力体系」とは，新たな要素技術・製品技術・生産技術等の技術体系だけでなく，販売・マーケティング能力，リサイクル等の環境対応能力，企業活動のプロセス改革能力等々，様々なカットからの新たな能力体系である。

　さて，〈第1章〉から〈第5章〉の5つの章で構成する〈第1部〉「イノベーションのパワーバランスと企業戦略」の目的は，進化的イノベーションがどのようなパワーバランスによって進行していくかをモデル化し，そのパワーバランス・モデルを用いて企業戦略に関する考察を進めることである。

　そして〈第1章〉の目的は，5つのケースで進化的イノベーションを紹介すると共に概観モデルを提示して，進化的イノベーションとは何かを読者に理解して頂くことである。

　要約を以下に述べる。通常は非可逆的な移行として観察される進化的イノ

ベーションの具体例として，アナログ・レコードから音楽CD，銀塩カメラからデジタルカメラ，CRTテレビから薄型テレビ，フィーチャーフォンからスマートフォン，データ記録メディアの進展，という5つのケースに関してデータを基に確認した。また，概観モデルの構築に関しては，まずChristensen（1997）によるイノベーションのジレンマから，顧客が求める機能・性能と企業等が提供するシステムの機能・性能を重ね合わせる構図を参考とした。すなわち，写真システムの場合の顧客ニーズの変化とFoster（1986）による技術のS曲線（新旧の2曲線による技術革新の様子）を重ね合わせる形態で，進化的イノベーションのイメージを掌握する為の概観モデル〈図表1-10〉として表現したのである。

1-2 進化的イノベーションの具体例

　本節では進化的イノベーションの具体例を5つ確認してみたい。その際，特徴的に観察される「新システムの販売量が従来システムのそれに追いつき抜き去っていく世代交代の時期」を本書では「クロッシング（crossing）状況」と呼ぶこととする。

1-2-1 音楽コンテンツ購入／聴取——アナログ・レコードから音楽CDへ——

　まず，1980年代に民生用音楽コンテンツのデジタル化の歴史が始まった。データ量と処理速度の技術的条件から主に静止画像を扱うデジタルカメラより早い時期なのだが，その中で「アナログ・レコードから音楽CD（compact disc：CD-DA）へ」の進化的イノベーションにおけるクロッシング状況を〈図表1-1〉に示す。なお，1982年10月1日にCDプレーヤーとCDソフトが同時に国内発売となったのだが，統計にその数字が表れるのは1984年以降である。
　この図のように日本国内におけるアナログ・レコード生産は，1970年代後半〜1980年頃の約2億枚をピークに下降し，1984年にCD市場が立ち上がる

第1章▶進化的イノベーションの概観　11

図表1-1　アナログ・レコードとCDのクロッシング状況

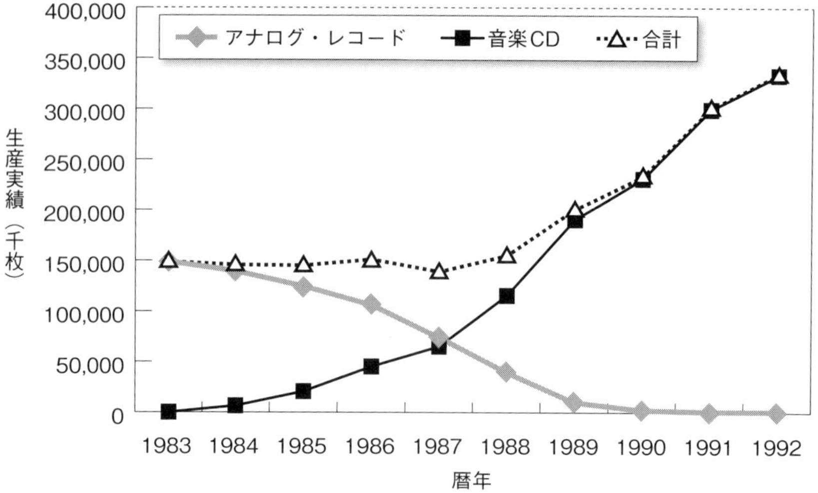

出所：一般社団法人 日本レコード協会の統計データから筆者作成[1]。

　と僅か4年後の1988年には逆転された。振り返ると，アナログ・レコードは
1940年代後半の戦後から国内に広まった（日本レコード協会の国内生産統計
は1953年に5.2万枚との記録から始まった）が，約50年間音楽コンテンツ聴
取の主役を保った。一方でCDも発売後，順調に生産数量を伸ばして1998年
には約4.6億枚となったが，これをピークとして漸減し，やがてネット配信へ
その座を譲ることになった。さらに，音楽ストリーミング・サービスが一般
化しつつあるのでダウンロードすら不要となり，まさに楽曲所有から楽曲聴
取のみの形態へと進化していくことになる。

1-2-2　静止画像の記録／鑑賞——銀塩写真システムからデジタル写真システムへ——

　1990年～2000年代に起こった静止画像の記録と鑑賞に関する，「銀塩写真

1　音楽ソフト種類別生産数量：http://www.riaj.or.jp/data/quantity/index.html
　（2007.08.02参照）アナログ・レコードはSP及び17cm・25cm・30cmそれぞれの33回
　転・45回転の全てを合算した枚数，音楽CDは8cm及び12cmのシングルとアルバム
　を全て合算した生産枚数。

12　第1部▶イノベーションのパワーバランスと企業戦略

図表1-2　銀塩カメラとデジタルカメラのクロッシング状況

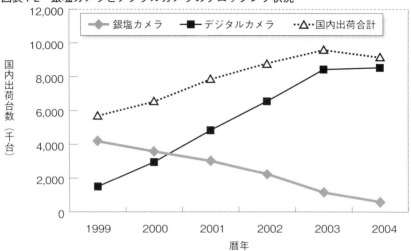

出所：CIPA（カメラ映像機器工業会）・統計データを基に筆者作成[2]。

システムからデジタル写真システムへ」という進化的イノベーションを事例として取り上げる。写真システムの中で撮影（イメージ・キャプチャー）機能を担うカメラ生産のクロッシング状況を〈図表1-2〉に示す。

　一般消費者向けデジタルカメラのブームは，カシオ計算機が1995年3月にQV-10を発売したことをきっかけに各社が新製品投入を活発化した結果，図表のように，それから5年後の2000年には銀塩カメラの国内出荷台数に迫り，2001年には大きく抜き去っていった。しかしそのデジタルカメラも，後述するスマートフォンの撮影機能が高まるに連れて高機能デジタル一眼レフカメラ／ミラーレスカメラというハイクラス領域で生き残る道を探る状態となり，まさに凄まじいスピードでの進化的イノベーションを遂げることになる。

1-2-3　家庭用テレビ──CRTテレビから薄型テレビへ──

　2000年代に現れた進化的イノベーションとして，家庭用テレビの事例を観

---

[2] 銀塩カメラ統計：http://www.cipa.jp/stats/documents/common/cr400.pdf。
　デジタルカメラ統計：http://www.cipa.jp/stats/dc_j.html（2016.08.14参照）

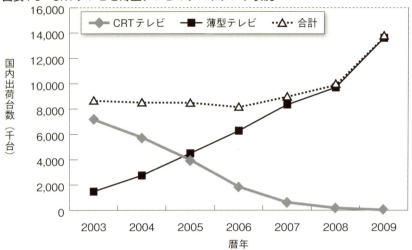

図表1-3　CRTテレビと薄型テレビのクロッシング状況

出所：JEITA（一般社団法人 電子情報技術産業協会）統計データを基に筆者作成[3]。

察する。それまでの「CRTテレビ（CRT：Cathode-Ray Tube，陰極線管＝ブラウン管）から薄型テレビ（フラットパネル・テレビ＝液晶テレビ＋プラズマテレビの合計）へ」の進化状況を〈図表1-3〉に示す。

　家庭用テレビの国内出荷台数は2003年までおよそ900万台前後で推移してきた。2002年10月に幕張メッセで開催されたCEATEC JAPAN 2002[4]の様子を伝える『日経エレクトロニクス』の記事には「どこもかしこもテレビ。CEATEC JAPAN 2002は，PDPや液晶パネルを使った薄型テレビで埋め尽くされた」[5]とあり，翌2003年以降に向けたメーカー各社の盛り上がりを伝えていた。実際にもその後，図表のように薄型テレビの出荷実績が伸び始め，3年後の2005年には早くもCRTテレビを逆転したが，2006年までは薄型テレビとCRTテレビの合計台数は900万台と横ばいであることから通常の買い替え需要を超えることはなかったとも見える。しかしその後，大画面薄型テレ

3　http://www.jeita.or.jp/japanese/stat/shipment/index.htm（2016.08.07参照）
4　ITとエレクトロニクスの国際展示会。Combined Exhibition of Advanced Technologiesの略。2002年の来場者数は5日間で17.3万人。
5　「薄型テレビに託す次世代家電の夢」『日経エレクトロニクス』2002年10月21日号，pp. 66-67.

ビの価格低下を背景に2009年には買い替え需要の前倒しを実現して大きく出荷を伸ばしていったことが窺える。一方のCRTテレビは，その2009年に出荷はほぼゼロに近くなり，進化をほぼ終える状況に近づいたと言えよう。

1-2-4 携帯電話——フィーチャーフォンからスマートフォンへ——

　2000～2010年代の事例として，携帯電話市場における「フィーチャーフォンからスマートフォンへ」の進化的イノベーションを取り上げる。スマートフォンへ向かう取り組みは2000年前後から国内外共に行われてきたが，国内市場で原型と言えるのはシャープ，ウィルコム，マイクロソフトの3社共同で開発され2005年12月に発売されたW-ZERO3シリーズの初代機種「WS003SH」であろう。当時はスマートフォンの呼称は無く，PDA（Personal Digital Assistant：携帯情報端末）と呼ばれていた。しかし端末の処理能力不足など各種事情により定着せず，本格的な国内スマートフォン市場の立ち上がりは2008年7月発売のiPhoneシリーズ国内初代機iPhone3Gと言えよう。従来の携帯電話であるフィーチャーフォンからスマートフォンへのクロッシング状況を〈図表1-4〉に示す。

　この図表のようにiPhoneシリーズ発売の翌2009年以降，急速に市場が立ち上がり，発売から僅か3年後の2011年にはフィーチャーフォンを逆転しその後も大幅に差を広げ続けている。もっともその背景には，iPhoneの活発な新機種投入だけでなく，対抗するAndroid陣営との熾烈な競争や，NTTドコモ，au，ソフトバンクという通信キャリア3社の膨大な宣伝攻勢による強烈なアピールが続いていたことが挙げられよう。

第1章▶進化的イノベーションの概観　15

図表1-4 フィーチャーフォンとスマートフォンのクロッシング状況

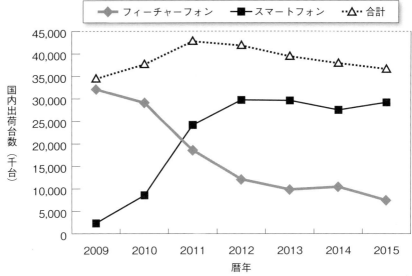

出所：株式会社MM総研・統計データを基に筆者作成[6]。

---

[6] 2009年データ：2010.4.22発行ニュースリリース，
http://www.m2ri.jp/newsreleases/main.php?id=010120100422500（2016.08.03参照）
2010年データ：2011.5.10発行ニュースリリース，
http://www.m2ri.jp/newsreleases/main.php?id=010120110510500（2016.08.03参照）
2011年データ：2012.5.9発行ニュースリリース，
http://www.m2ri.jp/newsreleases/main.php?id=010120120509500（2016.08.03参照）
2012年データ：2013.5.9発行ニュースリリース，
http://www.m2ri.jp/newsreleases/main.php?id=010120130509600（2016.08.03参照）
2013年データ：2014.5.13発行ニュースリリース，
http://www.m2ri.jp/newsreleases/main.php?id=010120140513500（2016.08.03参照）
2014年データ：2015.5.14発行ニュースリリース，
http://www.m2ri.jp/newsreleases/main.php?id=010120150514500（2016.08.03参照）
2015年データ： 2016.5.12発行ニュースリリース，
http://www.m2ri.jp/newsreleases/main.php?id=010120160512500（2016.08.03参照）

1-2-5 データ記録メディアの進展

最後に世代交代が激しい事例として，データ記録メディア分野における進化的イノベーションの状況を〈図表1-5〉に示した。この10年間に2度のクロッシング状況を経ている。1980年代後半からデータ記録メディアの主力であったフロッピーディスク（FD）は，データ用CD-Rが発売された1995年頃をピークに下降し始め2000年頃にはクロッシング状況を迎えた。しかしそのデータ用CD-Rの需要もデータ用DVDが発売になった2002年頃をピークに早くも下降に転じ，2006年にはクロッシング状況になったと確認できる。

さて本節では，1980年代から時代を追って5つのケースを観察してきたが，本書で研究対象とする「進化的イノベーション」の世代交代状況について，およそのイメージを確認できたものと思われる。

図表1-5　データ記録メディアのクロッシング状況

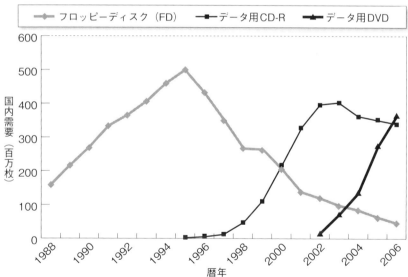

出所：(社)日本記録メディア工業会・統計データ[7]を基に筆者作成。

---

7 データメディア国内需要推移（1988年～2006年）：http://www.jria.org/member/pdf/data_demand_2006.pdf（2007.08.02参照）

1-3 イノベーションのジレンマの構図

1-3-1 Christensenの議論

　イノベーションが出現するメカニズムに関して多大な研究業績を残しているChristensen (1997)[8]は, 技術と市場という観点から論述しており, 本書における企業等と顧客群という分析視角に近いことから, 最初にレビューしておきたい。彼は「技術」を組織が労働力, 資本, 原材料, 情報を価値の高い製品やサービスに替えるプロセスと定義し (従って全ての企業に技術があるとして),「イノベーション」はこれらの技術の変化を意味すると定義している。そして優れた経営者による健全な決定が大手企業を失敗へと導く理由を解き明かす枠組みを「イノベーターのジレンマ (The Innovator's Dilemma)」の構図と呼び, 優れた経営が失敗に繋がる3つの要因を以下のように挙げて論述している。

　(1)「持続的 (sustaining) 技術」と「破壊的 (disruptive) 技術」の間に, 戦略的に重要な違いがあること。Christensenは「持続的技術」を, 製品の性能を高める技術と定義し, ほとんどの新技術は主要市場のメイン顧客が今まで評価してきた性能指標に従って既存製品の性能を高める持続的技術であるとした。一方,「破壊的技術」を, 従来とは全く異なる価値基準を市場にもたらす技術とし, 主流市場で少なくとも短期的には製品性能を引き下げる効果を持ち, 主流から外れた少数の, 大体は新しい顧客に評価されるような, 低価格, シンプル, 小型等の特徴を持つ製品となる場合が多いとした。そして, この「持続的技術」と「破壊的技術」の概念は,「漸進的 (incremental) 変化」と「抜本的 (radical) 変化」の区別とは異なると述べている。

　(2)技術進歩のペースが市場の需要が変化するペースを上回る可能性がある為に, 市場における技術アプローチの関係性や競争力は時間と共に変化する

8　Christensen, C. M. (1997) *The Innovator's Dilemma*, Harvard Business School Press (伊豆原弓 (訳) (2000)『イノベーションのジレンマ』翔泳社).

18　第1部▶イノベーションのパワーバランスと企業戦略

図表1-6　持続的イノベーションと破壊的イノベーションの影響

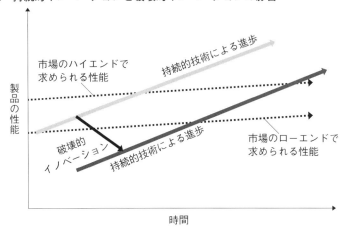

出所：Christensen（1997）邦訳書p. 10。

場合があること。Christensenは，〈図表1-6〉を用いて，技術革新のペースが市場の需要のペースを上回る為，企業が競争相手より優れた製品を供給して価格と利益率を高めようと努力すると，市場を追い抜いてしまうことがあると説明している。つまり，顧客が必要とする以上の，或いは顧客が対価を支払おうと思う以上のものを提供してしまうのである。さらに重要な点として，破壊的技術の性能が，現在は市場の需要を下回るとしても，明日には十分な競争力を持つ可能性があると述べている。

(3)成功している企業の顧客構造と財務構造は，新規参入企業と比較して，その企業がどのような投資を魅力的と考えるかに重大な影響を与えること。Christensenは，安定した企業は破壊的技術に積極的に投資するのは合理的でないと以下の3つの根拠で判断するとしている。①通常，破壊的技術の方がシンプルで低価格，利益率も低い。②破壊的技術は一般に新しい市場や小規模な市場で最初に商品化される。③大手企業にとって最も収益率の高い顧客は通常，破壊的技術を利用した製品を求めず，また当初は使えない。

1-3-2 進化的イノベーションの概観モデル検討へ向けて

　このように，Christensen（1997）は，破壊的技術は最初に市場で最も収益性の低い顧客に受け入れられる構造であるとしたが，デジタル写真システムの早期採用者は先進的なユーザーであり，かつ支払い余力のある顧客層であったと思われる。事実，1995年3月にデジタルカメラ・ブームの口火を切って発売された，カシオ計算機の「QV-10」は25万画素で6万5,000円と銀塩カメラと比較し相当に高価であった。

　後にChristensen & Raynor（2003）[9]は破壊的イノベーションを2類型化しているが，上記理由によりデジタル写真システムへのイノベーションは「ローエンド型破壊（製品やサービスの目標性能は主流市場のローエンドにおける従来の性能指標に照らして十分良い性能）[10]」ではないであろう。また，他方の「新市場型破壊」について製品やサービスの目標性能は，「従来型の属性では性能が劣るが，新しい属性（特に単純で便利）での性能向上[11]」を彼らは挙げているが，この新しい属性での性能という概念に写真システムのイノベーションは近いと思われる。デジタル写真システムにおいても，従来の属性（代表性能として例えば「画質」）は劣るものの，新たな属性（例えば「画像ハンドリング性[12]」）において新システムの価値を認めてユーザーは購入していたからである。しかしながらChristensenらが，目標顧客又は用途市場として「無消費者をターゲットとする。つまり既存の製品を購入，使用する為に必要な金やスキルを持っていなかった顧客である[13]」としている点には違和感を禁じ得ない。

　そこで，進化的イノベーションの概観モデルを検討するに際して，これまでの議論を参考に，写真システムに対する「顧客ニーズの変化」を分析し，次

9　Christensen, C. M. and Raynor, M. E.（2003）*The Innovator's Solution*, Harvard Business School Press（玉田俊平太（監修），櫻井祐子（訳）（2003）『イノベーションへの解：利益ある成長に向けて』翔泳社）.

10　同上邦訳書，p. 66。

11　同上邦訳書，p. 66。

12　撮影画像の瞬時確認，複数人で鑑賞，PCへの取込，プリントアウト，通信で転送・共有，ソフトで編集可能など。

13　同上邦訳書，p. 66。

に「技術の変化」を検討して，その両者を図表上で重ね合わせてみたい。

1-4 顧客ニーズの変化

　本節では，写真に対する「顧客ニーズ」はどのように変化してきたか，という事項に関して検討を進める。写真製品システムの代表性能として画質を縦軸に，時間を横軸に据えて，顧客ニーズのレベルとそれらに対応して企業が提供している写真器材の概略イメージを〈図表1-7〉として描いた。

図表1-7　写真システムに対する顧客ニーズの変化（概念図）

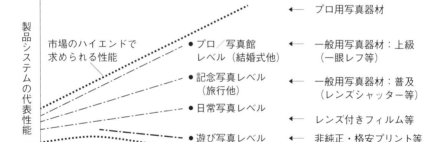

出所：小沢（2005）[14] p.85を修正。

　この図表のように，結婚式，成人式における記念写真や見合い写真等，プロ／写真館レベルの画質を要求する，いわば「超ハレのシーン」写真に対応する写真器材は，プロ用のカメラ，フィルム，印画紙（カラー・ペーパー）で

14　小沢一郎（2005）「進化的イノベーション・モデルの検討：写真システムの進化を題材として」『三田商学研究』第48巻第4号，慶應義塾大学商学会。

あり，これがハイエンドの性能である。それに続くのは，旅行写真，子供の運動会の写真など，一般コンシューマが自ら撮影するもののうち大事にしたい写真で，いわば「ハレのシーン」写真であろう。それらには一般用写真器材が対応しており，上級の一眼レフカメラから普及型のレンズシャッター・カメラなど各種器材が挙げられる。

その下方の要求画質としては，一般コンシューマが自ら撮影する日常的写真で，いわば「ケのシーン」写真（文化人類学等で使用される「ハレ（非日常）」に対する「ケ（日常）」）である。レンズ付きフィルム（富士写真フイルム社の「写ルンです」（1986年発売）等）などが開発されて以降これらの撮影機会が増加していった。さらに画質のローエンドとして，いわば遊び写真として，シール写真（セガ社／アトラス社，「プリント倶楽部＝通称プリクラ」（1995年発売）等）などが開発・発売され，いずれも大ヒットして市場を画質においては下方へ拡大してきたと言えよう。

このように，写真市場では性能を下げてでも撮影・プリントの増加を狙う動きを確認できる。成熟市場においては写真に限らない動きでもあろう。しかも，レンズ付きフィルムに関しては，富士写真フイルム社（現：富士フイルム）という国内のリーディング・カンパニー自らが先頭切って上市したのである（これらの製品は前述の新市場型破壊製品とも見ることができる）。一方では，この結果として，顧客の「写真を見る目」が甘くなり，「低画質」を受け入れる土壌ができてしまったことも見逃せない重要ポイントとして指摘しておきたい。これら事前の動きが，本格的デジタル写真システムが低画質のうちから市場に許容される時期を早めたとも考えられるからである。

また，従来写真業界は，銀塩写真システムのフィルムを例にとると，巨大プラントを必要とする技術構造が高い参入障壁を構築して世界的な寡占状況であり，これが上記のような下方への市場拡大を許す一因になっていたとも考えられる。逆に参入障壁が低ければ，新規参入を恐れてこのような性能の下方へ向けた市場拡大によって撮影機会を広げる動きの選択は制限されたのではないだろうか。このように顧客ニーズを幅で捉えるに当たっては，市場構造（市場セグメント等）を見ると共に，性能のハイエンドとローエンドも柔軟に捉えるべきであろう。

1-5 技術革新について

　ここでは，新旧技術の推移について検討を進める。Foster（1986）は，「技術のS曲線」として，以下のように述べている。

　　S曲線とは，ある製品もしくは製法を改良する為に投じた費用と，その投資がもたらす成果との関係を示すグラフのことである。（中略）新製品とか新製法の開発に資金を投入した時，当初はなかなか成果が上がらず，開発の足取りは遅々としてはかどらない。そのうち開発を前進させる鍵となる情報がきちんと集まると，全ての制約が一挙に取り払われて急速な進展を見る。だが，製品や製法の開発にさらに多額の資金を注ぎ込むにつれ，しまいには技術の進歩をものにするのが益々困難に，しかも高くつくようになる。[15]

これを，〈図表1-8〉として以下に示す。

図表1-8　技術のS曲線

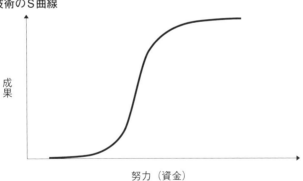

技術の進歩は幼年期をへて爆発的に急進し，次第に成熟する

出所：Foster（1986）邦訳書p. 28。

15　Foster, R. N.（1986）*Innovation: The Attacker's Advantage*, Summit Books（大前研一（訳）（1987）『イノベーション：限界突破の経営戦略』TBSブリタニカ，pp. 27-28）.

図表1-9 技術のS曲線はほとんどの場合ペアとなって現れる

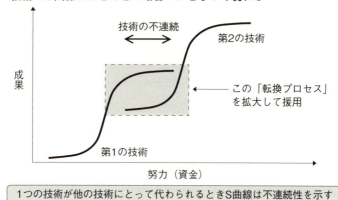

出所：Foster（1986）邦訳書 p. 96 より作成。

そしてさらに，〈図表1-9〉[16]として，S曲線の連鎖による技術革新の様子が技術の不連続（テクノロジー・ギャップ：technology gap）を伴う形で示されている。ここでは技術の移行過程に着目し図表において点線の四角で囲った部分を拡大して，技術変革のモデルとして援用する。

1-6 進化的イノベーションの概観モデル

さて，〈図表1-7〉の顧客ニーズのエリアと，〈図表1-9〉の四角で囲った技術の移行部分を拡大し，それらのコンビネーションによって〈図表1-10〉を描くことができる。なお，〈図表1-9〉の横軸は「努力（資金）」だが，技術開発が継続的であるとして「時間」軸上で合成を試みた。縦軸は総合的機能＆性能として性能の優劣に新機能も併せた総合指標で表現した。振り返れば，前述で代表性能と捉えた「画質」も，詳細には階調再現性，鮮鋭度，色再現性，ノイズ特性，幾何学ひずみ等々を方向依存性も含めて計測したものの総合的[17]

---

16 同上邦訳書。
17 三宅洋一・中口俊哉（2009）「色彩画像の画質評価：現状と課題」『Fundamentals Review』Vol. 2, No. 3, pp. 29-37，電子情報通信学会。

図表1-10　進化的イノベーションの概観モデル

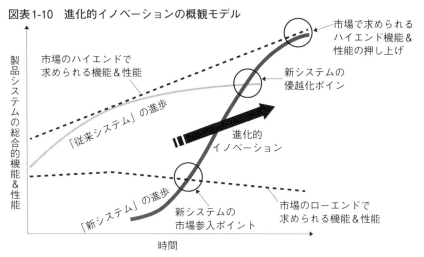

出所：小沢（2005）p. 88を修正。

指標であり，当図表の総合指標もその評価属性の幅を拡げた位置付けとなる。

　このように，従来システムと新システムの技術進歩を見ると，前者はサチュレート（飽和）しつつあるが，後者は急速な進歩を実現し，まず市場のローエンドで求められる性能を越えた時点で市場参入を果たし（市場参入ポイント），従来システムの性能を越えた時点で新システムの優越化ポイントを迎える。その後，新たな用途開発やニーズの発掘により市場のハイエンドで求められる性能をさらに押し上げることが可能となる点も重要なポイントである。このように「進化的イノベーション」は，従来システムから新システムへと，新システムの優越化ポイントを挟んで雪崩現象的に市場が移行していく過程として捉えられる。あたかも新種生物がその環境適応等の優位性を持って旧来種におき換わりつつ進化を遂げていくように，商品／事業においても新システムが大きなうねりを起こして従来システムを凌駕し置換していく様が，この概念図によって感覚的にも把握し易くなるであろう。

　それでは，このような進化的イノベーションの進行速度などは，どのような要因によって決定していくのであろうか。〈第2章〉以降において検討を進めていくこととしたい。

第1章▶進化的イノベーションの概観　25

第2章

イノベーションのパワーバランス

2-1 本章の目的と要約

〈第2章〉の目的は，進化的イノベーションの進行メカニズムとして，「イノベーションのパワーバランス・モデル（基本型)」を提示し，そこから「企業戦略へのリンケージ・モデル（基本型)」を構築して，〈第3章〉以降へ続く議論の基盤を築くことである。

次に要約を以下に述べる。まず，顧客とイノベーションの関係に関して検討すると，「イノベーションを進めたい顧客の積極的パワー」と「イノベーション採用をためらい拒む顧客の消極的パワー」がある。一方で企業等とイノベーションの関係について分析すると，「イノベーション採用容易化を進めたい企業等の積極的パワー」と，「イノベーション採用容易化に抗う企業等の消極的パワー」が挙げられた。そこで，これら4者のパワーバランスによってイノベーションの進行が制御されている姿を，「イノベーションのパワーバランス・モデル（基本型)」〈図表2-8〉としてモデル化した。次に，積極的企業の基本戦略として，積極的顧客に対しては「促進」，消極的顧客に対しては「軟化」であろうし，消極的企業の基本戦略として，積極的顧客に対しては「抑制」，消極的顧客に対しては「強化」であろう。その他，企業間の基本戦略も

26　第1部▶イノベーションのパワーバランスと企業戦略

併せる形で，「企業等戦略へのリンケージ・モデル（基本型）」〈図表2-9〉を構築した。

2-2 顧客とイノベーション

2-2-1 5つの顧客グループ

　Rogers（1962）[1]はイノベーションを採用する人々に関して，〈図表2-1〉のように分析し，5つの採用者グループに分類している。この図表では，イノベーション採用時期の遅速に関するバラツキを横軸にとり，平均的採用時期（平均値）を中央に据え，正規分布に標準偏差毎の縦線を引いてグループ分けしている。最もイノベーションの採用が早い「①革新的採用者（Innovators：イノベーター）」は，採用時期の平均値より2標準偏差以上も早くイノベーションを採用したグループで，全体に占める割合は2.5％である。続く「②前期少数採用者（Early Adopters：アーリー・アダプター）」は，イノベーション採用時期の平均値に比して1標準偏差～2標準偏差だけ早くイノベーションを採用したグループで，全体に占める割合は13.5％である。3番目の「③前期多数採用者（Early Majority：アーリー・マジョリティ）」は，イノベーション採用時期の平均値から1標準偏差分までの早期にイノベーションを採用したグループで，全体に占める割合は34％である。4番目の「④後期多数採用者（Late Majority：レイト・マジョリティ）」は，イノベーション採用時期の平均値から1標準偏差分まで遅くイノベーションを採用したグループで，全体に占める割合は34％である。最後の「⑤採用遅滞者（Laggards：ラガード）」は，イノベーション採用時期の平均値より1標準偏差以上もイノベーションの採用が遅かったグループを指しており，全体に占める割合は16％であるとしている。　これら各顧客グループの特性に関しては，後の〈第7章〉で詳細に分析・検討するが，本章では，人々がイノベーションを採用する時期

1　Rogers, E. M.（1962）*Diffusion of Innovations*, The Free Press, p. 162.

第2章▶イノベーションのパワーバランス　27

図表2-1 相対的採用時期を基準とする人々のイノベーション採用タイプ分類

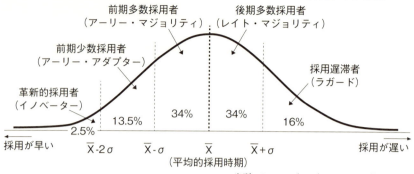

出所：Rogers（1962）p. 162より筆者作成。

に着目して，このような分類がなされていることの記述に留め，議論を先へ進めることとしたい。

2-2-2 顧客グループ内における2種類のパワー

さて，このRogersの分類にヒントを得て本書では，5つの顧客グループを内包し正規分布で表現された顧客集団を概念上用いることとする。そして，図表の左右を反転し，〈図表2-2〉のように，『時間と共にこの顧客集団全体が，イノベーションを早期に採用するイノベーターを先頭に，（思考空間内の）右方向へ進んでいく』と考える。

図表2-2 イノベーション採用へ向かう人々の移動

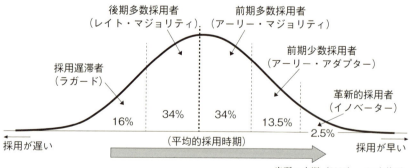

出所：小沢（2005）p. 94を修正。

〈図表2-3〉のようにイラスト化すると，イメージし易くなるであろう。

図表2-3　イノベーション採用へ向かう人々の移動（イメージ・イラスト）

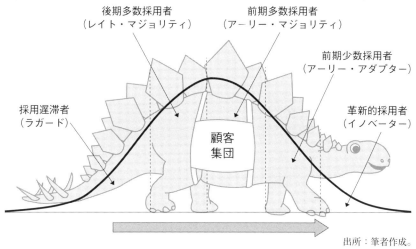

出所：筆者作成。

そして，〈図表2-4〉のように，『「採用のゴール」を越えた顧客が，次々とイノベーションを採用していく』と考える。すると，人々の中で大別して2種類のパワーが発生していると考えられる。第1に図表に❶で示した「顧客

図表2-4　顧客とイノベーション

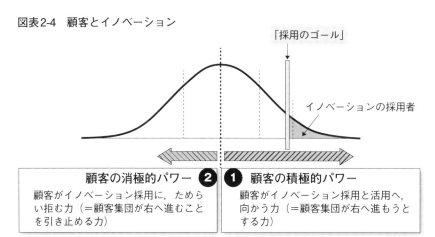

出所：小沢（2005）p. 94を修正。

の積極的パワー」である。すなわち，顧客がイノベーション採用と採用後の活用へ向かう力であり，図表の上では顧客集団が右へ進もうとする力と捉えられる。第2に，図表に❷で示した「顧客の消極的パワー」である。つまり，顧客がイノベーションに直面した際にためらって立ち竦んでしまう，或いは逆方向へ向けて抵抗して拒むような力であり，図表の上では顧客集団が右へ進むことを引き止める力として捉えられる。

　ミクロ的には一人ひとりの顧客（または一緒にイノベーションを採用したり躊躇したりする或るサイズの顧客グループ）のパワーであるが，それらが集積された顧客群全体の内部パワーとしてこれら2種類のパワーを捉えると，これらパワーの大小・発生タイミング・変化スピードによって，イノベーションの進行プロセスが決定していくと考えることができる。この状況をイラスト化すると〈図表2-5〉のようになる。前述のように顧客集団の中には様々な相互作用が発生している。それを，❶積極的顧客（進みたいと考える頭）と❷消極的顧客（そうは言っても動けない重い足）と表現してみた。革新的な最先端のイノベーションを採用したい息子を，保守的な両親が引き止めているような顧客集団内部でのパワー関係である。

図表2-5　顧客とイノベーション（イメージ・イラスト）

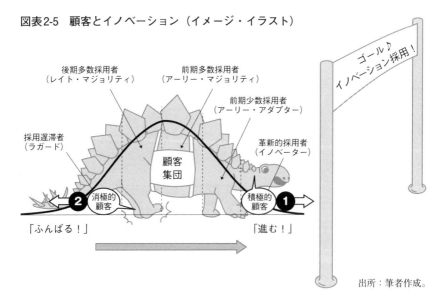

出所：筆者作成。

それでは，銀塩写真システムからデジタル写真システム採用に関する動き
と，フィーチャーフォンからスマートフォン採用に関する動きとを題材とし
て，このようなイノベーション採用を巡る顧客側の２種類のパワーを生む源
泉となる要因・動機について検討を加えてみたい。

2-2-3 「❶顧客の積極的パワー」：
顧客がイノベーション採用と採用後の活用へ向かう力の要因／動機

⑴ 顧客による「新たな価値評価」

新たな価値（評価尺度）として，従来カメラと比較したデジタルカメラ（以
後，デジカメ）の場合，画像ハンドリング性（前述：〈1-3節〉）等が挙げられ
る。また，フィーチャーフォンと比較したスマートフォン（以後，スマホ）
の場合，無料通話アプリのLINEなど様々なアプリケーションが充実している，
インターネットが格段に見易くなりウェブメール対応などPC代替として使用
可，スマホならではの大画面によるメリットとタッチパネル操作，写真や音
楽のメモリー容量を選択（機種次第）できるメリット等々である。いわばオー
ルインワンの魅力であろう。

⑵ 顧客の「デジタル機器リテラシー向上」

ファミコンから始まりプレーステーション，ニンテンドーDS等に至るゲー
ム機器や，携帯電話（従来のフィーチャーフォン），PC，電子辞書などデ
ジタル機器全般に対する操作に慣れた顧客層が増加している。デジカメやス
マホの多様な機能にたじろがず，説明書も見ずにとりあえず操作してみよう
という感覚のベースには，このデジタル機器リテラシーの向上がある。幼少
期からこれらデジタル機器に親しんだ若者達（デジタルネイティブ：digital
native）においては，既に抵抗感はほとんどないのである。

⑶ 顧客が感じる「ネットワーク外部性」

デジカメの普及初期の例で言えば，仲間で集まった時の集合写真を友人が
撮影してネットにアップするようなケースが増え，自分もネットで閲覧した
りダウンロードしてホームプリンターでプリントする等，デジタル写真を楽
しむ人々とのネットワークに入りたいという動機があった。

スマホのケースではさらに顕著で，若者達が前述のLINEでグループを作成

してメッセージやスタンプ交換，写真共有を楽しんでいるので，スマホを購入してLINEにアクセスできないと仲間付き合いができない状況にある。さらに同じiPhoneであれば友人や家族から使用方法を教えてもらえる，出先で友人の誰かが持っている充電器を貸してもらえる等，顧客が感じる各種の「ネットワーク外部性」の魅力があると思われる。LINEの例のように，極端に言えば「デジタル・ディバイド（digital divide：インターネットやパソコン等の情報通信技術を利用できる者と利用できない者との間に生じる格差[2]）されたくない」という裏返しの気持ちもあろう。

⑷　顧客の「流行イメージ」と「ハロー効果期待」

デジカメの場合2001年頃には「今時，カメラはやっぱデジカメでしょ！」という会話がサラリーマンの中で取り交わされる状況下で，「流行に乗り遅れたくない！」という類の意識の発現である。

スマホに関して，2009年頃には電車内でスマホ独特の動き（画面を各種タップ，フリック／ドラッグ，ピンチイン／アウトなど）から，遠目にもスマホ操作中と解るデモンストレーション効果[3]を他の人々が受け続けることが始まった。少しでも早く入手して自分自身を最先端人間に見せかけたいというハロー効果[4]狙いの若者も当然現れた。そして数年後には，フィーチャーフォンの2つ折りをパカッと開く行動自体が時代遅れ人間の象徴的動作とも感じられ始めた。このように，特に都会で生きる人々の間では流行遅れと思われたくないという強迫観念めいた心理さえ感じるのである。

⑸　「関連資機材・ソフト・コンテンツ等の保有」

デジカメは，デジタル写真システムの入力機能であるが，2001年にパソコンの世帯普及率は50%を超え[5]，主に年賀ハガキを印刷する為にインクジェット・カラープリンターを保有している家庭も増えていた。この場合，既にデジタル写真システムの編集機能（PC）と出力機能（プリンター）として使用可能な機材・ソフトを保有済みの状態にあり，デジカメへのイノベーション

2　総務省（2004）『平成16年版情報通信白書』。
3　次章〈3-3節〉（顧客間相互作用の諸理論とパワーバランス）にて詳述。
4　次章〈3-3節〉（顧客間相互作用の諸理論とパワーバランス）にて詳述。
5　本書第6章〈6-3節〉の〈図表6-4〉にデータ掲載。

採用へ向かう動機を促すパワーが働き易い状況だったと言えよう。

　一方，スマホ購入以前に，iPodに音楽コンテンツを所有している人々も多くいたが，そのコンテンツをiPhoneに移せばそのままスマホでも聞けること。また，気に入ったPCやデジカメの画像をスマホに移せばそのままスマホでも常に見ることができる等，既に保有している関連資機材・ソフト・コンテンツを有していることが，スマホ購入に対して積極的になる要因・動機になったことは否めないであろう。

⑹　「支払い余力がある」こと

　この要因には2つの側面がある。まず，上記のような動機から購入（イノベーション採用）したいと考えても，支払い余力がなければ実現不能であり，支払い余力があることは必要な条件だという側面である。次に，支払い余力が十分にあれば，イノベーション採用において結果として失敗した場合の経済的ダメージが少ないので，リスクテイクが容易となる側面である。支払い余力の多い顧客ほど，動機さえ整えばイノベーション採用のハードルは相対的に低くなっていく傾向があると言えよう。

2-2-4　「❷顧客の消極的パワー」：
顧客がイノベーション採用をためらい拒む力の要因／動機

⑴　顧客が重視している「従来機能がない／劣る」

　カメラの基本機能は，残したい瞬間を切りとって保存することであるが，デジカメでは様々な局面で時間が掛かることが指摘されていた。まず，銀塩カメラではなかった電源ボタンを押して起動し撮影可能になるまでのタイムラグ，そして，シャッターボタンを押してから実際に撮影されるまでのタイムラグ（シャッター・タイムラグ）は，銀塩カメラに慣れた多くの人々が最初に違和感を持った点であろう。シャッター半押しでオートフォーカスのセット後に本押ししてから実際に撮影されるまでのタイムラグ（レリーズ・タイムラグ）も同様である。初期のデジカメで速い動きの一瞬を狙うことは相当に難しかったと言えよう。さらに通常モード（連写モードでなく）で撮影後，次に撮影可能になるまでのタイムラグなど心理的ストレスは大きく，店頭で試写してみて購入を諦めた人々も多かった（購入後に気づいた人々も多かっ

第2章▶イノベーションのパワーバランス　33

たが）。メーカー／機種によるが，この各種タイムラグ問題が解消されるまで，その後も年数を要することとなった。

　一方スマホのケースでは，フィーチャーフォンにあった「モバイルSuica」「お財布ケータイ」「赤外線通信」「生活防水機能」など，いずれも（Android機には有する機種もあるが）先行した当時のiPhoneには無く，これまで使い慣れた機能がないことはイノベーション採用の意欲を削ぐ要因となった。さらに，フィーチャーフォンは2つ折りでスラックスのポケットにも容易に収まったが，スマホは大きくて同じポケットに入れられるサイズではなかったことも障壁になっていた。ハードな液晶ディスプレーの場合は大画面を求めることと収納し易さとは相反する要素であった（今後はフレキシブル有機EL（electroluminescence）ディスプレー搭載機種も一般化するであろう）。

⑵　「サンクコスト」に対する意識

　デジカメの場合，従来の銀塩カメラ関連資機材に相当な額を既に出費したのに，という意識である。レンズシャッター・カメラ，一眼レフカメラ本体と交換レンズ群，カメラバッグ，ネガケース，買いおきフィルム等々が脳裏に浮かび，デジタル写真システムの採用へ向かって動き出すパワーを削ぐのである。

　スマホの場合も，かつては現有のフィーチャーフォンに胸をときめかせて24ヵ月分割払いで入手し，支払いをやっと先日終えたばかりなのに，とたんにブームになったスマホに対して新たなローンを組むのは悲し過ぎるという感覚である。さらに，フィーチャーフォンのサイズに合わせたポケットを有するバッグ，スーツなど，スマホサイズになると困る類の波及効果も存在した。

⑶　従来システムを廃棄する（或いは未使用状態にする）ことへの「罪悪感」

　使用可能なのに廃棄するとは，或いは未使用の状態にしてしまうとは"勿体無い（＝Mottainai：環境会議で今や世界語）"という意識である。現在も使用できるガッチリした（銀塩）一眼レフカメラやまだピカピカのフィーチャーフォンを未使用にするのは"勿体無い"という感覚であり，その意識がイ

6　2018年11月1日，中国Royole社が世界初の商用製品FlexPaiを中国国内で発売（予約受付）開始。

ノベーション採用への動きを思い留まらせるパワーの源泉ともなるのである。スマホの場合，関連機材である前述のiPod（購入後数年にも関わらず）の使用頻度が，極端に減ることの勿体無さを感じた人々もいたであろう。

⑷ 「スイッチングコスト」の大きさ

　銀塩一眼レフカメラ用の交換レンズ群は，デジタル一眼レフカメラに装着できないメーカー／機種もあり，装着できる場合にも画角の変化等の為に不便なのが2003年頃においては一般的であった（操作感は交換レンズの表示より焦点距離が長くなる感覚で望遠側にシフトし，標準・広角側が不足する状態となる）。せっかく長年掛けてコツコツと貯めた交換レンズ群を全てデジタルカメラ用にセットで買い替えるのは金銭的にハードルが高過ぎるというような事情も，デジタル写真システムへ移行する力を削ぐ要因であった。

　スマホへの移行におけるスイッチングコストは，スマホの使用方法を習得する時間や煩わしさ，フィーチャーフォン内の電話帳などのデータ移行が必ずしも十分でない現状を補う手間と心理的コストが発生していたと思われる。

⑸　状況の見極め／次機種狙いによる「買い控え」

　技術進歩が早い為に，デジタルカメラの新製品もクロッシング状況におかれた2001年頃から数年間，およそシーズン毎（3ヵ月に1度）に新製品が出る状況にあった。

　スマホではiPhoneシリーズだけを見ても，前述のように2008年7月にiPhone3Gが発売された後，2009年に3GS，2010年に4，2011年に4S，2012年5，2013年に5S/5C，2014年に6/6Plus，2015年に6S/6S Plus，2016年3月にSE，9月に7/7Plus，2017年は9月に8/8Plus，11月にX，2018年は9月にXS／XS Max 10月にXRがそれぞれ発売されてきた。しかも事前に様々な憶測情報が飛び交うので，より慎重な顧客は早計に新モデルを購入してしまうことを恐れて買い控える傾向が現れる。つまり，もう少し待てばさらに良い商品が出るのではないか，慌てて購入して悔やみたくないという思いで，なかなか特定機種の購入に踏み出せないでいる状態もあった。さらに，iPhoneとAndroid陣営とのデファクト・スタンダード競争の行方に関する疑心暗鬼的な心理状態も，これまで様々なハイテク機器の規格競争によって痛い目を見てきた世代にとっては購入の動きを鈍らせる要因の1つでもあった。

第2章▶イノベーションのパワーバランス　35

⑹　顧客の「アンチ流行／変化に対する拒絶意識」

　これは，「❶顧客の積極的パワー」のところで挙げた「流行に乗り遅れたくない！」という意識とは逆の意識を持つケースに当たる。つまり，「そんな流行に踊らされてたまるか！」という意識を持つ人々で，高年齢のグループだけでなく，若者の中にも従前から「ハイカラに対する，いわゆるバンカラ」な層が散見されていた。このような要素がイノベーションの採用に逆らう心理的要因として存在したことも挙げておきたい。バンドワゴン効果[7]と対照をなすスノッブ効果[8]の発露である。

⑺　「支払い余力が小さい」こと

　「❶顧客の積極的パワー」のところでは，「支払い余力がある」ことの2つの側面に関して述べたが，ここでは「支払い余力が小さい」ことの2つの側面に関して述べることとする。1つは，仮に，❶で述べたような動機から購入（イノベーションの採用）したいと考えても，支払い余力が少なければ実現が難しく，イノベーション採用を思い留まざるを得ないという側面である。次に，支払い余力が少ないと，イノベーション採用において結果として失敗した場合の経済的ダメージが大きいので，リスクテイクに慎重になるという側面であろう。この要因に関しては，支払い余力が少ない顧客ほど，動機が整ったとしても心理的ハードルは相対的に高くなり，イノベーション採用のゴールテープを切れない傾向が強まるであろう。

　スマホの場合，スマホ端末だけでなく，ランニングコストとしても月額通信料の高額さが極めて大きな障壁となった。2014年当時のコストイメージとしては，フィーチャーフォンで月額¥3,000〜4,000の人がスマホに変えるとMVNO（mobile virtual network operator）事業者を除き，月額で¥8,000を超えたのである。それにもかかわらず，スマホの場合は先のネットワーク外部性の魅力やデジタル・ディバイドへの恐れ等の為，支払い能力の乏しい人々がイノベーション採用に踏み切ってしまう側面も見逃せず，2015年9月11日の経済財政諮問会議で総務相の提案を受けた総理が携帯電話料金の早期値下げ実現を指示するという異例の事態も引き起こした。

　7　次章〈3-3節〉（顧客間相互作用の諸理論とパワーバランス）にて詳述。
　8　次章〈3-3節〉（顧客間相互作用の諸理論とパワーバランス）にて詳述。

以上，〈図表2-4〉において示した，「❶顧客の積極的パワー」と「❷顧客の消極的パワー」という２つのパワーの源泉となる要因・動機について検討してきた。次節においては，企業等とイノベーションに関して考察していきたい。

2-3 企業等とイノベーション

2-3-1 企業等内における２種類のパワー

前節では〈図表2-4〉をベースに，顧客とイノベーションに関して考えを進めてきたが，ここでは「イノベーション採用のゴール」についてイメージを進展させ，（思考空間内を）右へ移動していく顧客集団とは逆に，『イノベーション採用のゴールは左へ移動していく』と考えてみることとする。

「採用のゴール」を左へ進ませる，すなわち「採用の障壁を下げる」のは，「システムを提供する各企業等」を中心とする動きである。すると，ゴールの位置は各企業等によって多少異なり，仮に顧客が不変で右へ移動しなくとも，ゴールをいち早く左へ進ませた企業が，次にイノベーションを採用する顧客を獲得していく構造にあると考えることができる。しかしながら，全ての企業等がこぞって新システムへの移行のみを戦略的に選択するかと言うと，必ずしもそうではない。様々な状況により敢えてイノベーションの採用容易化を「渋る」企業等も存在するであろう。この様子を〈図表2-6〉に示した。

つまり，イノベーション採用のゴールを左へ進める，すなわちイノベーションの採用容易化を進めようとする「企業等の積極的パワー」と，ゴールを左へ進めることを拒む，すなわちイノベーションの採用容易化を渋る「企業等の消極的パワー」という，２種類のパワー関係が存在していることを示している。

なお，ここでイノベーションの採用容易化に関わるパワーの主体を，「企業」ではなく敢えて「企業等」と標記している理由を述べておくこととする。イノベーションの採用容易化に関わるパワーの主体に関して検討すると，ま

第2章▶イノベーションのパワーバランス　37

図表2-6　企業等とイノベーション

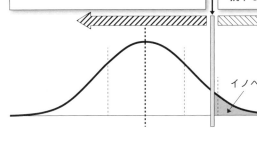

出所：小沢（2005）p. 96を修正。

ず挙げられるのは企業（連結ベース）だが，分析の主な対象とする企業及び同業の企業群（競争的関係／協調的関係）だけではなく，サプライヤー企業や流通企業・顧客企業など関係する様々な企業も範疇に入れておく。さらに，例えば大学・研究機関を始めとして広義のNPO（nonprofit organization；not-for-profit organization：非営利組織）がイノベーションの採用容易化を進める／拒むことは想像に難くない。また，von Hippel（1988）[9]らが主張している，「リードユーザー・イノベーション」のように，ユーザー[10]自身がイノベーションを進めていくことも十分に想定しておくべきである。例えばあるソフトの利用を促進するテンプレートを顧客が開発して無料でネット上に公開した場合などを考えると良いであろう。このケースにおいては顧客自身がその活動によって，イノベーション採用容易化のハードルを左へ進めたことになるのである。さらに，企業内部には複数組織が存在するが，ある企業にはイノベーションに対して積極的な組織と消極的な組織が存在することも稀なことではない。デジカメへの移行期における銀塩カメラメーカーの多くはデ

9　von Hippel, E.（1988）*The Sources of Innovation*, Oxford University Press（榊原清則（訳）（1991）『イノベーションの源泉』ダイヤモンド社）．
10　本書ではBtoCのみを想定する場合を「ユーザー」，BtoBを含む場合は「顧客」とする。

図表2-7 企業等とイノベーション（イメージ・イラスト）

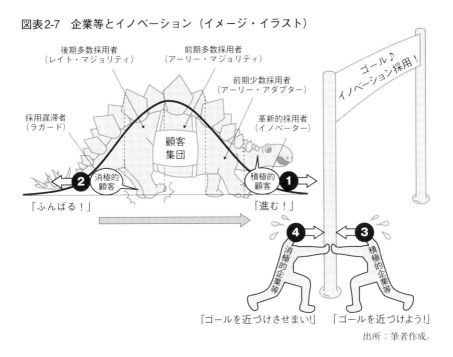

出所：筆者作成。

ジタルカメラも並行して研究／開発／生産／販売／サービスしており，同一企業内部に相反する2つの組織が存在していた[11]。これはスマホ移行期における携帯メーカーに関しても同様の状況であった。このような意味合いを込めて，イノベーションの採用容易化に関わる主体を「企業等」と簡略的に標記しているのである。

そして，個々の企業／企業内組織／NPO／ユーザー自身，或いは共にイノベーションを採用したり躊躇したりする或るサイズの企業グループ／企業内組織グループ／NPOグループ／ユーザーグループ等が動くパワーであるが，それらが集積された企業等全体の内部パワーとしてこれら2種類のパワーを捉えると，これら2種類のパワーの大小とその発生タイミングやスピードによって，イノベーションの進行スピード等の進行プロセスが決定していくものと考えることができよう。〈図表2-7〉にはイメージを容易にする為，〈図表2-5〉に❸積極的企業等と❹消極的企業等を加えたイラストを表現した。

11　〈4-6節〉（企業内組織間のコンフリクト）にて詳述。

次節から，このイノベーション採用容易化を巡る企業等のパワー2種類に
関して，銀塩写真システムからデジタル写真システムへの採用に関する動き
を題材として，それらのパワーを生む源泉となる要因・動機について検討を
加えてみる。

2-3-2 「❸企業等の積極的パワー」：
企業等がイノベーション採用容易化を進める力の要因／動機

　図表の上では，採用容易化のハードル／ゴールを左へ進ませる力であり，採
用へ踏み切る為の障壁を下げる力として捉えることができるであろう。

　これは，新システムの方が相対的に魅力的（既存システムで相対的に劣勢）
で，早く新しい土俵で勝負したい企業等が抱くパワーであると考えられるが，
具体的要因を写真システムのイノベーションの事例について，以下に5点を
挙げることとする。

(1)　新システムでの「新規参入狙い」

　〈図表1-9〉において「技術の不連続」と矢印で記載した領域，すなわちテク
ノロジー・ギャップが発生するこの時期は，新規参入の好機としても理解さ
れている。例えばカシオ計算機社は腕時計ビジネスの分野において，かつて
の機械式時計からクォーツ時計への技術転換期に，また各種楽器が電子楽器
に展開する際にもテクノロジー・ギャップの発生タイミングを捉えて新規事
業に参入・拡大・発展を遂げてきた。銀塩カメラからデジタルカメラへの技
術転換期において，前述のごとく1995年に先鞭をつけたのも同社であり，新
規参入に関する技術戦略／事業戦略の在り方について考える好事例であろう。

(2)　新システムにおける「技術優位性」

　銀塩カメラは光学技術＋精密機械技術＋電子技術であるが，デジタルカメ
ラは電子技術の割合が圧倒的に増加し，電子技術をコア技術とする企業群に
とって，その技術優位性を生かすチャンスであった。1995年以降のデジタル
カメラ競争においても，従来型銀塩カメラの製造企業群と言えば，キヤノン，
ニコン，オリンパス，コニカミノルタ（元はコニカ，ミノルタ），富士フイル
ム（当時は富士写真フイルム），リコーイメージング（元はリコー，ペンタッ
クス）等々の光学機器／精密機械メーカーが主体であったが，電子技術をコ

40　第1部▶イノベーションのパワーバランスと企業戦略

アとする企業群として前述のカシオ計算機，パナソニック（元は松下電器産業と吸収した三洋電機），ソニー等の電子機器メーカーが，その技術優位性を遺憾無く発揮したと捉えられる。

(3) 新システム領域における「ブランドイメージの早期構築狙い」

　一般的にマーケティング領域の広告戦略では，新領域においていち早く企業名を売り込んで優位性のイメージを確立する戦略が理解されている。例えばかつて，テレビの大画面化が進行すると「大画面の○○○（社）」と謳い，液晶テレビの市場黎明期には「液晶の○○○（社）」，プラズマテレビも対抗して「プラズマの○○○（社）」という具合である。新システム領域において早期のブランドイメージ構築を狙いとして，このマーケティング戦略を採用しようとする企業群がそれぞれのリスクを抱えつつラッシュしていく状況を観察できる。各社のテクノロジー・サイドにとってテクノロジー・ギャップが好機であるように，各社のマーケティング・サイドにとってもこの種のイノベーションは商品ブランドのイメージ構築／再構築，或いは，コーポレート・ブランドのイメージ構築／再構築の好機なのである。

(4) 新システムの「販売チャネル優位性」

　銀塩写真システム（銀塩カメラ，フィルム，DPE サービス）の販売／サービスはカメラ量販店（当時の YSB：ヨドバシカメラ，さくらや，ビックカメラ等）や写真店であったが，デジタル写真システム（デジカメ，画像処理ソフト，画像メモリー，インクジェット・プリンター，パソコン等）の販売は家電量販店（当時の YKK：ヤマダ電機，コジマ，ケーズデンキ等）など家電販売チャネルも有力となっていた。すなわちメーカー側としても，このような電子機器販売チャネルに強力な交渉力を持っている電子機器メーカーが，相対的に有利なポジションを得る産業構造へ転換するトレンドがあったと理解すべきであろう。なお，これら販売チャネル間においても垣根を越えて壮絶な競争が展開された。[12]

12　ベスト電器は 2006 年 12 月，さくらやを実質傘下に（2008 年 3 月に完全子会社化）。ビックカメラは 2008 年 10 月，上記ベスト電器を持分法適用会社に（2013 年 3 月提携解消），2010 年 1 月ソフマップを完全子会社化，2012 年 6 月コジマを連結子会社化などなど（一部のみ）。

⑸ 従来システムで劣勢だった競合企業の「新規巻き返しチャンス」

新システムの登場によって，従来システムに関するシガラミを背負う必要性が少ない産業構造となる。すると，従来システムにおける競争関係のKFS（Key Factor of Success：主要成功要因）の位置付けが一気に転換されることになる。例えば，銀塩写真システムにおいては，ラボ・チャネルと呼ばれる，現像＆プリント処理拠点と中小カメラ販売店／写真取次店などを含むネットワークの強さが，KFSの1つとして挙げられていた。つまり，このチャネルはこれまでの競争優位企業にとっては競争上の強みであったが，デジタル写真システムへの移行が進むと基本的には不要な存在となり，逆に大きなハンディキャップ（＝重荷）になりかねないのである。街の写真店等と世代を超えて共存共栄を歩んできた経緯から，道義的に或いは大企業の面子から救わざるを得ないというように，一種の運命共同体として背負ってしまう状況も発生するであろう。この構造転換は，いわばオセロゲームのような状況を呈し，これまで劣勢であった企業群が形勢逆転・新規巻き返しを狙うチャンスにもなり得るので，企業等の積極的パワーの源泉要因として挙げておくこととする。

2-3-3 「❹企業等の消極的パワー」： 企業等がイノベーション採用容易化に抗う力の要因／動機

図表の上では，イノベーション採用容易化に抗う力であり，イノベーションのゴールを左へ進める力に対抗してその場に留める右向きの力として捉えることができる。このような旧システム延命を重視する企業パワーに関して，具体的な要因例を写真システムのイノベーションの事例について以下5点挙げることとする。

⑴ 新システムでの「技術劣位」

前述のように，銀塩カメラの技術構成は光学技術＋精密機械技術＋電子技術であったが，デジカメでは電子技術が中核技術を占めるので，（平均的）銀塩カメラメーカーは，電子機器メーカーと比して技術劣位であると言えよう。従って，仮に製品開発はできても，機能の差別化・コスト優位性・量産対応能力等の優位制構築は難しい状況である。特に深刻なのがコスト構造である。

銀塩カメラにおいてはレンズ関連部品・機械部品（金属部品・プラスティック部品）等の構成ウェイトが高く，自社でコスト・コントロール可能にすべく能力蓄積してきたが，デジカメにおいてはキーパーツを含む電子部品の構成ウェイトが圧倒的に高く，電子部品メーカーからの購入に依存せざるを得ない。つまり，電子部品製造企業／部門を傘下に持つ電子機器メーカーの方が優位な構造となった。なお，銀塩カメラメーカーの中でも総合力のあるキヤノンや富士写真フイルム等の企業はイメージセンサーを自社開発する等，相当に以前から技術準備を行い，このような構造に陥ることを避けていたことも追記しておく。このように，新システムでの技術劣位は，新システムへ企業が向かおうとする動きに対してはできるだけ進行を遅らせたいという消極的パワーとして作用するのである。

⑵ 「旧システムでの優位性・高収益性」

　従来型写真システムの中でも，特にカラーフィルムと撮影後のフォトフィニッシング事業領域（現像・プリント等のDPE事業）はかつてから高収益な事業分野であった。デジタル写真システムへの転換スタート時期である1995年時点において，カラーフィルム製造の大手企業は世界で4社（イーストマン・コダック社，富士写真フイルム社（現在の富士フイルム社），コニカ社（現在のコニカミノルタ社），アグファ社）のみであった。またフォトフィニッシング事業領域でも，これらの4社に数社を加えた企業群が処理機器や印画紙等の資機材を独占しており，競争状況の激しさは十数社が鎬を削るデジカメ事業の状況とは比較にならない程に緩かったと言わざるを得ない。このように，旧システムでの技術・販売優位性や寡占状態から生ずる高収益体質が企業体質に染み込み，競争が激しく利幅も薄い新システムへの移行に積極的になれないという意識或いは意思決定メカニズムのロックイン状況も，企業等の消極的パワーの源泉要素として挙げておく必要がある。

⑶ 「旧システム関連で抱える自社リソースが大」

　まず，プラント等の大型設備の保有量が大きな足枷となることが挙げられる。写真フィルムや印画紙が世界で数社の寡占状況とは即ち，世界需要の全てをたった数社が供給していたことを意味する。しかもこれら数社はコスト競争で勝ち抜く為，資本集約型の投資競争を継続してきた経緯を思えば，各社

第2章▶イノベーションのパワーバランス　43

が抱える生産プラントの巨大さは想像に難くない。これら写真フィルムメーカーが積極的に新システムを推進する為には，これら巨大プラントの転用を試み，不可能な場合は廃棄処分も覚悟せねばならないのである。実際に，コニカ社は印画紙生産プラントをインクジェットプリンター用の高級ペーパー生産へと転用を図った。印画紙プラントは購入したRCペーパー上に前工程の仕込み釜で熟成された感光乳剤を塗布・乾燥する工程であるが，インクジェットプリンターが吐出したインクを受け止め拡散させずに速乾させる機能を持つインクジェットプリンター用ペーパーも同様の工程で生産できるところに目をつけたのである。しかしながら，最終商品の価格から想定して同社が当生産プラントを通じて得られる付加価値は相当程度低下したものと思われる。また，新システムへの移行が難しい研究／開発／生産／販売／サービスに従事している従業員の保有など旧システム関連で抱える自社リソースが多い程，新システムへの転換の動きを鈍らせる要素となるであろう。

⑷ 「旧システムで抱える販売チャネル等への義理やシガラミ」

　前項目⑶では，旧システムで抱える「自社」のリソースに着目したが，本項目では旧システムで抱える「自社外」リソースに関して触れておく。1990年代頃まで国内各地の商店街には写真店が1店舗はあるものと想定してほぼ間違いはなかった。その写真店にはフジカラーかコニカカラー（旧・さくらカラー）の看板がメーカー補助で設置され，ノボリがはためき，出入り口のガラスには各社のステッカーが貼られる等，写真店とフィルムメーカーとは運命共同体的な一体感を醸成していた。銀塩フィルム＆カメラメーカーがデジタル写真システムへ積極的に移行するに際しては，これら写真店の経営に相当な打撃を与えることも覚悟せねばならない。写真店主の，「先代から共存共栄でやってきた我々を見捨てる気か…」という声は，メーカー経営者にも届いているのである。これまで大事にしてきた写真店との関係悪化を和らげながらソフトランディングしていく施策と相応の時間を必要としているのである。実際，富士フイルム社は，デジタル写真システムでも「プリントはお店に任せましょう」という「お店プリント」を精力的に進め，CMでも顧客に呼びかけた。フィルム販売は捨てても，フォトフィニッシング事業で写真店を支援しようという試みである。このように，旧システムで抱える「自社

外」リソースとしての販売チャネルへの義理やシガラミ等も，従来企業がイノベーション推進に対して消極的になるパワーの要素として挙げておきたい。

⑸　自社内でのジレンマ（自社内競合／葛藤）

　富士フイルム社やコニカミノルタ社のように，フィルムメーカーでありカメラメーカーでもある企業は，写真のイノベーションに対して大きな悩みを抱えたことであろう。それは，これまで述べてきた，「❹企業等の消極的パワー」の要素と，「❸企業等の積極的パワー」の要素の両方を組織内部に抱えているからである。経営者としては，IR等の場でイノベーションに対する消極的内容や葛藤よりは積極的姿勢を見せる方向にバイアスが掛かるであろう。写真業界の盟主として業界をリードし続けたいとの思いも渦巻くであろう。しかしながら，社内にはデジタル写真を推進するデジカメ開発部門等のみでなく，当然，従来からの大組織である写真フィルムや銀塩カメラの，研究／開発／生産／販売／サービス部門があり，その部門の一般構成員から各階層のリーダー・部門長・担当役員に至るまで，それまでの経営成果を背景とする有力者がひしめいている。成果主義評価が導入されていれば尚更のこと，これら部門の売上／利益目標等を極端に下げることは（それが実情であっても）事実上の難易度は高く，ある目標に向かって事業を継続させるイナーシャ（inertia：慣性）は強大であり，なかなかそれを止められないのが従来の日本企業である。例えば，銀塩カメラをある時点で販売すると，その消費者をデジカメ購入の機会から数年間は遠ざけることに結果としてなるが，銀塩カメラ販売を担当している社員はデジカメ事業にとっての将来障壁と考えずに販売に邁進するのである。このように，自社内に積極的な組織と消極的な組織の両方を抱えている企業は，それら組織や事業規模が大きい程，それだけ大きな社内ジレンマや矛盾を抱えていることは見逃せない事実である。

　このように産業構造の変化を背景として，各企業が所有する「能力／資源」と，各企業の「ポジション」によって，上記のような各種パワーが生じてくるものと考えられる。

第2章▶イノベーションのパワーバランス　45

2-4 イノベーションのパワーバランス・モデル（基本型）

〈2-2節〉と〈2-3節〉において，イノベーションを推進する2つの主体である「顧客」と「企業等」のそれぞれに関して，イノベーションを「推進する積極的パワー」と「躊躇する消極的なパワー」という，合わせて4つのパワーを検討してきた。それぞれのパワーを行使しようと各主体は行動するので，イノベーションを取り巻いて「4つのパワー」が存在しており，「イノベーションの進行プロセス」はそれら「4種類のパワー」によって決定する，と考えることができる。そこで，〈図表2-8〉のように総合化してみることとする。すると，

図表2-8　イノベーションのパワーバランス・モデル（基本型）

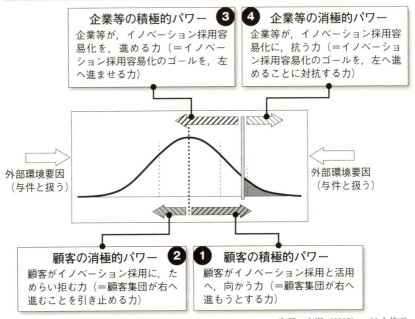

出所：小沢（2005）p.98を修正。

❶顧客の積極的パワー：顧客がイノベーション採用と活用へ向かう力

❷顧客の消極的パワー：顧客がイノベーション採用をためらい拒む力

❸企業等の積極的パワー：企業等がイノベーション採用容易化を進める力

❹企業等の消極的パワー：企業等がイノベーション採用容易化に抗う力

という4種類のパワーバランスによってイノベーションの進行速度は決定する，とまとめられる。

　なお，ここで検討対象としている顧客と企業に間接的に影響する要因がある。例えば景気・為替動向などの経済的要因や政治的要因などであるが，ここではこれらの要因は外部環境要因として扱う。そのような外部環境要因の下でも，4種のパワーという1つのまとまった「系」として図表のように考え得るからである。

2-5 企業戦略へのリンケージ・モデル(基本型)

　さて，前節の「イノベーションのパワーバランス・モデル」によって，イノベーションの進行メカニズムがモデル化された。このモデルをベースとして，イノベーションの採用容易化を進めたい企業等とそれに抗う企業等という，2つの戦略グループを主体として見た時に，それぞれのグループに属する各企業等における技術戦略やマーケティング戦略は，どのようなフレームワークで検討できるだろうか。〈図表2-9〉に戦略立案検討の為のフレームワークをまとめてみた。「❸積極的企業等」に属する1つの企業等について考えると，同組織はそれぞれ❶，❷，❸，❹という4つの力に対する基本戦略が必要である。同組織が属するグループの❸を含むのは，同じグループに属する他の企業等に対する戦略も当然必要になるからである。

　一方，「❹消極的企業等」に属する1つの企業等について考えると，同組織はそれぞれ❶，❷，❸，❹という4つの力に対する基本戦略が必要になる。同社が属するグループの❹を含むのは前述同様，同じグループに属する他の企業等に対する戦略も必要となるからである。

第2章▶イノベーションのパワーバランス　47

図表2-9　企業戦略へのリンケージ・モデル（基本型）

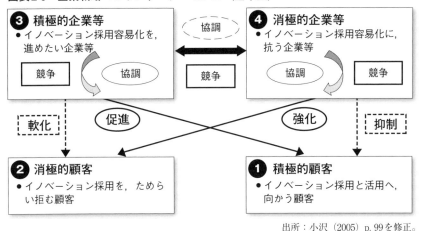

出所：小沢（2005）p. 99を修正。

2-5-1 「❸積極的企業等」に属する企業の戦略

まず，「❸積極的企業等」という，イノベーションを進めたい戦略グループに属する一企業が，イノベーションのパワーバランスの構成要素である❶，❷，❸，❹という4つのパワーに対して，それぞれどのような基本戦略で臨むべきか検討する。なお，❸に属する一企業が例えば❶のパワーに対する戦略を，〈❸→❶〉と表現することとして，〈❸→❶〉，〈❸→❷〉，〈❸→❸〉，〈❸→❹〉という4つのケースについて議論を進めたい。

(1)　「❸積極的企業等」→「❶積極的顧客」に対する戦略

『促進』が基本戦略となる。顧客がどんどんイノベーション採用へ向かうように促進する，ということである。〈2-2節〉の，「❶顧客がイノベーション採用へ向かうパワー」で検討した，「新たな価値の訴求」「ネットワーク外部性」「顧客の流行イメージ」などを，さらに刺激し強化する戦略である。写真システムの例で考えると，「写真はもうデジタル写真」というムードを盛り上げるコマーシャルで直接顧客へアピールしたり，販売チャネルを通じたプロモー

ションを展開する。既にイノベーションを採用した顧客も重要なパートナーであるので，顧客宛メーリングリストへの加入を促したり自社のウェブサイトへ誘導して囲い込みを図る等の戦略を展開すると共に，デジタル写真の楽しみ方など顧客がさらにデジタル写真の利用を活発化し，新たな価値（評価尺度）が一般化する方向へリードする。紹介キャンペーンなど顧客を通じたプロモーションを織り交ぜる，などが考えられる。

⑵ 「❸積極的企業等」→「❷消極的顧客」に対する戦略

『軟化』が基本戦略となる。消極的顧客を分析して拒むパワーを排除し，「拒む」から「ためらう」に，「ためらう」から「受容する」へと態度を軟化させ，イノベーション採用へ進むことを促す戦略である。〈2-2節〉の，「❷顧客がイノベーション採用を拒むパワー」で検討した「サンクコスト」「スイッチングコスト」などのそれぞれに対して，拒むパワーを排除することになる。「スイッチングコスト」対応では，デジタル一眼でも従来型交換レンズ群との互換性を確保（キヤノン等数社），さらにアンチシェイク（手振れ防止）機能を本体内蔵として従来型交換レンズ群所有者のストレスを低下（コニカミノルタ社）等がある。また，「サンクコスト」「廃棄の罪悪感」への対応として，旧システムである銀塩カメラの下取りキャンペーンの実施，「デジタル機器リテラシー不足」対策としては操作の簡便化とその顧客への訴求，等が挙げられる。

⑶ 「❸積極的企業等」→「❸他の積極的企業等」に対する戦略

『競争』と『協調』が基本戦略となる。例えば，デジタルカメラとホームプリンターとのダイレクト・プリント機能に関する規格統一としての「PictBridge規格（2003年2月規格化，キヤノン，富士写真フイルム，HP（ヒューレットパッカード），オリンパス，エプソン，ソニーの6社が先導し，2005年6月には国内外のカメラ18社，プリンター11社が参加）」で各社が協調する等，イノベーションを進めたいという共通目的の基，「競争と協調」を巧みに織り交ぜることが重要となる。

⑷ 「❸積極的企業等」→「❹消極的企業等」に対する戦略

『競争』が基本戦略で，より上位の共通目的の為なら協調も検討するスタンスである。

第2章▶イノベーションのパワーバランス　49

2-5-2 「❹消極的企業等」に属する企業の戦略

次に,「❹消極的企業等」という,イノベーションに抗う戦略グループに属する1つの企業等が,イノベーションのパワーバランスの構成要素である❶,❷,❸,❹という4種のパワーに対して,それぞれどのような基本戦略で臨むべきか検討する。なお,前節と同様に❹に属する1つの企業等が例えば❶のパワーに対する戦略を〈❹→❶〉と表現することとして,〈❹→❶〉,〈❹→❷〉,〈❹→❸〉,〈❹→❹〉という4つのケースについて議論を進めたい。

(1)「❹消極的企業等」→「❶積極的顧客」に対する戦略

『抑制』が基本戦略となる。顧客がイノベーション採用へ向かう勢いを弱めるように抑制するという戦略であり,〈2-2節〉の「❶顧客がイノベーション採用へ向かうパワー」で検討した「新たな価値の訴求」「ネットワーク外部性」「顧客の流行イメージ」などを抑えることになる。写真システムの例で考えると,「新たな価値の訴求」に対抗して,「従来価値の訴求」と,「代替手段の提供」が挙げられる。まず,「従来価値の訴求」であるが,写真システムの従来価値である,「画質」を訴求することが,デジタル写真システムの画質が向上する以前の対応策であった。次の,「代替手段の提供」とは,現像済みフィルム(ネガ/ポジ)からでもフィルムスキャナーを用いればまた,従来型の写真プリントからでも平面スキャナーを用いれば,写真のデジタル化が可能であることを訴求する等,従来型システムでも新システムの利便性を代替できる手段を提供することである。

(2)「❹消極的企業等」→「❷消極的顧客」に対する戦略

『強化』が基本戦略となる。消極的顧客を分析して拒むパワーを理解し,拒む態度を強化(硬化)させることによって,イノベーション採用を遅らせる戦略である。〈2-2節〉の,「❷顧客がイノベーション採用をためらうパワー」で検討した,「デジタル機器のリテラシー不足」「顧客の苦手意識」などのそれぞれに対して,拒むパワーを強化することになる。例えばホームプリントの拡大に対して,「自分でプリントするのは大変,やはり写真はプロに任せましょう」(富士写真フイルムによるお店プリント)と,プリント事業だけでも

50 第1部▶イノベーションのパワーバランスと企業戦略

図表2-10　進化的イノベーションに対する企業等の戦略（基本型）

戦略の主体 ＼ 対象	❶積極的顧客	❷消極的顧客	❸積極的企業等	❹消極的企業等
❸積極的企業等	促進	軟化	競争と協調	競争 稀に（協調）
❹消極的企業等	抑制	強化	競争 稀に（協調）	競争と協調

出所：小沢（2006b）p. 215を修正。

守ろうとして従来チャネルである写真店利用を訴求した実例等が挙げられる。

(3)　「❹消極的企業等」→「❸積極的企業等」に対する戦略

　〈❸→❹〉と同じく，より上位の共通目的の為には協調もあるが，『競争』が基本戦略となる。

(4)　「❹消極的企業等」→「❹消極的企業等」に対する戦略

　〈❸→❸〉と同じく，『競争』と『協調』が基本戦略となる。イノベーションを遅らせたいという共通目的の基，これまで検討してきた〈❹→❶〉，〈❹→❷〉，〈❹→❸〉の各戦略においても，「競争と協調」を巧みに織り交ぜることが重要となる。

　以上，❸「積極的企業等」に属する企業の企業戦略と，❹「消極的企業等」に属する企業の企業戦略を８つのケースに場合分けして議論を進めてきたが，この検討結果を〈図表2-10〉にまとめてみた。このように，〈図表2-8〉と，それをベースに発展させた〈図表2-9〉・〈図表2-10〉を，戦略立案のフレームワークとして活用することは極めて有益であると考える。

　次章においては，これら４者のプレーヤーの中で，顧客側の状況に対して考察していくこととする。

第2章▶イノベーションのパワーバランス　51

第3章

増大する顧客パワー

3-1 本章の目的と要約

　本章の目的は，（現代のような情報ネットワーク環境下において）情報発信力・受信力等の顧客パワーが増大し活発化している顧客間相互作用の状況が，どのように顧客の購買行動やイノベーション採用行動に影響を及ぼしているかを，理論とデータを基に考察してまとめること。そして，〈第5章〉におけるパワーバランス・モデルと企業戦略へのリンケージ・モデルのブラッシュ・アップに向けて，それに資する議論を積み重ねることである。

　次に要約としては以下の通りである。Rogersのイノベーション普及理論でも各顧客グループ内とグループ間の相互作用に触れているが，本章前半では，近年の購買行動プロセスに関する先行研究から，購買者・採用者が自己決定可能な「中心的ルート」ではなく，準拠集団やクチコミ等の情報に依存する「周辺的ルート」で意思決定していることをレビューすると共に，顧客間相互作用に関する諸理論〈図表3-5〉をまとめた。その根拠となる背景として，この20年間で日本市場にもすっかり定着したインターネットをベースとする情報通信技術（ICT：Information and Communication Technology）の発展と，ソーシャル・ネットワーキング・サービス（SNS：Social Networking Service）

52

の影響力を確認した。そして，インターネット利用の前後でどのように情報の受発信に関わる構造変化が認められるかを確認〈図表3-13〉した。

3-2 購買行動プロセス

まず，消費者の購買行動プロセスに関するこれまでの研究をレビューすることから始める。Robertson（1971）[1]も指摘している通り「採用」はイノベーションを具現化した革新的製品の採用に関わるものであり，「購買」は常に新製品の購買だけを意味している訳ではなく買い替え行動等を含む。ここでは，進化的イノベーションの採用行動を検討するヒントを得る為に，購買行動プロセスに関する先行研究の成果をレビューすることとしたい。

3-2-1 刺激－反応モデル

まず，1960年代に購買行動プロセス研究分野の主流であった「刺激－反応モデル（S-R model：Stimulus-Response model）」では当初，刺激（S）から反応（R）に結び付く間のプロセスはブラックボックスとされて受動的立場の消費者が強調されていたが，消費者の中で起こる事象を生体（O）として明示する「刺激－生体－反応モデル（S-O-R model：Stimulus-Organism-Response model）」として発展した。

S-O-Rモデルの代表的モデルであるHoward-Sheth モデル（1969）[2]の概要としては，外部から「意味ある刺激（significative stimuli）」，「象徴的刺激（symbolic stimuli）」，「社会的刺激（social stimuli）」という3種の刺激を受けた人間は，「知覚構成体（perceptual construct：刺激の情報処理と情報探索）」と「学習

1　Robertson, T. S. (1971) *Innovative Behavior and Communications*, Holt, Rinehart, and Winston（加藤勇夫・寳多國弘（訳）（1975）『革新的消費者行動』白桃書房，p. 38）.

2　Howard, J. A. and Sheth, J. N. (1969) *The Theory of Buyer Behavior*, John Wiley & Sons, p. 30.

第3章▶増大する顧客パワー　53

構成体（learning construct：概念形成と購買意思決定）」という２種の内部プロセスを経て，アウトプットとしての購買行動等へと進んでいく。そして，新たなカテゴリーの商品や新商品などを対象として情報不足の状態ではこのサブ・プロセスを含む「包括的問題解決（extensive problem solving）」を行うが，購買経験が進むと選択基準等が内在している為に新規情報量は少なくて良く「限定的問題解決（limited problem solving）」となり，やがて購買が反復すると情報をほとんど必要としない「定型的問題解決（routinized problem solving）」になるとされている。これは，購買経験の増加に連れて「ヒューリスティクス（heuristics：迅速な意思決定の為の心理的経験則）」が各人の中で形成されていく結果である。

さて，進化的イノベーションの採用／不採用の決定を顧客が行う場合，革新的新製品ないし，全く新しいカテゴリーの新製品が対象である為に，包括的問題解決が必要になると考えるべきであろう。

3-2-2 情報処理型モデル

前項の「刺激－生体－反応型モデル」に続いた「情報処理型モデル（Information Processing Model）」は，さらに能動的な消費者を想定して組み立てられている。この代表的モデルである Bettman モデル（1979）[3]では，購買行動における情報処理プロセスがフィードバックを伴う形で表されている。すなわち，「動機・目標階層（motivation, goal hierarchy）」，「注意（attention）」，「情報取得と評価（imformation acquisition and evaluation）」，「意思決定プロセス（decision processes）」，「消費と学習プロセス（consumption and learning processes）」という５つのサブ・プロセス全てに，消費者個々人の「情報処理能力（processing capacity）」が関わっているとされている。なお，上記「注意」には知覚符号化（perceptual encoding）を含み，「情報取得と評価」には記憶探索（memory search）と外部探索（external search）を含む。さらに，各ステップに購買環境変化への適応メカニズムが考慮され，「環境走査

3　Bettman, J. R. (1979) *An Information Processing Theory of Consumer Choice*, Addison-Wesley, p. 17 & p. 46.

54　第1部▶イノベーションのパワーバランスと企業戦略

(scanner)」と「中断（interrupt）」等として設定されているのも特徴であろう。

　進化的イノベーションの採用／不採用の決定を顧客が行う場合，前述のように革新的新製品ないし，全く新しいカテゴリーの新製品が対象であり，果たして全ての顧客がこのような能動的プロセスを踏むのか，それだけの情報処理能力を持っているのかという疑問が残る。そこで，次期に主張された「精緻化見込みモデル」をレビューしてみたい。

3-2-3　精緻化見込みモデル

　「情報処理型モデル」に対して，全ての消費者がこのように精緻な情報処理をする訳ではないという考えから，Petty & Cacioppo（1986）は「精緻化見込みモデル（ELM：Elaboration Likelihood Model）」[4]として，〈図表3-1〉のように示した。

　この図表のように，消費者が購買行動に関する認知的処理をする「中心的ルート」（central route：図表の左側を真下方向に直進）に進む為には，「動機付け」と「情報処理能力」の両方が揃うことがまず必須であり，その情報処理の結果，持続的で耐性ある態度を得られることになる。しかし，その2つの条件のいずれかが欠けている状況であれば，「周辺的ルート」（peripheral route：図表の右側）に振り分けられ，周囲から何らかの影響を受けながら態度を変更していく状況か，初期態度の保持或いは初期態度への復帰という状態に留まることとなる。この周辺的処理とは，例えばTVCMのような情報に接した場合に情報の内容自体ではなく，その情報を語る出演者や雰囲気によって態度を決める，というような処理形態である。いずれにせよ，この二重過程理論（dual-process theory）において，消費者はどちらか一方のルートだけではなく，両方を考え合わせて態度を決める場合が多く，2つのウェイト配分が変化すると考えるべきであるとされている。

　なお，現実的に「動機付け」の状態を判断しようとすると，認知的欲求など本来的動機があったとしても時間的条件が見合わないケースもあろう。す

4　Petty, R. E. and Cacioppo, J. T.（1986）*Communication and Persuasion: Central and Peripheral Routes to Attitude Change*, Springer-Verlag.

第3章▶増大する顧客パワー　55

図表3-1 精緻化見込みモデル（ELM）

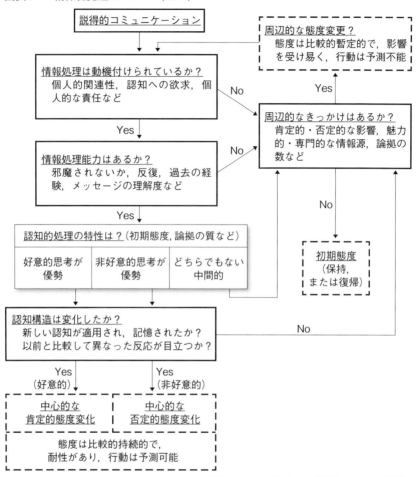

出所：Petty & Cacioppo（1986）p.126より訳出。

なわち当購買案件の検討に掛ける時間的コストに対して期待する結果の差異が小さいとすれば，個人が時間を掛ける優先順位は下がる（個人的関連性が相対的に薄まる）ことになる。一方の「情報処理能力」についても，整理された情報の理解力だけで判断できず，ある時期の限られた時間内に情報過負荷をマネージできるか等の総合的能力と考えねばならず複雑になってしまう。

そこで，Hoyer & MacInnis（2001）[5]が提唱している「MAOモデル」を考え併せると良いであろう。彼らは外部探索の規定要因として，「動機付け（M：motivation）」，「処理能力（A：ability）」に，「処理機会（O：opportunity）」を加えている。すると，まずは純粋な動機付けと情報処理能力を考えて判断し，次に上述の時間的条件や情報過負荷などは，処理機会として振り分けて考えれば良いこととなり，スッキリ整理できると考える。

進化的イノベーションの採用／不採用に際して認知的処理の中心的ルートを進む為には，動機付け・情報処理能力・情報処理機会という3つの条件が揃うことが必要と捉えて良いと思われる。それでは，それらが全て揃わずに周辺的ルートを進む人々はどのような要因群に影響されるのであろうか。

3-2-4 包括的購買意思決定モデル（BMEモデル）

ここで，Blackwell *et al.* が提唱し，現時点で主流の「包括的購買行動モデル（Comprehensive Purchasing behavior model）」である「BMEモデル」を〈図表3-2〉[6]に示し，前述のELMモデルと共に検討を続けたい。

BMEモデルは図のように，まず左側の縦方向に「情報処理プロセス」が接触（Exposure），注目（Attention），理解（Comprehension），受容（Acceptance），保持（Retention）と5段階で示される。中央には「購買意思決定プロセス」が問題認識（Need Recognition），情報探索（Search），代替案評価（Alternatives Evaluation），選択・購買（Purchase），消費（Consumption），消費後評価（Post Comsumption Evaluation），処分（Divestment）と7段階で設定されている。さらに右側には「影響要因群」として，外的影響要因群（Environmental Influences）と個人差要因群（Individual Differences）がおかれ，その他要素の刺激（情報源）（Stimuli），外部探索（External Search），内部探索（Internal

---

5 Hoyer, W. D. and MacInnis, D. J.（2001）*Consumer Behavior,* 2nd ed. pp. 52-77 Houghton Mifflin.

6 青木幸弘（2012）「消費者行動の分析フレームワーク」『消費者行動論：マーケティングとブランド構築への応用』有斐閣，pp. 27-47。
　＊本図表はBlackwell, R. D., Miniard, P. W., and Engel, J. F.（2005）*Consumer Behavior,* 10th ed., South-Western, p. 85の一部を修正した青木（2012）に賛同して引用。

第3章▶増大する顧客パワー　57

図表3-2　包括的購買意思決定モデル（BMEモデル）

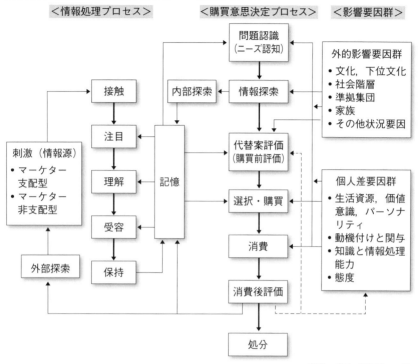

出所：青木（2012）p. 43。

Search），記憶（Memory）を加え，全体的に各要素間の関連を矢印で示している。

　このような全体構造の中で個人差要因群の各要素として，生活資源，価値意識，パーソナリティ，動機付けと関与，知識と情報処理能力，態度が示されている。一方の外的影響要因群には，文化・下位文化，社会階層，準拠集団，家族，その他状況要因が挙げられている。

　さて，消費者が写真システムのデジタル化，携帯電話のスマートフォン化などの進化的イノベーションに直面したケースにおいて，どのような意思決定ルートを選択することになるであろうか。イノベーションによる変化の度合いが大きいほど，情報処理モデルのような精緻な中心的ルートは難易度

が増し，顧客の意思決定ルートは周辺的ルートのウェイトが相当程度に高まっていくものと考えられる。すると，このようなケースにおいては，ある顧客本人は身近な友人ら他の顧客等の情報ソースから受けとる情報によって意思決定が影響を受けることとなり，本人の準拠集団や，晒されているクチコミの影響力に着目していく必要があるものと考える。

　それでは，個人差要因群各要素の中で，これまで見てきた情報処理能力や動機付けと並び鍵概念となる「関与」について次項において深め，外的影響要因群については次節以降で検討を続けたい。

3-2-5　関与概念について

　「関与（involvement）」とは，Zaichkowsky（1985）[7]によれば「個人が固有のニーズ，価値観，興味に基づいて，対象との関係を認識すること」で，商品・ブランド等にどれだけの「思い入れ」を持っているかということである。Peter & Olson（2010）[8]は，関与のブレークダウンとして〈図表3-3〉のようにまとめた。関与に影響を及ぼすのは「内因的自己関連性」と「状況的自己関連性」の2つであり，そのベースにある「消費者特性」「製品特性」「状況特性」という3つの特性と図表のような関連性になっている。すなわち，内因的自己関連性には消費者特性と製品特性が，状況的自己関連性には製品特性と状況特性がそれぞれ影響している。さらにその消費者特性とは自己概念，個人特性，専門知識力で，製品特性とは象徴的意味，知覚リスク，時間コミットメント，価格であり，状況特性とは購買状況，使用状況である。

　進化的イノベーションのこれまで見てきた事例でカメラについては，人生において第1子が生まれてから小学校卒業くらいまでの間，その関与が高まることが言われてきたが，これは我が子の成長の姿を残したいという内因的自己関連性の高まりであろう。ところが1990年代後半以降，幼稚園や小学校

7　Zaichkowsky, J. L.（1985）"Measuring the Involvement Construct," *Journal of Consumer Research*, Vol. 12, Issue 3, pp. 341-352.

8　Peter, J. P. and Olson, J. C.（2010）*Consumer Behavior and Marketing Strategy*, 9th ed., Irwin／McGraw-Hill.

図表3-3　関与概念

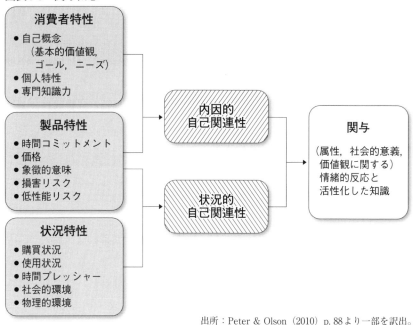

出所：Peter & Olson（2010）p. 88より一部を訳出。

の運動会や学芸会でズラリと並んだ親達のデジカメとビデオカメラの列を思い浮かべると，各人のデジカメに関する状況的自己関連性もまた，嫌でも高まっていたことが容易に理解できよう。その後のスマホに至っては，若者の自己表現の象徴的意味や使用頻度など多くの特性が刺激され，内因的自己関連性も状況的自己関連性も高まった結果，2010年以降の国内において社会現象と言っても過言でない程，フィーチャーホンから急速にスマホへシフトする状況になったことが理解できよう。

　進化的イノベーションは社会へのインパクトが大きい故に，BtoCの場合は日常生活の中で，BtoBの場合は業界内・企業内で，それぞれ何かにつけての話題に挙がり易い。進化的イノベーションに積極的な企業等はこれらの状況をいかに創り出すか，消極的な企業等はそのような状況をいかに回避するかも，これら購買行動の諸理論を念頭におけば課題として浮かび上がってくる。そこで，次節で顧客間相互作用にフォーカスして検討する。

3-3 顧客間相互作用の諸理論とパワーバランス

3-3-1 準拠集団

　前節の包括的購買意思決定モデル（BMEモデル）で外的影響要因群の中でキーとなる準拠集団についてまず先行研究を振り返ってみる。

　「準拠集団（reference group）」とは，意思決定する個人が影響を受ける単数或いは複数の集団のことである。清水（1999）[9]によると，最初にHyman（1942）[10]が概念を提唱し，その後Bourne（1957）[11]が消費者行動の分析手法として導入したが，Park & Lessig（1977）[12]は役割に着目してこの準拠集団を3種に類型化したとされている。すなわち，「情報源としての役割（人は不確実性に直面した時，信頼のおける情報源からの情報を重視する）」，「功利的な判断をする為の役割（購買に際し集団からの賞・罰を基準とする）」，「価値表現としての役割（購買に際し自分の選択の肯定に使用／所属する集団のイメージに一致させる）」の3種類である。そして，このうち最初の「情報源」について，Lazersfeld（1959）が，対人的影響（personal influence）の研究成果として「情報の2段階性」（マスメディア → オピニオンリーダー → 各個人）を主張し，これが顧客サイドの情報伝達力の重要性に結び付いて，その後クチコミの研究として展開していったとされている。

9　清水聰（1999）『新しい消費者行動』千倉書房，pp. 46-49。

10　Hyman, H. H.（1942）"The Psychology of Status," *Archives of Psychology*, Vol. 269, pp. 94-102.

11　Bourne, F. S.（1957）"Group Influence in Marketing and Public Relations," in Likert, R. and Hayes, S. P.（eds.）, *Some Applications of Behavioral Research*, UNESCO, pp. 207-257.

12　Park, C. W. and Lessig, V. P.（1977）"Students and Housewives: Differences in Susceptibility to Reference Group Influence," *Journal of Consumer Research*, Vol. 4, Sep., pp. 102-110.

3-3-2 クチコミ

「クチコミ」は，英語ではword of mouth（WOM）であり，日本語では他表記もあるが，本書では全てカタカナ表記の「クチコミ」を用いる。また，本書では，対面での会話のみでなく，電話での音声会話やネット経由による文字・静止画・動画等の情報交換も含めてクチコミと呼ぶこととする。

このクチコミに対して濱岡（1993）[13]は，「対象商品の不確定要素が多い場合にクチコミが効果を持つ」と主張している。進化的イノベーションとの関連を考えた場合，顧客がイノベーションに直面した時点においては，不確定要素の割合は極めて高い状態であると想定され，クチコミの影響力が増す状況に各人はおかれるものと言える。また，田村（2006）[14]は，このクチコミに対して，「クチコミネットでの位置カテゴリー」を提案している。〈図表3-4〉のように，クチコミの「情報提供」とクチコミの「情報依存」に着目し，それぞれをするか／しないか，によって4象限に類型化したものである。

この4つの類型は，情報提供はするが情報依存はしない「オピニオンリーダー」，情報提供も情報依存もする「仲介者」，情報提供はしないが情報依存の「追随者」，情報提供も情報依存もしない「孤立者」である。この類型化は

図表3-4　クチコミネットでの位置カテゴリー

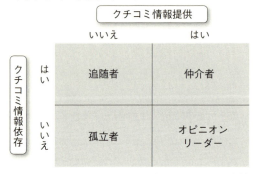

出所：田村（2006）p. 98。

13　濱岡豊（1993）「消費者間相互依存／相互作用」『マーケティング・サイエンス』Vol. 2, No. 1・2, pp. 60-85。
14　田村正紀（2006）『バリュー消費』日本経済新聞社。

非常に興味深く，詳細には〈第7章〉（イノベーションにおける顧客のダイナミクス）・〈7-5節〉（各顧客グループの相互作用（総体））で議論し，〈図表7-6〉（相互作用マトリクスにおける顧客グループ）を提案することになる。

　なお，さらにインターネットなどが進展し続けている現在においてはクチコミの発信頻度（outbound）も受信頻度（inbound）も，さらにクチコミ情報の到達範囲（reach）も内容の充実度（richness）も増加しており，結果としてクチコミの総合的な影響能力とその効果は非常に増大していると考えられる。このインターネットの影響に関しては，〈本章5節〉（ネットワーク時代の顧客パワー）において検討を深めることとする。

3-3-3 顧客間相互作用の諸理論

　これまでに，顧客間の相互作用に関して様々な効果／理論が提案されている。ここでは，それらの効果等を，パワーバランス・モデルにおいてどのような位置付けで捉えることができるのかを検討しておきたい。すなわち，「積極的顧客グループ」と「消極的顧客グループ」という2種の顧客グループ内とグループ間においてどのように作用するかを考えることとする。

⑴　顧客グループ内における相互作用

　積極的顧客グループ内においては，「ネットワークの外部性（network externality）[15]」が挙げられるであろう。これは，利用者が増大するに連れて得られる便益も増大する効果である。つまり，進化的イノベーションを採用して新システムの顧客だけの間で得られる便益の増大効果が発生するケースが当てはまる。一方，消極的顧客グループ内においても同様に，旧システム利用者だけの間で得られるネットワーク外部性が発生しているケースも存在するのである。但し，このネットワークの外部性は参加人数の2乗に比例して効果が増大していく特性を持つので，参加者が増えていく時には急速に効果は増大する一方，参加者が減少していく時は急激に効果も減っていくことに注意が必要であろう。

15　Shapiro, C. and Varian, H. R. (1999) *Information Rules*, Havard Business School Press.

(2) 積極的グループから消極的グループに対する影響力

積極的グループから消極的グループに対する影響力として5つ挙げると，第1に「バンドワゴン効果（bandwagon effect）」[16]がある。これは，あたかも楽隊車（bandwagon）の後を子供達がついて歩くように，利用者が多数になる程に購入が動機付けられて流行していく効果である。

第2に，「デモンストレーション効果（demonstration effect）」[17]が挙げられる。これも，他人の消費が目立つ状況下において自己の消費が誘発されていく効果である。かつて，テレビが普及していく過程においては，家の屋根の上にアンテナが立つことがデモンストレーション効果をもたらしたと言われたが，スマホにおいては電車内でスワイプ等の操作する姿が，「私もスマホを使っている」というデモンストレーション効果を持っていたと言えよう。

第3に，「ハロー効果（halo effect）」[18]が挙げられる。これは，先進的製品等の持ち主に後光が差すような効果を指している。かつて，スーツをビシッと着た人が電車内でノートPCを膝に載せてひたすら操作している姿が仕事のできるビジネスパースンと見えたように，ハロー効果を発揮する積極的顧客に接する消極的顧客は心を動かされる可能性が高まる効果である。

第4に，「ヴェブレン効果（Veblen effect）」[19]も挙げられる。高額ブランド消費等が例示されるが，イノベーションでも採用に多額の費用を要する場合等，そのもの自体の便益よりもむしろ他の消極的顧客グループに見せびらかす為にイノベーションを採用していく姿に見られる効果である。

第5として，上記4種類の効果とは反対に，「スノッブ効果（snob effect）」[20]は，利用者が多数になる程に購入意欲が減少する効果故に，マイナス方向に働く効果として考えられる。つまり，他の人と同じものは持ちたくない，同

---

16 Leibenstein, H. (1950) "Bandwagon, Snob, and Veblen Effects in the Theory of Consumer Demand," *The Quarterly Journal of Economics*, Vol. 64, No. 2, pp. 183-207.

17 Duesenberry, J. S. (1949) *Income, Saving, and The Theory of Consumer Behavior* (Economic Studies: No. 87), Harvard University Press.

18 Thorndike, E. L. (1920) "A Constant Error in Psychological Ratings," *Journal of Applied Psychology*, Vol. 4, Issue 1 (Mar.), pp. 25-29.

19 Veblen, T. B. (1899) *The Theory of Leisure Class: An Economic Study in the Evolution of Institutions*, McMillan（高哲夫（訳）(1998)『有閑階級の理論』筑摩書房）.

20 Leibenstein, H. (1950) 前掲論文。

じ行動はしたくないという心理であり，例えば積極的顧客と同様の行動をしたくないという効果が消極的顧客に伝わるケースである。例えばプロ野球の球団に関しても，A球団の人気が圧倒的に強くなると，「アンチA球団」という言葉が生まれる状況に類似した現象と見ることができよう。

(3) 消極的顧客グループから積極的顧客グループに対する影響

消極的顧客グループから積極的顧客グループに対する作用として，上記と反対方向に作用する「スノッブ効果」が現れる可能性もある。つまり，消極的顧客グループが時間の経過に連れて，これまでは積極的顧客達に反発してきたが，「もうアンチ○○と言うのも疲れたし，単なる反対勢力の様でカッコ良くない気がしてきた」という心理や，消極的グループに接する積極的グループが，「あんな古臭い人間に批判されたくない，もっとカッコ良いところを見せてやる」と，積極的行動を活性化する動きである。なお，以下の図表における一番下のスノッブ効果の符号は，活性化するという意味で（＋）符号としておく。

以上の議論を〈図表3-5〉にまとめた。この図表と前述のように，これら諸理論は積極的顧客グループと消極的顧客グループの，それぞれ内側と両者間（双方向）という，矢印で表現した4種類の相互作用のいずれかに位置付けられ，その相互作用自体がクチコミ等によって活発化し，影響力を増している構造にあるものと考えられる。そこで，次節においては，顧客のパワーを増加させている，ネットワークの影響を検討することとしたい。

図表3-5　顧客間相互作用の諸理論

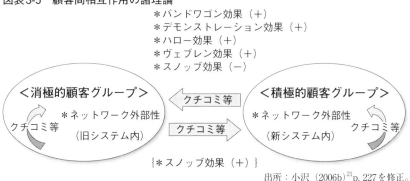

出所：小沢（2006b）[21] p. 227を修正。

21　小沢一郎（2006b）「進化的イノベーション・モデルの発展」『専修経営学論集』第83号，専修大学経営学会。

3-4 ネットワーク時代の現状

3-4-1 インターネットの利用状況

　ここでは，ネットワーク時代の顧客パワーについて検討する前提として，ネットワーク時代の現状をデータで確認しておくこととする。但し，この分野の速い動きの瞬間をスナップショットのように観察するのでは無く，より中期的視点から構造的変化を確認することが狙いである。
　まず，インターネットの人口普及率について，総務省の調査データ[22]を〈図表3-6〉に示した。

図表3-6　インターネットの人口普及率

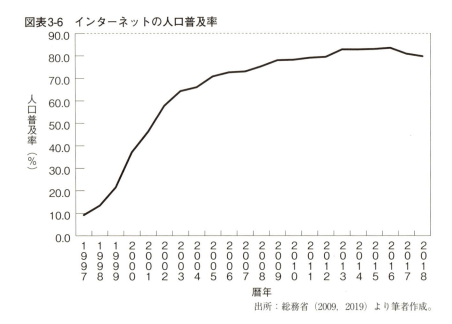

出所：総務省（2009，2019）より筆者作成。

22　総務省（2009）「通信利用動向調査（平成20年）」：1997～2000年データ，総務省（2019）「通信利用動向調査（平成30年）」：2001～2018年データ。

66　第1部▶イノベーションのパワーバランスと企業戦略

このように，日本においてインターネットの調査が始まった1997年末の人口普及率は9.2%に過ぎなかったが，5年後の2002年末には57.8%と過半数になった。その後も典型的な普及曲線を描いて上昇を続け，さらに5年後の2007年末には73.0%，2016年末には83.5%にまで上昇したが，その後は微減の状態である。

　さらに，世帯普及率に関してインターネットの普及がいかに急速であったか，総務省（2015）[23]の記述では，「1998年には商用利用開始からわずか5年で世帯普及率10%を超えた。（中略）特に2001年から2002年にかけては，34.0%（2000年末）から60.5%（2001年末），81.4%（2002年末）に急増した」とある。そして〈図表3-7〉を示して，他の情報通信メディアと比較している。

図表3-7　主な情報通信メディアの世帯普及率10%達成に至る所要期間

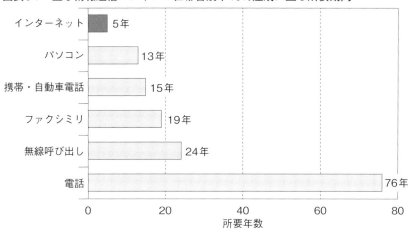

出所：総務省（2015）p. 13より筆者作成。

　世帯普及率10%を達成するまでに要した期間は，インターネットが5年であったのに対し，パソコンが13年，携帯・自動車電話が15年，ファクシミリが19年，無線呼び出しが24年，電話に至っては76年である。時代の差こそあれ，インターネットがいかに急速に普及したか確認できよう。

　さて，急速に普及したとは言え，各年代別の状況はどうであろうか。総務

23　総務省（2015）「平成27年版情報通信白書」。

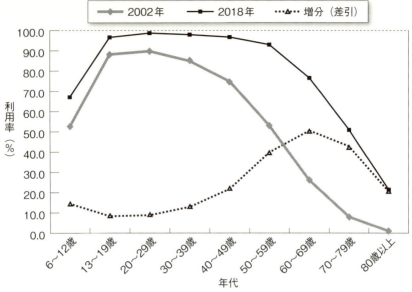

図表3-8　インターネットの利用率向上（年代別・2002年／2018年）

出所：総務省（2015, 2019）より筆者作成。

省の調査データ[24]から〈図表3-8〉に示した。

　このように50歳以上の増分が大きく，50-59歳：53.1％→93.0％（39.9％増），60-69歳：26.0％→76.6％（50.6％増），70-79歳：8.1％→51.0％（42.9％増），最高齢の80歳以上：1.0％→21.5％（20.5％増）となっている。この間の時系列データを参照すると，2014年以降2019年まで5年間のデータはほぼ横ばいであり，安定的状態を迎えた模様である。これらの調査結果を総括すると，現時点，13歳〜59歳までの年代層のほとんどがインターネットを利用し，60歳代の約75％，70歳代の約50％，80歳以上の約20％がインターネットを利用していることが解る。今後，12歳以下へのPC教育の進展，各世代の加齢シフトに伴う利用率の押し上げ要因はありうるが，一方で高齢者の被介護者増加は利用率の低下要因となる可能性も否めなく，それら要因群のせめぎ合いで動くことになるであろう。

24　総務省（2015）「平成27年版情報通信白書」，総務省（2019）「通信利用動向調査（平成30年）」。

以上，進化的イノベーションの採用者である顧客間の相互作用を支えるプラットフォームとなったインターネットに関して確認した。

3-4-2 ソーシャルメディア等の利用状況

　そのインターネット・インフラ上における顧客間相互作用を考える上で，近年欠かせないのがソーシャルメディアを通じての情報授受であろう。総務省（2015）[25]はソーシャルメディアを「インターネットを利用して誰でも手軽に情報を発信し，相互のやりとりができる双方向のメディア」とし，〈図表3-9〉のように整理した。

図表3-9　ソーシャルメディアの種類と代表的なサービス例

種類	サービス例
ブログ	アメーバブログ，ココログ，Seesaa ブログ，ライブドアブログ
SNS（ソーシャル・ネットワーキング・サービス）	Facebook，Twitter，mixi，Instagram，LinkedIn
動画共有サイト	YouTube，ニコニコ動画，ツイキャス，Vine
メッセージングアプリ	LINE，WhatsApp，Viber，WeChat
情報共有サイト	価格コム，食べログ，クックパッド
ソーシャルブックマーク	はてなブックマーク

出所：総務省（2015）p. 199。

　さらに総務省（2018）[26]は，これらソーシャルメディアの性格づけを〈図表3-10〉のように示した。縦軸で上のフィード型は参加者が投稿する様々な情報を一覧表示するもの，下の広場型は運営者が設定する特定テーマの場に参加者が投稿するものであり，横軸の左は現実社会で身近なつながりを，右は逆の遠いつながりを設定したものである。なお，図表内の網掛けはここ10年以内に我が国で普及が進んだソーシャルメディアであり，それ以外は以前から活用されていたものである。

25　総務省（2015）「平成27年版情報通信白書」。
26　総務省（2018）「ICTによるインクルージョンの実現に関する調査研究」。

図表3-10　ソーシャルメディアの分類

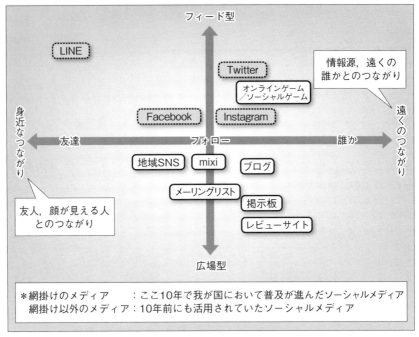

出所：総務省（2018）p. 53。

　このように従来の広場型から，相対的には自由発信的なフィード型のソーシャルメディアが多く現れていることが理解できる。そこで，これら網掛けした4種類（LINE, Facebook, Twitter, Instagram）の利用率を，総務省（2018）[27]データから〈図表3-11〉として参照しておきたい。

　まずLINEは全年代の利用率が1位であり，特に10代86.3％，20代95.8％，30代92.4％，40代でも85.4％という利用率は凄まじく，LINE抜きではコミュニケーションが滞るという感さえある。Facebookは30代以上が，TwitterとInstagramは20代以下が高くなっている。この中で最後発のInstagramは「インスタ映え[28]」という用語も流行し，既にFacebookに迫り上回る追い上げを

27　総務省 情報通信政策研究所（2018）「平成29年情報通信メディアの利用時間と情報行動に関する調査報告書」。
28　自由国民社・現代用語の基礎知識選：ユーキャン新語・流行語大賞（2017年）の年間大賞を受賞。

70　第1部▶イノベーションのパワーバランスと企業戦略

図表3-11 ソーシャルメディアの利用率（サービスごと・年齢別）

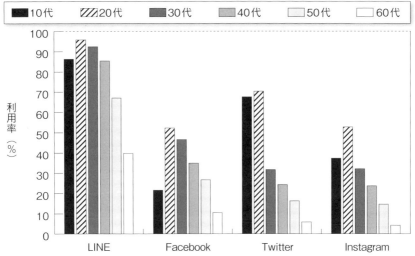

出所：総務省（2018）p. 67 より筆者作成。

みせている。LINEの場合，若者達（20代前後）のトレンドが年上世代を巻き込んで大きなうねりを作ったが，他のソーシャルメディアとリンクするユーザーも多いInstagramの動向は注目である。

進化的イノベーションの採用／不採用を決める参考情報としては，Facebookのように実名が多くLINEのように身近な信頼感が評価されそうだが，TwitterやInstagramの影響力（特にネガティブ情報）も見逃せない。これだけ多数の人々がこれだけのスピード感を持って動いている時代はこれまでに無く，今後も新たなコミュニケーション環境が進化的イノベーションの進行に与える影響を再認識すべきである。

さて，本節でのネットワーク時代の現状をベースとし，次節では本章の締め括りとして，ネットワーク時代の顧客パワーについて検討したい。

3-5 ネットワーク時代の顧客パワー

　新倉（2012）[29]は，購買意思決定過程への働きかけに用いられる外部情報について，企業がコントロール可能／不可能，インタラクティブな関係無し／あり，リアル空間／バーチャル空間という3つの区分を交えて，〈図表3-12〉のようにまとめている。これは，池尾（2003）[30]をベースとして森田（2010）[31]が修正し，それを新倉がさらに修正したものである。

　図表のように源泉①と源泉②は，リアル空間においてインタラクティブな関係の有無と企業のコントロール可能／不可能に分けて情報の源泉を記載している。源泉③がバーチャル空間（ネット空間）であり，企業がコントロール可能なものを企業のウェブページ，ネット店舗，企業のメール相談窓口，ネットエージェント，インフォメディアリーとする一方，企業がコントロール不可能なものをニュースサイトの記事，データベース，ネット・コミュニティ，SNS，個人ブログとしている。

　このコントロール不可能領域の中にも，企業等が完璧にはコントロール不可能だが影響を与えることは可能な中間的ゾーンが存在する。例えば源泉①のマスコミ記事や，源泉②の専門家達へも，企業は従来から様々なチャネルで影響力を行使してきた。また，源泉③に関しては近年「インフルエンサー・マーケティング」も盛んにおこなわれている。インフルエンサー[32]とは他の消

29　新倉貴士（2012）「購買前の情報処理」『消費者行動論：マーケティングとブランド構築への応用』有斐閣。

30　池尾恭一（編著）（2003）『ネット・コミュニティのマーケティング戦略：デジタル消費社会への戦略対応』有斐閣。

31　森田正隆（2010）「SNSを活用したマーケティング・コミュニケーション」，池尾恭一・青木幸弘（編）『日本型マーケティングの新展開』有斐閣。

32　Gladwell, M.（2000）*The Tipping Point: How Little Things Can Make a Big Difference,* Little, Brown and Company（高橋啓（訳）（2000）『ティッピング・ポイント：いかにして「小さな変化」が「大きな変化」を生み出すか』飛鳥新社；高橋啓（訳）（2007）『急に売れ始めるにはワケがある：ネットワーク理論が明らかにする口コミの法則』ソフトバンククリエイティブ），等により注目された。

図表3-12　外部情報の源泉

	インタラクティブな関係　なし	インタラクティブな関係　あり	
	リアル空間		バーチャル空間
	源泉①	源泉②	源泉③
コントロール可能	●広告 ●展示中の製品やブランド ●販促印刷物	●訪問販売員 ●店頭販売員 ●展示説明員	●企業のウェブページ ●ネット店舗 ●企業のメール相談窓口 ●ネットエージェント ●インフォメディアリー
コントロール不可能	●公共機関の報告書や刊行物 ●マスコミの記事 ●使用中の製品やブランド	●製品やブランドに関する専門家 ●コミュニティメンバー ●家族や友人	●ニュースサイトの記事 ●データベース ●ネット・コミュニティ ●SNS ●個人ブログ

出所：新倉（2012）p. 240。

費者・顧客に大きな影響力を持つ者を指している。前述のソーシャルメディアに関しても企業は，特定分野においてフォロワー数やページビュー数が多い投稿者をピックアップし，様々なアプローチをかけている。このような中間的ゾーンの存在とその変化を考慮に入れることは肝要であろう（この教訓は第5章〈5-3節〉でのバリエーション検討に生かすこととする）。

　ここで，前節で述べたインターネットの現状を踏まえて，情報の発信者がどのような受信者へどのような方法で情報を伝達することが可能かを，〈図表3-13〉にまとめてみた[33]。縦軸に発信者として消費者と企業の2種類をとり，横軸として発信者がコミュニケートを意図する受信者である消費者（特定）・消費者（不特定多数）・企業の3種類をとり，さらに，旧時代のコミュニケーション方法とインターネット時代のコミュニケーション方法をマークで識別すると同時に点線を挟んで上下に記載してある。

　さて，この図表から読み取れる最も大きな特徴として，「従来から企業が持っていた情報発信力に迫る／或いは超える程の情報発信力を，消費者個々人が入手していること」が挙げられる。端的な例として，消費者（不特定多数）

33　小沢一郎（2006b）「進化的イノベーション・モデルの発展」『専修経営学論集』第83号，専修大学経営学会。

図表3-13　インターネット時代のコミュニケーション方法

発信＼受信		消費者（特定）	消費者（不特定多数）	企業
消費者	インターネット時代	＊e-mail 　（含メーリングリスト） ＊SNS（クローズド） ＊メッセージングアプリ 　　　　　　etc.…	＊個人ホームページ ＊個人ブログ ＊SNS（オープン） ＊動画共有サイト ＊情報共有サイト ＊Q＆Aサイト 　　　　　　etc.…	＊e-mail ＊企業ホームページ 　該当欄へ書き込み ＊企業ブログへ書き込み ＊企業主宰ネット・コミュニティに参加 　　　　　　etc.…
	旧時代	●電話 ●FAX ●手紙 　　　　　　etc.…	およそ皆無！	●電話 ●FAX ●手紙 　　　　　　etc.…
企業	インターネット時代	＊e-mail 　＊ダイレクトe-mail 　＊メール・マガジン 　　　　　　etc.…	＊企業ホームページ ＊企業ブログ ＊企業主宰ネット・コミュニティ ＊ネット広告（バナー, 　検索連動, コンテンツ連動, RSS等各種） 　　　　　　etc.…	（略）
	旧時代	●セールス・パースン ●電話 ●FAX ●手紙（ダイレクトメール） 　　　　　　etc.…	●セールス・パースン ●電話 ●FAX ●手紙（ダイレクトメール） ●パブリシティ（PR） 　／IR ●広告宣伝（メディア・折込広告等） ●セールス・プロモーション（チラシ配布 　／店頭POP） 　　　　　　etc.…	（略）

注：＊はインターネット時代のコミュニケーション方法，●は旧時代のコミュニケーション方法。
出所：小沢（2006b）p. 228を修正。

へ向けて何らかの情報発信をしたいと考えた時に，企業は従来から，企業発信欄下段の旧時代のコミュニケーション方法のマーク（●）ように，資金力にモノを言わせて広告宣伝などの多くの手段を持っていたが，消費者個人は，消費者発信欄下段のように，およそ手段を欠いていた（新聞への個人広告掲

74　第1部▶イノベーションのパワーバランスと企業戦略

載等が可能と言えば言えるが，金額も高くおよそ一般的ではなかった）。ところが，その消費者個々人が，消費者発信欄上段のインターネット時代の新たなコミュニケーション方法のマーク（＊）に示したように，様々な方法で不特定多数の消費者へ情報発信が可能になり，時代が大きく変化したことを構造的に理解できよう。前節でデータを確認したソーシャルメディアは，消費者パワー増大の典型的なツールとなっているのである。

　本書において，「インターネット時代における消費者間の相互作用」を強調し，そこに着目するところからイノベーションのパワーバランスに対する解釈をさらに深め，そして新たな企業戦略を導出したいと考えている理由の一端が，まさにここに現れているのである。さらに，図表のように，消費者個々人は企業に対しても情報発信が容易になり，企業側も消費者に対する多様な情報発信ツールを入手しているのである。すなわち，ここに，企業と消費者との間のコラボレーション（collaboration：協調）活動にとっても，大きな可能性が開けてきたことが理解できると考える。

　なお次章では，〈第2章〉で述べた，進化的イノベーションのパワーバランスを決定するプレーヤー4者の中で，他方にあたる企業等の状況に対して考察していくこととする。

複雑化・活発化する企業等のインタラクション

4-1 本章の目的と要約

　本章の目的は，顧客と共にパワーバランス・モデルを構成するプレーヤーである企業等間の相互作用（インタラクション：interaction）が複雑化・活発化している状況と背景を確認してパワーバランス・モデルを発展させると共に，企業戦略への考察を深めて〈第5章〉へ繋げることである。なお，「企業等」とはイノベーションを実現する側の括りであり，企業及び企業内組織，NPO・公益法人，大学・国立研究開発機関等であり，価値共創のパートナーとして作用する場合の顧客・ユーザー等も含んでいる。

　要約として，まず企業等間関係の範囲とタイプを論じ，それらの存立基盤となる理論をレビューしてタイプ毎の裏付けを述べるところから始めた。続いて，国内における企業等間関係を促す背景として，1980年代終盤の日米構造協議をトリガーとして約30年間，継続的に各種制度改革がなされたことを時系列的に確認した〈図表4-5〉。さらに，企業間競争と協調の戦略に関する先行理論から，新たな競争と協調のフレームワークを導出した〈図表4-6〉。一方でオープン経営へと理論サイドも移行した状況をレビューし，ユーザーとのコラボレーション，及び企業の内部組織レベルまで掘り下げて，そこで発

生している力学を検討し留意事項を考察した〈図表4-12〉。最後に，企業等間インタラクションの典型的スタイルであるM＆Aと戦略的提携の実態の一部を確認した〈図表4-14〉。すなわち，積極的企業等と消極的企業等のそれぞれは単なる複数企業の集合ではなく，各グループ内とグループ間において複雑なインタラクションを行っている。イノベーションのパワーバランス・モデルにおいても，企業等の積極的パワー・消極的パワーのそれぞれが相互作用を内包しつつ，双方のパワー間にも相互作用が活発に作用している姿を重ね合わせて，企業戦略を引き出す為の準備とした。また，企業等間の相互作用が，イノベーションを促進していることは，〈第8章〉においてイノベーション創出プロセス・モデルを検討する際に生かすことにも繋がるのである。

4-2 企業等間関係について

4-2-1 企業等間関係のタイプ

　まず，企業等間関係の範囲とタイプに関して，先行研究を参照してみたい。Yoshino & Rangan（1995）[1]は〈図表4-1〉のように，企業間結合を契約的合意か資本的合意かで二分し，契約的合意に関してはそれまでの伝統的契約と非伝統的契約に分類している。また，資本的合意については，既存企業を解消するか否か，既存企業を解消しない場合には新企業を設立するか否かで3つに類型化し，図表の下部に示した範囲を戦略的提携（strategic alliance）とした。

　またInkpen & Tsang（2005）[2]は，企業間ネットワークのタイプを縦軸としてそれらの関係性を垂直的～水平的にとり，横軸には構造的～非構造的を定めて，企業内ネットワーク（intracorporate network），フランチャイズ

1　Yoshino, M. and Rangan, U. S.（1995）*Strategic Alliances*, Harvard Business School Press.

2　Inkpen, A. C. and Tsang, E. W. K.（2005）"Social Capital, Networks, and Knowledge Transfer," *Academy of Management Review*, Vol. 30, No. 1, pp. 146–165.

第4章▶複雑化・活発化する企業等のインタラクション　77

図表4-1　企業等間関係の範囲

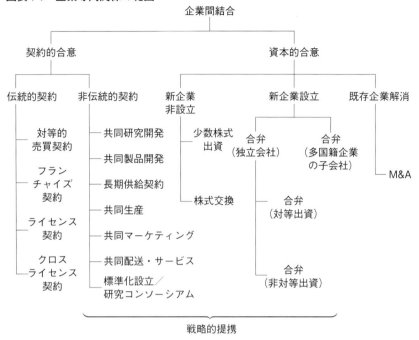

出所：Yoshino & Rangan（1995）p. 8から筆者訳出。

(franchising)，戦略的提携，R&Dコンソーシアム（R&D consortium），業界団体（trade association），産業地域連携（industrial district），という6種をマッピングしたが，筆者が3種を追記したものを〈図表4-2〉に示す。左から右へ見ていくと，最も構造的な関係として企業内ネットワークがあり，ここに「M&Aによる内部化」を追加した。次にフランチャイズがあるが，同じく伝統的契約のボランタリーチェーン（水平的／垂直的）[3]を追記した。本書では戦略的提携にR&Dコンソーシアムや合弁を含んでいる（前述）ので，原典のR&Dコンソーシアムは戦略的提携のやや下方に独立しているが，戦略的提携の中に破線で表記した。なお，提携先は企業間だけでなく産学間・産官学間等も含めて考える。その右には（各種）業界団体と産業地域連携が位置付け

3　小売り主宰の水平的ボランタリーチェーン（VC）と，メーカー／卸主宰の垂直的VCをイメージしている。

78　第1部▶イノベーションのパワーバランスと企業戦略

図表4-2　企業等間関係のタイプ

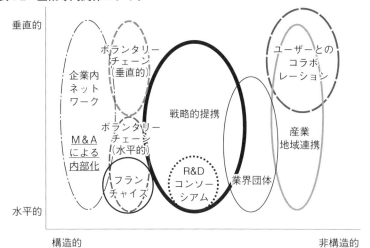

出所：Inkpen & Tsang（2005）pp. 146-165を参考に筆者が追記。

られている。さらに〈本章5節〉で述べる「ユーザーとのコラボレーション」を右上のポジションに加えた。本書ではこの範囲／タイプを企業等間関係として検討を進めていく。

4-2-2　企業等間関係のパースペクティブ

山倉（1993）[4]は，「パースペクティブ」は「組織間関係についてのものの考え方」[5]であるとして，主となる5つのパースペクティブについてそれぞれ以下のようにまとめている。

(1)　資源依存パースペクティブ（Resource Dependence Perspective）
Pfeffer & Salancik[6]が集大成した，分化している組織間関係論の統合パース

4　山倉健嗣（1993）『組織間関係：企業間ネットワークの変革に向けて』有斐閣。
5　同上書，p. 33。
6　Pfeffer, J. and Salancik, G.（1978）*The External Control of Organization : A Resource Dependence Perspective*, Harpercollins.

ペクティブで，組織間関係が形成・維持・転換する理由とそのマネジメント
方法の分析枠組み。個別組織の観点から関連組織との関係を明らかにし，組
織は資源において他組織に依存しつつ自律を望む狭間で自らの存続を確保し
ようとするという前提に基づく。依存とは他組織が自組織に対するパワーを
持つ為に自組織の自主性が制約を受けることで，組織は他組織にとり希少で
重要な資源を保有するほど，また資源を独占するほど他組織に対するパワー
を持つ（パワー依存モデル[7]）。このパワー不均衡による組織間の非対称性に
対処する為の組織間調整メカニズムは次の3分類。①自律化戦略（依存の吸
収・回避であり，合併・垂直統合，部品の内製化等），②協調戦略（折衝で互
いの妥協点を発見し良好で安定した関係を形成する協定締結，人材導入，合
弁等），③政治戦略（上位レベルの第三者機関介入により間接的に操作するこ
とで，正統性の獲得，政府の規制，ロビイング活動等）。

⑵　組織セット・パースペクティブ（Organization Set Perspective）

　Evan[8]が提示した，資源依存パースペクティブを補完する位置付け。ここで
の組織セット[9]とは焦点組織（focal organization）の視点から，相互作用して
いる1群の組織であり，インプット組織セットとアウトプット組織セットに
分けられる。いずれも焦点組織と資源・情報の交換をしているとみなし，焦
点組織，インプット組織セット，アウトプット組織セットの総体を「組織間
システム」と呼ぶ。包括的観点から組織間関係分析の準拠枠を次の3領域と
して与えた。①焦点組織と組織セット中の1組織との関係を扱う領域（2組
織レベル），②焦点組織と組織セットの関係を扱う領域（組織セット・レベル），
③全体としての組織間システムの関係を扱う領域（組織間システム・レベル）。
また，組織内－外の境界に位置する対境担当者（boundary personnel）に注
目し，彼らが他組織との連結機能や境界維持機能を担う。

7　Emerson, R. M. (1962) "Power-Dependence Relations," *American Sociological Review*, Vol. 27, No. 1, pp. 31-41.

8　Evan, W. M. (1966) "The Organization-Set: Toward a Theory of Interorganizational Relations," in Tompson, J. D. (ed.), *Approaches to Organizational Design*, University of Pittsberg Press. 他。

9　本書〈第9章〉における「組織セット」とは定義が異なる。

⑶ 協同戦略パースペクティブ（Collective Strategy Perspective）

　Astley & Fombrun[10]（1983）が提示した，組織の集合体を基本的分析単位とする組織間システム・レベルの枠組みで，組織共同体レベルでの協同・共生・協力に分析の焦点をおく。変動する環境の中で組織間の協同を通じて組織間共同目標を追求するメカニズムに注目し，基本概念は相互依存（mutual interdependence），交渉（negotiation），妥協（compromise），共生（symbiosis）等。協同戦略の形態を「組織間相互依存の性質（各組織機能が同種／異種）」と「組織間の結び付きのタイプ（直接的／間接的）」という２軸で以下の４分類とした。①同種＆間接（同盟型：confederate collective），②同種＆直接（集積型：agglomerate collective），③異種＆直接（接合型：conjugate collective），④異種＆間接（有機型：organic collective）。なお，〈本章4節〉で検討することになる業界団体は同盟型としている。

⑷ 制度化パースペクティブ（Institutional Perspective）

　DiMaggio & Powell[11]（1983），Meyer & Scott[12]（1983），Zucker[13]（1988）らにより多様であり，組織は制度化された環境に埋め込まれている前提。環境とは他組織，組織間ネットワーク，組織間フィールド等であり，環境は組織に制約を課すと共に組織行動に対して正当性を賦与する存在。つまり，（資源ではなく）主に「正当性」を巡る組織間関係に焦点を当て，国家，専門家団体，同業他社という組織に関して，法や政治，文化を論ずる。組織の受動的側面を強調する環境決定論（environmental determism）に立脚し，他組織・組織環境経営論システムとの同調（conformity），同型性（isomorphism）を重視。その同型化をもたらす制度的メカニズムは以下の３つ。①強制的同型化：政

10　Astley, W. G. and Fombrun, C. J. (1983) "Collective Strategy: Social Ecology of Organizational Environments," *Academy of Management Review*, Vol. 8, No. 4 他。

11　DiMaggio, P. J. and Powell, W. W. (1983) "The Iron Cage Revisited: Institutional Isomorphism and Collective Rationality in Organizational Fields," *American Sociological Review*, Vol. 48, No. 2, pp. 147-160.; Powell, W. W. and DiMaggio, P. J. (eds.) (1991) *The New Institutionalism in Organizational Analysis*, 2nd ed., University of Chicago Press. 他。

12　Meyer, J. W., Scott, W. R. (1983) *Organizational Environments: Ritual and Rationality*, Sage.

13　Zucker, L. G. (ed.) (1988) *Institutional Patterns and Organizations: Culture and Environment*, Ballinger.

治的影響力，法的制裁力等，②模倣的同型化：不確実性に対する標準的対応
は模倣，③規範型同型化：業界団体や専門家集団が重要な役割。

(5) 取引コスト・パースペクティブ（Transaction Cost Perspective）

Coase（1937）[14]を始祖としWilliamson（1975）[15]が体系化したフレームワーク
で，分析単位を「取引（Transaction）」（2つ以上の主体間の境界を越えた財
の移転）におき，その取引様式が「組織（権限が調整）」か，「市場（価格機
構が調整）」かに着目。取引を巡る「環境要因（複雑性，少数性）」と「主体
的要因（限られた合理性，機会主義）」により，組織と市場の選択を議論。例
えば，環境の複雑性が高く合理性の限度が狭隘な場合は市場での取引コスト
が高くなる為，また取引相手が少数の場合は駆け引きとしての機会主義的行
動の可能性が高まるので，共に組織が選択される。その後，「中間領域（市場
でも組織でもない）」としてのネットワーク，ハイブリッド，長期契約等に関
する議論が行われ，3つ目の要因として「取引の特性要因（不確実性の程度，
頻度，取引特定的投資の程度）」が挙げられた。

さてここまで，山倉（1993）に基づいて組織間関係論の5つのパースペク
ティブをレビューしたが，前節で挙げた企業等間関係の各タイプをこの理論
的観点から見直してみる。まず，企業内ネットワーク，Ｍ＆Ａによる内部化，
戦略的提携は，資源依存／組織セット／取引コストの各パースペクティブに，
フランチャイズ，ボランタリーチェーンは共同戦略パースペクティブに，Ｒ＆
Ｄコンソーシアムは資源依存／共同戦略パースペクティブに，業界団体，地
域連携は共同戦略／制度化パースペクティブに，それぞれ主な存立基盤を持
つと考えられる。ユーザーとのコラボレーションに関し，企業側では資源依
存パースペクティブが主に作用しているが，ユーザー側は上記パースペクテ
ィブとは異なる各人の意図に基づくものと捉えられ，〈本章5節〉で掘り下げ
たい。

---

14 Coase, R. H. (1937) "The Nature of the Firm," *Economica*, Vol. 4, Issue 16, pp. 386-405.

15 Williamson, O. E. (1975) *Markets and Hierarchies: Analysis and Antitrust Implications*,
   The Free Press（浅沼萬里・岩崎晃（訳）（1980）『市場と企業組織』日本評論社）；
   Williamson, O. E. (1981) "The Economics of Organization: The Transaction Cost
   Approach," *American Journal of Sociology*, Vol. 87, No. 3, pp. 548-577. 他。

4-3 企業等インタラクションの環境変化と現状

　本節では中長期的視点に立ち，1990年頃からの約30年間で日本企業の企業等間インタラクションを巡る環境が激変したという認識をまとめておきたい。変化のキッカケとなった日米構造問題協議（以後SII：Structural Impediments Initiative）からスタートし，①企業系列，②金融システム・会計制度，③NPO・公益法人，④国立大学・公立大学，⑤研究開発機関，の5つの切り口から構造変化を整理する。

4-3-1 環境変化〈1〉：企業系列の崩壊

　SIIは，「貿易収支の不均衡の削減に資することを目的として，両国で貿易と国際収支の調整の上で障壁となっている構造問題を識別し解決する為」[16]に設定された。日本側の課題は，①貯蓄・投資パターン，②土地，③流通，④排他的取引慣行，⑤系列，⑥価格メカニズム，という6つで，ここに「系列関係（Keiretsu Relationships）」が含まれていた。実施された会合は，1989年9月（第1回会合）～1990年6月（最終報告）で，最終報告には「系列関係の存在は一定の経済合理性を有するとの側面もあるが，同時にグループ内取引を選好させ，対日直接投資を阻害し，また，反競争的取引慣行を生起させる側面を有するとの見方もある。政府としては，このような懸念に対し，系列関係をより開放的かつ透明なものとするよう努めることとし，その目的に向けて所要の措置を講ずる」[17]と明記された。具体的施策の大項目は，①公正取引委員会における検討等，②対日直接投資促進，③TOB制度の見直し，④ディスクロージャーの改善，⑤会社法の見直し，という5項目である。この中で①「公正取引委員会における検討等」に関して，「株式の持合い関係がある場合を含めて，系列関係にある事業者間取引において公正な競争を阻害する

16　通商産業調査会（編）（1990）『日米構造問題協議最終報告：日米新時代のシナリオ（英文併記）』通商産業調査会，p. 22。

17　同上書，p. 104。

第4章▶複雑化・活発化する企業等のインタラクション　83

取引が行われないよう監視を強化する」とし，場合に応じて株式持合いの制限，株式譲渡命令も行うとした。これは，それまでの企業系列を結び付ける紐帯として強力に作用していた株式持合いに対する日本政府の意思表明となった。また，④「ディスクロージャーの改善」では，５％ルールの適用，連結財務諸表の（添付書類から）本体への組み入れ，（連結ベースでの）セグメント情報公開等が義務付けられ，国内における財務諸表公開が単体ベースから連結ベースになり，グループ経営を目指す方向性が定まった。そして，まさにこのタイミングでいわゆるバブル崩壊が起こることになる。

さて，下谷（1993）[18]によると旧来型の企業系列とは，「ヨコ」，「タテ」，「連結グループ」の３種だが，本書では既に連結ベースの企業グループを「企業」と呼んでいるので，他２種類である「ヨコ」と「タテ」に関して記述する。第１の「ヨコの企業系列」とは産業横断的組織で６大企業集団を代表例とし，先発系企業集団（旧財閥系）の三井，三菱，住友，後発系企業集団の芙蓉，三和，第一勧銀グループを挙げている。第２の「タテの企業系列」とは中核企業を頂点とするピラミッド型の取引関係組織で，大企業から下請企業へ連綿と続く集合体を指している。このタテの企業系列は，ミクロ経済学の産業組織論における「市場と企業組織（market and hierarchy）」問題で，市場でも内部組織でもない中間的な企業間取引形態として注目された。Williamson（1975）[19]は日本語版への序文で，日本企業同士の企業間取引では機会主義の危険が他の西側諸国と比較してずっと低い，という事情も述べている。

時を経て田中（2013）[20]は，「ヨコの企業系列」は株式相互持合い，系列融資，集団内取引が或る程度（社長会に）重なっているところに特徴があるとして，以下４点を指摘した。①中核銀行のメガバンクへの再編に伴って企業集団全体も収斂するとは考えられない。②銀行に次いで集団の中核的存在である総合商社が企業集団再編を担う主体となるには限界がある。③斜陽産業・業績不振企業の帰趨は集団的対応をせず市場原理や公的制度に委ね，新興・成長

---

18 下谷政弘（1993）『日本の系列と企業グループ：その歴史と理論』有斐閣。
19 Williamson, O. E.（1975）*Markets and Hierarchies*, The Free Press（浅沼萬里・岩崎晃（訳）（1980）『市場と企業組織』日本評論社）.
20 田中彰（2013）「六大企業集団の無機能化：ポストバブル期における企業間ネットワークのオーガナイジング」『同志社商学』第64巻第５号，同志社大学商学会，p. 337。

産業への進出は（集団的枠組みでなく）個別企業の主体性で行う潮流が支配的。④社長会の枠組みは「現状維持」だが，単なる親睦会として存続するか，緩やかに消滅に向かうとした。かつて，「日本の産業組織は系列で埋まっている」[21]と表現されたが大きく変容し，旧来系列を越える企業等間インタラクションへの足枷は，およそ無くなりつつあることが理解できよう。

4-3-2　環境変化〈2〉：金融システム改革・会計制度改革

　前節のSII（日米構造問題協議）とバブル崩壊を受けて実施された，日本における金融システム改革と会計制度改革のポイントを確認しておく。まず，1998年6月成立の「金融システム改革法」[22]の目的は，「国民に，より良い資産運用と資金調達の道を提供する為，ニューヨーク・ロンドンと比肩しうる，自由で公正な金融システムを構築することを目的として，金融の各業態を越えた総合的な改革を一括して行う」[23]であり，以下を理念（3原則）とした。
①Free（市場原理が働く自由な市場）：参入・商品・価格等の自由化
②Fair（透明で信頼できる市場）：ルールの明確化・透明化，投資家保護
③Global（国際的で時代を先取りする市場）：グローバル対応法・会計制度，監督体制の整備

(1)　金融システム改革（日本版金融ビッグバン）

　金融システム改革法に基づき証券取引法，証券投資信託法，銀行法，保険業法等20以上にのぼる法律を一体的・総合的に改正したが，主な改正項目は，以下のようになっていた。[24]
　①資産運用手段の充実
　②仲介活動を通じた魅力的サービス提供（サービス提供自由化，価格自由化，参入促進）

21　島田克美（1991）「系列の功罪と展望（上）」『公正取引』第491号，公正取引協会，p. 13。
22　金融庁HP：http://www.fsa.go.jp/p_mof/low/1f001a1.htm（2016.09.19参照），http://www.fsa.go.jp/p_mof/big-bang/bb7.htm（2016.09.19参照）等より。
23　同上資料。
24　同上資料。

③多様な市場と資金調達のチャンネルの整備

④利用者が安心して取引を行う為の枠組みの構築：

    1) ディスクロージャーの充実と公正な取引の枠組みの確保（連結ベースのディスクロージャー制度の整備・拡充）／インサイダー取引規制等の公正取引ルールの整備

    2) 仲介者の健全性・公正性確保と破綻の際の利用者保護充実（銀行・保険による株式保有等の子会社規定の整備，証券の投資者保護基金及び保険契約者保護機構創設）

(2)　会計制度改革（会計ビッグバン）

上記④を受けて続いた，会計制度改革に関して，経済産業省・企業会計研究会（2005）[25]に背景と制度改革の特徴4点が述べられている。

① 連結会計：連結情報開示への転換が一連の会計ビッグバンで最も特徴的。バブル崩壊後，企業グループ経営効率化を目指す変化に伴い，実態を適切に開示する必要。

② 時価会計：適切な財政状態と経営成績の表示を目的に，資産の含み損益が反映されない取得原価方式から時価評価方法を基本とし，保有目的による処理方法へ。

③ 退職給付会計：経済が低迷し資産の運用利回り低下が含み損を招き，企業の年金給付に懸念が生じ財政状況を悪化させる恐れ。企業年金関係情報の重要性が高まった。

④ 減損会計：不動産等の固定資産価格や収益性が著しく低下し，帳簿価額が過大表示のまま将来に損失を繰り延べている懸念が生じた為。

かつての企業単体経営重視の状況下では，「タテの企業系列の中の2つの非対称性として，企業グループ内の親会社と子会社の非対称性と，親会社と下請企業の非対称性とがあるが，おおざっぱに一まとめにして論じられることが多かった。これらに対して異なる位置付けを与えることが必要」[26]と議論さ

25　経済産業省・企業会計研究会（2005）「企業会計研究会中間報告書」（資料編），別添1「会計ビッグバンの評価」，pp. 1-2。
　　http://www.sn-hoki.co.jp/upload/image/data/3975/04.pdf　（2016.09.19参照）

26　下谷政弘（1993）『日本の系列と企業グループ：その歴史と理論』有斐閣，pp. 240-241から要約。

86　第1部▶イノベーションのパワーバランスと企業戦略

れたが，会計ビッグバンを経て支配力基準も含めた連結企業グループである
か無いか，という重要な境界が設定されたことになる。また，時価会計，減
損会計などを通して，社外投資家のみならず経営者自身が企業の実情を熟知
し，それを踏まえた意思決定を促進することとなった。一方，企業等間イン
タラクションを進めたい企業の観点からは，資本提携やＭ＆Ａの検討に際し，
当該企業の経営実態に対する透明性が圧倒的に高まり，インタラクションに
際しての不確実性が大きく低減する方向に作用したことは見逃せない事実で
あろう。

4-3-3 環境変化〈3〉：NPO・公益法人改革

　金融・会計制度改革と並行して実施された，NPO・公益法人改革について
確認しておく。

　1998年3月「特定非営利活動促進法（NPO法）」が成立（同年12月施行）
し，2001年10月に認定特定非営利活動法人制度（認定NPO法人制度）が創
設された後，矢継ぎ早に認定要件の緩和と法令改正が続いた[27]。その結果，同
法に基づき認証を受けた「特定非営利活動法人（NPO法人）」は，2016年末
時点で51,518法人に及んだ。一方，NPO法人で実績判定期間（直前の2事業
年度）にパブリック・サポート・テスト（PST：Public Support Test）に適
合する等，所轄庁の認定を受ければ認定特定非営利活動法人（認定NPO法
人）として税制上の優遇措置がある。こちらは2012年頃から急激な増加傾向
が続き2016年末時点で1,021法人が認定された。この状況を〈図表4-3〉に示[28]
す。本書で「企業等」というプレーヤー群に含まれるNPO法人が多数生まれ
ている訳で，特にNPO法人の主たる活躍フィールドである福祉，教育・文化，
まちづくり，環境，国際協力等に関するイノベーション案件に関して，イン
タラクションの可能性が増加していることを十分に配慮すべきである。

27　詳しくは「内閣府NPOホームページ」を参照。
　　https://www.npo-homepage.go.jp/about/seidokaisei-keii/sokushinhou-koremade
　　（2017.08.16参照）
28　内閣府NPOホームページ：https://www.npo-homepage.go.jp/about/toukei-info/ninshou-
　　seni（2017.08.16参照）

第4章▶複雑化・活発化する企業等のインタラクション　87

図表4-3　NPO（認証・認定）法人数の推移

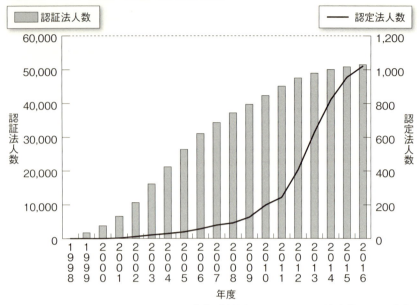

出所：「内閣府NPOホームページ」を基にグラフ作成。

　一方で，公益法人制度改革関連３法も前後して成立（2006年５月）・施行（2008年12月）となり，内閣府は2014年８月「公益法人制度改革の進捗と成果について：旧制度からの移行期間を終えて」として，「110年ぶりの公益法人制度の大改革」を報告した。報告によると，旧民法の社団法人・財団法人の約24,000法人は，５年の移行期間内（2008年12月～2013年11月末）に新たな公益社団法人・公益財団法人又は一般社団法人・一般財団法人に移行申請することになっていたが，約9,000法人が公益法人，約11,700法人が一般法人へ移行し，約3,600法人は解散・合併などで移行しなかった。さて，進化的イノベーションを巡って（積極派／消極派を問わず），「協調を促進する場」となることも多い各業界団体などは，一般社団法人に多くが移行した模様だが，各業界団体については次節で事例と併せて触れることとする。

29　内閣府NPOホームページ：https://www.koeki-info.go.jp/pictis_portal/other/pdf/sintyoku_seika.pdf（2016.09.26参照）

4-3-4 環境変化〈4〉：国立大学・公立大学の独立行政法人化

次に，国立大学・公立大学の独立行政法人化について述べる。2003年7月，国立大学法人法関係6法の成立（同年10月施行）によって，全ての国立大学は2004年4月に国立大学法人に移行した。それまで文部科学省の内部組織だった国立大学にそれぞれ独立した法人格を付与し，自主的・自律的な運営を行えるようにしたものである[30]。文部科学省が公表している「平成27年度大学等における産学連携等実施状況について」[31]から大学と企業との連携を，〈図表4-4〉に示す。2010年度から2015年度までの5年間で，受入額で40.1％，実施件数で29.5％の増加があり，企業等間インタラクションのプレーヤーの一員

図表4-4　大学等の産学連携等実施状況（民間企業との共同研究・受託研究）

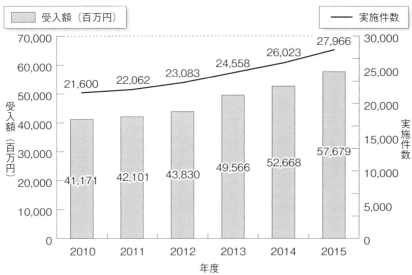

出所：文部科学省（2017）p. 13。

30　「国立大学法人化後の現状と課題について（中間まとめ（案））：2010年5月27日」文部科学省：http://www.mext.go.jp/b_menu/shingi/kokuritu/gijiroku/__icsFiles/afieldfile/2010/07/12/1295617_1_2.pdf （2016.09.20参照）

31　文部科学省 科学技術・学術政策局 産業連携・地域支援課 大学技術移転推進室「平成27年度 大学等における産学連携等実施状況について（平成29年1月13日発表）」，p. 13。：http://www.mext.go.jp/component/a_menu/science/detail/__icsFiles/afieldfile/2017/03/29/1380185_001.pdf　（2017.08.16参照）

第4章▶複雑化・活発化する企業等のインタラクション　89

である大学との連携が，活性化していると確認できよう。

4-3-5　環境変化〈5〉：国立研究開発機関の改革

　国立研究開発機関の制度改革について内閣官房行政改革推進本部は，「独立行政法人制度改革関連法案の骨子[32]」で，改革内容の骨子4点を以下の様に述べている（独立行政法人通則法の一部を改正する法律：成立（2014年6月）・施行（2015年4月））。

⑴　業務の特性を踏まえた法人の分類
　全法人を一律に規定する現行制度を見直し，業務特性に対応して以下の3つに分類。
　　①中期目標管理法人：中期的（3～5年）目標・計画に基づき，公共上の事務・事業を実施。
　　②国立研究開発法人：中長期的（5～7年）目標・計画に基づき，研究開発に係る業務を主要業務とする。このうち世界トップレベルの成果が期待される法人（特定国立研究開発法人）は別法律にて特別措置を整備。
　　③行政執行法人：単年度毎の目標・計画に基づき，国の行政事務と密接に関連して国の相当な関与の下に確実に執行することが求められる事務・事業を行う。

⑵　PDCAサイクルが機能する目標・評価の仕組みの構築
　主務大臣を評価主体とする等，目標・評価の一貫性・実効性を向上。

⑶　法人の内外から業務運営を改善する仕組みの導入
　法人内部のガバナンス強化の他，主務大臣による是正措置を整備。

⑷　法の運用の弾力化
　本件は未だ結果評価の時期ではないが，国立研究開発機関の資源傾斜配分，進捗管理マネジメント，ガバナンス強化を促し，活性化を促進する新体制を再構築する思惑で動いている。
　本節で検討してきた企業等間インタラクションに影響を与える各種制度改

32　内閣官房HP：http://www.cas.go.jp/jp/houan/140415_1/gaiyou.pdf（2016.09.21参照）

図表4-5　企業等間インタラクションに影響を与える制度改革年表

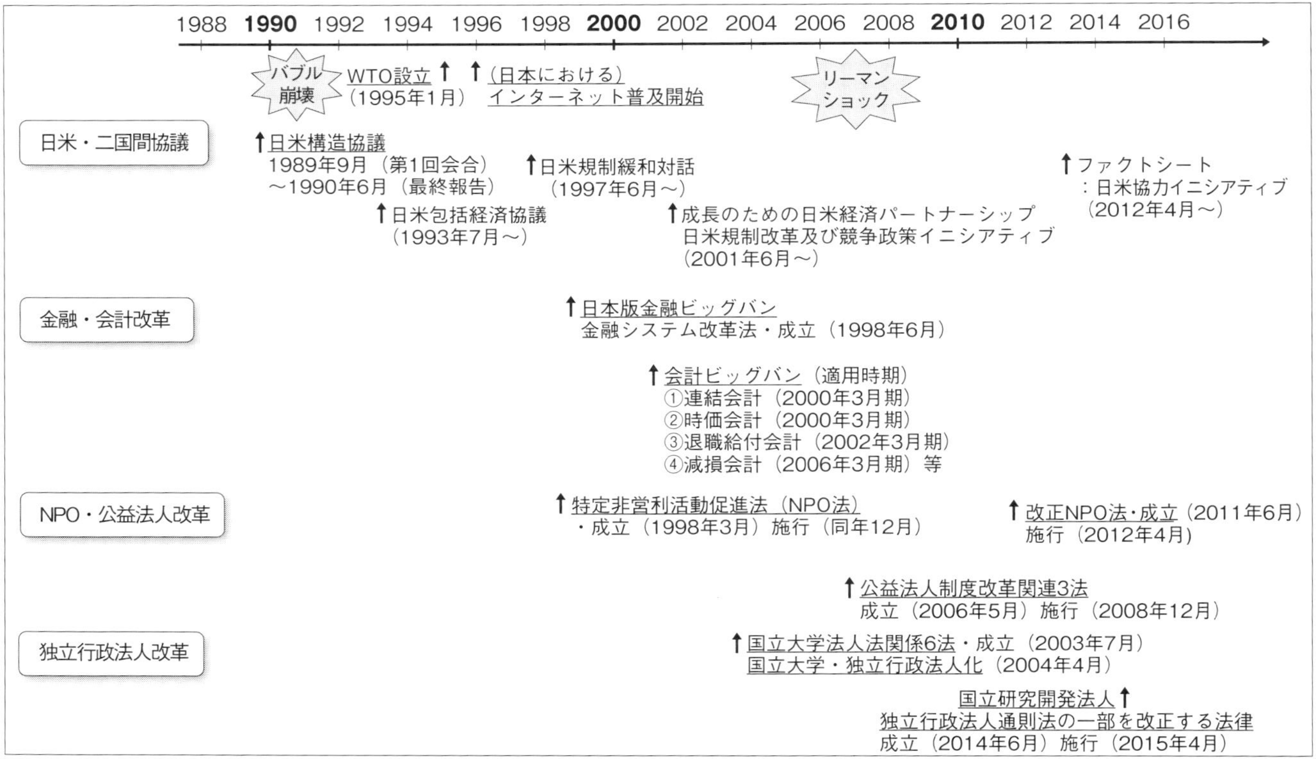

1988　1990　1992　1994　1996　1998　2000　2002　2004　2006　2008　2010　2012　2014　2016

バブル崩壊　　　　　　　　　　　　　　　　　　リーマンショック

日米・二国間協議
- ↑日米構造協議 1989年9月（第1回会合）～1990年6月（最終報告）
- ↑日米包括経済協議 (1993年7月～)
- ↑WTO設立（1995年1月）
- ↑（日本における）インターネット普及開始
- ↑日米規制緩和対話 (1997年6月～)
- ↑成長のための日米経済パートナーシップ 日米規制改革及び競争政策イニシアティブ (2001年6月～)
- ↑ファクトシート：日米協力イニシアティブ (2012年4月～)

金融・会計改革
- ↑日本版金融ビッグバン 金融システム改革法・成立 (1998年6月)
- ↑会計ビッグバン（適用時期）①連結会計 (2000年3月期) ②時価会計 (2000年3月期) ③退職給付会計 (2002年3月期) ④減損会計 (2006年3月期) 等

NPO・公益法人改革
- ↑特定非営利活動促進法 (NPO法)・成立 (1998年3月) 施行 (同年12月)
- ↑公益法人制度改革関連3法 成立 (2006年5月) 施行 (2008年12月)
- ↑改正NPO法・成立 (2011年6月) 施行 (2012年4月)

独立行政法人改革
- ↑国立大学法人法関係6法・成立 (2003年7月) 国立大学・独立行政法人化 (2004年4月)
- ↑国立研究開発法人・独立行政法人通則法の一部を改正する法律 成立 (2014年6月) 施行 (2015年4月)

出所：筆者作成。

革に関し，年表形式で〈図表4-5〉に示す。

4-4 企業間の競争と協調

前節まで企業等のプレーヤーの種類を確認し，この30年間で環境が大きく変化した状況を見てきたが，本節では企業等の中でも企業を主体とし「競争と協調」という文脈からなされた企業間インタラクションに関する先行研究を確認していく。

4-4-1 対話としての競争

企業等間の競争という相互作用に関しては1980年代初頭から競争戦略論として学術的にも一分野を形成したが，1990年頃から，単なる敵対的競争という意味を越えた捉え方もなされている。例えば，沼上他（1993）[33]は，「これまでの競争観に代わる視点の模索」として，「製品の品質向上とコスト低下を説明する上で選択圧力の存在を重視する競争観（選択淘汰観）と，競争プロセスの持つ情報創出機能を重視する競争観（発見プロセス観）」の２つをまず提示した。そして「後者（発見プロセス観）の立場をより具体的に展開し，市場を介した対話のプロセスとして企業の競争行動を解読する」として，電卓産業における競争行動の事例分析に適用している。すなわち競争企業同士がそれぞれ，市場に新製品等を投入していくこと自体が，対話としてのプロセスを形成し，その競争プロセスが新たな情報を創出していくとする捉え方である。

確かに，市場に投入した製品を介しての対話は存在すると考えられる。ライバル企業が市場に新製品を投入すると，その表面上のスペックや定価は当然のこと，販売・サービス部門においては想定取引条件下における実販価格

---

33 沼上幹・淺羽茂・新宅純二郎・網蔵久永（1993）「対話としての競争」，伊丹敬之・加護野忠男・伊藤元重（編著）『リーディングス・日本の企業システム2：組織と戦略』有斐閣，pp. 24-60。

のバリエーションや，オプション群・消耗品・サービスの諸条件と実際価格，さらにライバル社の新製品販売戦略（プロモーション政策等）等々を迅速に調査分析するであろう。研究開発部門においては，ライバル企業の新製品を購入して，技術者が様々な環境下（温度／湿度等）や使用状態（各種使用方法や耐久）での性能テストを迅速に実施・分析する一方で，分解して構成技術や要素技術に至るまで解析することになる。その他，当該製品特性によって生産技術や環境性能（消費エネルギー，放出ガス，リサイクル・リユース性など）等々と，競争状況に応じた各種解析を行うのだが，このような作業こそが，すなわち，ライバル企業が発信した新製品情報に対する真の「受信能力」に相当するのである。

　その情報受信に続いて，販売中や開発中の自社製品と比較検討して技術・製品開発戦略にフィードバックし，開発中の次期機種に対して様々な修正を加えるが，時として大幅に開発計画を練り直す等の活動を行うであろう。販売部門では価格政策見直しやライバル企業新製品の弱点を自社製品の強みで攻め自社製品の弱点をカバーするセールストーク考案を含むプロモーション施策の見直し等，販売戦略を練り直し実行するであろう。これらの動きでライバル企業が感知し易いものはライバル企業への即「返信」となり，やがて練り上げた自社新製品が市場投入され販売戦略を伴って実行されれば，それがライバル企業に対して真の「発信能力」となるのである。これらが繰り返されることが「対話としての競争」のプロセスと考えられる。

　加えて，上述のような水面上に現れる製品を介する対話以外に，ある意味で多くの「水面下の対話」が交わされているのが実態である。まず，新製品が発売される遥か以前に多くの特許等の工業所有権（知的財産権の一部）出願がされるが，それらが公開された時点で公開特許公報等によりライバル各社は，先方の技術開発の方向性とそのパワーのウェイトを想定して対策を立てる。場合によっては，発明者の名前入りパテント・マップ等も作成して抜けた部分を見つけ，自社が先回りしてアイデア特許出願することも一般的である。なお，知的財産権については，1960年にキヤノンカメラ社（現キヤノン社）入社，1972年に特許部長，1993年に専務取締役，2000年〜2009年まで顧問を務め，同社を世界のキヤノンへ導いた立役者の一人である丸島儀一氏

第4章▶複雑化・活発化する企業等のインタラクション　93

の慧眼は見逃せない。丸島（2002）[34]では「特許担当者と開発の人間が一体となり，事業の展開を考えながら特許を」と述べ，丸島（2011）[35]では「研究開発部門，事業部門，知財部門が「三位一体」となって戦略を遂行するように活動」と三位一体経営を主張した。

　他にも，ライバル企業が新工場建設する場合，ヘリコプター等をチャーターして建設過程を写真やビデオに収め，建屋の長さや区画割り構成から生産ライン編成や生産能力等々に至るまで，生産技術者が分析したケースもある。さらに相当以前の時代では，ライバル企業の本社ビルからゴミを買いとって重要書類を分析する，開発センター向かいのビルから高精度双眼鏡で監視する（例えばアナログ複写機時代は，実験中のマシンから漏れる読み取り光の往復速度により次期新製品の複写速度を測定できた），或いは研究所への通勤電車やバス内における社員同士の会話から情報を聞きとる，取材に訪れた新聞や雑誌の記者を通じて情報を得る等々，その時々の法律に触れない範囲で，ありとあらゆることから情報収集がなされていた。相互のこのような行動によって「対話」していたのである。1957年にアメリカで公開された映画「The Enemy Below（邦題：眼下の敵）」では，米・駆逐艦と独・潜水艦の艦長が知能戦を展開し，まさに水面下で対話しつつ戦闘する状況が描かれていたが，これを想起せずには居られない状況である。

4-4-2 競争と協調のフレームワーク

　宇田川他（2000）[36]は，企業レベルの競争行動を，模倣・改善行動と差別化行動に，産業レベルの短期的な企業間競争を競争フェーズと呼び，同質的競争と差別化競争に分類した。さらに産業レベルの長期的な企業間競争を競争パターンと呼び３種に分類したが，「同質的競争と差別化競争の繰り返しパターン」（家庭用VTR・デジタル家電・自動車・カメラが該当）のみの国際競争力が向上したと分析した。前節のような「対話」を含む企業間相互作用が成り

34　丸島儀一（2002）『キヤノン特許部隊』光文社。
35　丸島儀一（2011）『知的財産戦略：技術で事業を強くするために』ダイヤモンド社。
36　宇田川勝・橘川武郎・新宅純二郎（編著）（2000）『日本の企業間競争』有斐閣。

94　第1部▶イノベーションのパワーバランスと企業戦略

立っているが故に同質的競争や差別化競争がなされるのだが，淺羽（2002）[37] は競争仮説（競争の結果同質的行動が生じる）を提示した後，Porter他の「日本企業は相互に模倣し合っているだけで戦略を持っていない。日本企業は同質的行動を捨て差別的なポジショニングをとらなければならない」（Porter, 1996 [38]；Porter *et al.*, 2000）[39] とする主張に対し，淺羽（2004）[40] において以下のように反論している。

　競争とりわけ同質的行動が企業を鍛えてその能力を向上させる効果を考慮に入れると，（中略）それぞれの企業が取得した情報が企業間で効率的に伝播する可能性がある。競合企業が同じ行動をとっているので，ある企業が取得した情報は他の企業にとっても理解可能であり，かつ直接的に役に立つ可能性が高いからである。また企業は相互に比較参照可能なので，競争意識が高まり，努力投入量を増大させる可能性もある。（中略）従って，同質的行動による激しい競争は，短期的には個々の企業の収益性を悪化させるかも知れないが，偏在する情報の効率的な伝播や他社に1歩でも先んじようとする各企業の努力投入の増大を通じて，長期的な企業の能力，産業の競争力が高まりうるのである。

ここまで，対話としての競争観から始めて日本企業の同質的競争を含む競争状態に関する議論を見てきたが，海外企業や海外の消費者からすると，この同質的競争によって日本製品（と日本企業）が群れをなして押し寄せてくるイメージを持ち，この行動パターンが競争を通じた協調関係に見えても不思議ではないであろう。例えば高校のチームスポーツの場合でも，ライバルチームと常に切磋琢磨してお互いの変化を常に見つめ合い対策を考え，鎬を

37　淺羽茂（2002）『日本企業の競争原理：同質的行動の実証分析』東洋経済新報社，p. 43。

38　Porter, M. E.（1996）"What Is Strategy?," *Harvard Business Review*, Nov.-Dec., pp. 61-78.

39　Porter, M. E., Takeuchi, H., and Sakakibara, M.（2000）*Can Japan Compete?*, Macmillan.（マイケル・E・ポーター・竹内弘高・榊原磨理子（2000）『日本の競争戦略』ダイヤモンド社）。

40　淺羽茂（2004）『経営戦略の経済学』日本評論社，pp. 215-217。

第4章▶複雑化・活発化する企業等のインタラクション　95

図表4-6 競争と協調のフレームワーク

出所：筆者作成。

削りながら揉みあう中で共に成長しているチーム群と，偏狭な地域で練習試合もままならないチームとでは，その鍛錬の度合いが異なるのは当然であろう。当時の日本企業は，「良きライバルチームを持つことの幸せ」を享受し活用していたと考えても良いであろう。すると，競争と協調のフレームワークとして，〈図表4-6〉のような縦軸＆横軸から生成する4類型があると考えを進めることが可能となる。

横軸は「ゴールへの基本スタンス」で，企業等間関係に臨む基本スタンスとして競争と協調があり，競争は「Win‐Lose」（勝つか負けるか）という勝負の世界を目指す（覚悟する）のに対し，協調は「Win‐Win」（双方共に勝者）という共存共栄のゴールを目指すものと考えておく。他方の縦軸は「（結果として）生じるゴール」として競争と協調を置いたが，まず「Win‐Win」（双方共に勝者）という協調的結果と，基本的に競争的結果と想定した「Win‐Lose」の他に，引き分け「Draw」，どちらも敗者となってしまう「Lose‐Lose」を含むことが「競争」の宿命なので，それらを含んで設定しておく。この4類型の中で，右上の「（一般的）協調観」は協調の基本スタンス通りの結果であり，左下の「（一般的）競争観」は競争の持つリスクに応じた結果が生じたケースとして想定内であろう。それに対して左上の「競争が生む協調観」こそ，前述の「対話」が成立しているが故に同質的競争や差別化競争が起こり，結果として協調の群れに参加した者は程度の差こそあれ皆勝者となり，群れに属さないプレーヤーを駆逐してしまうケースである。ここで想起するのは，

ノルディック・スキーのクロスカントリー競技を冬季オリンピック等で見る
際である。トップを追う第2集団の数名は仮に国籍が異なっても，風圧（ス
リップストリーム効果）や降雪時の圧雪抵抗等により負担の掛かる先頭を順
番に交代しつつトップを追い，追いついた時点でお互いに勝負に出ることが
あるが，これが目に見える形での競争が生む協調観であろう。さらに，右下
の「協調が生む競争観」の例としては，Win－Winを目指して戦略的提携等
を結び活動開始後に，技術的選択事項を巡る対立やチーム内の主導権争い等
の内部的な競争関係（いわゆる内輪揉め）が生じた結果，Win－Lose，Draw，
Lose－Loseという基本スタンスとは全く異なるゴールに陥ってしまうケース
であり，これもまた現実に散見されるものである。このような「競争と協調
のフレームワーク」を念頭において，パワーバランス・モデルにおける競争
と協調に関しても考えを進めていくこととする。

4-4-3 クローズド型経営からオープン型経営へ

　ここでは協調戦略に関してさらに検討していくが，まず國領（1995）[41]は経営
パラダイムとして「オープン型経営」を提示し，主たる理念として①外部と
の取引に標準インターフェースを採用することで，他企業との連係がし易い
体制をつくり，②提供商品を絞って主たる事業領域に資源を集中投入し，③自
社事業領域内でも自社が必ずしも得意としない部分は積極的に他企業に補完
させながら最終需要を満たしていく経営戦略である，と述べた。ビジネス界
でも，自前主義を「NIH（Not Invented Here）症候群」と批判する風潮が生
まれていた。さらに國領（1999）[42]は横軸に市場セグメント／縦軸に提供機能の
図を示し，垂直囲い込みでも水平展開でもない特定市場の特定機能向けに自
社の事業ドメインを絞り，他社との提携等によってビジネスをデザインする
オープン・アーキテクチャー戦略（自社の持つ情報をより積極的に公開・発
信し他者の多様な情報と結合させることにより情報価値の自己増殖現象を発

41　國領二郎（1995）『オープン・ネットワーク経営』日本経済新聞社。
42　國領二郎（1999）『オープン・アーキテクチャー戦略：ネットワーク時代の協働モデル』
　　ダイヤモンド社，pp. 98-101。

生させ，その価値を自社の利益として取り込んでいく戦略）を提唱した。か
つての大艦巨砲主義に似た自前主義／囲い込み主義の経営スタイルではなく，
自社の得意部分に徹しフットワークの軽い経営スタイルを先立って提唱した
位置付けと言えよう。ここで，背景として技術的変化があることは見逃せない。
ICT（Information & Communication Technology）の発展が各種産業機器の
デジタル化を進め，ソフトウェアの重要性を増し，製品アーキテクチャーを
変容させることが産業のアーキテクチャーも変化させ，産業の業際化を推し
進めると共に企業にとっての戦略オプションを増加させたのである。つまり，
劇的なスピードで進展するICTの技術特性としての「オープン性」が様々な
事業に組み込まれつつあると理解すべきである。写真システムの進化的イノ
ベーションを例に述べると，フィルム写真システムではファインケミカルも
重要な構成要素であったが，急速に発展したデジタル技術によってデジタル
写真システムへと進化を遂げた結果，電子機器業界との産業の垣根がシーム
レスとなり，企業経営は全く新たなステージを迎えることとなった。そして，
その技術が持つオープン性と業界転換の必要性とが相まって，企業等間にお
ける協調的インタラクションの活発化を引き起こしたと考えられるのである。

4-4-4 オープン・イノベーション

Chesbrough（2003[43]；2006[44]）は，オープン・イノベーション（open innovation）
を「企業内部と外部のアイデアを有機的に結合させ価値を創造すること」と
定義し〈図表4-7〉のような考え方を提示した。

従来のクローズドイノベーションにおいて外部交流の障害となっていた企
業の境界を薄くして（破線で表現），個々の研究プロジェクトが企業の境界を

---

43 Chesbrough, H.（2003）*Open Innovation*, Harvard Business School Press（大前恵一朗
（訳）（2004）『OPEN INNOVATION：ハーバード流イノベーション戦略の全て』産業
能率大学出版部）.

44 Chesbrough, H., Vanhaverbeke, W., and West, J.（eds.）（2006）*Open Innovation:
Researching a New Paradigm*, Oxford University Press（PRTM（監訳），長尾高弘
（訳）（2008）『オープンイノベーション：組織を越えたネットワークが成長を加速する』
英治出版）.

図表4-7　オープン・イノベーション

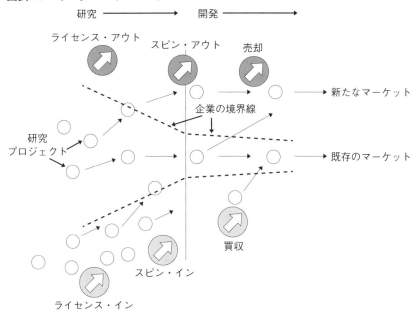

出所：Chesbrough (2003) p. xxv.；同邦訳書p. 9；Chesbrough et al. (eds.) (2006) 表紙から筆者作成。

越えて出入り可能とすることが望ましい姿であるとし，社内に取り込む方はライセンス・イン（license in），スピン・イン（spin in），買収（acquire）などがあり，社外へ移出する方はライセンス・アウト（license out），スピン・アウト（spin out），売却（divest）などがあると述べた。社内へ取り込む外部資源は社内プロジェクトの活性化に有益とすべく取り込む訳だが，社外へ移出する資源からもライセンス・フィー，売却益，スピン・アウトの形態に応じた形での見返り獲得を焦点企業は狙うのである。一方，例えばスピン・アウトしたプロジェクトは従来所属していた焦点企業では開拓困難な新たなマーケットへ向け，むしろ活性化して進むことが可能となり，双方共にハッピーとなる。実際に米Cisco社では「事業のカーブ・アウト＆カーブ・イン（carve-out & carve-in）」と名付けて実施している。この世界的なオープン・イノベーションの潮流は，〈図表4-5〉に示した制度改革途上の日本国内にも浸透し始めると共に，さらなる制度改革と経営者のマインド変革を後押しす

第4章▶複雑化・活発化する企業等のインタラクション　99

る影響をもたらしたと思われる。

4-4-5 業界標準を巡る相互作用

　ここで，企業間の相互作用として「業界標準」を巡る研究にも触れておきたい。この「業界標準」を巡って，個々の企業はまさに競争と協調の使い分けを巧みに行い，少しでも自社に有利な方向へ標準を向けようと様々な角度からの検討と行動を迫られているからである。例示すると，淺羽（1995）[45]，新宅他（2000）[46]等が挙げられ，山田（2004）[47]には，山田（1989）[48]以降の研究成果がまとめられている。この業界標準には標準化団体による標準である「デジュリ・スタンダード」と，企業間競争の力関係で決まっていく「デファクト・スタンダード（事実上の標準）」の２つがあるが，標準の獲得を巡り激しい企業活動が発生することから，デファクト・スタンダードに関する研究が盛んである。進化的イノベーションの進行に際しても，特にその前期においてデファクト・スタンダードを獲得する為の企業間競争と協調活動が活発に行われるので，イノベーションのパワーバランス・モデルにおける企業等間相互作用に関する重要事項である。

　その一方で，標準化団体（公的機関／業界団体）によるデジュリ・スタンダードに関しては先行研究が少ないので，本書で事例に取り上げている写真システムと移動電話業界の標準化に関わる推進母体について，歴史的変遷も踏まえて〈図表4-8〉にまとめておく。前述したデジタル化等の技術発展に伴う業界の垣根低下に合わせ，業界団体も変化し統合等の対応をしている状況が一目で理解できよう。なお，〈4-3節〉で述べたNPO・公益法人改革の一部が同時期に連動していることは言うまでもない。

45　淺羽茂（1995）『競争と協力の戦略：業界標準を巡る企業行動』有斐閣。
46　新宅純二郎・許斐義信・柴田高（編著）（2000）『デファクト・スタンダードの本質』有斐閣。
47　山田英夫（2004）『デファクト・スタンダードの競争戦略』白桃書房。
48　山田英夫（1989）「技術規格と競争戦略」『研究・技術計画』第4巻第3号，pp. 311-319。

図表4-8 写真システムと移動電話の標準化母体

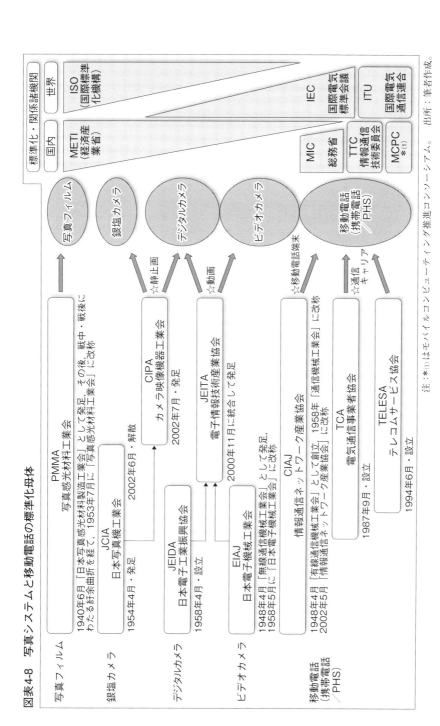

第4章▶複雑化・活発化する企業等のインタラクション 101

4-5 企業等とユーザーとのコラボレーション

　前節では「企業等」の中でも主に企業を想定して競争と協調を検討した。本節と次節では，「企業等」と概念を拡張して含めた，ユーザーと企業内組織に関して検討を進める。

　von Hippel（1988）[49]は「リード・ユーザー（lead user）」を，以下の2つの特徴を同時に兼ね備えた人々として定義した。①市場で今後一般的になるであろうニーズに現在直面しているユーザー。②それらのニーズを解決することによって，多大な利益を得ることができる状況にいるユーザー，である。つまり，利益を得ようとしない一般消費者はリード・ユーザーの範疇からこの時点では外れていた。しかしその後，von Hippel（2005）[50]では，「リード・ユーザー」を以下の2点と再定義して概念拡張を図った。①重要な市場動向に関して大多数のユーザーに先行し，②自らのニーズを充足させる解決策（ソリューション）から相対的に高い効用を得る存在。そして，「リード・ユーザーは重要な市場動向の最先端に位置している。従って，現在リード・ユーザーが経験しているニーズは，後に市場にいる多くのユーザーが経験することになる。また，自分のニーズに対する解決策を獲得することにより，比較的高い効用を得ることが期待できる為，その多くがイノベーションを起こす」と述べ，企業ユーザーのみでなく個人ユーザーにも範囲を広げたのである。このユーザー・イノベーション理論の理解には前提として「情報の粘着性（sticky information）仮説」[51]が重

49　von Hippel, E.（1988）*The Sources of Innovation*, Oxford University Press（榊原清則（訳）（1991）『イノベーションの源泉；真のイノベーターはだれか』ダイヤモンド社，p. 345）.

50　von Hippel, E.（2005）*Democratizing Innovation*, The MIT Press（サイコム・インターナショナル（監訳）（2006）『民主化するイノベーションの時代：メーカー主導からの脱皮』ファーストプレス，p. 18，p. 40）.

51　von Hippel, E.（1994）"'Sticky Information' and the Locus of Problem Solving: Implications for Innovation," *Management Science*, Vol. 40, No. 4.；von Hippel, E.（1998）"Economics of Product Development by Users: The Impact of 'Sticky' Local Information," *Management Science*, Vol. 44, No. 5. など。

図表4-9　イノベーションにおける問題解決の種類と問題解決者との関係

問題解決者		機能デザイン	
		メーカー	ユーザー
技術デザイン	メーカー	Ⅰ．メーカー単独	Ⅱ．自己解決型共同
	ユーザー	Ⅲ．襷がけ型共同	Ⅳ．ユーザー単独

出所：小川（2000）p. 108。

要なので追記しておく。得られた知識の移転が難しい情報を粘着性の高い情報と呼び，それが問題解決に不可欠なら，問題解決者はその粘着性の高い情報の生成場所から生まれる傾向がある。つまり使用場所でイノベーションが発生することから，ユーザーがクローズアップされるのである。

　それを踏まえて小川（2000）[52]は，イノベーション活動を問題解決の視点から考察し，製品イノベーションの問題解決を2種からなるとした。1つ目はユーザーが抱える問題を発見して機能要件に翻訳する問題解決であり，これを「機能デザイン」と呼んだ。2つ目はその機能を実現する生産技術を含めた要素技術の組み合わせを創出する問題解決で，これを「技術デザイン」と呼び，これら2つの問題解決で製品イノベーションが実現すると主張したのである。そして，それら問題を解決する解決者の組み合わせパターンとして〈図表4-9〉を提案している。機能デザインと技術デザインの主体をメーカーとユーザーに分け，両者の組み合わせで，「Ⅰ.メーカー単独」，「Ⅱ.自己解決型共同」，「Ⅲ.襷掛け型共同」，「Ⅳ.ユーザー単独」，という4類型とした。Dosi（1982）[53]の「ディマンド・プル（demand-pull）」と「テクノロジー・プッシュ（technology-push）」の類型化を模して，ユーザーが機能デザインを行う場合を「ユーザーのニーズ・プッシュ（needs-push）」，ユーザーが技術デザインを行う場合を「ユーザーのテクノロジー・プル（technology-pull）」とした。そ

52　小川進（2000）『イノベーションの発生論理：メーカー主導の開発体制を越えて』千倉書房。

53　Dosi, G. (1982) "Technological Paradigms and Technological Trajectories: A Suggested Interpretation of the Determinants and Directions of Technical Change," *Research Policy*, No. 11, pp. 147-162.

図表4-10 コンピタンスの源泉についての考え方

出所：Prahalad & Ramaswamy（2004）邦訳書 p. 215。

の後，小川（2006）[54]は，複数の主体が開発過程で協同し，競争的に消費者にとっての付加価値を共創していくあり様を「競争的共創」と呼び，相当する事例を丹念に収集して報告している。

また，Prahalad & Ramaswamy（2004）[55]は，コンピタンスの源泉についての時代的変化を，〈図表4-10〉のように示している。第1段階（～1990年）は「事業ユニットが知識の源泉」，第2段階（1990年～）は「企業はコンピタンスの集合体」[56]と主張した。第3段階（1995年～）は「仕入先や事業パートナーもコンピタンスの源泉」と拡張し，第4段階（2000年～）では「消費者や消費者コミュニティもコンピタンスの源泉として重要」と発展させている。彼らはコア・コンピタンスの所在についても〈図表4-11〉のように説明を加えているが，「企業単独で自立的に価値創造を行う時代から自社を取り巻く仕入先・事業パートナーと共に行う協働によって価値創造する時代へと変化してきた。今後はさらに加えて消費者を重視し，彼らと対話を継続するインフラを構築して彼らのコンピタンス・時間・努力を生かすべきであり，彼らとの共創によって価値創造を実現すべきなのである」と要約できる。

進化的イノベーションを乗り越える為に，企業は事業パートナーと共にユーザーとも能動的にコラボレーションすべきと筆者も考えているゆえ，「企業等」にユーザーを含め，本節を先行研究のレビューに充てたのである。

---

54 小川進（2006）『競争的共創論：革新参加社会の到来』白桃書房。
55 Prahalad, C. K. and Ramaswamy, V.（2004）*The Future of Competition*, Harvard Business School Press（有賀裕子（訳）（2004）『価値共創の未来へ：顧客と企業のCo-Creation』ランダムハウス講談社）。
56 Hamel, G. and Prahalad, C. K.（1994）*Competing for The Future*, Harvard Business School Press（一條和生（訳）（1995）『コア・コンピタンス経営』日本経済新聞社）。

図表4-11　コア・コンピタンスの所在

	企業単独	企業とそれを取り巻く ネットワーク	幅広いネットワーク
分析単位	自社のみ	自社，仕入先，事業パートナーを含む価値ネットワーク	自社，仕入先，事業パートナー，消費者を含めた全体
経営資源の 土台	社内の経営資源	ネットワーク内の各社のコンピタンスや投資力を利用	消費者のコンピタンス，時間，努力などを活かす
コンピタンス の利用	社内に閉じている	ネットワーク内の企業と優先的に連携する	多様な消費者と積極的に対話を続けるためのインフラ
経営者による 付加価値	コンピタンスを培う	協働関係をマネジメントする	消費者のコンピタンスを活かし，経験のパーソナル化を実現し，期待をともに形作っていく
価値創造	自律的	協働	共創
緊張関係の 原因	事業ユニットの自律性vsコア・コンピタンスの活用	事業パートナーとの間で，協働と競争の両方を展開する	消費者との間で，協働と競争の両方を展開する

出所：Prahalad & Ramaswamy（2004）邦訳書 p. 217。

4-6 企業内組織間のコンフリクト

　本節では企業内部における組織単位の視点で考察し，パワーバランス・モデルへのヒントを探ることとしたい。企業は多階層からなる数多くの組織の集合体であり，各レベルの組織は人々の集合体である。従って，そこには様々な主張や感情が存在し，各種レベルの組織と組織，組織と個人，個人と個人の間において多様なコンフリクトが発生している。ここでは，あるサイズの組織レベルまで企業を分解し，その組織を一単位として「企業等」の構成要素と認識してみる。何故なら，進化的イノベーションに直面した企業を想定した場合，当該企業が包含する複雑な状況（〈2-3節〉を参照）を，パワーバ

第4章▶複雑化・活発化する企業等のインタラクション　105

図表4-12 企業内組織レベルを含む企業等間相互作用（例示）

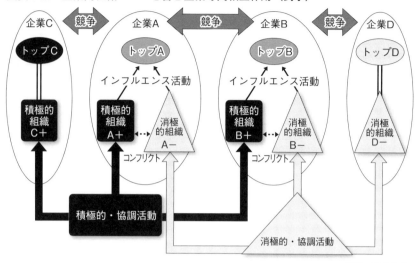

出所：筆者作成。

ランス・モデルに反映させる必要があるからである。

　まず，進化的イノベーションに直面した企業AとBの内部にそれぞれ，イノベーションに対して積極的な「組織A＋」「組織B＋」と，消極的な「組織A－」「組織B－」があると仮定する（「＋」が積極的，「－」が消極的を示している）。さらに，イノベーションに積極的な企業Cには「組織C＋」が，イノベーションに消極的な企業Dには「組織D－」が存在するとしよう。その様子を〈図表4-12〉に図示してみた。企業A，Bについて写真システムにおける進化的イノベーションの事例では，当時の富士写真フイルム社やコニカ社のように，銀塩写真システムもデジタル写真システムも開発・製造・販売しているメーカーに当てはめて考えてみると，より明確に構造を理解しうるであろう。

　組織A＋，B＋をデジカメ事業部門，組織A－，B－を写真フィルム事業部門と想定してみる。写真フィルム事業部門は両社にとって主要事業部門であるが，自部門の消滅を早めるデジタル写真システムへのイノベーション採用容易化には消極的である。そして，消極的企業等グループに所属するそれぞれの写真フィルム事業部門とイーストマン・コダック社（組織D－として）と

は，市場において競争しながらもパテントのクロスライセンス契約や一部製品の生産委託契約等の協調関係も維持してきた。また，フィルムベースや感光材料の原材料メーカー，写真フィルムの販売チャネル，研究委託先の大学とは，長期間に渡る協調関係という歴史も抱えていた。一方のデジカメ事業部門は，イノベーションの採用容易化に積極的である。社内力学で永年劣勢に立たされながらも蓄積してきたチーム力を発揮できる時がついに来たという高揚感と，既存の銀塩カメラ各社と比較して総合力で上回る電子機器メーカーが一気に参入してくる状況下で，いち早くイノベーション採用容易化を進めなければ自社ブランドのデジカメ（すなわち，カメラ事業そのもの）が市場から消滅するという危機感との双方を抱えつつ，イノベーションに向かって疾走している状況である。そして電子機器メーカーの内部組織もまた，デジカメ事業組織は市場で競争しながらも，液晶パネルやCCD（Charge-Coupled Device：電荷結合素子）イメージセンサー等の電子デバイス事業組織は供給関係を結んでいる。さらに，イノベーション採用容易化を目指す競合企業間の協調関係の具体例として，PictBridge規格（デジカメからホームプリンターへのダイレクト・プリント機能に関する統一規格で，これによってパソコンを保有しないユーザーをイノベーション採用に向かわせ獲得する共通の狙い）の制定も動いていたのである。

　このような「組織A＋」と「組織A－」を内包する企業Aの社内では，経営トップを含めて様々な議論が発生しているであろう。Milgrom and Roberts (1990)[57]は，このような状況下で組織A＋や組織A－のリーダーやメンバーが自部門に有利な意思決定・行動をトップがとるように働きかける活動を「インフルエンス活動」と呼び，この活動の為に「浪費された資源と歪曲された決定に伴う費用」の双方を含めて「インフルエンス・コスト」と呼んでいる。この「インフルエンス活動」を図表の中央に示し強調している。このようなコンフリクトは企業内の様々な組織レベルで発生しうる。部課レベル・事業部レベル・事業本部レベル・社内カンパニーレベル・持株会社傘下の会社レ

57　Milgrom, P. and Roberts, J.（1990）*Economics, Organization, and Management*, Prentice Hall（奥野正寛・伊藤秀史・今井晴雄・西村理・八木甫（訳）（1997）『組織の経済学』NTT出版, pp. 298-311).

第4章▶複雑化・活発化する企業等のインタラクション　107

ベル等であるが，委譲された権限の大小の差はあるものの基本的には類似の構造である。さらに厄介なことは，イノベーションに消極的な旧来ビジネス出身者が，これまでの基幹事業であるが故に，インフルエンス活動においても力を有する事例が多く見受けられることである。

　さて，このように企業内の組織レベルに1段階降りて分解することにより，一企業内で進化的イノベーションを巡って発生するコンフリクト，その解消の為に生起するインフルエンス活動，そしてその結果認識されるインフルエンス・コストに関して検討してきた。イノベーションのパワーバランス・モデルを検討するに際しては，このような企業内組織も「企業等」の構成要素として意識する重要性が理解できよう。企業内マネジメントの観点からは，インフルエンス・コストを抑え，従業員のモラールも維持しつつ，社内の消極派と積極派を取りまとめると共に，社外の消極派と積極派に対応しつつ，進化的イノベーションをいかに乗り越えていくのかが大きな課題となるのである。

4-7 企業等間インタラクションの実態

4-7-1 M＆Aのデータ

　本節では，企業等間インタラクションの実態をマクロ的データと事例から観察する。〈図表4-2〉（企業等間関係のタイプ）で構造的に最も強力な手段であるM＆A（Merger & Acquisition：買収と合併）に関し，㈱レコフ公表の1985年〜2018年実績データを，〈図表4-13〉に掲載する。なお，IN-INは国内企業が国内企業を，IN-OUTは国内企業が海外企業を，OUT-INは海外企業が国内企業をM&A対象とした案件であることを表している。

　M&A件数について1980年代からの動きを振り返ると，（日本の）バブル崩壊により1990年を第1の小ピークとして3年間程下降したものの，その後20年以上に渡り伸長していた。その後，2007年頃の米サブプライムローン危機

58　㈱レコフ：http://www.marr.jp/mainfo/graph/（2019.01.26参照）

108　第1部▶イノベーションのパワーバランスと企業戦略

図表4-13 マーケット別M&A件数の推移

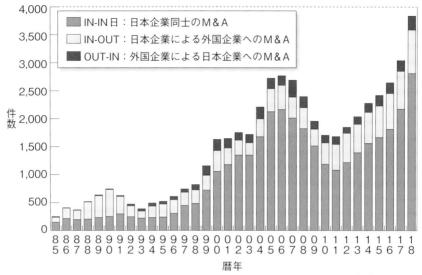

出所：㈱レコフ

の流れで2008年9月に起きたいわゆる「リーマンショック」によって下降に転じたが，2011年を底として再び伸長に転じ，2018年には過去最多の4,000件に近づいた。内訳においては，バブル期の1990年に過半数がIN-OUTであったが，その後は一貫してIN-INが7割程度，OUT-INは1割未満で残りがIN-OUTという傾向が続いている（なお，金額ベースではビッグディールによりIN-OUTの割合が増す）。すなわち，1980年代半ばとは比較にならないレベル（1980年代後半の約500件/年に対して2018年を約4,000件と見れば8倍）で国内企業同士のM&Aを含めて一般化し，企業間インタラクションが活発化している一端を確認できよう。

4-7-2 移動電話を巡るケース

次に，本書で注目している移動電話に関する戦略的提携の経緯を〈図表4-14〉にまとめてみた（〈本章2節〉の通り，戦略的提携に合弁も含んでいる）。
例示した11社の日本企業は携帯事業で鎬を削っていたが，2007年のiPhone

図表4-14 移動電話を巡る各社の動き

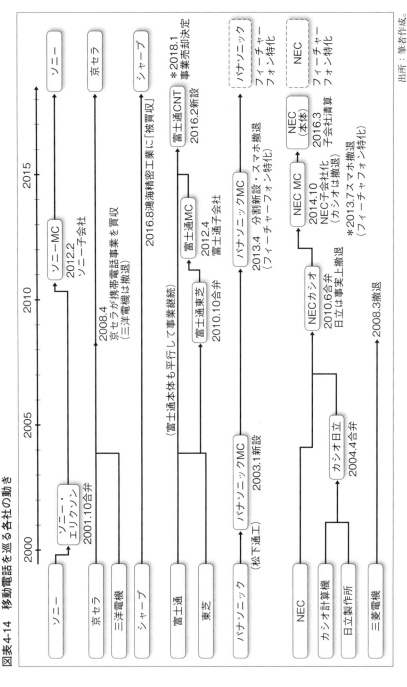

出所：筆者作成。

発売をトリガーとしてスマホへの進化的イノベーションが進み，その後は合弁やM&Aによって各社の事業を集約した結果，2018年2月にスマホを自社展開しているのは3社のみとなった様子が解る。新聞等で「戦略的提携」の文字が躍ると如何にも積極的な攻めのイメージを持つ学生も多いが，実は戦略的提携はこのように，事業収束や撤退への1段階であることが多いのも実態である。イノベーションによる変化に対して，攻めと守りの両側面でスピーディに対応するには，もはや戦略的提携やM&Aという企業間関係を有効活用することは欠かせない一手段であり，その状況をマクロ的に観察すると企業間インタラクションが活発化して見えると認識すべきである。

　なお，オープン経営／オープン・イノベーションへの流れが実態として動き，理論面でも展開され，将来は益々多くの企業等とのインタラクションを駆使し尽くして自社の経営戦略／イノベーション戦略へ臨むことが必須であろう。筆者の恩師である十川廣國先生（慶應義塾大学名誉教授）がかつて筆者に話された「経営学の理論は生き物であり，時代の変化に応じて新たな理論が生まれていく（生み出さねばならないと筆者は解釈）」という教えを想起した次第である。

　さて，続く〈第5章〉において，これらの要素を踏まえてパワーバランス・モデルを発展させ，さらに企業戦略に関する議論を深めていくこととする。

第 **5** 章

パワーバランス・モデルと企業戦略

5-1 本章の目的と要約

　〈第1章〉から本章までの〈第1部〉において，イノベーションのパワーバランス・モデルと企業戦略をまとめ，次章から〈第10章〉に至る〈第2部〉において，そのモデルを用いたイノベーションのダイナミクス分析へと展開していくこととなる。〈第2章〉で提示したイノベーションのパワーバランス・モデル（基本型）と企業戦略へのリンケージ・モデル（基本型）をベースとし，〈第3章〉では顧客サイドに着目して「増大する顧客パワー」を検討し，〈第4章〉では企業等サイドにスポットを当てて「複雑化・活発化する企業等のインタラクション」に関して考察を進めてきた。本章の目的は，これら〈第3章〉と〈第4章〉で得られたアイデアを盛り込み，〈第2章〉のパワーバランス・モデルを発展させると共に企業戦略に対してインプリケーションを抽出し，企業戦略へのリンケージ・モデルを発展させることである。

　続いて要約を以下に述べる。まず，イノベーションの進行速度は4種類の主要パワー，及びそれらの内外で発生する合計10種類の相互作用によって決定するとして「進化的イノベーションのパワーバランス・モデル（発展型)」〈図表5-1〉をまとめた。続いて顧客間相互作用を利活用した企業戦略として

112

発案したサイド・アタック戦略／逆サイド・アタック戦略がポイントとなる。サイド・アタックは積極的企業等が〈第4章〉で検討した企業等間の協調可能性探索からスタートし，積極的顧客の動きを促進するだけでなく継続的顧客満足を達成することによって〈第3章〉で検討した顧客間相互作用を促進し，積極的顧客が消極的顧客をアタックする構造をつくる戦略である。一方の逆サイド・アタックは消極的企業等が同様に顧客間相互作用を利用し，消極的顧客が積極的顧客の動きを抑制する構造をつくる戦略であり，双方を図示〈図表5-3 & 5-5〉して解説した。さらに，これら両アタックには数種類のバリエーションがあるので，これらを〈図表5-6〉にまとめた。そこから，これら両アタックを取り込む形で企業戦略へのリンケージ・モデルを拡張型〈図表5-10〉へ，進化的イノベーションに対する企業等の戦略も拡張型〈図表5-11〉へとバージョンアップさせた。これらの戦略拡張は〈第3章〉で検討した進化的イノベーションの採用に当たっての顧客の購買行動特性を踏まえると共に，本章で検討する顧客ロイヤルティ／関係性マーケティングの理論を背景として生まれたものである。

5-2 イノベーションのパワーバランス・モデル（発展型）

本節では〈第2章〉の〈図表2-8〉（イノベーションのパワーバランス・モデル（基本型））を発展させていくが，〈第3章〉と〈第4章〉から影響する重要ポイントをまとめると，まず，顧客関係のポイントとしては，進化的イノベーションのように極めて新しいものの採用に際しては，顧客達は様々な情報ソースに触れて，いわゆる「周辺的ルート」によって態度を決定していくので，準拠集団やクチコミが重要になってくること。そして，顧客間相互作用に関する諸理論もそれぞれに作用している可能性があり，特に現在のインターネット時代におけるコミュニケーション方法として，消費者一人ひとりが情報の受発信力（特に発信能力）において，大きなパワーを手に入れていること，等が挙げられた。一方，企業等間のインタラクションについては，

巻頭カラー図表参照

図表5-1 イノベーションのパワーバランス・モデル（発展型）
*「イノベーションの進行速度」は、「4種類の主要パワー」と、「それら内外の相互作用」によって決定する！

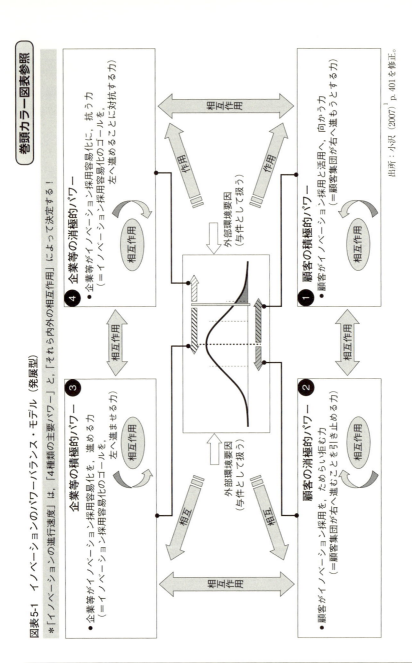

出所：小沢（2007）[1] p. 401を修正.

---

1 小沢一郎（2007）「進化的イノベーション・モデルの検討(2)：ダイナミック分析へ向けた試論的展開」『三田商学研究』第50巻第3号，慶應義塾大学商学会。

この約30年間の様々な制度改革の結果，現在においては相当にフリーハンドで各種企業等と協調可能性を探索できること。ある業界の企業間における競争関係に対しても，競争を通じた対話のような競争観を持つと，協調を含む競争関係とも捉えられること。さらに，他企業等とWin - Winの協調関係を目指しても，Win - Lose関係や，Draw，そしてLose - Loseという最悪のケースに陥る可能性もあること。また，クローズド型経営からオープン型経営へのトレンドと共に，その業界の他企業，サプライヤー企業，流通企業，顧客企業，NPO・公益法人，大学，国立研究開発機関，ユーザー等を含む「企業等」が，M＆A・戦略的提携・緩やかな形態における連携等の多様な協調関係を展開していること。さらにユーザーと企業とのコラボレーション事例が増加し，既に企業のコンピタンスにユーザーとの共創力が加えられると考えられていること。また，一企業内部にも内部組織として積極派組織／消極派組織が存在するケースもあり，これら企業の内部組織も企業等におけるプレーヤーとして認識すべきで，インフルエンス活動なども念頭におく必要があること，などが挙げられた。

　これらの考察の結果，4つの主要グループの内外の相互作用を明示する形で，イノベーションのパワーバランス・モデルの発展型を〈図表5-1〉にまとめた。このように，4種類の主要パワーとそれら内外の相互作用（10種類の相互作用を記載）によって，イノベーションの進行速度は決定すると考えられるのである。

5-3　企業戦略へのリンケージ・モデル（発展型）と戦略の拡張

5-3-1　企業戦略へのリンケージ・モデル（発展型）

　〈第2章〉で，「イノベーションのパワーバランス・モデル（基本型）」〈図表2-8〉をベースに「企業戦略へのリンケージ・モデル（基本型）」〈図表2-9〉へと展開したように，この〈図表5-1〉をベースに〈図表5-2〉へと展開してみ

第5章▶パワーバランス・モデルと企業戦略　115

図表5-2 企業戦略へのリンケージ・モデル（発展型）

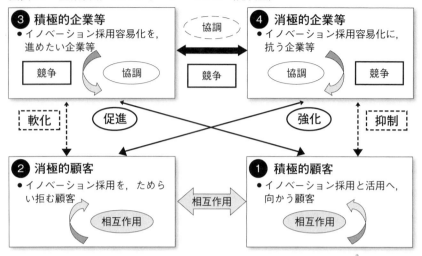

出所：小沢（2007）[2] p.403を修正。

る。この図表のように，③積極的企業等と④消極的企業等の基本戦略である「軟化」「促進」「強化」「抑制」はそのままに，〈図表5-1〉で示した合計10種類の相互作用を明確化してある。なお，相互作用に関して企業等の内や間の関係については競争と協調と記載してあるが，顧客側については相互作用とのみ記載した。このモデルをベースとして，積極的企業等と消極的企業等双方の立場に立って企業戦略の拡張を試みる。

5-3-2 積極的企業等の戦略拡張（サイド・アタック）

　検討してきた顧客間の相互作用を戦略立案時の要素として取り入れることで，企業戦略のオプションを拡張することができる。まず，積極的企業等の戦略に関して検討してみる。積極的顧客はイノベーションの採用と採用後の活用に意欲を持っている顧客であるが，顧客間の相互作用を勘案すると，既にイノベーションを採用した「積極的顧客の継続的な満足度」を向上させることが非常に重要な意味を持っていることが理解できるようになる。つまり，

2　小沢一郎（2007）前掲論文。

イノベーションを採用した積極的顧客群の一人ひとりがそれぞれどの程度，イノベーションの採用と採用後の継続的活用に満足しているか，或いは不満に感じているかについて，顧客間で情報の発信・受信・共有が活発に，かつ継続的に行われるからである。

　Rosen（2000）[3]は，「クチコミにはいろんな調査があるが，人はポジティブなコメントよりもネガティブなコメントをより広げることが一貫して示されている」として様々な事例を紹介し，ポジティブな人とネガティブな人がそれぞれ何人に話すかは（比率は各様だが），ネガティブな人の方が一貫して多くの他人に話している状況を示している。このような状況を考えると，このインターネット時代における顧客間の活発な相互作用は「諸刃の剣」として，企業は重視すると共に対応せねばならない。すなわち，積極的企業等からすれば，イノベーションを採用・活用している積極的顧客を満足させ続けることができれば，その顧客は積極的顧客にも消極的顧客にもイノベーション採用・活用の喜びをクチコミ（ネット上でのクチコミを含む）で語り，積極的顧客内での相乗効果を促進すると共に，消極的顧客をイノベーション採用へ導くような行動をとるであろう。しかしながら，積極的顧客に不満を持たせてしまった場合には，その顧客はイノベーション採用と活用に積極的であったにも関わらず，そのイノベーション採用・活用の不満点を積極的顧客にも消極的顧客にもクチコミで流すであろう。しかも，満足していたケースよりも，より多くの人々に不満点の情報を流すことになると考えられるのである。まさに「顧客間相互作用のワナ」であり，諸刃の剣なのである。

　この検討の結果，積極的企業等の基本戦略は，従来の「促進」に「継続的顧客満足」の推進を加えることが必要になると考える。そうすれば，顧客グループ間の相互作用を経て〈図表5-3〉の曲線の矢印のような迂回ルートを辿り，積極的顧客経由で消極的顧客の購買態度を軟化させイノベーション採用を促すことが可能となるのである。このようなアプローチを，積極的企業等が正面からでなくターゲット顧客の横にいる仲間の顧客を経由してアタック

3　Rosen, E.（2000）*The Anatomy of Buzz: How to Create Word-of-Mouth Marketing*, Random House（濱岡豊（訳）（2002）『クチコミはこうしてつくられる：おもしろさが伝染するバズ・マーケティング』日本経済新聞社).

図表5-3 積極的企業の戦略拡張（サイド・アタック）

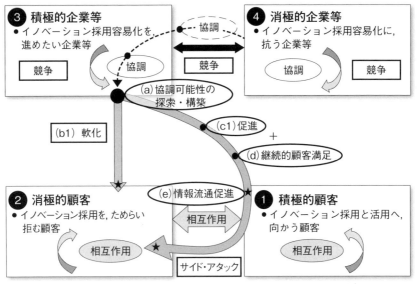

出所：小沢（2007）[4] p.404を修正。

する，という意味を込めて「サイド・アタック（side attack）」と呼ぶこととする。学生達に説明する際，彼らがピンとくる類似のアタック方法は次の例である。男子が女子に告白したい場合に直接自分がアタックするのでは無く，その女子と仲の良い友人に頼み，その友人を経由してターゲットの彼女に思いを告げる。という搦手ルートによるアタック方法である。

それでは，積極的企業等の拡張戦略を整理しておきたい。第1は，図表に「(a)協調可能性の探索・構築」と記したが，今次の進化的イノベーションに対して積極的という意味で同一の戦略グループに属する企業等ばかりでなく，消極的という異なる戦略グループに属する企業等とも，何らかの切り口で部分的な協調関係を築くことができないか，その可能性の探索とフォーメーションの構築を常に念頭に活動すべきという点である。それは〈第4章〉で見てきた通り，経営環境の変化は継続しており，数年前ではあまり対象として念頭に浮かばなかった企業等（企業及び企業内組織，NPO，公益法人，大学，

4 小沢一郎（2007）前掲論文。

118 第1部▶イノベーションのパワーバランスと企業戦略

国立研究開発機関，ユーザー等々）が対象になる可能性も日々変化している。それらを注視しながら戦略的な発想をすることが重要である。〈2-3節〉及び〈2-5節〉で述べた「お店プリント」は，プリントビジネスだけでも守り，少しでも写真店のバックアップをしてチャネルの反発を抑えたいというカメラ＆フィルムメーカーの中で消極的組織が持つ思惑と，従来通りプリントをお店に頼めればデジカメを採用しても良いとするユーザーを取り込んでイノベーションを推進したいという同社内デジカメ担当の積極的組織が一致して協調できる施策であったとも受け止められる。同様に「PictBridge規格制定」は，積極的企業等の戦略グループに属する企業組織同士が協調して進めたものである。

　第2は，図表に「(b1)軟化」と記したが，「(a)協調可能性の探索・構築」を起点とし，〈図表2-9〉で述べた消極的顧客に対する「軟化」政策へ進んでいく。これはサイド・アタックに対しては後述のフロンタル・アタック（正面攻撃）の位置付けとなるが，積極的企業等が直接的にターゲット顧客である消極的顧客へ相互作用を持ちつつ働きかける施策である。

　第3は，図表にサイド・アタックとしてまとめたが，「(a)協調可能性の探索・構築」を起点として「(b1)軟化」のフロンタル・アタックと分岐し，さらに3段階のステップとして (c1)促進，(d)継続的顧客満足，(e)情報流通促進，とカーブを描いて進むルートである。促進と継続的顧客満足に関しては既述したので，積極的顧客と消極的顧客との間の相互作用を促進するような，「情報流通促進」策について補足説明しておく。例えば，企業があまり前面に出ない形式でユーザーグループが情報交換できるようなフォーラムをオープンして公開し，消極的顧客もそのフォーラムを見るようにターゲットとするサイト等にリンクを貼ってガイドしていく，或いは，検索ポータルサイトから容易に検索できるようにキーワードなどを仕込む，などの手段を講じていくのである。

　これらの施策をミックスして継続的に計画・実行することによって，徐々に企業姿勢が顧客間に浸透し，顧客ロイヤルティが醸成されていくものと考えられ，これがサイド・アタックにおける大きな資産となる。なお，その顧客ロイヤルティに関して次の〈5-4節〉で検討することとしたい。

第5章▶パワーバランス・モデルと企業戦略　119

図表5-4 消極的顧客の階層構造

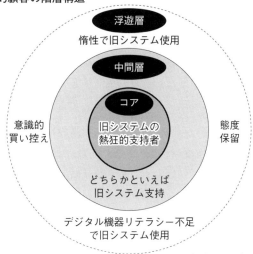

出所：小沢（2006b)[5] p.235を修正。

5-3-3 消極的企業の戦略拡張（逆サイド・アタック）

　消極的企業の戦略拡張を考えるに当たって，まず消極的顧客群の構造は〈図表5-4〉のような階層構造を形成していることが想定される。階層構造は考え方によって各種モデルが想定可能だが，簡単の為に3段階のモデルを示した。
　まず，最も中心に位置しコアを形成しているカテゴリーが，旧システムの熱狂的支持者の「コア」である。これは写真システムに関する例では銀塩写真愛好者で，「銀塩写真のやわらかさが魅力」「自分で白黒写真のプリント現像を行っている時に安全光の下で現像液の中に画像が浮かんでくる時が至福の時間」などと語る人々である。オーディオ機器がかつてのアナログ技術からデジタル技術に移行し，すなわちアナログ・レコードからCD（コンパクトディスク）に市場が移行した後のアナログ・レコード愛好家もまた，オーディオに関する「コア」カテゴリーに所属している。第2の層はいわゆる中間

5　小沢一郎（2006b）「進化的イノベーション・モデルの発展」『専修経営学論集』第83号，専修大学経営学会。

図表5-5 消極的企業の戦略拡張（逆サイド・アタック）

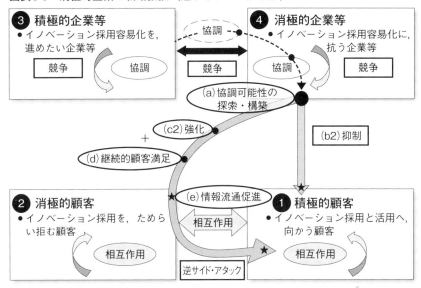

出所：小沢（2007）[6] p.404を修正。

に位置し、どちらかと言えば旧システム支持という「中間層」である。彼らは「コア」程熱狂的でないが、旧システムの魅力を知る層と位置付けられる。そして一番外周に位置するのが、「浮遊層」である。「とりあえず惰性で旧システムの使用を続けている」或いは、「デジタル機器の操作は苦手」「意識的に現在は新システムを買い控えて、安く操作が簡単なものの市場投入を待っている」「難しそう（判定不能）なので態度保留し、旧システムを継続使用している」等の態度を持つ階層である。

ここで消極的企業等の戦略に戻ると、〈図表5-5〉のように、〈図表5-3〉とは対称的なカーブを描くルートを発見することができる。このようなアプローチを、消極的企業が正面からでなくターゲット顧客の横にいる仲間の顧客を経由して逆サイドからアタックするという意味を込めて「逆サイド・アタック（reverse side attack）」と呼ぶこととするが、まさに積極的企業のサイド・アタックに対抗するカウンターアタックの手段として位置付けられる。

6 小沢一郎（2007）前掲論文。

この図表のように，消極的顧客に対して強化のみを働きかけるのではなく，継続的に旧システムの顧客満足度を高めることによって，旧システムの魅力を見直す機運とアンチ新システムという反動現象の喚起を狙う戦略が浮かび上がる。この際に，〈図表5-4〉の消極的顧客の階層構造に留意し，そのどの層を狙った商品／メッセージなのかを明確に意識することが重要となる。例えばコア層を狙った商品でアナログ写真の魅力をクチコミで伝播（顧客間の相互作用）してもらうことにより，消極的顧客にはイノベーション採用への流れを防止すると共に，積極的顧客にもその動きを抑える効果を期待しうるような戦略オプションを増加させることができるのである。

　それでは，消極的企業等の拡張戦略を整理しておこう。第1は，図表に「(a) 協調可能性の探索・構築」と記したが，今次の進化的イノベーションに対して消極的という意味で同一の戦略グループに属する企業等ばかりでなく，積極的という異なる戦略グループに属する企業等とも，何らかの切り口で部分的な協調関係を築くことができないか，その可能性の探索とフォーメーションの構築を常に念頭に活動すべきという点である。それはサイド・アタックのところで述べた通りである。

　第2は，図表に「(b2) 抑制」と記したが，「(a) 協調可能性の探索・構築」を起点として，〈第2章〉〈図表2-9〉（企業等戦略へのリンケージ・モデル（基本型））で述べた積極的顧客に対する「抑制」政策へ進むことになる。これも逆サイド・アタックに対しては後述のフロンタル・アタック（正面攻撃：frontal attack）の位置付けとなるが，消極的企業等が直接的にターゲット顧客である積極的顧客へ相互作用を持ちつつ働きかける施策である。

　第3は，図表に逆サイド・アタックとしてまとめたが，「(a) 協調可能性の探索・構築」を起点とし「(b2) 抑制」とは分岐して，続く3段階ステップの(c2) 強化，(d) 継続的顧客満足，(e) 情報流通促進，と進むルートである。つまり積極的企業が取り得る策に対抗して旧システムの魅力などがより流通する形で，積極的顧客と消極的顧客との間の相互作用を促進するような，「情報流通促進」策であり，それに触れた積極的顧客が旧システムの魅力を見直し，自らの新システム利用の活性力を萎えさせる，などの手段が有り得るであろう。これらはサイド・アタックの裏返しの対抗策として考えると容易に理解

122　第1部▶イノベーションのパワーバランスと企業戦略

可能となるが，積極的企業と同様に消極的企業における継続的な顧客満足の向上策は，各企業に対する顧客のロイヤルティ向上を実現する方向のパワーを持つこととなり，ここに，従来の顧客ロイヤルティに対しても新たな意義を付加することが可能となると考える。そこで，次の〈5-4節〉において顧客ロイヤルティ／関係性マーケティングの先行研究をサーベイしておくこととする。

5-3-4 サイド・アタックと逆サイド・アタックのバリエーション

　本章における鍵概念の一部である，サイド・アタックと逆サイド・アタックのバリエーションに関して述べておきたい。なお以後，「サイド・アタックと逆サイド・アタック」の両方を指す場合は，「（正逆）サイド・アタック」と表記する。また，〈図表5-6〉の横軸として，「情報の受信者」が企業の情報提供として受け止め易いと右側へ，他の顧客の情報発信として受け止め易いと左側へとイメージしたスケールを設定して様々なケースを示した。

　まず中央から右側は，情報受信者が企業の情報提供と認識する傾向という意味ではフロンタル・アタックなのだが，そこには認識の幅があることをCM等の広告宣伝の事例で示したい。一番右には匿名ナレーターや有名人が製品の良さを企業に代わってアピールするCMで，情報受信者は明確に企業からの情報提供（アピール）と認識するという意味において純粋なフロンタル・アタックである。その左に記載した，他の顧客が企業メッセージを語るケースは，例えば家庭用食器洗剤を一般消費者らしき主婦が使用し，「こんなに素早く油汚れが落ちるなんて驚きです！しかも洗剤の後残りが無いなんて‼」（効果音：キュキュッ）等と企業側のアピールポイントを代弁するケースである。時として字幕スーパーで「個人の感想です」等と表記されることもあるが，情報受信者は先のケースと比較すると，ややサイド・アタック的に（仲間である）顧客の本音情報として受け止める構造になりつつあると言えよう。さらに左には，企業とタイアップした顧客が自分の主張を語るケースが挙げられよう。例えば，情報システムの顧客企業がその情報システムを導入した結果，どのように効率化が進んだかを新聞の全面広告で主張するケース等であ

第5章▶パワーバランス・モデルと企業戦略　123

図表5-6 (正逆)サイド・アタックのバリエーション

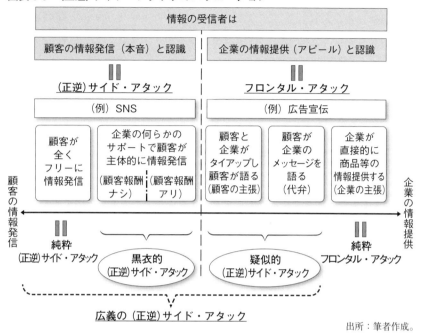

出所:筆者作成。

り，BtoB（business to business：業務用）商品などでは時折見かける宣伝手法である。紙面には情報システムの提供企業名と顧客企業名が書かれ，提供企業の出費で精査済みの文面を出す広告なのだが，情報受信者側は相当に顧客企業の本音に近い情報であると受け止める仕掛けである。これら，顧客の口や事例を借りて情報受信者に対するサイド・アタック的効果を狙うアプローチをフロンタル・アタックの中でも疑似的サイド・アタック（spurious side attack），或いは疑似的逆サイド・アタック（spurious reverse side attack）と呼び，両者を併せて「擬似的（正逆）サイド・アタック」と表記する。

次に中央から左側で，情報受信者が他の顧客の情報発信（本音）であると受け止め易いケースを見てみたい。一番左側に設定できるのは，他の顧客が企業側とは全く無関係なフリーの状態でSNS等に投稿するケースであり，このような商品・サービスに満足・感動を覚えた顧客の自発的行動を生み出すプロセスが純粋な意味でのサイド・アタックであり逆サイド・アタックなの

である。その右側に記載したのが，企業側の何らかのサポートによって顧客が主体的に情報発信するケースであり，ここには情報受信者には発言の背景を読み取れないグレー領域を含むという意味で差があると言えよう。例えば，企業側が設定した新商品に関するネット上のフォーラムで，顧客が自由に自分の主張を書き込んだ場合は先の純粋なケースに近いが，その企業と何らかの関係があり，シンパシーを抱いている人物（例えば従業員）が好意的バイアスの掛かった発言をしても情報受信者には判別不能なのである。近年はこの構造を利用して，「当店のフェイスブックでいいね！をクリックしてくれた方にワンドリンクをプレゼント」とトイレの壁にチラシが貼ってある等，様々なバリエーションを見かけるようになっている。これを見てクリックした情報発信者は確かに主体的行動だとしても純粋な本音とは異なる自分の利益優先の情報発信行動であろう。このような情報発信した顧客への報酬アリ／ナシは，情報受信者の情報リテラシーに依存する構造である。一方で企業側としては，歌舞伎における黒衣（くろご／くろこ）のように見えない存在として暗躍可能な状況なので，これを黒衣的サイド・アタック（string-puller's side attack），黒衣的逆サイド・アタック（string-puller's reverse side attack）と呼び両者を併せて「黒衣的（正逆）サイド・アタック」と表記する。ここではサイド・アタックと逆サイド・アタックのバリエーションを深堀してきたが，このように，純粋な（正逆）サイド・アタック以外に，黒衣的（正逆）サイド・アタックや疑似的（正逆）サイド・アタックまでを含むスペクトラムとして，「広義の（正逆）サイド・アタック」を捉えると戦略的な幅が拡がると考えられ，最下部に破線にて範囲を示してある。

5-4 顧客ロイヤルティと関係性マーケティング

　それではここで，顧客と企業との関係をどのように考えてきたか，マーケティングの分野における研究成果をレビューしてみたい。和田（2002）[7]は関係性マーケティング（interactive marketing）の本質を，従前のマネジリアル・マーケティングと比較する形で〈図表5-7〉のようにまとめている。

図表5-7　マネジリアル・マーケティングと関係性マーケティング

	マネジリアル・マーケティング	関係性マーケティング
基本概念	適合（Fit）	相互作用（インタラクト）
中心点	他者（顧客）	自他（企業と顧客）
顧客観	潜在需要保有者	相互支援者
行動目的	需要創造・拡大	価値共創・共有
コミュニケーション流	一方的説得	双方向的対話
タイムフレーム	一時的短期的	長期継続的
マーケティング手段	マーケティング・ミックス	インタラクティブ・コミュニケーション
成果形態	購買・市場シェア	信頼・融合・共感

出所：和田（2002）p. 33。

　消費者の潜在需要を前提としているマネジリアル・マーケティングは，この潜在需要に適合（Fit）することが需要創造・開拓や拡大に繋がるとしている。従って，製品供給者は消費者に対して一方的に新製品を提案し，その購買を説得しようとする。彼らにとっては，自社の製品の購買は誰によってなされようともかまわず，製品供給者と製品購買者との関係は一方的一時的でありかつ不特定であって良かった。そして，製品供給者と消費者の関係はまさに，効率追及型の経済的交換そのもので良かった。（中略）関係性マーケティングはもはや新たな需要は存在しないと既定しており，新たな需要を創出する

7　和田充夫（2002）『ブランド価値共創』同文舘出版。

126　第1部▶イノベーションのパワーバランスと企業戦略

為には，製品供給者と消費者が新たなる価値を共創し，共有することが必要である。（中略）その為には，「インタラクション」と「長期継続的関係維持」が必要である。製品サービス供給者と消費者との間のインタラクションとは，双方向な対話を主とするコミュニケーションの必要性を意味している。その為には両者は，主体・客体といった関係から，融合的自他，相互支援者としての意識を持つことが必要であり，このような意識を持つ為には，両者の関係はワンショット，不特定多数的関係ではなく，個別特定的長期継続的な関係でなければならない。

関係性マーケティングと顧客ロイヤルティを結び付けて嶋口（2004a[8]；2004b[9]）は，競争力の源泉としての「顧客ロイヤルティ」は，相手を倒す「戦争の世界」（＝コンペティション型）から能力を競う「恋人獲得の世界」（＝コンテクスト型）へと変化しているとメタファーを述べ，その意味は恋敵を倒しても肝心の恋人に愛されなかったら恋愛に勝ったことにはならないと説明している。そして組織による顧客ロイヤルティ獲得の重要性を「関係の経済性」として説明し，顧客と企業が強固な関係性によって結ばれれば，新規プロモーション費用の節約／重ね買いの期待／客が客を呼ぶ効果／プレミアム価格の実現によって利潤へ貢献するとした。そして，関係性構築の前提づくりとして以下の3点を挙げている。①「関係の場」を明確に持つ：場を構成する対象顧客は現取引顧客の上位20％が目安。②その顧客に向けて愚直な信頼を提供する。③エンパワーメントの制度化：関係性をつくる現場担当者（企業の顧客接点）に権限付与。

さらに顧客とのインタラクティブな共創価値づくりとその価値を媒介としたさらなる関係性の強化によってスパイラル的に強固な関係性を築けるとしてそのプロセスを示した。①企業は自らの思いをベースに仮説的価値物（商品とサービスを中心にしたマーケティングの政策セット）を創造し，一種の

8　嶋口充輝（2004a）「仕組み革新の時代」嶋口充輝（編著）『仕組み革新の時代：新しいマーケティング・パラダイムを求めて』有斐閣，pp. 9-14。
9　嶋口充輝（2004b）「プロローグ」嶋口充輝・内田和成（編著）『顧客ロイヤルティの時代』同文舘出版，pp. 3-10。

図表5-8　アドボカシー戦略

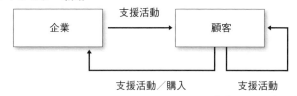

出所：Urban（2005）邦訳書p. 42。

図表5-9　アドボカシー・ピラミッド

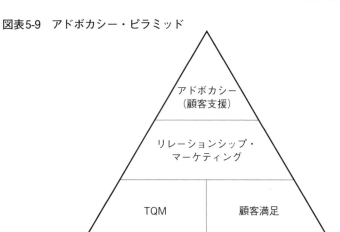

出所：Urban（2005）邦訳書p. 43。

「ベネフィットの束」として対象顧客にオファーする。②顧客の多くは予期し得ない偶発的な反応を示す。③顧客接点にいるエンパワーされた社員が，自組織の価値観や思いを勘案して取捨選択的にその反応を取り込み，新しい価値につくり変えて再び顧客にオファーする。

そして，「そのプロセスの中で企業と顧客に共通の価値のスイート・スポットを追求し，その結果としてより高い関係性を築くことになり，顧客はその正当化された価値をベースに自分の周辺の知人・友人に自らの体験や価値物のすばらしさを吹聴して，客が客を呼ぶという伝道師の役割を演じてくれる」と述べている。彼はこのようなトータルプロセスを「顧客ロイヤルティづくりの為のインタラクティブ・マーケティング」と呼んでいるのである。

一方 Urban（2005）[10]は関係性マーケティングの考え方を進めた「アドボカシー（advocacy：顧客支援）戦略」を，企業と顧客がお互いの利益の為に形成する「パートナーシップ（partnership：協力関係）」であるとして〈図表5-8〉を示して以下のように述べている。

　　顧客利益を忠実に代弁するアドボカシー戦略のアプローチでは企業は顧客や見込み客に対してあらゆる情報を包み隠さず提供する。顧客が最高の製品を見つけられるように自社製品のみならず他社製品を薦めることさえある。会社が顧客を支援すれば，顧客は信頼，購買，長期のロイヤルティによって報いてくれる。

そして重要点として，顧客が他の顧客に当該企業や製品について話してくれることを挙げ，さらに〈図表5-9〉を示して以下のように説明している。

　　TQMと顧客満足はアドボカシーの必要条件で，自社製品を顧客に薦めるには，まず薦めるに足るだけの優れた製品をつくる必要がある。ピラミッドを中央で支えているのはCRM（Customer Relationship Management：顧客関係マネジメント）で，顧客に対する支援のパーソナライゼーション（Personalization：個別化）に必要なツールを提供する。そして，ピラミッドの頂点に当たるのが「アドボカシー」であり，このような構造からなるアドボカシー戦略を実行することが企業の長期的な競争優位に繋がる。

　以上のように顧客ロイヤルティ／関係性マーケティング領域の先行研究を見てきたが，ターゲット顧客の満足度を継続的に高めることにより，その顧客のみならず，クチコミ等の顧客間相互作用により，その伝播を期待するという前節の基本構想は有効であると考えられる。これら研究成果のエッセンスを生かし，企業戦略の拡張に関して次節にまとめることとする。

---

10 Urban, G.（2005）*Don't Just Relate — Advocate! : A Blueprint for Profit in the Era of Customer Power*, Pearson Education（スカイライトコンサルティング（監訳），山岡隆志（訳）（2006）『アドボカシー・マーケティング：顧客主導の時代に信頼される企業』英治出版）.

5-5 企業戦略の拡張

5-5-1 各企業の基本戦略（拡張型）

　これまでの検討結果を踏まえ「企業戦略へのリンケージ・モデル（発展型）」
〈図表5-2〉を〈図表5-10〉のように拡張することができる。まとめておくと，
積極的企業等が消極的顧客を取り込む方法として，従来の直接的なフロンタ
ル・アタックとしての軟化アプローチに加え，積極的顧客の継続的な満足度
を向上し，彼らからの顧客間相互作用によって消極的顧客の態度の軟化を誘う
方法を「サイド・アタック」と呼ぶこととした。また，消極的企業等が積極
的顧客の動きを抑える方法として，従来の直接的なフロンタル・アタックで
ある抑制アプローチに加え，消極的な特定顧客の継続的満足度を向上し，彼
らからの顧客間相互作用によって積極的顧客の態度の抑制を狙う方法を「逆
サイド・アタック」と呼ぶこととしたのである。

　これらを総括すると，「進化的イノベーションに対する企業等の戦略（基本
型）」〈図表2-10〉を，〈図表5-11〉のように，拡張することができる。つまり，
積極的企業等の基本戦略として，対積極的顧客では「促進」と「継続的な顧
客満足度向上」，対消極的顧客では「軟化」と前述の「サイド・アタック（積
極的顧客経由での刺激）」，対積極的企業等では「競争と協調」，対消極的企業
等では「競争・稀に協調」である。

　一方，消極的企業等の基本戦略として，対積極的顧客では，「抑制」と「逆
サイド・アタック（消極的顧客経由での刺激）」，対消極的顧客では「強化」
と「特定顧客の満足度向上」，対積極的企業等では「競争・稀に協調」，対消
極的企業等は「競争と協調」とまとめることができる。

11　本書〈図表5-4〉（消極的顧客の階層構造）におけるコア顧客他。

130　第1部▶イノベーションのパワーバランスと企業戦略

図表5-10　企業戦略へのリンケージ・モデル（拡張型）　　巻頭カラー図表参照

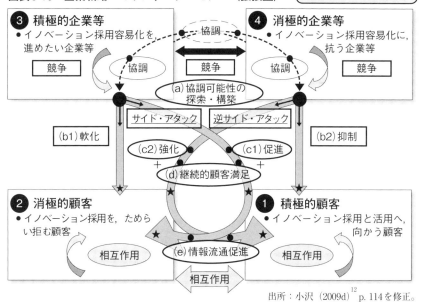

出所：小沢（2009d）[12] p. 114を修正。

図表5-11　進化的イノベーションに対する企業等の戦略（拡張型）

行動主体＼対象	①積極的顧客	②消極的顧客	③積極的企業等	④消極的企業等
③積極的企業等	促進・継続的な顧客満足度向上	軟化・サイド・アタック（積極的顧客経由）	競争＋協調	競争（稀に協調）
④消極的企業等	抑制・逆サイド・アタック（消極的顧客経由）	強化・特定顧客の満足度向上	競争（稀に協調）	競争＋協調

出所：小沢（2007）[13] p. 404を修正。

12　小沢一郎（2009d）『進化的イノベーションのダイナミクス』慶應義塾大学商学研究科博士論文。
13　小沢一郎（2007）「進化的イノベーション・モデルの検討(2)：ダイナミック分析へ向けた試論的展開」『三田商学研究』第50巻第3号，慶應義塾大学商学会。

第2部

進化的イノベーションの
ダイナミクスと
組織能力マネジメント

第1部から第2部へ

　ここで〈第1部〉の意味を振り返り，〈第2部〉の検討へ向かう意義について述べておきたい。

　まず，「新たな能力体系からなる新システムが顧客によって受け入れられ，全体的に従来システムから新システムへとドラスティックに移行していく類のイノベーション」を「進化的イノベーション」と本書では呼ぶこととした。現代の企業が競争優位を持続する為には，それを乗り越えること，さらには，そのイノベーションの機会を捉えて自社をより優位なポジションへとシフトさせることが極めて重要な事項であると考えており，〈第1部〉の5つの章を通じて，そのイノベーション・メカニズムに関する，相対的にはスタティクス（静力学）的なモデル化とそれを用いた企業戦略を検討してきた。最初にイノベーションの概観を観察した後に，〈第1部〉の鍵概念である「顧客間の相互作用」と「企業等間の相互作用」に関して深く分析・検討することによって，新たなイノベーションのパワーバランス・モデルと企業戦略へのリンケージ・モデルを策定し，各企業の基本戦略をまとめて〈第1部〉の締め括りとしたのである。

　しかしながら，イノベーションに対応する，或いはイノベーションを自ら推進するには，「変化に対応しうる企業の組織的な能力の向上が伴っていることが必要」[1]である。そしてその変化を知る為には，イノベーションの進行プロセスのそれぞれの時期に関して，ダイナミクス（動力学）的な観点を踏まえてさらに詳細な検討が必要である。つまり，〈第1部〉の検討成果である理論的枠組みを利用して，〈第2部〉のイノベーションのダイナミクス分析へ向かうことが重要なのである。確かに，積極的顧客／消極的顧客の双方は共に，イノベーションの進行に連れて行動が異なってくるので，企業サイドの戦略も顧客の変化と歩調を合わせて変容していかねばならない。そして，その企業戦略変容の為に必要な組織能力の向上を目指すメタレベルのマネジメントが必要なのである。

1　十川廣國（1991）『企業家精神と経営戦略』森山書店，p. 110。

〈第6章〉から〈第10章〉に至る5つの章で「第2部：進化的イノベーションのダイナミクスと組織能力マネジメント」を構成する。〈第6章〉では，イノベーションの時系列的な進行時期を3つのターム＆7つのフェーズとして定め，〈第7章〉でイノベーションにおける顧客サイドのダイナミクスを検討し，〈第8章〉では同様にイノベーションにおける企業等サイドのダイナミクスを分析し，〈第9章〉では組織能力と組織モデルに関して先行研究のレビューを絡めて理解を深め，その後の〈第10章〉では，進化的イノベーションを乗り越えるだけでなく，その機会を捉えて自社をより優位なポジションに導く為の，組織全体の組織能力マネジメントに関して明らかにして本書の締め括りとする。

第6章

進化的イノベーションの進行プロセス

6-1 本章の目的と要約

　本章の目的は，〈第2部〉で進化的イノベーションのダイナミクスを考察する為に，まずイノベーションの時系列的な進行時期を定めることである。そして，イノベーションのパワーバランス・モデルを用いて分析を続ける意義を時系列データから検証し，〈第2部〉における進化的イノベーションのダイナミクス分析の枠組みを整えることである。

　要約としては，まずイノベーションの進行時期を3つのターム（初期・中期・後期）と7つのフェーズ（フェーズ0〜フェーズ6）として定めた〈図表6-1〉。そして，Rogersが主張しているイノベーションの普及曲線の理論をレビューすると共に，日本市場における実際の普及データの考察を行い，イノベーションのパワーバランス・モデルが一般解として成立する可能性を明らかにした。その後，進化的イノベーションのダイナミクス分析と関連する先行理論として，Kotlerによるプロダクト・ライフサイクル・コンセプトと，Utterbackによるプロダクト・イノベーション&プロセス・イノベーション等のダイナミクスに関する研究成果をレビューして今後の検討フレームワークに加えることとした。最後に，〈第2部〉における進化的イノベーションの

ダイナミクス分析の検討手順を示した〈図表6-11〉。すなわち，進化的イノベーションの進行に伴い顧客層がシフト・変化するのでターゲット顧客群の特性が次々と変化していく。その顧客群と相対する企業側も各顧客グループ及び競争企業への戦略変容が必須となる。しかも，それらの戦略を策定・実行する為には，組織における多様な能力を再構築することも必要になる。つまり，「短期的な組織の能力（オペレーショナル・ケイパビリティ）」と，その組織の能力自体を変化させる「メタレベルの組織能力（ダイナミック・ケイパビリティ）」が必要になるのである。この流れに従って〈第2部〉での議論を進めていくことを論じた。

6-2 進化的イノベーションの進行フェーズ

イノベーションの進行時期に関して「イノベーション採用へ向かう人々の移動」〈図表2-2〉に示したRogersによる5つの顧客グループそれぞれにイノベーションが浸透していく時期として5フェーズを設定すると共に，それらの前後に1フェーズを加えて7フェーズとする。つまり，イノベーティブな商品・サービスの上市前段階と，普及率が100％に達した飽和段階を加えて以下に示す。

[0] 第0フェーズ：商品の上市前時期（市場探索・技術研究・商品企画・製品開発段階）
[1] 第1フェーズ：上市からイノベーターへ浸透しつつある時期
[2] 第2フェーズ：アーリー・アダプターへ浸透しつつある時期
[3] 第3フェーズ：アーリー・マジョリティへ浸透しつつある時期
[4] 第4フェーズ：レイト・マジョリティへ浸透しつつある時期
[5] 第5フェーズ：ラガードへ浸透しつつある時期
[6] 第6フェーズ：普及率100％に達した状態

その7フェーズを〈図表6-1〉に図示するが，各フェーズにおいて網掛けを施した部分の顧客は，イノベーションの採用後の活用段階の顧客を表している。なお，複数購入等はダブルカウントしないので，全ての対象者がイノベ

第6章▶進化的イノベーションの進行プロセス　137

図表6-1 進化的イノベーション進行の7フェーズ＆3ターム

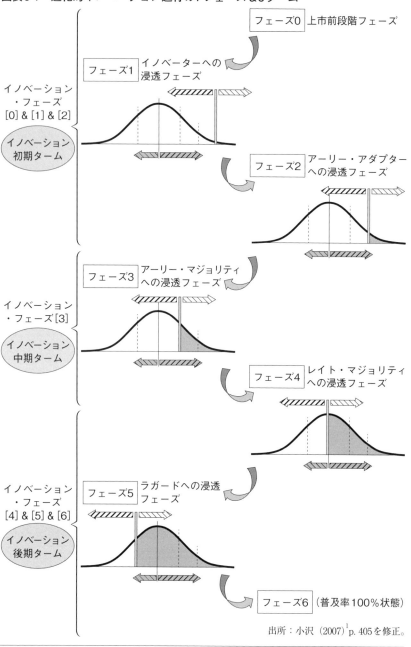

出所：小沢（2007）[1] p.405を修正。

1 小沢一郎（2007）前掲論文。

ーションを採用した時が普及率100%となる。また，後続章において議論を簡略化する為に，3つのタームを併せて設定しておきたい。図のように，フェーズ［0］［1］［2］をイノベーション初期ターム，フェーズ［3］をイノベーション中期ターム，フェーズ［4］［5］［6］をイノベーション後期タームと定めておく。

6-3 イノベーションの普及曲線

6-3-1 Rogersによる普及曲線

Rogers（1982）[2]は，イノベーションの普及に関する度数分布はつり鐘型の正規分布になり累積度数分布はS字型になるとして，〈図表6-2〉のように表現し

図表6-2　つり鐘型の度数分布曲線とS字型の累積度数分布曲線

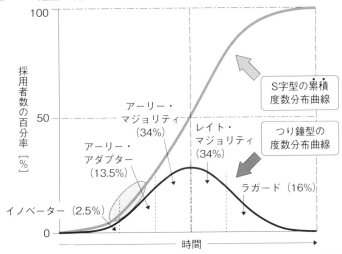

出所：Rogers（1982）邦訳書 p. 350。

---

2 Rogers, E. M.（1982）*Diffusion of Innovations*, 3rd ed., The Free Press（青池愼一・宇野善康（訳）（1990）『イノベーション普及学』産能大学出版）.

ている。正規分布を積分するとS字曲線になるという訳である。なお、「網掛けは普及のS字型曲線が、離陸（take off）する時期を示している」としているが、Moore（1991, 1999）[3]の主張とも比較しつつ〈第7章〉で検討する。

6-3-2 日本市場における普及データ曲線⑴：新三種の神器

ここで日本における普及の実状を確認する為にデータを参照してみる。1960年代後半に一般庶民が憧れた製品はカラーテレビ、ルームエアコン（当時はクーラー）、乗用車の3製品であり、当時は「新三種の神器」と呼ばれた。それ以前に「三種の神器」と呼ばれた（白黒）テレビ、洗濯機、冷蔵庫に続く製品群であり、カラーテレビ、クーラー、カーの英単語の頭文字から「3C」とも呼ばれた（なお、本研究でも題材としているデジカメは、DVDレコーダー、薄型大画面テレビ（液晶／プラズマ）と共に、2003年頃から数年間「デジタル家電・三種の神器」と呼ばれた）。

さて、新三種の神器の約50年に渡る普及率について、内閣府・経済社会総合研究所（旧経済企画庁・経済研究所）調査データ[4]を基にグラフ作成すると、〈図表6-3〉のようになる。なお、水平な破線2本と中間の一点鎖線1本は、それぞれ16%（アーリー・アダプターまでの累積でイノベーションの第2フェーズの終了・第3フェーズの開始時期）、50%（アーリー・マジョリティまでの累積でイノベーションの第3フェーズの終了・第4フェーズの開始時期）、84%（レイト・マジョリティまでの累積でイノベーションの第4フェーズの終了・第5フェーズの開始時期）であり、縦軸に記した [1]〜[5] はイノベーションの進行フェーズとして、参考の為に記した。

カラーテレビは実に見事な急勾配のS字型曲線を描き1970年代の10年間で急速な普及を遂げ、ルームエアコンと乗用車は緩やかなS字曲線を描いている。なお、ルームエアコンはラガードのエリアに普及を続けているが、乗用

---

3 Moore, G. A. (1991, 1999) *Crossing the Chasm: Marketing and Selling High-Tech Products Mainstream Customers*, Capstone Publishing（川又政治（訳）(2002)『キャズム：ハイテクをブレークさせる「超」マーケティング理論』翔泳社).

4 内閣府 経済社会総合研究所（2017）「主要耐久消費財等の普及率（一般世帯：2017年3月末）」.

図表6-3 「新三種の神器」の普及曲線（一般世帯）

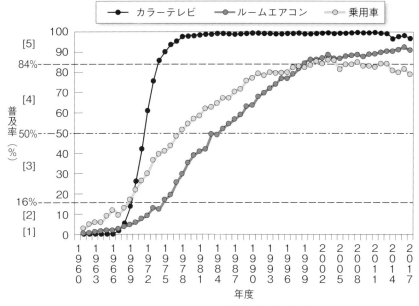

出所：内閣府（2017）データを基に筆者作成。

車はこの84％ラインを突破して普及を継続することができずに近年は横ばいから微減となっている様子が解る。この例をパワーバランス・モデルで解釈すると，つり鐘型の顧客群がイノベーション採用へ向かう動きと企業等がイノベーション採用のゴールを移動させる「相対スピード」が大局的にはほぼ一定であったケースである。すなわち，相対スピードが一定（人々の動きが遅くなるとそれだけ企業が努力してゴールの移動を速くするような動き）であれば一定速度で普及が進行すると考えられるのである。

6-3-3 日本市場における普及データ曲線(2)：パソコンとビデオカメラ

　すると，全てのイノベーション普及がこのように一様に進むのかという疑問が湧いてくる。そこで，イノベーションのパワーバランスの変化が一定ではなく変化したと考えられる例を見てみることとする。パソコンとビデオカ

図表6-4　パソコンとビデオカメラの普及曲線

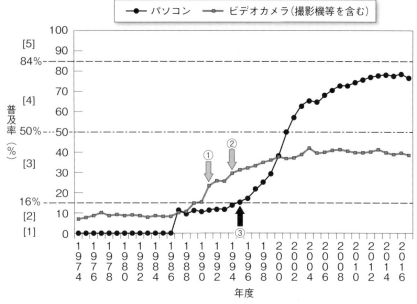

出所：内閣府（2017）データを基に筆者作成。

メラの普及率を，前出の内閣府・経済社会総合研究所データを基に作成し〈図表6-4〉に示した。

　まずビデオカメラについては「1974～1990年はフィルム撮影機・映写機セット（うち1983年～はVTR用も含む）」と備考の記載があり，この期間の前半はフィルム撮影用機材が主体で後半はビデオ機器が主体である。傾向として，およそ1988年頃までの15年程は10%程で推移していた普及率が1990年頃を境に上昇し始めることが読み取れる（図表の矢印①）。ビデオカメラの歴史を紐解いてみると，1989年6月発売のソニー・ハンディカム「CCD-TR55」は，25万画素ながらも録画＆再生ビデオカメラとして当時世界最小・最軽量の790gで定価16万円であった。CMに女優・浅野温子を起用してパスポート・サイズの軽快な携帯性を強力にアピールし，「用意した5万台を2日間で売りきり，3ヵ月間に渡り生産が追いつかない状態が続いた。なお，ハンデ[5]

5　http://www.sony.co.jp/SonyInfo/CorporateInfo/History/SonyHistory/2-03.html.
　（2007.2.17参照）

ィカムシリーズ第1号は1985年の「CCD-M8」で，撮影専用で重量が1.1kg
だったことを考えると，わずか数年ながら格段の進歩であった。VHSフルサ
イズ・ムービーを置換する小型化競争でVHS-C規格と8ミリビデオ規格が競
っていた時期である。

　続いてブームとなった1992年11月発売のシャープ・液晶ビューカム「VL-
HL1」は定価21万円とやや高額ながらも，背面に液晶モニターを設けて従来
機のビュー・ファインダーが持つ不便さを解消し，利便性を強調して市場に
受け入れられた（図表の矢印②）。ビュー・ファインダーの不便さについて2
点述べると，1つ目は撮影者にとっての臨場感欠如である。例えば運動会の
撮影中にビュー・ファインダーの粗い白黒映像では臨場感が全く得られない
が，勘で撮影すると画面から被写体が外れてしまうジレンマがあった。しか
し，液晶モニターを見ながらの撮影の場合は臨場感を味わいながら，そこそ
この勘でしっかりと撮影可能となった。2つ目は女性のアイ・メイクにとっ
てビュー・ファインダーが悩みの元であったことである。ビュー・ファイン
ダーを目に当てると，マスカラ等が擦れて（パンダ目と言われるような）目
の周辺にトラブルが起こったが，それを心配すること無く液晶画面で確認し，
しかも臨場感をも味わいながら撮影できる当製品は，このような理由から男
女を問わず人気を博したのである。その場で大サイズ液晶画面によって映像
を確認して楽しめることも大きかった。シャープ社は「撮る，観る（見る），
遊ぶ」というキャッチフレーズでこの新製品の魅力を訴求したのである。

　その後もDV（digital video）カメラに続く，DVD（digital versatile disc），
HDD（hard disk drive），そしてSDカード（secure digital card）など急激に
進展（小型化・大容量化）する記録媒体の活用や，高画質を求めて3CCD化
やハイビジョン化，また高画質・静止画撮影機能の搭載等，活発な商品展開
のチャレンジが市場を活性化し続けていたことは見逃せない。すなわち，商
品の改善と顧客間相互作用の相乗効果によって，1989年頃まで長らく10％前
後で推移していた普及率は，その後の十数年に渡り上昇することとなる。

　次にパソコンに関して述べると，1987年の調査開始から1994年頃まで10年
弱の間10％程であった普及率が，1995年頃から上昇に転じていることが確認

6　http://www.sharp.co.jp/corporate/rd/journala-69/4-3-3b.html.（2007.2.17参照）

第6章▶進化的イノベーションの進行プロセス　143

できる。ビジネスユースでは1993年発売のマイクロソフト Windows3.1 によってクライアントパソコンの導入が進んでいったが，一般消費者市場が喚起されたのは，1995年発売の Windows95 によってであろう。優れた GUI（graphical user interface）やブラウザ，そしてインターネット環境（ネットワーク，プロバイダー，コンテンツ等）の整備という相乗効果によって，2016年には普及率が前出のビデオカメラの2倍弱に当たる80％に達する勢いで急伸を続け，レイト・マジョリティの取り込みに成功して第4フェーズを終えそうな様子を見せていた。ここでも，企業等の商品開発とそれを巡る企業等間の相互作用，ネットワークの外部性（e-mail 等）を含む顧客間の相互作用など，イノベーションのパワーバランス・モデルで述べた各種パワーの作用によって，ある時期を境にイノベーションが急進した状況が読み取れる（なお，パソコンとビデオカメラの普及率が近年になって減少に転じる気配も見られるが，進化的イノベーションの新世代であるスマホへ移行している影響と思われる）。

　本節では，Rogers の普及曲線をレビューすると共に，日本市場における実際の普及状況を分析した。その結果，一様に普及が進むケースがある一方，パワーとパワーのコンフリクトによってイノベーションの進行が一時的に停止したり，その後ハードルを進ませる企業側の新製品ラッシュなどによって急速に普及が進展したりしながら，長期的にはうねるように普及が進んでいく状況を捉えることができた。これによってパワーバランス・モデルが一般性を持つ可能性が捉えられるものと考える。パワーバランス・モデルを一般解とするならば，一様にイノベーションが進行するモデルは特殊解であり，本モデルを用いて顧客と企業のダイナミクス分析を行うことは有意義であると考えられる。

144　第2部▶進化的イノベーションのダイナミクスと組織能力マネジメント

6-4 プロダクト・ライフサイクル

6-4-1 プロダクト・ライフサイクル理論の要約

　本節と次節において，ダイナミクス分析に関わるイノベーションのプロセスや採用者グループに関する先行理論をレビューするが，まず本節では市場サイドからの視点としてマーケティング分野のプロダクト・ライフサイクル（product life cycle：以下PLC）理論をレビューし，本研究に対するヒントを得たい。

　Kotler（1991）[7]は，PLCコンセプトは製品と市場のダイナミクスの説明に使用されていると述べ，Wasson（1978）[8]，Weber（1976）[9]，Doyle（1978）[10]等それまでの研究を参考に，PLCに関するコンセプトの要約を〈図表6-5〉のように提示している。ここで，図表の顧客欄の記載に準じて最下欄に本研究で定義したイノベーション・フェーズとの関連を示した。すなわち，導入期の顧客は革新者でフェーズ［1］，成長期は早期採用者で［2］＆［3］，成熟期は多数採用者で［4］，衰退期は遅滞者で［5］と表記しているのである。なお，前節で検討したイノベーションの普及曲線は，Rogersのつり鐘型の度数分布曲線を積分したS字型の累積度数分布曲線と同様に累積状況を表しているが，本節のPLCは累積状況ではなく，それぞれの時点における売上高（買い替えを含む購買）を縦軸にとっていることの違いには留意が必要である。

　また，Kotlerは以下の留意点4点を挙げている。①ライフサイクルのパターンはあまりにも多様。②各段階の持続期間は予測不能：生物のような段階の

7　Kotler, P.（1991）*Marketing Management: Analysis, Planning, and Control*, 7th ed., Prentice-Hall（村田昭治（監修）小坂恕・疋田聡・三村優美子（訳）（1996）『マーケティング・マネジメント（第7版）』プレジデント社，pp. 344-347）.

8　Wasson, C. R.（1978）*Dynamic Competitive Strategy and Product Life Cycles*, Austin Press.

9　Weber, J. A.（1976）"Planning Corporate Growth with Inverted Product Life Cycles," *Long Range Planning*, Oct., pp. 12-29.

10　Doyle, P.（1978）"The Realities of the Product Life Cycle," *Quarterly Review of Marketing*, Summer, pp. 1-6.

第6章▶進化的イノベーションの進行プロセス　145

図表6-5　プロダクト・ライフサイクル・コンセプトの要約

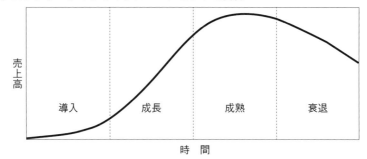

〈特徴〉

売上高	低水準	急速上昇	緩慢な上昇ないし横這い	下降
コスト（顧客当たり）	高コスト	平均コスト	低コスト	低コスト
利益	マイナス	増加	高利益	下降
顧客	革新者	早期採用者	多数採用者	遅滞者
競争	ほとんど無し	増加	競争相手減少と勢力安定	減少

〈マーケティング目標〉

	製品認知と試用促進	マーケット・シェア最大化	マーケット・シェア防衛と利益最大化	費用削減とブランド収穫

〈戦略〉

製品	基本製品	製品ライン拡張, サービス, 保証	ブランドとモデル多様化	弱小製品削減
価格	コスト・プラス	市場浸透価格	競争対抗価格	価格引下げ
流通	選択的	拡大・集中的	一層の拡大	低採算販路からの撤退
広告	早期使用者と小売業者の間での製品認知の構築	マス市場での認知と関心, 構築	ブランド差異とベネフィットの強調	中核顧客維持と費用削減
販売促進	試用促進の為の集中投入	縮小	ブランド変更促進の為の増加	最低水準への縮小

イノベーション・フェーズ	[1]	[2] & [3]	[4]	[5]

出所：Kotler（1991）邦訳書 p. 345 より筆者作成。

連続性と固定的持続期間はない。③ある製品がどの段階か説明が困難：成長期の一時的売上停滞が成熟期に見える可能性あり。④PLCパターンは不可避的に辿るコースではなくマーケティング戦略の結果という可能性あり。そしてKotlerは④に関して，PLCは明らかにどのようなマーケティング活動が展開されるかによって左右される従属変数であり，企業がマーケティング・プログラムを適応させる独立変数ではないと述べた。これは，まさにイノベーションの普及に関する筆者の主張と重なる部分がある。つまり上記の表現を用いると，イノベーションの普及曲線はイノベーションのパワーバランス・モデルに表現された顧客群と企業群のパワー関係によって左右される従属変数である，と言えよう。PLCの議論に戻ると，上記のような点に留意をしつつ〈図表6-5〉の各記載事項に関して，参考にすべき点が多いと考える。

6-4-2 PLCを用いた思考実験

前述の留意点を認識した上で，PLCを用いた思考実験を行ってみたい。まず，〈図表6-6〉のような典型的形状のPLCカーブを，第1世代システムとそれを置換する進化的イノベーションである第2世代システムの採用カーブとして仮定する。そして，第1世代PLCの方の図表に示したa・b・c・d・eという5つのタイミングで第2世代システムが上市された5つのケースについて，魅力度の高い第2世代の登場により市場を奪われていくという仮定で，第1世代のPLCがどのような影響を受けるかをテストしてみたい。そして第1章

図表6-6　PLCを用いた思考実験（1）：前提

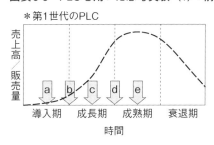
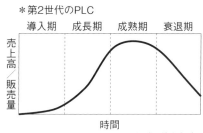

出所：筆者作成。

図表6-7　PLCを用いた思考実験（2）：テスト結果

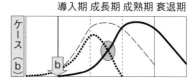

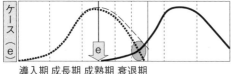

出所：筆者作成。

で述べたクロッシング状態がどのように移行していくのかを観察する。思考実験結果は，〈図表6-7〉のようになるが，太い点線で示してあるカーブが第2世代の出現によって影響を受けた第1世代のカーブである。なお，このテストでの仮定は第2世代のPLCはそのまま優先して実現し，第1世代のカーブは各時点の本来の売上から第2世代の売上を減じたものとして計算してある。

第2世代が早期に出現するほど第1世代が影響を受けるのは当然として，タイムラグを5種類に振った各ケースが図表のようなカーブを描くところが興味深い。実際は，PLCは様々なカーブを描くことになるが，上記のようにタイムラグ設定により幾種類かのテストを実施することは，実務上でも計画立

案時の参考となるであろう。ここで、〈第1章〉の「データ記録メディアの
クロッシング状況」〈図表1-5〉のデータによるカーブを参照すると、上記ケース(b)のシミュレーション・カーブが相似形をなしており、矢継ぎ早に次世代商品を上市した際の状況が現れている。ここで敢えて指摘する理由として、本データ対象年代の2000年代後半から、イノベーションを実現した企業がそれに見合った収益をいかに得ていくかという「イノベーションの収益化(monetization)」問題が、イノベーションの専有可能性（appropriability）問題と共にホットイシューとなったのだが、進化的イノベーションの世代間に対する議論としても捉えられると認識しているからである。

6-5 プロダクト・イノベーションとプロセス・イノベーション

　さて、ダイナミクス分析に関わるイノベーションのプロセスや採用者グループに関する先行理論のレビューとして、前節ではマーケティング・サイドからの視点としてPLCを取り上げたが、本節では、技術サイドからの視点としてUtterbackによるイノベーションのダイナミクスに関する研究成果をレビューしておく。
　まず、Utterback（1994）[12]は、Abernathy & Utterback（1978）[13]からの〈図表6-8〉と共に〈図表6-9〉を示している。そして、このモデルを用いて産業のライフサイクルに関する切り口から、イノベーションのダイナミクスに関する分析を行うと述べ、〈図表6-10〉のように重要な特性をまとめている。なお、最下欄には本研究で定義したイノベーション・フェーズとの関連を、表や本文の記載事項から考察した結果として示してある。すなわち、Utterbackの

11　榊原清則（2005）『イノベーションの収益化』有斐閣、他。

12　Utterback, J. M. (1994) *Mastering the Dynamic of Innovation*, Harvard Business School Press（大津正和・小川進（監訳）（1998）『イノベーション・ダイナミクス：事例から学ぶ技術戦略』有斐閣）.

13　Abernathy, W. and Utterback, J. M. (1978) "Patterns of Industrial Innovation," *Technology Review*, Vol. 80, No. 7.

図表6-8　アバナシー&アッターバック・モデル

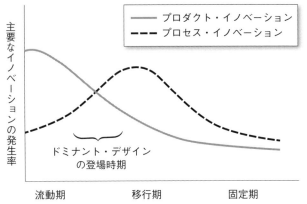

出所：Abernathy & Utterback (1978) p. 40を基に筆者作成。

図表6-9　アッターバックによるイノベーションのダイナミクス

製品	多種多様な製品からドミナント・デザインの登場へ，さらに標準化された製品における漸進的イノベーションへ
工程	汎用機械と熟練労働に大きく頼った製造工程から，低い技能の労働者でも使用できる特別な機械へ
組織	有機的な企業組織から，定型化された仕事と急激なイノベーションに対して報酬を与えないような階層的な機械的組織へ
市場	多種多様な製品と，迅速に対応するが分断され不安定な市場から，ほとんど差別化されない商品的な市場へ
競争	ユニークな製品をもつ多数の小企業から，類似の製品をもつ大企業の寡占へ

出所：Utterback (1994) 邦訳書p. 118を基に筆者作成。

「流動期」はおおよそ本研究のイノベーション・フェーズ［1］&［2］で採用者16％程までの時期であり，「移行期」はイノベーション・フェーズ［3］の34％，累積で50％程までの時期であろう。そして，「固定期」がイノベーション・フェーズ［4］&［5］に相当すると考えて良いであろう。進化的イノベーションのダイナミクスを検討するに当たって，このアバナシー&アッターバック・モデルと，それに続くアッターバックの研究成果を参考として検討フレームワークに取り込み，その上に新たな検討成果を積み上げていくこととする。

図表6-10　イノベーションの3つの時期における重要な特性

	流動期	移行期	固定期
イノベーション	頻繁に生じる主要な製品変化	需要増加によって要請される主要な工程変化	生産性と品質における累積的な改善と，漸進的な製品変化
イノベーションの源泉	産業のパイオニア，製品のユーザー	製造業者，ユーザー	供給業者
製品	しばしばカスタマイズされた多種多様なデザイン	少なくとも1つの，十分な生産量をもった安定的な製品デザイン	ほとんど差別化されていない，標準化製品
生産工程	柔軟で，非効率な主要変化に，容易に適合	より硬直的，主要な段階で生じる変化	効率的，資本集約的，硬直的，変化の費用は高い
研究開発	技術的な不確実性が高い為に，焦点が絞れない	ドミナント・デザインが現れると，特定の製品特徴に焦点を当てる	漸進的な製品技術に焦点を当てる，工程技術も強化する
装置	熟練労働力を必要とする汎用の機械	いくつかの下位工程が自動化，オートメーションの塊を形成	装置を監視することに特化した労働と，ほとんど自動化された専用機械
工場	小規模，イノベーションの源泉またはユーザーの近くにある	特定分野で一般目的	大規模，特定製品に特化
工程変更の費用	低い	中程度	高い
競争者	少ない，しかし大きく変動する市場シェアにともない増加	多い，しかしドミナント・デザイン出現の後は減少	少ない，安定的な市場シェアをもった古典的な寡占
競争の基盤	機能的な製品性能	製品の多様性，使いやすさ	価格
組織コントロール	非公式，起業家的	プロジェクトや仕事のグループを通じて	構造，ルール，目的
産業のリーダーの脆弱さ	模倣者，特許に対する挑戦者，製品のブレークスルー	より効率的で高品質の生産者	優れた代替製品を作り出す技術イノベーション
イノベーション・フェーズ	[1] & [2]	[3]	[4] & [5]

出所：Utterback（1994）邦訳書p. 120から筆者作成。

6-6 進化的イノベーションのダイナミクス分析

　さて，〈第１章〉から〈第５章〉までの検討で組み立ててきた本書オリジナルのパワーバランス・モデル及び企業戦略へのリンケージ・モデル等と，本章でレビューしてきた先行理論のフレームワークを駆使して，本章に続く〈第７章〉から〈第10章〉において，進化的イノベーションの各フェーズにおけるパワーバランスの変化を分析し，企業戦略へのインプリケーションを抽出すべく検討を重ねていく。イノベーションの進行プロセスに沿って，〈本章6-2節〉で定義した７つのフェーズの中から第１～第５の５フェーズを中心に検討するが，検討手順を〈図表6-11〉[14]に示す。

　イノベーションのフェーズ進行に伴い顧客層がシフト・変化し，その時点の積極的顧客も消極的顧客も特性が変わり求める要素が変化していく。そして顧客群と相対する企業（それぞれの時点における積極的企業／消極的企業）も各顧客グループへの対応及び競争企業への対応を含む企業戦略の変容が必須となる。しかも，それらの戦略を策定・実行する為には，組織における多様な能力を再構築することも必要になるであろう。すなわち，〈第９章〉で詳細を議論するが，短期的な組織の能力とその組織の能力自体を変化させるメタレベルにおける組織の能力が問われることになる。これが本研究の狙いである進化的イノベーションを乗り越えて競争優位性を持続する為の重要なポイントの１つと考えるのである。

　本書においては，ダイナミック・ケイパビリティに関する議論を取り込み拡張して議論を進めていく。また，変化する顧客（ニーズ）に向き合うことと並び，企業側の技術研究／商品開発（シーズ）については，計画的に明確な市場を想定して進めている商品開発レベルから，未だ明確な用途や市場を絞りきれないものの自社のコア・テクノロジーを磨く基礎研究，創発的にでも市場とマッチする商品／サービスを創出していこうとする応用研究等がある

14　小沢一郎（2007）「進化的イノベーション・モデルの検討(2)：ダイナミック分析へ向けた試論的展開」『三田商学研究』第50巻第３号，慶應義塾大学商学会。

図表6-11　進化的イノベーションのダイナミクスの検討手順

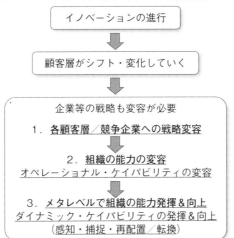

出所：小沢（2007）p.409を修正。

が，これらを含むイノベーション創出プロセスの変容も重要となるのである。

そこで，〈第7章〉で「顧客のシフト・拡大」のダイナミクスについて検討を進めた後に，〈第8章〉においてイノベーション創出プロセスの変容を含む企業戦略のダイナミクスを分析する。そして，上述の組織の能力に関して〈第9章〉と〈第10章〉における詳細な検討につなげていくとご理解の上，読み進めて頂きたい。

第7章

イノベーションにおける顧客のダイナミクス

7-1 本章の目的と要約

　本章の目的は，進化的イノベーションの各時期（ターム／フェーズ）における顧客グループ特性を掌握し，進化的イノベーションの進行に連れてシフトしていく顧客間の相互作用を考察して，各時期に応じた顧客戦略を組み立てることである。

　続いて本章の要約を以下に示す。まず，イノベーション採用の各顧客グループ特性に関してRogersが述べている内容と，その理論をハイテク分野に適用し新たなマーケティング理論を構築したMooreによる各顧客グループ特性とキャズム理論をレビューしてまとめた〈図表7-1 & 7-2〉。そして，進化的イノベーションの進行に伴って変化する顧客グループ内と顧客グループ間の相互作用を検討し，〈図表7-5〉に総括した。さらに，上記の検討結果と〈第3章〉で検討した顧客の購買行動を参考に，〈第5章〉で考察した各種アプローチ（フロンタル・アタック，サイド・アタック，逆サイド・アタック）の適用可能性を議論した。すなわち，イノベーション各時期の顧客グループに対して，どのように各種アプローチの可能性が開けてくるかを，〈図表7-7〉のようにまとめたのである。なお〈第3章〉で分析して，「インターネット時代

のコミュニケーション方法」〈図表3-12〉でも確認したように，顧客間相互作用は手段も多様化し，かつ活発化している現在において，この顧客間相互作用に関する今日的な理解は極めて重要であると言って良いであろう。

7-2 顧客グループの特性（Rogersによる）

　本節では，本研究において多大なインスピレーションを得ている研究者であるRogers[1]が述べている，各顧客カテゴリーの性質をレビューすることとする。なお，前章で定義したように，進化的イノベーションの進行フェーズ［1］で主なターゲットとなる顧客カテゴリーはイノベーターで，フェーズ［2］で新たな採用を狙うターゲット顧客カテゴリーがアーリー・アダプターとなる。以下同様に，フェーズ［3］はアーリー・マジョリティ，フェーズ［4］がレイト・マジョリティ，フェーズ［5］ではラガードがそれぞれメイン・ターゲットとなる。各顧客カテゴリーのボリューム（全体に占める人数の割合）は，〈第2章〉の「イノベーション採用へ向かう人々の移動」〈図表2-2〉の通り，イノベーターが2.5％，アーリー・アダプターが13.5％，アーリー・マジョリティが34％，レイト・マジョリティも34％，ラガードが残る16％である。また，各顧客カテゴリーに関して抽出する性質の項目は，イノベーションへの態度，社会での位置付けと相互作用，リーダーシップ，財力，価値態度（どのようなことに価値を見出して判断基準とするか）に，それらを総合して彼が名付けた別名も加えておくが，記載が無い部分については触れない。それでは，フェーズ順にレビューしていくが，筆者がRogersの記述から想定した内容，及び日本国内の現状に対するコメントは｛　｝に入れて記載し，Rogersの主張とは区別し記載している。

1　Rogers, E. M.（1982）*Diffusion of Innovations,* 3rd ed., The Free Press（青池愼一・宇野善康（監訳）（1990）『イノベーション普及学』産能大学出版部）.

第7章▶イノベーションにおける顧客のダイナミクス　155

7-2-1 イノベーターの特性 (Rogersによる)

　まずRogersは，イノベーターに対して「冒険的な人々」という別名を与えている。イノベーションへの態度は，新アイデアを試すことに非常に熱心で冒険的でなくてはならないと思っているところがある。複雑な技術上の知識を理解できその知識を適用可能であり，イノベーションの不確定性の高さに対処可能な柔軟性を備えている。また，社会での位置付けと相互作用としては，残念ながら他の成員から尊敬されてはいないのである。{一般的な人々からは変わり者的に見られているところがある為か，リーダーシップは少ないと言えそうである}。新しいアイデアのゲートキーパー役であり，地域的仲間集団よりコスモポライト（cosmopolite：世界主義的）な社会関係を有している。財力は不適当な投資に耐える十分な財源を持っており，価値態度は冒険的であり，せっかちで，大胆，危険を求めるような性向を有している，と記述されている。

7-2-2 アーリー・アダプターの特性 (Rogersによる)

　Rogersは，アーリー・アダプターに対して「尊敬される人々」という別名を与えている。イノベーションへの態度は，イノベーションに対して賢明な判断をして，新しいアイデアを使用前に点検する役なので，イノベーションの不確定性を減少することになる。社会での位置付けと相互作用は，尊敬されており潜在的採用者は情報とアドバイスを求めてくる。イノベーションに対する主観的評価を身近な仲間に伝達できるので，他への役割モデルとなっている。しかし，イノベーターと比較するとローカライト（localite：地域主義的）である。上述のように尊敬を集めているので，オピニオン・リーダーシップは最高である。価値態度としては，チェンジ・エージェントは普及過程を促進する伝道師役として期待すると述べられている。

7-2-3 アーリー・マジョリティの特性（Rogersによる）

Rogersは，アーリー・マジョリティに対して「慎重な人々」という別名を与えている。イノベーションへの態度は，他の人々がイノベーションを採用してから慎重に採用するタイプであり，先んじてイノベーションを採用することはめったにない。しかしながら，「イノベーション普及に関して非常に重要な連結役」なのである。{おそらく，この慎重な人々がイノベーションを採用することにより，アーリー・マジョリティ以降の人々が相互作用による影響を受けるものと考えられる}。また，イノベーション採用決定まで時間を要するという特徴を持つ。社会での位置付けと相互作用は，仲間と相互作用が多く，システム内のネットワークをしっかり結び付ける役割を持つが，リーダーシップはほとんど持たない。価値態度としては，新しいものを最初に試すのは嫌で，古いものを捨て去る最後の人になるのも嫌というような {中庸を指向する性向の} 人々であると記載されている。

7-2-4 レイト・マジョリティの特性（Rogersによる）

Rogersは，レイト・マジョリティに対して「疑い深い人々」という別名を与えている。イノベーションへの態度は，イノベーションに対しては懐疑的で用心深く接近して，大多数が採用するまで採用しない。イノベーションが社会規範の支持を受けないうちは得心しなく，新アイデアの不確定性がほとんど一掃されるまで大丈夫と感じないタイプである。社会での位置付けと相互作用としては，採用の動機付けに仲間からの圧力が必要である。財力については比較的乏しいと記述されている。

7-2-5 ラガードの特性（Rogersによる）

Rogersは，ラガードに対して「伝統的な人々」という別名を与えている。イノベーションへの態度としては，イノベーションやチェンジ・エージェントに対して非常に懐疑的であり，伝統志向で決定過程の進行が遅いと言える。

非常に用心深く，彼らがイノベーションを採用する頃には，イノベーターは既に新たなイノベーションを採用している可能性もある。社会での位置付けと相互作用としては，社会ネットワークから孤立気味であり，相互作用の相手も伝統的な価値態度の人々である。そして，最もローカライト志向であると言える。従って，リーダーシップは全く持たない。財力は限られており，時として経済的に不安定である｛しかし，進化的イノベーションに対してラガードとして行動する高齢者の中に資産家が多く含まれているのも国内の現状としては事実である｝。価値態度として判断基準は「過去」である。つまり，過去の世代がどうであったか，という観点から物事の決定を行っていく傾向にある，と記述されている。

　さて，以上に述べてきた，Rogersによる各顧客グループの特性分析を〈図表7-1〉に一覧表として示した。なお，本書においては，パワーバランス・モデルを構築するアイデアとしてイノベーターを先頭として右へ移動する顧客集団を想定しているので，図表においてもイメージを想起する助けとなるように，最も右側にイノベーターを配置する形で表記している。また，Rogersによる記載が無い所には「－」印を付してある。

158　第2部▶進化的イノベーションのダイナミクスと組織能力マネジメント

図表7-1 Rogersによる、5つの顧客グループ特性

	[5] ラガード	[4] レイト・マジョリティ	[3] アーリー・マジョリティ	[2] アーリー・アダプター	[1] イノベーター
別名	伝統的な人々	疑い深い人々	慎重な人々	尊敬される人々	冒険的な人々
ボリューム	(16%)	(34%)	(34%)	(13.5%)	(2.5%)
イノベーションへの態度	● イノベーションやチェンジ・エージェントに対して非常に懐疑的 ● 伝統志向で決定過程の進行が遅い ● イノベーションを採用する頃には、イノベーターは既に新たなイノベーション採用の可能性も	● イノベーションに対して懐疑的で用心深く接近し大多数が採用するまで採用せず ● イノベーションが社会規範の支持を受ければは得心しない ● 新アイデアの不確定性がほとんど一掃されるまで大丈夫と感じない	● 他の人々がイノベーションを採用してから慎重に採用 ● 先んじたイノベーション採用はめったにない ● イノベーション普及に重要な連結役 ● イノベーション採用決定まで時間を要す	● イノベーションに対して賢明な判断 ● 新しいイノベーションに点検する役割 ● イノベーションの不確定性を減少させる役割	● 新アイデアを試すことに非常に熱心（冒険的でなくてはならないと思っている） ● 複雑な技術上の知識を理解し適用可能 ● イノベーションの不確定性の高さに対処可能
社会での位置付けと相互作用	● 社会ネットワークから孤立気味 ● 相互作用の相手も伝統的な価値態度の人々 ● 最もローカライト志向	● 採用の動機付けは仲間からの圧力が必要	● 仲間と相互作用が多い ● システム内のネットワークをしっかり結び付けている	● 尊敬されている ● 潜在的採用者は情報とアドバイスを求めてくる ● イノベーションに対する主観的評価を身近な仲間に伝達 ● 他への役割モデル ● イノベーターと比較してローカライト	● 他の成員から尊敬されてはいない ● 新しいアイデアのゲートキーパー役 ● 地域的な仲間集団よりコスモポライト（世界主義的）な社会関係
リーダーシップ	● 全く持たない	—	● リーダーシップはほとんど持たない	● オピニオン・リーダーシップは最高	(少ない)
財力	● 資力は限られている（経済的に不安定）	● 資力は比較的乏しい	—	—	● 不適当な投資に耐えうる十分な財源
価値態度	● 判断基準は過去（過去の世代がどうであったか、という観点から決定）	—	● (中庸の人々) 新しいものを最初に試すのも嫌、古いものを捨て去る最後の人になるのも嫌	● チェンジ・エージェントは普及過程を促進する伝道師役を期待	● 冒険的 ● せっかち ● 大胆 ● 危険を求める

出所：Rogers（1982）邦訳書から筆者作成。

7-3 各顧客グループの特性（Mooreによる）

Moore（1991, 1999）[2]はハイテク・マーケティングの世界でRogersの理論を発展させテクノロジー・ライフサイクルをベースとした議論を展開しているが、イノベーターから始まる5つの顧客グループの特性についても記述している。特性の項目としては、求めるもの、ハイテクやイノベーションに対する特性、購入の判断基準、顧客として獲得する意味、それらを総合して彼が名付けた別名も加えておくこととする。それでは、フェーズ順にレビューしていくこととしたい。なお記載の中で、{　}に入れて区別する事項は前節と同様に、筆者がMooreの記述から想定した内容である。

7-3-1 イノベーターの特性（Mooreによる）

Mooreはイノベーターの別名を「テクノロジーマニア（Techies / Technology Enthusiasts）：ハイテクオタク」と名付けている。求めるものは新しいテクノロジーや斬新なもので新製品を真っ先に安く手に入れたいという願望を持っている。ハイテクやイノベーションに対する特性としては、新技術の価値と新製品の可能性をいち早く理解できるとしている。購入の判断基準は、自分の直感や技術的な判断であり{他者の影響を受けることが少ない}。当顧客グループを獲得するマーケティング上の意味は、製品として機能していることを他の顧客グループにアピールできること、特にビジョナリーに情報提供できる先行事例をつくり、実験台（デバッグ）となることであると指摘している。

---

2 Moore, G. A.（1991, 1999）*Crossing the Chasm: Marketing and Selling High-Tech Products to Mainstream Customers*, Capstone Publishing（川又政治（訳）（2002）『キャズム：ハイテクをブレークさせる「超」マーケティング理論』翔泳社）.

7-3-2 アーリー・アダプターの特性（Mooreによる）

　Mooreはアーリー・アダプターを「ビジョナリー（Visionaries）：進歩派」と名付けている。求めるものは自分の問題解決にテクノロジーを応用することで，改善というよりは「変革＝飛躍的進歩」或いはブレークスルーを目指すタイプである。ハイテクやイノベーションに対する特性としては，自社戦略に対する新技術の適合性を判断でき，かつ，リスクテイク可能で，価格に最も寛容であり，常に「夢」を描く特性を持つとしている。購入の判断基準は，自分の直感と先見性であるが，イノベーターと異なり組織内で信頼が厚いことから，組織内において購入に関する決定権限を持つ。当顧客グループを獲得するマーケティング上の意味は，アーリー・アダプター達が新規プロジェクトの決定に関与して動かすことができる点と，ハイリスクであるが多額の収入と大きな宣伝効果を得られる点であると述べている。

7-3-3 アーリー・マジョリティの特性（Mooreによる）

　Mooreはアーリー・マジョリティを「実利主義者（Pragmatists）：価格と品質重視派」と名付けている。求めるものは，自分の問題解決にテクノロジーを応用するところはアーリー・アダプターと同様であるが，アーリー・アダプターとは異なり，「改善＝着実な進歩」を目指して実用性を重視するとしている。ハイテクやイノベーションに対する特性としては，自分が中心人物とならずに，「あるがまま」を受け入れる型で，リスクテイクには否定的という特性を持つ。購入の判断基準は，組織的な決定を行う場合，他社の導入事例を確認する慎重さを持つものの，自分自身はハイテク製品操作に抵抗感はない。当顧客グループを獲得するマーケティング上の意味は，成長を遂げ大きな利益を得る為には，彼らを獲得することが決定的な要素であり，ひとたび売り込みに成功すれば強い味方となって他企業への宣伝効果を発揮してくれると説明している。

7-3-4 レイト・マジョリティの特性 (Moore による)

　Moore はレイト・マジョリティを「保守派 (Conservatives)：みんな使っているから派」と名付けている。求めるものはこれまで守ってきた「習慣」の維持で，対価を払わない形でのいわゆるサービスを最も重視している。ハイテクやイノベーションに対する特性としては，本質的に「不連続なイノベーション」を受け入れずに役立つものはずっと使用し続けるという特性を持つ。購入の判断基準は，他社導入事例を確認する慎重さを持ち，個人的にもハイテク製品操作に抵抗があり，業界標準を重視し，実績ある大企業から購入したいという願望を持っている｛ハイテク自体に抵抗感を持つ，失敗に対して慎重な安定志向の人々であろう｝。当顧客グループを獲得するマーケティング上の意味は，販売コスト下げと R＆D コストの回収に資する大きな利益が得られることである。つまり，｛彼らは価格に対して厳しいので｝利益幅は薄いものの，購買量が多いので利益は大きくなる，と指摘している。

7-3-5 ラガードの特性 (Moore による)

　Moore はラガードを「懐疑派 (Skeptics)：ハイテク嫌い」と名付けている。求めるものは営業マンの説明が事実として証明されることである。ハイテクやイノベーションに対する特性としては，これらに関して非常に大きな抵抗を示し，ハイテクの誤り指摘には理解を示すとしている。さらに，大量一括購入以外にはハイテク市場に参入してこない為に購入の判断に対する影響が希薄である。一方，彼ら自身の購買に対する判断基準については記載されていない。当顧客グループを獲得するマーケティング上の意味は，彼らの（悪）影響を市場に及ぼさないことと，逆に彼らの見解をマーケティングに生かすことであると述べている。

　｛この内容をパワーバランス・モデルで解釈すると，ラガードのように強力な消極派の考え方は，イノベーションの採用を進行させたい積極的企業等にとって厳しい見解であり，そのような意見が広まるとイノベーションの中間層に対して悪影響となり得る。従って，それを緩和する必要がある一方，彼

図表7-2　Mooreによる、5つの顧客グループ特性

	[5] ラガード	[4] レイト・マジョリティ	[3] アーリー・マジョリティ	[2] アーリー・アダプター	[1] イノベーター
別名	懐疑派（ハイテク嫌い）	保守派（みんな使ってるから派）	実利主義者（価格と品質重視派）	ビジョナリー（進歩派）	テクノロジー・マニア（ハイテクオタク）
ボリューム	(16%)	(34%)	(34%)	(13.5%)	(2.5%)
求めるもの	＊営業マンの説明が事実として証明されること	＊これまで守ってきた習慣の維持　＊サービス（対価払わない）を最も重視	＊自分の問題解決にテクノロジーを応用→改善＝着実な進歩／実用性を重視	＊自分の問題解決にテクノロジーを応用→変革＝飛躍的進歩／ブレークスルーを重視	＊新しいテクノロジー／斬新なもの　＊新製品を真っ先に安く手に入れたい
ハイテクやイノベーションに対する特性	＊ハイテクやイノベーションに関しては大きな抵抗　＊ハイテクの誤りを指摘できると理解	＊本質的に「不連続なイノベーション」を受け入れない　＊役立つものはずっと使用し続ける	＊自分が中心人物とならずに、あるがまま受け入れる型　＊リスクには否定的	＊新技術の自社戦略への適合性を判断　＊リスクテイク可能　＊価格には最も寛容　＊常に「夢」を描く	＊「新技術の価値」と「新製品の可能性」をいち早く理解
購入の判断基準	＊（大量一括購入以外にはハイテク市場に参入せず）	＊他社導入事例確認に抵抗　＊ハイテク操作重視　＊実績ある大企業から購入したい	＊他社の導入事例を確認　＊ハイテク製品操作に抵抗ナシ	＊自分の直感と先見性　＊購入権限を持つ	＊自分の直感　＊技術的な判断
顧客として獲得する意味	＊（彼らの影響を市場に及ぼさない）　＊（彼らの見解をマーケティングに生かす）	＊大きな利益（販売コスト下げ、R&Dコストの回収の為）　＊利益幅は薄いが購買量は多く利益大に	＊成長を遂げ大きな利益を得る決定的な要素　＊ひとたび売り込みに成功なら強い味方→他企業への宣伝効果	＊新規プロジェクトの決定に関与し、動かすことができる　＊ハイリスクだが多額の収入と大きな宣伝効果	＊製品として機能していると他の顧客グループにアピール　＊ビジョナリーに情報提供できる先行事例（デバッグ）実験台

出所：Moore（1991, 1999）から筆者作成。

第7章▶イノベーションにおける顧客のダイナミクス　163

らの心情や意見を理解することができれば，それらを商品開発やマーケティング・コミュニケーションに生かすことにより，抵抗感を「軟化」させることができる可能性を拡大できると解釈できよう。他方の消極的企業等にとっては強力な味方であり，ラガードの見解をどのように応用して生かすかが課題である}。

さて，以上のように述べてきた，Mooreによる各顧客グループの特性分析を〈図表7-2〉に一覧表として示した。

7-3-6 キャズム理論

ここで，Mooreが上述の顧客特性に続いて提唱した「キャズム理論」についてレビューしておく。Mooreは，アーリー・アダプター（ビジョナリー：進歩派）とアーリー・マジョリティ（実利主義者：価格と品質重視派）との間に，マーケティング上なかなか越えがたい大きな「キャズム（chasm：溝／亀裂）」があるとしている。Moore（1991, 1999）によるキャズムの図を（本稿に合わせて左右を反転し），〈図表7-3〉として示す（最下欄に〈第6章〉で定義したイノベーションの進行フェーズも追記した）。

〈第6章〉での議論を振り返ると，「つり鐘型の度数分布曲線とS字型の累積度数分布曲線」〈図表6-2〉の斜線部分についてRogersが述べている，「斜線部

図表7-3 キャズム

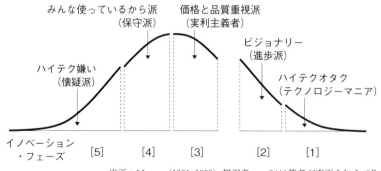

出所：Moore（1991, 1999）邦訳書，p.24に筆者が変更を加えて作成。

図表7-4　キャズムとゴールテープ

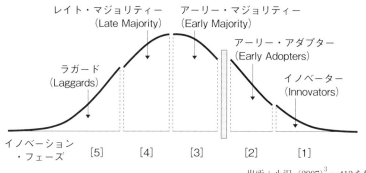

出所：小沢（2007）[3] p. 413を修正。

は普及のS字型曲線が離陸（テイクオフ）する時期を示している」ことを考え合わせると，離陸できなかった多くのケースをMooreは「キャズム」と表現したものと考えられる。一方，Rogersの理論を実データで検証した，「パソコンとビデオカメラの普及曲線」〈図表6-4〉におけるパソコンとビデオカメラの普及に関しても，このキャズム（普及率16％ライン）を前にして，パソコンは統計の範囲だけで7〜8年，ビデオカメラ（フィルム撮影機を含む）に至っては15年程も足踏みしていたと読み取れるだけに，非常に興味深い「理論と事実の符合」であると考える。

　本研究におけるイノベーションのパワーバランス理論からこのキャズム理論を見ると，〈図表7-4〉のように，あたかもイノベーションのゴールテープがキャズムに嵌ってしまい，顧客群も企業等も身動きが取れないロックイン状態に陥っている様相として表現できるであろう。つまり顧客間の相互作用という側面から見れば，アーリー・アダプターがアーリー・マジョリティーに強力な影響力を与えて導くことができない状況と解釈できる。また，企業等が顧客に与えるパワーの側面から見るならば，「進化的イノベーションのダイナミクスの検討手順」〈図表6-11〉の第2段階で大きくシフトし変化する顧客特性に対して，企業等の戦略転換が遅れて対応できないでいる膠着状態とも理解しうるのである。

3　小沢一郎（2007）前掲論文。

7-4 各顧客グループのダイナミクス

7-4-1 各顧客グループが受ける影響力

　本節では，本章においてレビューしてきたRogersとMooreによる各顧客グループの特性を参照しつつ，〈第3章〉で検討した顧客間相互作用の先行理論を総合して，各顧客グループの内部で発生する相互作用と，各顧客グループの間で発生する相互作用の分析を行いたい。なお，〈第3章〉で検討した顧客間相互作用の先行理論は，「顧客間相互作用の諸理論」〈図表3-5〉にまとめてある内容を参照して頂きたい。このように多様な側面から解釈しうる顧客間の相互作用が，イノベーションのダイナミクスの中でどのように作用するか，

図表7-5　各顧客の相互作用（グループ内＆グループ間相互作用から受ける影響力）

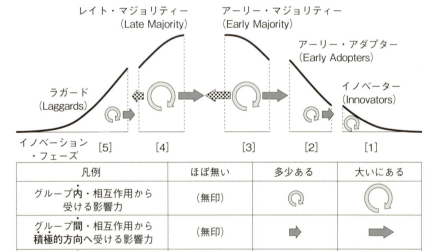

出所：小沢（2007）[4] p. 414を修正。

4　小沢一郎（2007）前掲論文。

RogersとMooreの研究成果を基に検討した結果を〈図表7-5〉のように表現してみた。

　表現方法としては，図表下段の凡例にあるように，グループ内における相互作用から受ける影響力の大きさを，ほぼ無い／多少有る／大いに有る，という3段階で評価し，サイクリック矢印曲線の大きさで表現する。同様に，グループ間における相互作用によって主体の各顧客層が受ける影響力（積極的方向／消極的方向）の大きさを，ほぼ無い／多少有る／大いに有る，という3段階でそれぞれ評価することとした。相互作用であるから，発信力と受信力の双方に関してさらに個別・詳細に評価し綿密に検討する考えもあるが，相互作用によって自身の方向性を結果として変えてしまう影響力こそが重要である。よって，ここでは発信力と受信力の双方と，その結果影響を受けるか否かという主体の特性を勘案して総合した結果，受信側の立場で影響される度合いの大きさだけを示すこととする。そして，イノベーション採用に対して積極的方向へ向かって受ける影響力の大きさを右向き矢印の大きさで，逆に消極的方向へ向かって受ける影響力の大きさを左向き矢印の大きさで表現する。それでは，以下に各顧客層に関する検討結果を述べていくこととする。

7-4-2 イノベーターが受ける影響力

　本書の〈7-2節〉及び〈7-3節〉で記述した，RogersとMooreによる研究成果で述べたように，イノベーターは新しいテクノロジーや斬新なもの，そして新製品を求めて新技術の価値や新製品の可能性をいち早く理解できるので，購入の判断は自分の直感や技術的な判断によって行い，他者の影響を受けることが少ない。しかしながら，イノベーター達の中でも一目おかれている存在の意見は意識するし，いわゆるテッキー仲間での情報交換も存在しているので，グループ内の相互作用はあるものの他グループから影響を受けることは少ないと考えて良いであろう。場合によると，彼らが受ける影響はイノベーションが一般化して，レイト・マジョリティや，ましてラガードも採用し始めた頃に，このイノベーションに対して嫌気が差してくるという，スノッブ効果によるものかも知れない。Rogersもいち早くそのことを見越していると

みえて，「その頃にはイノベーター達は既に新たなイノベーションを採用している可能性」に関して言及しているのだと思われる。しかし，イノベーターは頭の回転の速さと共に，特にネットメディア経由での情報発信能力はネット先住民ゆえ相当にあり，自分の価値判断（直感力と思考力）を信じる特性から，時としてラジカルな発言を行う傾向も否定できない。

これらのことを勘案した結果，他との相互作用によって自分自身が影響を受ける度合いは，グループ内が「多少有る」，グループ間は「ほぼ無い」として記載することとしたい。

7-4-3 アーリー・アダプターが受ける影響力

同様にアーリー・アダプターは，自分の問題解決にテクノロジーを応用して変革を目指し，イノベーターから先行事例としての情報提供を受けて，購入の判断は自分の直感と先見性で行う。このようにアーリー・アダプターはイノベーター達の状況を見渡しながら自分の直感に響く事例に感覚を研ぎ澄ましている。このように比較的広い視野を持っているアーリー・アダプターは，他のアーリー・アダプター達の動向にも敏感で情報交換も少なからず行っていると考えるのが妥当であろう。

従って，グループ内の相互作用は中程度，グループ間の相互作用はイノベーターから積極的方向の刺激を中程度受けるという評価とした。何故なら，グループ内の他のアーリー・アダプターや，グループ間においてイノベーターから大いに影響を受けてしまうようでは，組織内で厚い信頼を得て購入権限を持つという特性と矛盾するからである。情報は得ながらも，他のアーリー・アダプター達やイノベーター達の行動を冷静に観察し，最終的には，自らの直感と先見性で判断しているビジョナリーの姿を想定すれば良いものと考えられる。

7-4-4 アーリー・マジョリティが受ける影響力

同様に，アーリー・マジョリティは価格と品質を重視しバランス感覚に優

れた実利主義者である。改革を目指すアーリー・アダプター程急進的ではなく，改善を目指して着実に進んでいくタイプであるが，レイト・マジョリティのようにイノベーションの採用に腰が重くはない。ハイテクに対してもアレルギーはないと考えて良い。しかし一方，リスクテイクには否定的なので，自分の直感では判断せずに世間の動向と意見を広く検討する。すなわち，イノベーターやアーリー・アダプターの意見や事例を十分に確認して積極的意見を参考にすると共に，他のアーリー・マジョリティの動向も押さえ，レイト・マジョリティの消極的意見も勘案した上で，合理的な判断を下していくグループである。アーリー・マジョリティ達は，ビジョナリーであるアーリー・アダプター達が常に夢を追いがちであり，その為もあり特に価格に対して良く言えば最も寛容だが，悪く言えば検討が甘いところを承知している。価格と品質を重視する彼らからすれば，その点はとりわけ要チェックのポイントとなっている筈である。従って，このアーリー・マジョリティがひとたび採用に踏み切れば，他者への宣伝効果を発揮することになるが，彼らが動かなければイノベーションはまさにキャズムにはまってしまったがごとく，1歩も先へ進んでいかないという構造にあると考えられる。Mooreがイノベーションの進行に関して最も大きな障壁であると述べていることに関しても十分に頷ける。留意すべきは，アーリー・マジョリティ達の特性からして，自分の先見性を信じることには自信が伴わない為に，他者（他社）の先行事例などの周囲を良く見渡す行動に出るところにある。すなわち，バンドワゴン効果・デモンストレーション効果・ハロー効果なども受け易い性質だということである。積極的企業等の立場からのマーケティングでは，このあたりがポイントとなる可能性もありそうである。Rogersが「仲間との相互作用が多い」，或いは「システム内のネットワークをしっかりと結び付けている」と記述していることにも改めて着目が必要であろう。

　以上の考察の結果，相互作用の評価としては，グループ内の相互作用もグループ間の相互作用（両方向共に）も大きいと考えて良いであろう。「バランス感覚ある実利主義者」の特性を発揮するのが妥当と考えて，グループ内の相互作用は大きく，グループ間の相互作用も大きいという評価とした。

7-4-5 レイト・マジョリティが受ける影響力

　同様に，レイト・マジョリティはイノベーションの採用に関して自分自身での考えや直感によらず，「みんなが使っているから…」と，イノベーションが相当にこなれて連続的な感覚に近づいてから受け入れていくような保守的なタイプなのであろう。彼らは個人的にもハイテク製品は苦手なので，購入の判断はアーリー・マジョリティや他のレイト・マジョリティの導入事例を十分に確認し，それでもなお失敗を恐れて業界標準を重視すると共に，購入先も実績ある大企業から購入したいと望む程に慎重なのである。しかし，そのような行動パターンから考えて，ラガードほどの頑なさはない集団であると考えて良いであろう。Mooreのキーワードである「みんな使っているから」の「みんな」とは，アーリー・マジョリティとレイト・マジョリティの仲間達と考えるのが妥当であり，従ってアーリー・マジョリティとレイト・マジョリティの動向に顔が向いていると考えて良いであろう。何故なら，レイト・マジョリティからすれば，アーリー・アダプターを「みんな」と呼ぶのは多少の距離感があり，ましてハイテクオタクのイノベーター達を「みんな」と呼び参考にするのは抵抗感があると想定できるからである。

　このような考察からグループ内の相互作用は大きく，グループ間の相互作用としては特にアーリー・マジョリティから受ける影響力が大きいのだが，ラガードから受ける影響力も中程度は見込んでおくべきと思慮する。

7-4-6 ラガードが受ける影響力

　同様に，ラガードはハイテクやイノベーションに関しては大きな抵抗感を持つ懐疑派で，組織的な購入の判断には影響が希薄という，いわばハイテク嫌いの頑固者という側面も持つ集団である。従って，イノベーターやアーリー・アダプターがイノベーションを採用して革新的な業務プロセスや個人生活をおくっていようが，関心は大きくないであろう。Rogersが，「社会ネットワークから孤立気味である」と述べているのは，このような状況に対するコメントと解釈して差し支えないものと考える。しかしながら，〈第3章〉で検

討してきたように，人々の情報流通量が格段に増加している今日の環境を認識することも必要である。典型的な例であるが，老人夫婦が通常では老人会などの狭いコミュニティで生活しているが，子供夫婦や孫達との交流もICTの進展により手軽に行えることも想起するべきである。

　これらのことを勘案した結果，ラガードのグループ内の相互作用は「多少ある」，グループ間の相互作用も「多少ある」として顧客群の全体像を見直してみる。

7-5 各顧客グループの相互作用（総体）

7-5-1 顧客グループの連動

　さて，「各顧客の相互作用（グループ内＆グループ間相互作用から受ける影響力」〈図表7-5〉の全体を見直してみると，イノベーターの動きに刺激を受けたアーリー・アダプターは判断を下していくが，基本的にイノベーターとアーリー・アダプターはイノベーションに対する選好を持っており比較的連動して動き易い側面もありそうである。何故ならアーリー・アダプターを消極的方向へ引き止める（アーリー・マジョリティからの）外部作用はさほど大きくないという分析結果だからである。しかしながら，次のアーリー・マジョリティは積極派と消極派の左右から大きな影響力を受けている。次々と顧客グループが採用か不採用かの判断をしていく様を「ドミノ倒し」のようにみなせば，このアーリー・マジョリティが倒れてイノベーションの採用に踏み切ると，次のレイト・マジョリティは（左右から外部の影響力は受けるものの）積極派が相対的に多少有利な構造であり，（その慎重さゆえ採用に至るスピードはケース・バイ・ケースとして）イノベーションの採用方向へ動いていくと見込まれそうである。まさに，ここで分析した全体構造によって，アーリー・アダプターの動向がイノベーション・モデルの進行に関する大きな節目であり，時としてキャズムとなることも改めて得心できそうであ

第7章▶イノベーションにおける顧客のダイナミクス　171

る。なお，上述の「ドミノ倒し」に類似した表現で，Moore[5]は「ボーリングレーン戦略」として「先頭のピンを倒せば，それに続いて2番ピン（すなわち次のマーケット・セグメント）を倒すこともでき，そして次々と市場を拡大させていくのである」と述べているのであろう。

7-5-2 相互作用マトリクスにおける顧客グループ

次に，〈第3章3-3節〉のクチコミについて参照した「クチコミネットでの位置カテゴリー」〈図表3-4〉を援用し，上述した検討結果と重ね合わせて，〈図表7-6〉のように考えることが可能であろう。

この図表において，横軸は「相互作用への情報提供」，縦軸は「相互作用から受ける影響」を意味するとし，両軸共に「多い〜少ない」という連続性を設定した。その上で，相互作用への情報提供はあるが相互作用から受ける影響は少ない右下の象限にはイノベーターとアーリー・アダプターが相当するが，イノベーターがより下方へ位置付けられる。次に，相互作用への情報提供も相互作用から受ける影響も多いとなる右上象限には，前述した「（人的）ネットワークをしっかりと結び付けている」特性からアーリー・マジョリティをポジショニングできよう。さらに，相互作用への情報提供は少ないが相互作用から受

図表7-6　相互作用マトリクスにおける顧客グループ

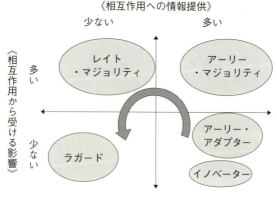

出所：筆者作成。

5　Moore（1991, 1999）前掲邦訳書，p. 61。

ける影響は多いという左上象限にはレイト・マジョリティが，そして相互作用
への情報提供も相互作用から受ける影響も少ない「孤立気味」の位置にはラガ
ードが相当するものと考えられる。すると，イノベーション・プロセスの進行
に連れて，顧客グループは相互作用の位置カテゴリー平面上を右下象限から反
時計回りに左下象限へ移行していくという興味深い仮説が成り立つのである。

7-5-3 各個人がどの顧客グループに所属するか

　例えばBtoC（Business to Consumer：民生用）商品のイノベーション採用
や商品購買の場合，顧客であるエンド・ユーザー各個人は，自分自身がどの
顧客グループに所属しているのか常に理解し意識しているのであろうか。こ
の問いにYESと答えるのは相当に難しい。何故なら，多種多様な商品カテゴ
リーで起こるイノベーションに向き合っている各個人が，（〈第3章〉で考察
してきたような）自分自身の関与度合いとその原因を認識し，MBEモデルや
ELMモデルの意思決定ルートを自覚しながら採用／購買行動をしていると考
えるのは難しいと言わざるを得ないからである。すなわち，我々各個人は多
種多様な商品カテゴリーのそれぞれに対して異なる関与概念を有していること。
さらに特定商品に関しても，「関与概念」〈図表3-3〉で示したように，内因的
自己関連性だけでなく，状況的自己関連性によって常に揺れ動いているから
である。スマホ・ブームの際にも，テレビで毎日大量に流されるCMや，通
勤電車内で徐々にスマホを操作する人々が増えていく状況に晒されて，否応
無しに状況的自己関連性は高まってしまうのである。また，消費者をデモグ
ラフィック・データのみでセグメンテーションしてステレオタイプな解釈で
特性付けすることも難しくなりつつある。本書においてもイメージの想起し
易さの為にラガードの事例として高齢者のケースを挙げているが，従来ラガ
ードが多いとみなされてきた高齢者に関しても，「インターネット利用率の向
上（年代別，2002年＆2014年）」〈図表3-8〉や「ソーシャルメディアの利用率
（サービスごと・年齢別）」〈図表3-10〉の実データで確認したように，近年で
は動きが活発になりアクティブ・シニアも増えつつある。その一方，2018年1
月に英国（UK）においては孤独問題担当国務大臣（Minister for Loneliness）

第7章▶イノベーションにおける顧客のダイナミクス　173

が任命されて話題になったように，日本においても高齢者だけでなく人的ネットワークから孤立している各世代の人々（〈図表7-6〉の左下象限）が増加していることも否めない事実であろう。

　さらに本節においては理解の容易さの為にハイテク分野に重点を置いた説明をしたが，ミスリードにならぬよう，ここで各個人と所属する顧客グループに関して補足説明をしておきたい。先のハイテク分野と言っても，スマホ／オーディオ／映像／PC／ネット／ゲームetc.と各種あり，さらにファッションや各種サービス等々まで拡げて考えれば，全てのカテゴリーにおいてイノベーターである，という人間はさほど多くないであろう。例えば，ハイテク分野のゲームに対して最先端のイノベーターであるA君がスニーカーに関してはラガードである，また，化粧に対してはイノベーターのBさんがPCに関してはレイト・マジョリティであるというように。すなわち，「ある顧客グループ（例：イノベーター）」というのは特定の人物に貼られたラベルではなく，極端に言えば「ある個人がある商品カテゴリーに対して示すダイナミックな姿のスナップショット」と捉えるべきなのである。そして，〈第3章〉で検討した異なるルートを経てイノベーション採用／不採用の意思決定をしていくのである。次節においては，上記事項を理解した上で，企業戦略として取り得る様々な顧客へのアプローチを考察することに取り組んでいきたい。

7-6 顧客グループに応じた各種アタック

7-6-1 顧客グループに応じた各種アタック（総括）

　前節からの流れを受けて，〈第3章〉で見てきた顧客の購買行動を参考に，〈第5章〉で考察した企業等からの各種アプローチ（フロンタル・アタック，サイド・アタック，逆サイド・アタック）が，イノベーションの進行フェーズに応じて変化する顧客グループ特性に対し，どのように可能性が開けていくのかを検討した。その結果を〈図表7-7〉にまとめたが，横軸にはイノベーシ

174　第2部▶進化的イノベーションのダイナミクスと組織能力マネジメント

図表7-7 顧客グループに応じた各種アタック（総括）

		[5] ラガード	[4] レイト・マジョリティ	[3] アーリー・マジョリティ	[2] アーリー・アダプター	[1] イノベーター
	イノベーションフェーズ	他者からの圧力	他者を参考 他者からの圧力	他者を参考	自身	自身
イノベーションに関する顧客特性	判断基準	他者からの圧力	他者を参考 他者からの圧力	他者を参考	自身	自身
	意思決定ルート	主に周辺的ルート	主に周辺的ルート	中心的ルート～周辺的ルート	主に中心的ルート	主に中心的ルート
	相互作用への情報提供	×～△	◎	◎	◎	○～◎
	相互作用から受ける影響力	△	◎	○	○	×～△
企業が取り得る戦略	フロンタル・アタック有効性	△	○	○～◎	◎～○	◎～○
	フロンタル・アタックの有効な訴求ポイント	無効に近いが、疑似的サイド・アタックは可能	経済的合理性と疑似的サイド・アタック	革新的便益の証明と疑似的サイド・アタック	革新的優位性と便益の証明	革新性の証明 革新的イメージ
	訴求の具体例	より身近な採用者満足を具体的に訴求	先行採用者満足をアピール、プライスダウン、品質安定性	先行採用者満足をアピール、プライスダウン、品質安定性	便益の有効性	技術的革新性
	サイド・アタック有効性	△～○	◎	◎	◎～○	△
	（有効と考えられる）サイド・アタック行為者	家族 所属コミュニティ	身近に感じ安定感ある存在の人物	尊敬でき安定感ある存在の人物	（当該分野の）有識者 業界の有識者	（当該分野の）有識者
	逆サイド・アタック有効性	○	◎	◎	×～△	×
	（有効と考えられる）逆サイド・アタック行為者	家族 所属コミュニティ	身近に感じ安定感ある存在の人物	尊敬でき安定感ある存在の人物	－	－

出所：筆者作成。

ョン・フェーズを右からイノベーターを先頭にしておいてある。縦軸のイノベーション採用に関する顧客特性のうち，判断基準と意思決定ルートは〈第３章〉での検討結果であり，相互作用への情報提供と相互作用から受ける影響は前節での考察結果を盛り込んである。その下段には企業が取り得る戦略オプションとして，フロンタル・アタック，サイド・アタック，逆サイド・アタックという各種アプローチの観点からまとめてある。

7-6-2 イノベーターへの各種アタック

イノベーターは自分自身で中心的ルートによって採用の判断をし，相互作用は多くはないが当該分野において一目おかれる有識者の影響は受ける特性と考えられる。従って，フロンタル・アタックとしては技術的革新性の詳細を説明・証明すると共に，革新的イメージを訴求するマーケティング・ミックスが有効であろう。サイド・アタックとしては，上記のように，当該分野の有識者に本イノベーションの先進性を語らせるなどが有り得るが，アーリー・アダプター他からの逆サイド・アタックはおよそ奏効しないであろう（自らの見識を信じる特性から，自分より先見性が劣るとみなす人々の主張は低く受け止めてしまう傾向だからである）。

7-6-3 アーリー・アダプターへの各種アタック

アーリー・アダプターも自分自身で中心的ルートによって採用の判断をするが，イノベーターより相互作用が多く，ビジネス用途などでは業務への有効性を，個人利用としても便益をしっかり求める類型である。従って，フロンタル・アタックとしては単に技術の先進性とイメージに留まらず，業務への有効性や便益を説明・証明することが求められる。加えて，将来へ向けた発展可能性を語ることは奏効する特性であろう。サイド・アタックとしては，当該分野の有識者に，ビジネス用途であれば業界の有識者等を加えた層からのアプローチが有り得るであろう。アーリー・マジョリティ他からの逆サイド・アタックはさほど効果的でないと考えられる。

7-6-4 アーリー・マジョリティへの各種アタック

　アーリー・マジョリティは他者を参考にしつつ自身でも考える，中心的ルートと周辺的ルートを併用しながら採用を判断していく特性を持つ，相互作用も多いグループである。フロンタル・アタックとしては，ビジネス用途などでは業務への実効性を訴求しつつ先行採用した他社（できればステータスの高い優良企業）の好事例を，〈第5章〉でバリエーションの1つとした疑似的サイド・アタックを含めてアピールすることも良策である。個人用途としては便益の訴求に加えて，先行採用したアーリー・マジョリティ達が憧れるタイプの人物を疑似的サイド・アタックとして活用することも有効であろう。一方で，アーリー・マジョリティから，品質とコストパフォーマンスに対する目が厳しくなってくる変化にも留意が必要である。

　広義のサイド・アタックでの業務用の例としては，①導入済み顧客企業の会員組織を立ち上げ，会員相互の交流から新たな活用法の水平展開を促して，導入済み顧客の満足度を高めて自発的な宣伝活動を期待する（純粋的サイド・アタック）。②新規採用顧客を紹介してくれた企業には何らかの報酬を付与する（黒衣的サイド・アタック）。③アタック対象企業を招いて導入済み企業から直接的に，当該イノベーションの有効性を語ってもらう場を設定する（疑似的サイド・アタック）などが考えられ，実際に行っている企業も少なくない。同様に，消極的企業等からの逆サイド・アタックも奏効する顧客グループなので，従来システムの会員組織化に合わせ，有力企業をその会員組織の役員や幹事に巻き込む等，抱え込み戦術を実施する手段もあろう。まさにこのアーリー・マジョリティを巡る企業等の攻防がその後のイノベーションの進行速度を決する重要な局面なのである。そして，〈第5章〉で考察した「（正逆）サイド・アタックのバリエーション」〈図表5-6〉がここで活きるのである。

　あるハイテク機器メーカーから，「普及率で15％程まではスッと浸透した製品が，20％手前でしばらくの間伸び悩んでいる」事例の相談を受けたことがある。詳細は省くが，ポイントの1つが顧客グループの変化にマーケティング上で対応していないことを説明した。つまり，相変わらず技術的優位性を事細かく説明したパンフレットを使用し，営業トークにおいても発売当初か

らの技術的説明を継続していたのである。顧客特性が少しずつ変化していることに目が行き届いていなかった事例であろう。顧客特性の変化に応じた攻め手にスイッチすれば良いのである。

7-6-5 レイト・マジョリティへの各種アタック

レイト・マジョリティは他者を参考に，或いは他者からの圧力によって主に周辺的ルートで採用を決定する特性を持つ，相互作用の多い顧客グループである。フロンタル・アタックとしては，新システムの有効性に加えて品質安定性とコストパフォーマンスの納得性が必要で，先方に比較的身近な先行採用者達の事例がベストであろう。業務用途の場合，あまりに先進的企業の事例を並べても「あの先進企業とウチ（自社）とは事情が違うから」と距離感を感じる反応もあり，説得性の効果が薄い層になりつつあるからである。代わって，「イノベーション採用が最後になるのも嫌」というこの顧客グループの特性を踏まえると，「このままだと時代に乗り遅れますよ」という類のアプローチも検討に値する。サイド・アタックと逆サイド・アタックは共に有効な顧客グループと考えられ，身近に感じる安定感ある存在の企業や人物からのアタックがとりわけ有効であろう。この層へのアプローチとしては，〈3-2節〉で検討したMAOモデルのMAO（M：動機付け，A：処理能力，O：処理機会）を刺激することが有効と考えられる。

事例として，2010年9月にソフトバンクがApple・iPhone 4のTVCMとして放映した「七五三」篇[6]が挙げられよう。（おそらく）田舎のゆったりした間取りを感じさせる日本家屋に住む祖父母が肩を寄せ合ってアイフォンの画面を覗き込んでいる。場面が通話相手に変わると，都会風のモダンな室内で，おそらく祖父母の娘（孫の母親）が七五三の晴れ着をまとった孫（5歳男子）を撮影している。孫はハイな気分でクルクル回り，はしゃいでいる。その姿に祖父はのけぞって笑い大喜びし，祖母はそっと涙を拭う。画面越しに手を振る孫に祖父母も優しく手を振るシーンでエンディングとなるが，セリフは

6　ソフトバンクCM「七五三」篇：https://www.youtube.com/watch?v=QbpaTsZ1wiY（2017.08.31参照）

一切無く，Louis Armstrongの楽曲"When You're Smiling"をバックにして映像だけの演出となっていた。この事例を挙げたのは，七五三の前という機会を巧みに捉え，孫の晴れ姿をライブで見ながら話せるという動機を大いに刺激し，しかもスマホを使いこなしている娘の存在から祖父母に処理能力が不足していても娘がカバーできることも暗に感じさせる，というまさにMAOモデルのカットからすると秀逸な事例であると考えるからである（イノベーション普及フェーズの観点からは，何年か早過ぎた感は否めないが）。

7-6-6 ラガードへの各種アタック

ラガードは自ら新システムを検討することは少なく，周辺的ルートで主に他者からの圧力によって採用を判断するので，フロンタル・アタックは効果が薄く，サイド・アタックと逆サイド・アタック共に家族や所属するコミュニティ（高齢者であれば高齢者クラブ等）からの影響を多少受ける程度であろう。また，前述したMAOモデルによる刺激も勘案する価値があろう。先のTVCMはラガード攻略というこの時期がさらにフィットしていたと思われる。現在の日本の状況からすれば，高齢者層はイノベーションを採用しようと心が動けば，その財力は有しているケースも多いゆえ，積極的企業等の知恵の絞り方でイノベーション採用へリードすることも可能であると思慮する。

本章では顧客間相互作用に注目するところから，各顧客グループに対する各種アタックというレベルの議論を進めたが，次章においては進化的イノベーションにおける企業等のダイナミクスを掘り下げた後に，各フェーズにおける顧客戦略としてまとめていきたい。

第8章

イノベーションにおける企業等のダイナミクス

8-1 本章の目的と要約

　本章の目的は，前章で分析した顧客のダイナミクスと相対する企業等側のダイナミクスを分析し，進化的イノベーションに対して積極的な立場と消極的な立場という，各々の企業における顧客戦略を検討してまとめると共に，他企業等との協調にも言及することである。

　次に要約を以下に述べる。〈8-2節〉では，イノベーション・プロセスの先行研究と価値連鎖をレビューし，それを基に〈8-3節〉で，オリジナルの「イノベーション創出プロセス・モデル」〈図表8-4〉を設定した。ビジネスのメインストリームの6段階を中央に，下段にはユーザーを含めてインタラクションする対象企業等との協調活動の必要性を示し，上段にはメインストリームをサポートする各機能を配置してそれら相互間におけるフィードバックやコンカレント活動の必要性を示したものである。このモデルとこれまでの先行研究を照らし合わせると，新たなイノベーションの必要性が浮かび上がることを〈8-4節〉で論じて仮説構築にトライした。すなわち，従来のプロダクト・イノベーションとプロセス・イノベーションに続くものとして，マーケティング＆サービス・イノベーション，グリーン・イノベーション，ホールプロセス・イノベーションと共

180

に，これらを循環的に推し進める形での「進化的イノベーション・サイクル(1)」〈図表8-8〉を論じ，さらに世代交代を含めて「進化的イノベーション・サイクル(2)」〈図表8-9〉へと展開した。これらをベースに〈8-5節〉と〈8-6節〉で議論を進めて，進化的イノベーションに対して積極的／消極的という双方の顧客戦略を〈図表8-10〉と〈図表8-11〉にまとめた。ここでは，サイド・アタックに対するサイド・アタック封じ，逆サイド・アタックに対する逆サイド・アタック封じという競争上のタクティクスについても述べてある。〈8-7節〉では，これら戦略を実現する上で，〈第4章〉で検討した企業等間インタラクションの考え方を応用して，各フェーズにおいて「何を狙いとし，どの組織と，どの方法で組むか」という協調フォーメーション〈図表8-12〉を例示して本章の結びとした。

8-2 イノベーション・プロセスの先行研究

8-2-1 イノベーションのリニアモデルと連鎖モデル

　ここでは，イノベーションにおける企業のダイナミクスを分析する第一歩として，イノベーション・プロセスの先行研究を検討していくこととする。

　Carlsson *et al.* は[1]，〈図表8-1〉のような改良型の，2系統リニアモデルを示している。すなわち，上段の流れのように発明という技術シーズからスタートして，その応用研究，開発，設計，利用とリニアに進んでいくモデルと，下段の流れのように顧客のニーズからスタートして，それを満たす技術探索，開発，設計，利用とリニアに進むモデルの2つである。

　十川（1997）は[2]，このリニアモデルに関して，「研究開発活動をリニアなものとして位置付けることは，そのプロセスを技術主導タイプかニーズ主導タ

1　Carlsson, B., Keane, J., and Martin, J. B. (1988) "Learning and Problem Solving: R&D Organization as Learning Systems," in Katz, R. (ed.), *Managing Professionals in Innovative Organizations*, Ballinger.

2　十川廣國（1997）『企業の再活性化とイノベーション』中央経済社，pp. 37-39。

第8章▶イノベーションにおける企業等のダイナミクス　181

図表8-1　技術的イノベーションのリニアモデル

発明	応用研究 →	開発 →	設計 →	利用 →

あるいは

ニーズ	技術探索 →	開発 →	設計 →	利用 →

出所：Carlsson, *et al.*（1988）p. 238。

イプのいずれかとして捉えることに等しく，技術とニーズのダブル・リンキングは実現されない」と批判し，新製品開発における「技術と市場ニーズのダブル・リンキングの重要性」を主張した。研究・開発及びマーケティング等，各機能組織間での密接なコミュニケーションと協調によってフィードバック・ループを回していける能力が重要になると明記したい。

　Kline（1990）[3]は，旧来型のイノベーション形態である「リニアモデル（linear model）」の欠点を批判し，「連鎖モデル（chain-linked model）」を主張して幾度かの改良を加えている。〈図表8-2〉の左側に示したのが，「研究」→「開発」→「生産」→「マーケティング」と，時間的に順次起きていくという意味での旧来リニアモデルである。それに対して，図表の右側に示したのが改良連鎖モデルであり，彼はこのモデルにおいて「技術と科学の知識境界面（KITS：the Knowledge Interface of Technology and Science）」も図示している。そしてKlineは，リニアモデルと連鎖モデルの5つの違いを以下のように述べている。①リニアモデルが唯一のプロセスを示しているのに対し，連鎖モデルは5〜6個の重要なプロセスを含んでいる。②リニアモデルは単一な流れでフィードバックを持たないが，連鎖モデルは多くのフィードバック・ループを持っている。③リニアモデルでは研究がイノベーション・プロセスの導入部を独占しているが，連鎖モデルでは研究だけが出発点とはなっていない。④リニアモデルでは研究はイノベーションの開始時のみ作用しているが，連鎖モデルでは研究機能が開

3　Kline, S. J.（1990）*Innovation Styles in Japan and The United States: Cultural Bases; Implications for Competitiveness*, Stanford University（鴫原文七（訳）（1992）『イノベーション・スタイル：日米の社会技術システム変革の相違』アグネ承風社）.

図表8-2　イノベーションのリニアモデルと連鎖モデル

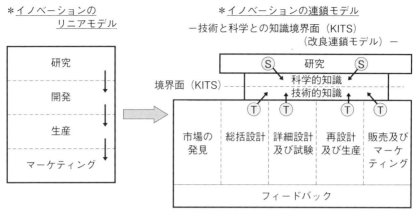

出所：Kline（1990）邦訳書 pp. 17 & 20より筆者作成。

始時は勿論，下流のいくつかの段階でも現れている。⑤リニアモデルではイノベーション源として最新の研究成果のみ採用し，蓄積されている知識及び技術パラダイム（思考の枠組み）のような初歩的な源泉は取り上げていない。

8-2-2 価値連鎖

　Porter（1985）[4]は，〈図表8-3〉のように価値連鎖（value chain）モデルを示しているが，この図表において主活動（primary activities）を下半分の左から右へ，購買物流（inbound logistics），製造（operations），出荷物流（outbound logistics），販売・マーケティング（marketing & sales），サービス（Service）という流れで示した。さらに上半分には支援活動（support activities）として，主活動を横断的にサポートする形で下から，調達活動（procurement），技術開発（technology development），人事・労務管理（human resource management），全般管理・インフラストラクチャー（firm infrastructure）を示しているが，この図表の段階では多分に生産サイトを意識したプロセスであると言えよう。

4　Porter, M. E.（1985）*Competitive Advantage*, The Free Press（土岐坤・中辻萬治・小野寺武夫（訳）（1985）『競争優位の戦略』ダイヤモンド）.

図表8-3 価値連鎖の基本形

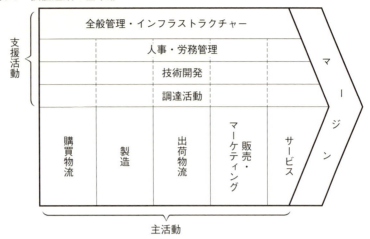

出所：Porter（1985）邦訳書 p. 49。

8-3 イノベーション創出プロセス・モデル

8-3-1 イノベーションのメインストリーム

　前節でレビューしてきた先行研究の成果に共感する部分を生かして，新たに構築したイノベーション創出プロセス・モデルを〈図表8-4〉に示す。

　中央に配置した左から右へ流れるイノベーションのメインストリームとしては，技術シーズと市場ニーズのダブル・リンキングの重要性を意識して「市場探索＆技術研究」という双方の要素からスタートし，次にそれらを融合し発展させた位置付けで「商品企画＆製品開発」とし，続いて「生産技術開発＆生産」「販売＆マーケティング」「スルー・サービス」「リユース＆リサイクル」とした。

　ここで「マーケティング」という用語に触れておく。学問上でマーケティングの定義はAMA（American Marketing Association: アメリカマーケティング協会）によると以下の通り広いのである。

図表8-4　イノベーション創出プロセス・モデル

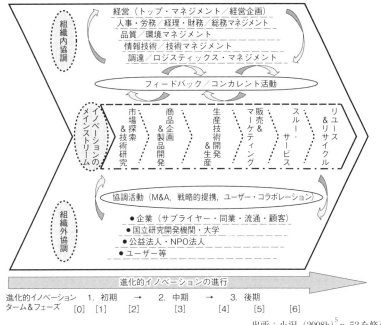

出所：小沢（2008b）[5] p. 52を修正。

Marketing is the activity, set of institutions, and processes for creating, communicating, delivering, and exchanging offerings that have value for customers, clients, partners, and society at large.（Approved July 2013）：マーケティングとは顧客，クライアント，パートナー，社会に対して価値ある提供物を創造しコミュニケートし配送し交換する為の活動，制度，プロセスである。

その一方，実務界では営業部の英訳にSales and Marketing Department等が使用され，上記の広範な概念から狭義の使用まで「マーケティング」の解釈に幅がある。本モデルにおける「マーケティング」とは中間的位置付けとなるKlineやPorterと同様な範疇で，プロモーション（＝コミュニケーショ

5　小沢一郎（2008b）「イノベーションと組織能力に関する考察（その2）」『専修経営学論集』第86号，専修大学経営学会。

ン：広告・広報・人的販売・セールスプロモーション），チャネル政策，価格
コントロール等を指し，McCarthy[6]が定義した4P（product＝製品，price＝
価格，place＝流通チャネル，promotion＝プロモーション）から製品開発関
係を除いた範囲を主な対象としている。各種学問の学史を参照すると，各学問
領域はそれぞれに概念を拡張する傾向があり，複数の学問領域における学会等
がそれぞれ定めた定義を用いてMECE（Mutually Exclusive and Collectively
Exhaustive：ミッシー：重複せず漏れもない）状態で経営全体をカバーする
ことは難しく，本書ではこのように設定した。

　さらに「スルー・サービス」については，「購入前から購入後の利活用中，廃
棄まで，というスパンで顧客満足を高めるサービス」と定義しておきたい。売
れば終わりという感覚の時代に販売後を意味する「アフター・サービス」では
なく，商品を利活用している間は当然，購入前も廃棄時（後）もずっとお客様
であり，その継続的顧客満足を高めることが重要なのだという，〈第5章〉で強
調した想いを込めた用語である。なお，各プロセスにおいては適時のフィー
ドバックや的確なコンカレント（concurrent）活動が柔軟に行われることを
文字と矢印で表現した。このコンカレント活動とは，Takeuchi & Nonaka[7]が
運動競技をメタファーとして，「リレーのようにリニアに進むのではなく，ラグ
ビーのようにチームメンバーが一団となり同時に走りつつボールをパスして進
む様子」を述べた日本型新製品開発の特徴である柔軟な組織内協調活動を指し，
図表の各プロセス境界もサポート部門との境界も点線で示した所以である。

8-3-2　イノベーションの組織内外協調

　前記の〈図表8-4〉におけるメインストリームの下段には，組織外協調の役割
を表記してある。〈第4章〉で他企業等とのインタラクションを検討したことを
踏まえ，企業（サプライヤー・同業・流通・顧客企業）・国立研究開発機関・大
学・公益法人・NPO法人との緩やか協調と，ユーザー・コラボレーション活動

6　MaCarthy, E. J.（1960）*Basic Marketing : A Managerial Approach*, R. D. Irwin.

7　Takeuchi, H. and Nonaka, I.（1986）"The New New Product Development Game,"
　Harvard Business Review, Jan.-Feb., pp. 137-147.

が，各プロセスのいつであっても適時・的確に行われることを文字と矢印で表現した。〈第4章〉でレビューしたChesbroughのオープン・イノベーションの考え方を受け，焦点企業と他企業等との境界線は実線でなく一点鎖線としてある。また，これも〈第4章〉で示したPrahaladらの主張の第3段階（仕入先や事業パートナーもコンピタンスの源泉）と第4段階（消費者や消費者コミュニティもコンピタンスの源泉として重要）を意識することにより，本書の次章に備えることにもなっている。

　一方，図表でメインストリームの上段に位置付けた組織内協調（サポート）機能に関しては，「調達／ロジスティックス・マネジメント」を最も近い第1層に記載した。研究開発活動にも様々な資材の調達・ロジスティックスが必要であるし，販売やサービス活動を行う際にもカタログや部品の調達・ロジスティックスが必要である。すなわちロジスティックスは，原材料購買の調達ロジスティックス，生産サイト内の構内ロジスティックス，販売地域対応の販売ロジスティックス，そしてサービス時におけるサービス・ロジスティックス，さらにリサイクルの為のリサイクル・ロジスティックス（静脈ロジスティックス）というように，ビジネスのプロセス全般に渡り密接にサポートする活動であるとの理解が必要である。

　その上の第2層に「情報技術／技術・マネジメント」を記した。「技術」はSteele（1989）[8]の定義によると，プロダクト・テクノロジー／プロセス・テクノロジー／インフォメーション・テクノロジーの3種から構成されており，情報技術も技術の範疇に入っていることは承知であるが，強調する為に敢えてこのような記載方法をとった。現在の企業経営においてICT技術発達の理解とその利活用は，全てのイノベーション・プロセスにおいて極めて重要であると考えているからである。

　その上の第3層に「品質／環境・マネジメント」を記載した。Made in Japan製品が世界中に認められたのは，この品質マネジメントの強さが要因の1つであることに反論の余地はないであろう。かつて製品品質を指していた「品

8　Steele, L. W.（1989）*Managing Technology: The Strategic View*, McGraw-Hill（山之内昭夫・後藤正之（訳）（1991）『技術マネジメント：総合的技術経営戦略の展開』日本能率協会マネジメントセンター）.

質マネジメント」は1980年代から概念が拡張され，経営全般に関わる視点として TQC／TQM（Total Quality Control ／ Total Quality Management）へ発展するに至った経緯がある。従って本モデルにおいても，イノベーションの創出プロセス全般を支援する位置付けとした。ISO-9000 シリーズ（品質マネジメントシステム）の規格取得は既に製造業では取引の必須条件と言って良いであろう。他方の「環境マネジメント」について企業グループを 1 つのバウンダリーとして括って見た場合，その領域に取り入れるモノと，その領域から事業活動中に排出するモノ，すなわち工場やオフィスから出る様々な廃棄物／排気／排水等々全てをマネジメントする必要がある。さらに，環境対応設計を勘案すれば，技術研究や製品開発，さらに環境に優しい商品の市場探索やその商品企画も外しては考えられない。例えば，商品の環境対応性に関して「ライフサイクルアセスメント（Life Cycle Assessment：LCA）」が重要イシューの 1 つとされている。LCA とは，商品の原材料調達から製造，販売，使用，廃棄，再利用という商品ライフサイクル全体に関して，資源・エネルギーの消費量，地球環境・生態系への負荷等を定量的に評価する方法を指している。すなわち，イノベーションの創出プロセス全体を通じて，この環境マネジメントの視点と支援は外せない要素であり，ISO-14000 シリーズ（環境マネジメントシステム）への対応を含むことは言うまでもない。

　その上の第 4 層に「人事・労務／経理・財務／総務・マネジメント」を記載した。いわゆる，従来から企業における経営資源と言われる，ヒト・モノ・カネに対するマネジメントの観点からの支援活動を指している。メインストリームが必要とするヒト・モノ・カネを遅延無く供給する役割はもとより，さらに戦略的な経営支援という観点を含んでいることは当然であろう。

　なお，ヒト・モノ・カネに次ぐ第 4 の経営資源とも言われる「情報」のマネジメントの一部は情報技術マネジメントに含まれる要素であるが，「知識／ナレッジ」マネジメント，企業文化のマネジメント，そして後述する組織の能力のメタ的マネジメント等々は全て，その上段の「トータル・マネジメント」に含むと位置付けている。そして，これら 5 つの層で表記したサポート機能がそれらサポート機能間でも，ビジネスのメインストリームとも，緊密な情報共有等の相互作用を適時・適切に行うことが重要であることを，図表

188　第2部▶進化的イノベーションのダイナミクスと組織能力マネジメント

図表8-5 イノベーション創出プロセス・モデルのアピール・ポイント

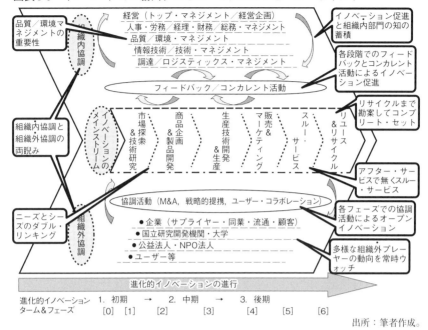

出所：筆者作成。

の上部左右に矢印で表現したのである。このように，上記で述べた重要ポイントを〈図表8-5〉に示した。

8-4 新たなイノベーションの仮説トライアル

8-4-1 新たなイノベーションの必要性

本節では，前節のイノベーション創出プロセス・モデルは進化的イノベーションのターム＆フェーズにおいて，どのような関係性となるか検討することから始める。

〈第6章〉では，Utterback（1994）[9]が示した，「アバナシー＆アッターバック・モデル」〈図表6-8〉，「アーバックによるイノベーションのダイナミクス」〈図表6-9〉，「イノベーションの3つの時期における重要な特性」〈図表6-10〉と共にその主張をレビューした。ここで改めてアバナシー＆アッターバック・モデル（以後AUモデル）のポイントを振り返ると，イノベーション初期（本書におけるイノベーション・フェーズ［0］［1］［2］：AUモデルにおける「流動期」）は，プロダクト・イノベーションがピークにある時期で「頻繁に主要な製品変化が生じる」時期である。イノベーション創出プロセス・モデルと組み合わせて検討すると，ビジネスのメインストリームでは，「市場探索・技術研究」と「商品企画・製品開発」に活動のウェイトが掛かっている時期であると言えよう。そしてそれは，〈第7章〉の「Rogersによる，5つの顧客グループ特性」〈図表7-1〉と「Mooreによる，5つの顧客グループ特性」〈図表7-2〉で検討してきた通り，このイノベーション初期のターゲット顧客であるイノベーターとアーリー・アダプターが持っている，テクノロジーマニアやビジョナリー（進歩派）と呼ばれる顧客特性とフィットしていると考えられるのである。

また，イノベーション中期（本書におけるイノベーション・フェーズ［3］：AUモデルにおける「移行期」）は，プロセス・イノベーションがピークにある時期で「需要増加によって主要な工程変化が要請される」時期である。すなわち，イノベーション創出プロセス・モデルでは「生産技術開発」と「生産」に活動のウェイトが掛かっている時期であると言って間違いない。そして，このイノベーション中期のターゲット顧客であるアーリー・マジョリティが持っている指向である「価格と品質を重視する」という顧客特性とフィットしているのである。

ここまでは，イノベーション創出プロセス・モデルとAUモデル，さらに顧客カテゴリーの特性を含めて比較検討してみても，その親和性に大きな問題があるようには思えない。しかし，ここで多少立ち止まって考え直してみた

9　Utterback, J. M. (1994) *Mastering the Dynamic of Innovation,* Harvard Business School Press（大津正和・小川進（監訳）（1998）『イノベーション・ダイナミクス：事例から学ぶ技術戦略』有斐閣）.

い。果たして，イノベーションの創出プロセス・モデルに残された「販売＆マーケティング」「スルー・サービス」「リユース＆リサイクル」に活動のウェイトを置いたイノベーションは起きていないのであろうか。或いは，その種のイノベーションは必要とされていないのであろうか。この問題意識を別方向から考えるならば，残ったイノベーション後期はイノベーション・フェーズ［4］［5］から［6］を目指して，レイト・マジョリティとラガードをターゲット顧客として進化的イノベーションの積極的企業等と消極的企業等が鎬を削る時期だが，積極的企業等がこれら顧客に進化的イノベーションを普及させる為に，それまでのプロダクト・イノベーションとプロセス・イノベーションの惰性と延長のみで十分だと考えて良いのであろうか，という問いとして言い換えられる。

　プロダクトに関して行われる努力としては，電子機器を例にとると，「ハードとソフトによる操作性の改善（例：大きな操作ボタン，アイコンによる画面操作，音声ガイド，HELP機能の充実など）」「製品スペックの単純化（携帯電話の例：通話のみ，通話とメールのみ）」「コストダウンによる低価格化」等が一般的だが限界があろう。そこで，攻める積極的企業等は販売方法等を含むマーケティング・サイドやサービスとの一体化による新展開領域におけるイノベーションこそ本気で検討する必要があると考えるのである。パソコンが普及の後期に入った例では，自宅でのネット環境構築を含めた設置サービス，出張講習ビジネス，問い合わせ対応サービス等の様々な試みはなされていたものの，少なくとも2010年代以前は製造業の大企業が本腰を入れてこの領域に取り組む事例は少なかったのではなかろうか。

　しかしながら，近年，いよいよ動きが活発化してきている。例えばトヨタ自動車は2019年1月に「㈱KINTO」[11]を設立し，愛車サブスクリプションサービスのトライアル展開を東京地区で開始した。サービス概要としては，車両代金，登録時の諸費用・税金，定期メンテナンス，任意保険，自動車税，故

10　この「プロセス」は生産工程を指しており，後述するホールプロセスと区別する為に，以後「生産プロセス・イノベーション」と記する。

11　2019年1月11日設立，出資比率はトヨタファイナンシャルサービス㈱（トヨタ自動車の100％出資子会社）が66.6％，住友三井オートサービス㈱が33.4％。

第8章▶イノベーションにおける企業等のダイナミクス　191

障修理費等の全てを含み，頭金不要で毎月均等払い（ボーナス払い選択プランも有り），36ヵ月契約でその後に新車へ乗換えできる[12]。さらに，ユーザーの使用状況（安全運転，エコ運転等）に応じて付加するポイントを支払いへ充当可能とする等の付帯サービス拡大も検討している。一方でトヨタ自動車は，ソフトバンクと共同出資による「MONET Technologies㈱[13]」を2018年9月に設立したが，この共同記者会見[14]の場で豊田章男社長は「トヨタを，クルマを作る会社からモビリティに係わるあらゆるサービスを提供する会社"モビリティ・カンパニー"へモデルチェンジする」流れの一環と説明した。さらに2019年3月，MONET Technologies㈱は，日野自動車㈱と本田技研工業㈱との資本・業務提携を発表し，群れを成してMaaS（Mobility as a Service）領[15]域におけるグローバル競争に立ち向かう体制を整えようとしている。このように，いわゆる製造業のサービス化が，いよいよ極めてスピーディに進行し始めていると考えて良いであろう。

8-4-2 マーケティング＆サービス・イノベーション

前節の問題意識から，イノベーション後期にはプロダクト・イノベーション，生産プロセス・イノベーションに続く第3のイノベーションとして，「マ

12　（旧）東京トヨペット㈱では既に2000年代には，個人向けカーリースプラン「アクティブ24」（サービス概要は類似しており24ヵ月で一定条件を満たせば新車への乗換えが可能）を設定していた。なお，2019年4月1日，トヨタ東京販売ホールディングス，及び東京トヨペット㈱を含む東京の4販社（チャネル）は統合し，トヨタモビリティ東京㈱となった。

13　2018年9月28日設立，2019年1月23日合弁企業化。出資比率はソフトバンク㈱：50.25％，トヨタ自動車㈱：49.75％。

14　2018年10月04日，トヨタ自動車とソフトバンクによる共同記者会見。2018年1月に米国CES会場で豊田章男社長の「トヨタを，クルマ会社を超え人々の様々な移動を助ける会社"モビリティ・カンパニー"へ変革する」というスピーチも紹介し補足説明。https://global.toyota/jp/newsroom/corporate/24745307.html?padid=ag478_from_kv（2019.05.05参照）

15　資本参加後の出資比率は，ソフトバンク㈱：40.202％，トヨタ自動車㈱：39.802％，日野自動車㈱：9.998％，本田技研工業㈱：9.998％となる。https://www.monet-technologies.com/news/press/2019/20190328_02/（2019.05.05参照）

図表8-6　新たなイノベーションの必要性

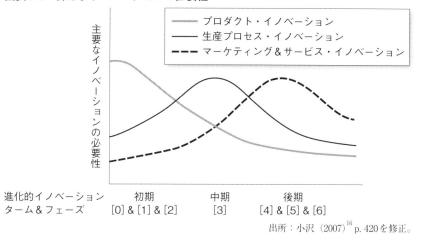

出所：小沢（2007）[16] p. 420を修正。

ーケティング＆サービス・イノベーション」が必要になるという仮説が見えてくる。この諸活動は，それまでの製品サイドの企業努力ではイノベーション採用に踏み切れなかった，例えばハイテクに消極的なレイト・マジョリティとラガードを含めてターゲット顧客とし，彼らにイノベーション採用のゴールテープを切ってもらうことを目的としているのである。AUモデルを援用して縦軸を「主要なイノベーションの必要性」とし，横軸を本書のイノベーション初期・中期・後期として，〈図表8-6〉のようなカーブを描けるのではないだろうか。既に，小沢（2007）[17]で第3のカーブを「マーケティング＆サービス・イノベーション」として提示し，Cusumano（2010）[18]も「サービスのイノベーション」として同様の図を掲載している。ここで注意を要するのは，全ての商品・システムがこの第3のイノベーションを必要としている訳ではないということである。〈第6章〉でデータを参照したカラーテレビの普及を振

16　小沢一郎（2007）前掲論文。
17　小沢一郎（2007）前掲論文。
18　Cusumano, M. A.(2010) *Staying Power: Six Enduring Principles for Managing Strategy and Innovation in an Uncertain World*, 1st ed., Oxford University Press（延岡健太郎（解説）・鬼澤忍（訳）（2012）『君臨する企業の「6つの法則」：戦略のベストプラクティスを求めて』日本経済新聞出版社，p. 144）。

り返ると，プロダクト・イノベーションと生産プロセス・イノベーションの
みで一気に普及率で約100％へと進むことができた事例であろう。すなわち商
品特性とイノベーションのパワーバランスにより，既存の2種のイノベーシ
ョンで行き詰まりを迎えそうな時に，第3のイノベーションが必要な商品・
システムも存在する，という観点から新たなイノベーション仮説を導きだし
たのである。

　上記の検討を踏まえると，イノベーション創出プロセスに関しては〈図表
8-7〉に網掛けで示したように考えることができる。すなわち，〈図表8-6〉か
ら3種のイノベーションのカーブを抜き出して当てはめるのである。まず，進
化的イノベーション初期においては「市場探索・技術研究」と「商品企画・
製品開発」に活動のウェイトがあるプロダクト・イノベーションの時期であ
り，進化的イノベーション中期においては「生産技術開発＆生産」に活動の
重点があるので生産プロセス・イノベーションが必要性を増す。そして，進
化的イノベーション後期においては，本節の仮説に従って「マーケティング」
「スルー・サービス」にプロセス上の重点ポイントがあるので，マーケティ
ング＆サービス・イノベーションの必要性が高まると考えるのである。勿論，
各時期において重点ポイントとした諸機能が単独でイノベーションを成し遂
げられる訳はなく，他機能とのコンカレント活動やユーザーとのコラボレー
ション活動等がセットとして重要である。この考え方を示す意図から，本図
表においてもイノベーションの必要性が単一フェーズのみでなく複数フェー
ズに渡って拡がる様子を示すと共に，イノベーション創出プロセス・モデル
図表においても，イノベーションのメインストリームをコンカレント活動や
コラボレーション活動が包み込むように支えている様子として描いているの
である。

8-4-3 進化的イノベーション・サイクル

　次にイノベーション創出プロセス・モデルを参照すると，最後のリユース＆
リサイクルを含む環境対応の為に，第4の「グリーン・イノベーション」の
必要性が浮上する。但し，リユース＆リサイクルは商品ライフとしては最後

194　第2部▶進化的イノベーションのダイナミクスと組織能力マネジメント

図表8-7 イノベーション創出プロセスにおける重点ポイント

(1) 進化的イノベーションと
プロダクト・イノベーション

(2) 進化的イノベーションと
生産プロセス・イノベーション

(3) 進化的イノベーションと
マーケティング&サービス・イノベーション

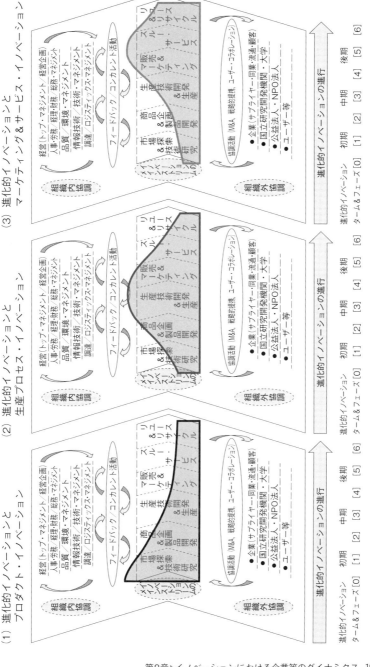

出所：筆者作成。

第8章▶イノベーションにおける企業等のダイナミクス 195

に位置付けられるのだが，グリーン・イノベーションでは〈8-3節〉で述べたライフサイクルアセスメント（LCA）が典型例であるように，イノベーション創出プロセス全体に関わる視点を強調する必要がある。さらに，このグリーン・イノベーション活動を含むイノベーション創出プロセス全体を連鎖モデルとしてイノベートし効果性・効率性を上げるという，メタレベルの視点を目的とする第5の「ホールプロセス・イノベーション」が必要となる。このように考えを進めると，進化的イノベーションを押し進めていく役割を果たす上記5種のイノベーションは，〈図表8-8〉のように「プロダクト・イノベーション」から「生産プロセス・イノベーション」，「マーケティング＆サービス・イノベーション」へと重点となるイノベーションがサイクルを描きながら進行し，「グリーン・イノベーション」と「ホールプロセス・イノベーション」がそれらの外周を囲んで回転させていく様相を呈して見えてくるのである。

例えば，宇宙ロケットはその発射時から人工衛星を軌道に乗せ，姿勢制御・軌道制御していく為に数種類のロケットエンジン（ロケットスラスタ）が役割を果たすように，これら数種類のイノベーションが次々と役割を果たすことによって進化的イノベーションを進めていくと捉えられるのである。そし

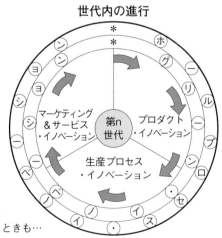

図表8-8　進化的イノベーション・サイクル（1）

＊回転する
・同一世代の中でも
・次世代へ進化するときも…

出所：筆者作成。

て，イノベーション創出プロセス・モデルで重点となる時期に各機能を果たす為，適時に組織内諸部門や他組織間との関係性が生み出す様々なパワーこそが，進化的イノベーションにおける企業のダイナミクスであると考えるのである。

さらに〈図表8-9〉のように，これら5種類のイノベーションが大きく回転し進化的イノベーションの世代交代を進めると考えられる。図中における点線は，第n世代後期のマーケティング&サービス・イノベーションのウェイトが高い時期に，第n＋1世代のスタートとなる画期的なプロダクト・イノベーションが発生し，第n世代が進行しつつ第n＋1世代への進化も始まっている状況を例示している。かつて携帯電話（フィーチャーフォン）を持っていないお年寄に対し，カンタン・ケータイの普及を進める為に携帯操作教

図表8-9 進化的イノベーション・サイクル（2）

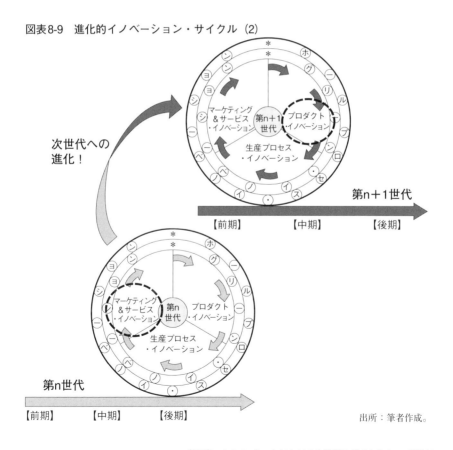

出所：筆者作成。

第8章▶イノベーションにおける企業等のダイナミクス　197

室が開かれていた時期に，スマートフォンが発売されて若者達からスマホユーザーとして進化していった様子を想起して頂きたい。

8-5 積極的企業の顧客戦略

　本節では積極的企業等の顧客戦略を，「積極的企業の戦略拡張（サイド・アタック）」〈図表5-3〉をベースに「顧客グループに応じた各種アタック（総括）」〈図表7-7〉の考察を加え，前節までに検討してきた仮説も用いてイノベーションの5つの進行フェーズの各時期に関して展開していくこととする。

8-5-1 イノベーション・フェーズ［1］の積極的企業戦略

　ターゲット顧客であるイノベーターに対する各企業戦略としては，個々人の態度によって対応を変える感受性と柔軟な対応力が基本となる。すなわち，積極的態度のイノベーターには新システムに関する興味・関心を「促進」して採用に向けて押し進め，態度を決めかねているイノベーターには興味・関心を深めて渦を強く拡げるように巻き込んでいくのである。そして〈第5章〉で戦略拡張したように，新システム採用者の顧客満足度を高めることによって，イノベーター内の相互作用とアーリー・アダプターへのカテゴリー間相互作用を期待する「サイド・アタック戦略」を実行することが重要となる。

　次の顧客カテゴリーであるアーリー・アダプターとアーリー・マジョリティに対しては，彼らが解決したいと思っている課題・問題に対する必要要件の調査等を，この時期に準備として始めることが必要となる。但し解決の方向性については，前述のように両者では基本スタンスが異なり，アーリー・アダプター達は改革型なのに対して，アーリー・マジョリティ達は改善型という点に留意しながら，きめ細かい調査が必要とされるのである。

198　第2部▶進化的イノベーションのダイナミクスと組織能力マネジメント

8-5-2 イノベーション・フェーズ［2］の積極的企業戦略

　まずイノベーションを採用したイノベーター達に対しては，彼らの顧客満足を維持・向上して，アーリー・アダプターへのサイド・アタックを有効にすべきである。顧客満足度の維持・向上の為には，この時期に頻繁に起こるプロダクト・イノベーションによってソフトウェアのバージョンアップ等も頻繁に行われるが，ユーザー自身が可能な限りネット上からダウンロードしてインストールできるように，予め製品（ハードウェア）側をつくりこんでおくことも選択肢となる。イノベーター達は技術的には高いレベルなので，必要と認識したならば多少の苦情を口にしつつも，或る程度の作業は厭わずに行うであろう。このように，イノベーションのダイナミクスを検討することによって，それぞれの時点の顧客プロフィールを想定できることから，対応戦略のレベルをコントロールする発想に繋がっていくところに，本研究の意義の一部があると考えられる。

　さて，ターゲット顧客であるアーリー・アダプターに対しては，〈第5章〉で述べた「促進／軟化」の基本戦略を軸として，前述のイノベーターからのサイド・アタックを絡めてイノベーションの採用を促すこととなる。つまり，〈第7章〉の検討結果である，「各顧客間の相互作用（グループ内＆グループ間相互作用から受ける影響力）」〈図表7-5〉によると，アーリー・アダプターはイノベーターの動向を中程度には参考にするので，イノベーターの満足度を維持・向上させることによる顧客グループ間相互作用のサイド・アタックが，やや有効であると想定できるのである。次のアーリー・マジョリティを攻略できるか否かが，Mooreの主張にあるような「キャズム」を超えられるか否かという，イノベーションの進行にとっての大きな勝敗の分かれ目となる可能性があると認識すべきである。従って，この時期に次フェーズのアーリー・マジョリティを対象に，そこで求められる価格と品質レベルを主とする必要要件の調査を，十分な配慮の下で進めておく必要がある。

第8章▶イノベーションにおける企業等のダイナミクス　199

8-5-3 イノベーション・フェーズ［3］の積極的企業戦略

　ターゲット顧客であるアーリー・マジョリティに対しては，「促進／軟化」の基本戦略と新たな採用顧客に対する満足度向上は必須である。さらに，前出〈図表7-5〉のように，アーリー・アダプターの影響を強く受けるのでアーリー・アダプターの満足度を十分高めることによってサイド・アタックを考慮することが重要であろう。しかし同図表のように，アーリー・マジョリティはレイト・マジョリティの消極的な意見にも影響を受け易いので，消極的影響を排除できるような内容を含む顧客コミュニケーションにも留意が必要であろう。このような企業活動が，後述の消極的企業等が仕掛けてくる逆サイド・アタックへの封じ手，いわば「逆サイド・アタック封じ（confining reverse side attack）」という位置付けとなるのである。

　また，イノベーターに対しては，彼らの顧客満足度の維持・向上と共に，買い替え対応の考慮も必要になる。この時期の商品企画として，イノベーターに魅力を感じさせる商品の提供を維持するかどうか，各企業の組織能力とポジショニングに応じて見極めが必要となる時期である。何故なら，各企業はこのフェーズ［3］以降のターゲット顧客がハイテク機器操作性に劣ることを踏まえて，操作性の容易化や機能の単純化というプランニングを進めるものの，マーケットとしては小さいイノベーター向けのハイテクイメージ新商品の開発・販売をどのようにするか迷う時期に差し掛かっているからある。つまり，商品ラインナップの戦略的な選択が必要なのである。イノベーターの買い替え対応を考えると，最低限，〈第7章〉で検討したスノッブ効果を低減させる配慮が必須であろうし，次世代への進化的イノベーションへ向けて彼らからの情報を求めるヒアリング活動を起こす検討も必要であろう。逆にレイト・マジョリティに対しては，前述のように逆サイド・アタック封じの顧客コミュニケーションを実施すると共に，彼らの不安点の市場調査を実施して，次フェーズで必要となる（可能性がある）マーケティング＆サービス・イノベーションのプランニング，すなわち，レイト・マジョリティとラガードが持つ様々なハードルを理解し，それを越える販売方法，プロモーション，サービス・プログラムを練り上げる時期となる。

8-5-4 イノベーション・フェーズ［4］の積極的企業戦略

　ターゲット顧客であるレイト・マジョリティに対しては，「促進／軟化」の
基本戦略と新たな採用顧客に対する満足度向上は必須である。さらに，前出
〈図表7-5〉のようにアーリー・マジョリティの影響を強く受けるので，アーリ
ー・マジョリティの満足度を十分高めることによるサイド・アタックを狙う
ことが重要であろう。しかしながら，同図表のように，レイト・マジョリティ
ィはラガードの消極的な意見にも多少の影響を受けるので，消極的影響を排
除できるような内容を含む顧客コミュニケーションに留意する「逆サイド・
アタック封じ」を考慮することも必要であろう。さらに考えを進めれば，ラ
ガードの意見をむしろ積極的に取り込んで，本格的なマーケティング＆サー
ビス・イノベーションを起こしていくことが求められる。これまでのプロダ
クト・イノベーションと生産プロセス・イノベーションのみでは刈りとるこ
とが難しかった，レイト・マジョリティとラガードという残る半数を占める
大きな市場が目の前に開ける可能性があるかも知れない。相対的に腰の重い
人々と向かい合う進化的イノベーションの後半戦に，地道な分析と斬新な発
想による新たなカットでのイノベーションを生み出そう，という気概を持っ
た検討の推進が望まれる。

　この時期の対アーリー・アダプター戦略は，フェーズ［3］における対イ
ノベーターと同様に，各企業はそれぞれの組織能力に対応した戦略的な商品
ラインナップの選択を行うことになる。つまり，買い替え対応・スノブ効
果対策など現世代における維持活動と，次世代へのヒアリングの実施など次
世代へ向けた企業活動との両方に振り向けるエネルギーのウェイト配分の選
択を，場当たり的対応ではなく戦略的対応として実行せねばならないと強調
したい。何故なら，この時期における企業はフェーズ［1］・［2］の時期に
おける緊張感や，フェーズ［3］のキャズムを超えようとするエネルギーの
集中力を失い，場合によっては既存の施策や企業間パワー関係のイナーシャ
によって進みかねない時期だからである。

8-5-5 イノベーション・フェーズ［5］の積極的企業戦略

ターゲット顧客のラガードに対しては，「促進／軟化」の基本戦略と（ラガードのグループ内）新規採用顧客に対する満足度向上が必須である。また，前出〈図表7-5〉のようにラガードはレイト・マジョリティの影響を多少受けるので，レイト・マジョリティの満足度を十分高めてサイド・アタックを狙う策もとりうるであろう。この時期，イノベーターやアーリー・アダプターは既に次世代の進化的イノベーションに対して採用を進めているかも知れないが，アーリー・マジョリティに対しては，継続的に顧客満足の維持・向上が必要である。いずれにせよ，この時期は前世代から既に現世代となりつつあるイノベーションの進行スピードと，現世代から次世代へ向けたイノベーションの進行スピードとの相対関係によって，各企業は企業戦略を見極める必要がある。〈6-4節〉でシミュレートした，現世代と新世代の発生タイミングによるクロッシング現象の現れ方に関する思考実験を参照して頂けると参考になるであろう。

そして，ここで敢えて強調しておきたいことは，これまでの積極的企業が消極的に転じて，現システムを見切る決断を行ったケースにおいて，既存顧客への対応方法を上手く行うことが必須，ということなのである。すなわち，各企業はそれぞれが持つ能力とその時点の経営状況に応じて，現システムに対するエネルギーを低減させ撤収する決断も行うことになるが，その時に既存顧客に相対した態度や方法を顧客は忘れないのである。既存製品に対するサプライ用品のつくり貯めと在庫コントロール，販売打ち切りのタイミング，修理対応の補修部品のつくり貯めと在庫コントロール，補修サービス打ち切りのタイミング，そしてこれらに関わる各種のクレーム対応方法とその態度，他企業とアライアンスを組んでその後のフォローを移管した後の対応など。このような時こそ，その企業に対する顧客ロイヤルティが保たれるか否かの大きな分水嶺となることを，意思決定者は銘記すべきであろう。例えば〈第4章7節〉で示した，携帯電話数社がスマホからのみ撤退したケースはこれに当たる状況であろう。

さて，以上のように5つのフェーズに分けて論じてきた積極的企業の顧客戦略の一覧を〈図表8-10〉に示す。この表は縦方向にイノベーション・フェ

図表8-10　積極的企業の顧客戦略

巻頭カラー図表参照

積極的企業の顧客戦略

フェーズ	ラガード に対して	レイト・マジョリティ に対して	アーリー・マジョリティ に対して	アーリー・アダプター に対して	イノベーター に対して
フェーズ [1]	—	—	*問題解決の必要要件調査(改善型) *価格と品質レベル調査	*問題解決の必要要件調査(改革型) *価格と品質レベル調査	*促進・軟化 *新顧客満足
フェーズ [2]	(当該機能に対するニーズ・ウォンツ調査) (既存顧客満足)	—	*問題解決の必要要件調査(改善型) *価格と品質レベル調査	促進・軟化 *新顧客満足 *サイド・アタック	*顧客満足の維持・向上 (買い替え対応)
フェーズ [3]	(当該機能に対するニーズ・ウォンツ調査) *販売方法&サービス 対応展開調査	~~*消極的影響の排除~~ (不安点調査) *販売方法&サービス 対応展開調査	~~*促進・軟化 *新顧客満足 *サイド・アタック *逆サイド・アタック対応~~	~~*顧客満足度の維持・向上~~ (買い替え対応)	*顧客満足維持向上 *買い替え対応 *スノッブ効果対応 *次世代のヒアリング
フェーズ [4]	~~*消極的影響の排除~~ (不安点調査) *販売方法&サービス 対応展開調査	~~*促進・軟化 *新顧客満足 *サイド・アタック *逆サイド・アタック対応~~	~~*顧客満足度の維持・向上~~ (買い替え対応)	*顧客満足維持向上 *買い替え対応 *スノッブ効果対応 *次世代のヒアリング	*次世代対応 (顧客満足度の維持・向上)
フェーズ [5]	促進・軟化 *新顧客満足 ~~*サイド・アタック~~	*顧客満足度の維持・向上 (買い替え対応)	*顧客満足維持向上 *買い替え対応 *スノッブ効果対応 *次世代のヒアリング	*次世代対応 (顧客満足度の維持・向上)	(次世代)

出所：小沢 (2007) p. 417を修正。

19　小沢一郎（2007）前掲論文。

第8章▶イノベーションにおける企業等のダイナミクス　203

ーズをとり，イノベーションの進行と共に上から下へ移動していくが，当該
フェーズでアタックするメインの顧客グループ（第１フェーズであればイノ
ベーター）に網掛けをしてある。そして，前出〈図表7-5〉における相互作用
の強弱に応じた「サイド・アタック」の可能性を大小２種類の矢印で図示し，
同様に「逆サイド・アタック封じ」に関しても大小２種類の矢印に×印を付
加する形で表記してある。

8-6 消極的企業の顧客戦略

　前節で積極的企業の顧客戦略を検討したのと同様に，本節では消極的企業
の顧客戦略を〈第5章〉の「消極的企業の戦略拡張（逆サイド・アタック）」
〈図表5-5〉をベースに，「顧客グループに応じた各種アタック（総括）」〈図表
7-7〉の考察を加え，本章で検討してきた仮説も用いてイノベーションの５つ
の進行フェーズの各時期に関して展開していくこととする。

8-6-1 イノベーション・フェーズ［1］の消極的企業戦略

　まず，ターゲット顧客であるイノベーターに対しては，積極的企業と同様
に，イノベーターというカテゴリー中の個々人の態度によって対応を変える
考え方がベースとなる。すなわち，積極的態度のイノベーターには新システ
ムに関する興味・関心を「抑制」して採用に向かう意欲を削減し，消極的態
度のイノベーターにはその消極的な姿勢を「強化」するような顧客コミュニ
ケーション政策等をとって，興味・関心を持たないようにリードすることか
ら始める。そして，〈第5章〉で戦略拡張し「消極的企業の戦略拡張（逆サイ
ド・アタック）」〈図表5-5〉にまとめたように，既存顧客満足度を十分高める
ことによってイノベーター内の相互作用を促す方策をとるのである。
　アーリー・アダプター他の各カテゴリーの顧客に対しては，さらに顧客満
足度を十分高めることによって沈静化を図ることとなるが，イノベーターは

204　第2部▶進化的イノベーションのダイナミクスと組織能力マネジメント

自らの価値判断によって意思決定すると共に新製品をいち早く購入して試したいという志向が強い為，前出の「各顧客の相互作用（グループ内＆グループ間相互作用から受ける影響力）」〈図表7-5〉のようにアーリー・アダプター他が静観していても，イノベーションへ向かうエネルギーを削がれることは期待薄であると考えておいた方が良い。従って，アーリー・アダプター他に対するこの時期の対応策としては，彼ら自身がターゲット顧客となるフェーズ［2］以降を見据え，先んじて彼らの満足度向上策を継続的に進めておくことが消極的企業の得策と考えられる。

8-6-2 イノベーション・フェーズ［2］の消極的企業戦略

　イノベーションを採用したイノベーター達に対して彼らの不満足点を調査し，新システムの弱点を掘り起こす作業を行うことは現実的である。そして，積極的企業がイノベーターに好評な情報をピックアップしてサイド・アタックを狙うような動きに対しては対抗できる情報を以てこれを阻止する，いわば「サイド・アタック封じ（confining side attack）」を図ることも可能となるのである。つまり，ターゲット顧客であるアーリー・アダプターに対して「抑制／強化」の基本戦略を軸として，イノベーターからのサイド・アタックを封じる戦術を絡めてイノベーションの採用を抑えることとなる。さらに言うなら，〈第5章〉においてクチコミに関する先行研究をレビューしたように，人はポジティブなコメントよりもネガティブなコメントをより広げることが一貫して示されているので，イノベーターのネガティブ・コメントの流布を期待することもでき，イノベーターからの影響を中程度受けるアーリー・アダプターに対して，或る程度の抑制効果を果たすことになるのである。これこそ，〈第5章〉で述べた「顧客間相互作用のワナ」という諸刃の剣の怖さであると言って良いであろう。

　視野を広げて進化的イノベーションの全体像を眺めると，このあたりの攻防がイノベーションの前哨戦における勝負を左右する要因の1つなのである。例示すると，日産自動車がEV車・初代リーフを発売したのは2010年12月であり，ハイブリッド車をスキップしたイノベーター達が飛びついた。翌年5

月のGW時に,「リーフが高速道路上で電欠(ガス欠ならぬ充電池切れ)により立ち往生しドライバー達は困惑,高速走行時やエアコン使用時に走行可能距離が極端に落ちる特性ゆえ」,との情報をEV車に対しては消極的立場であった競合他社の営業マン達がユーザー達に流したことは知られているが,具体的にはこのような状況を想起すると良いであろう。なお,アーリー・マジョリティ他のカテゴリーに関しては,継続的に既存顧客満足度の最大化を目指して従来システムの漸進的な進歩を図り,新システム参入に対するハードルを高めていくことが重要になるものと考える。

8-6-3 イノベーション・フェーズ［3］の消極的企業戦略

アーリー・マジョリティがイノベーション採用に向かうのか向かわずに「キャズム」を手前にイノベーションの進行が止まるのか,或いは結果的に採用に向かう場合にどのようなスピードで動くのかということが進化的イノベーションの中期に向かう大きな勝敗の分かれ目であると認識すべきである。従って,当フェーズのターゲット顧客であるアーリー・マジョリティに対しては,「抑制／強化」の基本戦略と既存顧客に対する満足度向上によって,顧客ロイヤルティを引き上げる施策が必須である。さらに前出〈図表7-5〉のように,アーリー・マジョリティはアーリー・アダプターの影響を強く受けるのでアーリー・アダプターの不満足度を調査・掘り起こすことも,「サイド・アタック封じ」として考慮すべきである。

また同図表のように,アーリー・マジョリティはレイト・マジョリティの消極的な意見にも大きく影響を受け易いので,レイト・マジョリティの現商品に対する満足度と顧客ロイヤルティを大いに高めて,顧客間相互作用による「逆サイド・アタック」により,アーリー・マジョリティに対するイノベーションの浸透を食い止める努力が必要となるであろう。まさにこのアーリー・マジョリティを巡る攻防がイノベーションに対する積極的企業等と消極的企業等との間で行われる競争の最大の山場である。さらに長期的に考えると,今次の進化的イノベーションに対し,各種状況から消極的企業のポジションをとらざるを得なかったとして,次期の進化的イノベーションに対する

206 第2部▶進化的イノベーションのダイナミクスと組織能力マネジメント

調査をスタートする企業の場合，イノベーターを対象として動き始める時期
となる可能性がある。

8-6-4 イノベーション・フェーズ［4］の消極的企業戦略

　ターゲット顧客であるレイト・マジョリティに対しては，「抑制／強化」の
基本戦略と未採用顧客に対する満足度向上は必須である。前出〈図表7-5〉の
ようにアーリー・マジョリティの影響を強く受けるので，アーリー・マジョ
リティの不満足点を調査してサイド・アタック封じを狙うことも考慮すべき
である。そして，レイト・マジョリティはラガードの消極的な意見にも多少
の影響を受けるので，ラガードの従来システムに対する満足度を向上し消極
的影響を増大して，「逆サイド・アタック」を狙う策もある。また，従来シ
ステムにおいてマーケティング＆サービス・イノベーションが十分に実現さ
れていなければ，これらを実現して顧客満足度をさらに一段と高めることに
より，新システム採用のハードルを上げていくことも有効である。このよう
に新システムには消極的であっても，従来システムに関しては単なる守りの
姿勢であってはならないということを強調したい。何故なら，この時期にお
ける消極的企業は，フェーズ［1］・［2］の時期における一種の余裕感覚や，
フェーズ［3］のキャズムの攻防を巡る緊張感を失い，場合によっては既存
の施策や企業間のパワー関係のイナーシャによって進みかねない時期だから
である。この時期こそ既存顧客と顔の見える形で向かい合い，さらなる満足
度の向上を目指してパワーアップすることを消極的企業は戦略オプションの
1つとして十分に検討すべきである。そのような従来型システムに対する企
業姿勢が顧客ロイヤルティを高めていくと想定して良いであろう。またフェ
ーズ［3］で述べたように，次期進化的イノベーションに対して積極派に転
ずる可能性の検討を本格的に展開するフェーズである。

　あまりに概念的過ぎると説得力を欠くので，事例を添えておくこととした
い。〈第1章〉で検討した写真システムの進化的イノベーションの例で考える
と，コニカミノルタは従来型の銀塩写真システムから第2世代としてのデジタ
ル写真システムへの転換においては劣勢を余儀無くされた企業の1つである。

結果として，従来型の一般写真関連事業からの撤退を2006年に決定し，カメラ事業のうちデジタル一眼レフカメラシステム資産をソニーへ事業譲渡，カラー印画紙の生産拠点を含み証明写真ボックス事業や一般用カラーフィルムなど写真関連の国内事業は大日本印刷へ事業譲渡，と大きく事業を後退させた。しかしながら，第2世代のデジタルカメラにおける劣勢が予想された数年前には，既に第3世代として予見されたカメラ付き携帯電話に内蔵するマイクロカメラ・ユニットの開発を積極的に進めていたのである。その結果，2006年度においては部品レベルで高シェアを占める存在と業界内でも認められるポジションを獲得した。これは，イメージ・キャプチャー（image capture）という「機能」に着目し，その機能において劣勢な第2世代（デジタルカメラ）を飛び越えて，第3世代（カメラ付き携帯電話）における部品事業として，先んじて勝負を仕掛けた戦略転換の好事例であろう。

8-6-5 イノベーション・フェーズ［5］の消極的企業戦略

　ターゲット顧客であるラガードに対しては，「抑制／強化」の基本戦略と未採用顧客に対する満足度向上は必須である。さらに，前出〈図表7-5〉のようにラガードはレイト・マジョリティの影響を多少は受けるので，レイト・マジョリティの不満足点を調査することによるサイド・アタック封じも有り得るであろう。前節で述べたように，この時期は現世代のイノベーションの進行スピードと次世代へ向けたイノベーションの進行スピードとの相対関係によって，各企業は企業戦略を見極める必要があり，事業からの撤退・売却もオプションとなる。そして，既存顧客への対応方法を上手く行うことが必須であるということは重ねて強調しておきたい。詳細は前節で述べたが，このような時こそ，その企業に対する顧客ロイヤルティが保たれるか否かの大きな岐路となることを意思決定者は銘記すべきである。

　さて，以上のように5つのフェーズに分けて消極的企業等の顧客戦略を論じてきた。この戦略一覧を〈図表8-11〉に示す。この表は，「積極的企業の顧客戦略」〈図表8-10〉と同様に縦方向にイノベーション・フェーズをとりイノ

図表8-11　消極的企業の顧客戦略

【巻頭カラー図表参照】

フェーズ	消極的企業の顧客戦略				
	ラガードに対して	レイト・マジョリティに対して	アーリー・マジョリティに対して	アーリー・アダプターに対して	イノベーターに対して
フェーズ[1]	*既存顧客満足	*既存顧客満足	*既存顧客満足	*既存顧客満足 *沈静化	抑制・強化 *既存顧客満足
フェーズ[2]	*既存顧客満足	*既存顧客満足	*既存顧客満足 *沈静化	抑制・強化 *既存顧客満足 *サイド・アタック封じ	*顧客の不満足点の掘り起こし ✕
フェーズ[3]	*既存顧客満足	*既存顧客満足 *潜在的影響の増大 *沈静化	抑制・強化 *既存顧客満足 *潜在サイド・アタック *サイド・アタック封じ	*顧客の不満足点の掘り起こし ✕	(次世代のヒアリング)
フェーズ[4]	*既存顧客満足 *消極的影響の増大 *沈静化	抑制・強化 *既存顧客満足 *潜在サイド・アタック *サイド・アタック封じ	*顧客の不満足点の掘り起こし ✕	(次世代のヒアリング)	(次世代対応)
フェーズ[5]	抑制・強化 *既存顧客満足 *サイド・アタック封じ	*顧客の不満足点の掘り起こし ✕	(次世代のヒアリング)	(次世代対応)	(次世代)

出所：小沢（2007）[20] p.419を修正。

20　小沢一郎（2007）前掲論文。

ベーションの進行と共に上から下へ移動していくが，当該フェーズでアタックするメインの顧客グループに網掛けをしてある。そして，前出〈図表7-5〉における相互作用の強弱に応じた「逆サイド・アタック」の可能性を2段階の矢印の大きさで図示し，同様に「サイド・アタック封じ」に関しても2段階の大きさの矢印に×印を付加する形で標記してある。このように消極的企業等の戦略を検討することは，様々な施策によって時としては時間を稼ぎ，（先の事例のように）次世代での生き残りを狙う，或いは各種資産を生かして全く別分野への参入を狙う等，大きな枠組みにおける各種戦略オプションを検討する時期なのである。

8-7 企業等の協調フォーメーション

〈8-5節〉と〈8-6節〉で述べた，各戦略グループの顧客戦略を実現する為に，〈第4章〉で述べた企業等のインタラクション手段はどのような形態で生かすことができるだろうか。今次の進化的イノベーションに対して積極的企業等と消極的企業等の両方の立場で検討してみる。

ポイントは，「何を主な狙いとして」「どの組織と」「どのような方法で組むか」という3点であろう。まず各フェーズでの主な狙いを確認し，〈第4章〉で検討した企業等とどのような方法・手段で協調するかを，〈図表8-12〉に例示してみた。ここで，直線はM&Aを，一点鎖線は戦略的提携を，破線はユーザーとのコラボレーションをそれぞれ表し，一方では線の太さでその可能性の大きさを表現してみた。

図表では可能性が高いと考えられる狙い・対象・方法を示して詳細の説明は添えないが，〈第4章〉で検討したインタラクション対象となる企業等と，M&A／戦略的提携／ユーザー・コラボレーションというインタラクション方法に関して，進化的イノベーションの［0］～［6］という各フェーズにおいて様々なオプションがあることを理解できよう。積極的／消極的企業等の意思決定者はこれらの考え方を理解し，システマチックに各種可能性を吟

図表8-12　企業等の協調フォーメーション

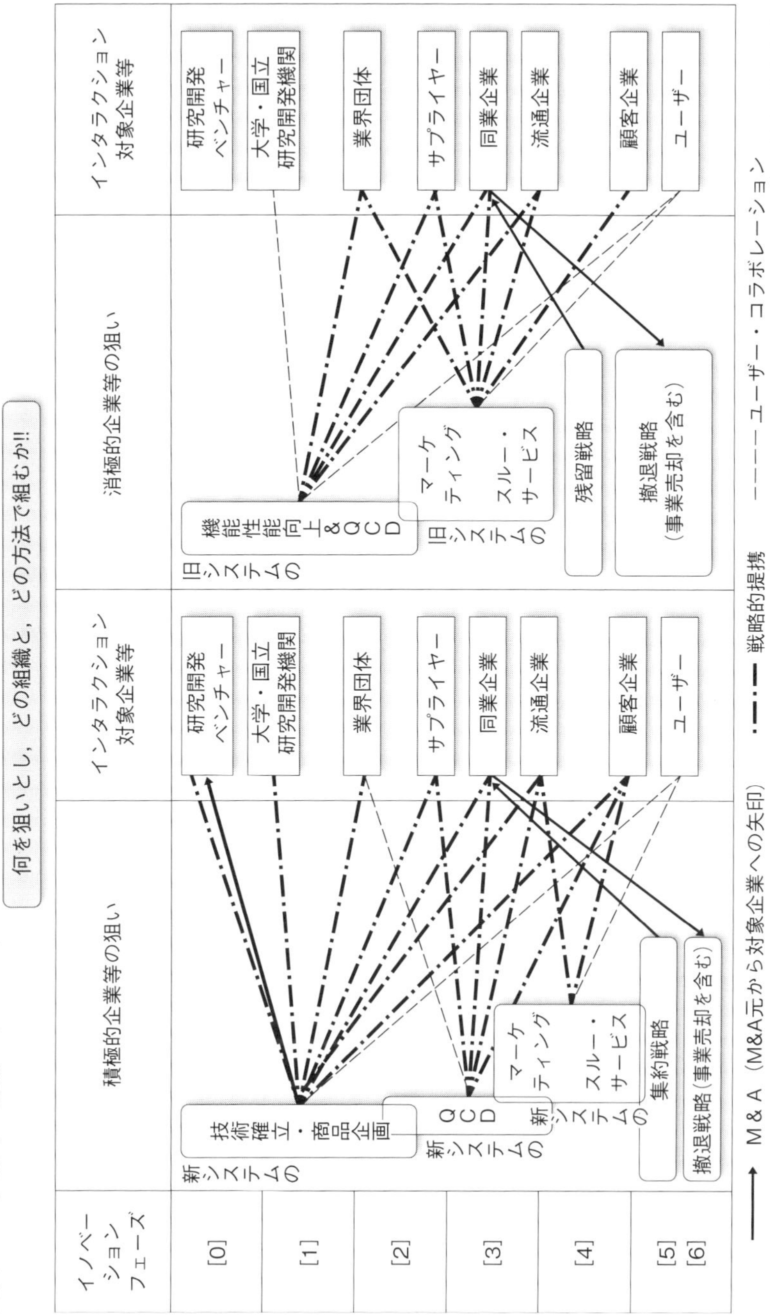

何を狙いとし、どの組織と、どの方法で組むか!!

出所：筆者作成。

イノベーションフェーズ
[0]
[1]
[2]
[3]
[4]
[5]
[6]

積極的企業等の狙い

インタラクション対象企業等
- 研究開発ベンチャー
- 大学・国立研究開発機関
- 業界団体
- サプライヤー
- 同業企業
- 流通企業
- 顧客企業
- ユーザー

- 新システムの技術確立・商品企画
- QCD
- 新システムのマーケティング
- スルー・サービス
- 集約戦略
- 撤退戦略（事業売却を含む）

消極的企業等の狙い

インタラクション対象企業等
- 研究開発ベンチャー
- 大学・国立研究開発機関
- 業界団体
- サプライヤー
- 同業企業
- 流通企業
- 顧客企業
- ユーザー

- 旧システムの機能性能向上＆QCD
- マーケティング
- スルー・サービス
- 残留戦略
- 撤退戦略（事業売却を含む）

凡例：
→ M&A（M&A元から対象企業への矢印）
-・-・- 戦略的提携
----- ユーザー・コラボレーション

第8章▶イノベーションにおける企業等のダイナミクス　211

味・検討して決断・行動されることを願う次第である。

　さて，それぞれの立場の企業が，シフト・拡大していく顧客に対してどのように向き合うか，これまでの静的な検討では見えて来なかったインプリケーションを導出できたものと考えられる。それでは，上記のような活動を実現する為に，企業等の組織はどのようなケイパビリティを獲得・保有・更新していけば良いのであろうか。次章で論じていきたい。

第9章

進化的イノベーションを超克する組織のケイパビリティ

9-1 本章の目的と要約

　本章の目的は，〈第6章〉で設定した進化的イノベーションの進行プロセスに添い，〈第7章〉で分析した顧客のダイナミクスと〈第8章〉で考察した企業等の戦略を総合し，進化的イノベーションを超克する為に必要な組織のケイパビリティに関して，組織モデルを含めて考察することである。

　続いて要約を以下に述べる。まず先行研究の系譜から経営戦略論の潮流を見るとすれば，組織の外部環境に対する戦略の研究動向に比し，持続的競争優位の源泉を組織内部（資源／能力）に求める動きが活発であり，とりわけ議論が盛んなダイナミック・ケイパビリティ（Dynamic Capabilities：DC）に着目すべきであると認識した。そこで，HelfatとTeeceらによるDC理論から，①センシング（感知），②シージング（捕捉），③再配置／転換という3要素を掘り下げて，「ダイナミック・ケイパビリティの構成」〈図表9-5〉にまとめた。さらに，進化的イノベーションの進行過程に応じて必要となる組織のケイパビリティを検討し，DCの発揮主体と注目すべき時期に関して考察を加え，単一世代内の進行過程にフォーカスした「進化的イノベーションの各フェーズに必要なダイナミック・ケイパビリティ（1）」〈図表9-6〉と，複数世代に

213

渡る進化過程にも配慮した「進化的イノベーションの各フェーズに必要なダイナミック・ケイパビリティ（2）」〈図表9-7〉に表現した。

　一方で，経営組織論分野において議論されてきた「組織モデル」に関する各種先行研究をまとめ，進化的イノベーションを乗り越える為の要件である6種類のマネジメント（①プロダクト・イノベーション／②生産プロセス・イノベーション／③マーケティング＆サービス・イノベーション／④グリーン・イノベーション／⑤ホールプロセス・イノベーション／⑥組織全体，の各マネジメント）と重ね合わせた。その結果，「進化的イノベーションを超克する組織と先行研究」〈図表9-19〉のように関係性を整理し，「進化的イノベーションを超克する組織のケイパビリティ」〈図表9-20〉のようにまとめることができた。これが，進化的イノベーションを超克する，変容可能で強くしなやかな組織のケイパビリティであると考える。

9-2　経営戦略論の系譜から

9-2-1　戦略に対する5種類の定義

　Mintzberg *et al.*[1]（1998）は戦略に対して5種類の定義を提示すると共に，それまでの戦略形成理論に関して10種類のスクール（学派）に類型化して総括的見解をまとめている。まず戦略に対する5種類の定義として，戦略の5つのP（Plan, Pattern, Position, Perspective, Ploy）を「3つの視点」から説明している。

　第1の視点は，「"前へ"の戦略と"後から"の戦略」という視点であり，前者は「戦略はプラン（Plan）」として将来へ向けてどうアクションをとるべきかという指針や方針を意味している。そしてこれは「意図された戦略」と呼

1　Mintzberg, H., Ahlstrand, B., and Lampel, J.（1998）*Strategy Safari: A Guided Tour through the Wilds of Strategic Management*, The Free Press（齋藤嘉則（監訳），木村充・奥澤朋美・山口あけも（訳）（1999）『戦略サファリ：戦略マネジメント・ガイドブック』東洋経済新報社）.

214　第2部▶進化的イノベーションのダイナミクスと組織能力マネジメント

図表9-1　計画的戦略と創発的戦略

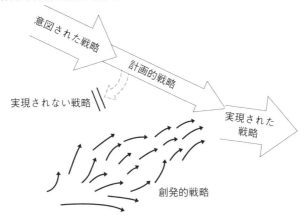

出所：Mintzberg, et al.（1998）邦訳書 p. 13。

ぶことができるとしている。一方，後者は「戦略はパターン（Pattern）」であるとして，時を越えて一貫した行動を示すものとしている。従って，後から振り返ると実現されたパターンが見えることから「実現された戦略」と呼ぶことができるとしているのである。この2つの戦略は，〈図表9-1〉のように表されている。

　計画的戦略とは完璧に実現されることを意図した戦略である。一方で，結果として実現された戦略は最初から明確に意図したものではなく行動の1つひとつが集積され，そのつど学習する過程で戦略の一貫性やパターンが形成されるものもあり，それを創発的戦略として捉えられるとしている。そして，現実的な戦略は全てこの2つを併せ持たなければならない。つまり学習しながらも計画的にコントロールするのである。戦略は計画的に策定されると同時に，創発的に形成されなければならない。効果的な戦略というのは，予期せぬ出来事への対応力と予測する能力を兼ね備えたこれら2つの戦略の組み合わせなのだと Mintzberg らは主張しているのである。

　第2の視点は，「"下へ"の戦略と"上へ"の戦略」という視点であり，前者は「戦略はポジション（Position）」として，特定市場における特定製品の位置付けを意味している。製品と顧客が出会う地点"×"を上から見下ろしながら企業の外側へ，すなわちマーケット全体に目を向けるというコンテクス

第9章▶進化的イノベーションを超克する組織のケイパビリティ　215

トにおいて「"下へ"の戦略」なのである。一方後者は,「戦略はパースペクティブ（Perspective）」として,企業の基本理念に関わるものであり,前者とは対照的に企業の内側,すなわち組織内部の特に戦略家の頭の中に目を向け,企業のグランド・ビジョンを見上げるものであるとされている。従って,「"上へ"の戦略」と表現されているのである。

そして第3の視点は,「戦略は策略（Ploy）」とする見方で,敵或いは競争相手の裏をかこうとする特別な「計略」のことである。Mintzbergらは「戦略」に対して,このように3つの視点から5種類の定義を示しているのである。

9-2-2 戦略形成に関する10種類のスクール（学派）と融合の動き

続いてMintzberg et al.[2]（1998）は戦略形成に関する先行理論を,以下のように10種類のスクールに類型化し,全て各々の「プロセスとしての戦略形成」であると説明している。

① デザイン・スクール（The Design School）：コンセプト構想プロセス

② プランニング・スクール（The Planning School）：形式的策定プロセス

③ ポジショニング・スクール（The Positioning School）：分析プロセス

④ アントレプレナー・スクール（The Entrepreneurial School）：ビジョン創造プロセス

⑤ コグニティブ・スクール（The Cognitive School）：認知プロセス

⑥ ラーニング・スクール（The Learning School）：創発的学習プロセス

⑦ パワー・スクール（The Power School）：交渉プロセス

⑧ カルチャー・スクール（The Cultural School）：集合的プロセス

⑨ エンバイロメント・スクール（The Environmental School）：環境への反応プロセス

⑩ コンフィギュレーション・スクール（The Configuration School）：変革プロセス

---

2 Mintzberg et al.（1998）前掲書。

図表9-2 戦略形成学派の融合

アプローチ	スクール（学派）
ダイナミック・ケイパビリティ	デザイン／ラーニング
資源ベース戦略論	カルチャー／ラーニング
ソフトテクニック （シナリオ分析とステークホルダー分析）	プランニング／ラーニング／パワー
構成主義	コグニティブ／カルチャー
カオス・進化理論	ラーニング／エンバイロメント
制度理論	エンバイロメント／パワー／コグニティブ
企業内起業家（ベンチャー）	エンバイロメント／アントレプレナー
革命的変革	コンフィギュレーション／アントレプレナー
ネゴシエイティッド・ストラテジー	パワー／ポジショニング
戦略的操作	ポジショニング／パワー

出所：Mintzberg & Lampel（2001）邦訳書 p. 50。

その後Mintzberg & Lampel（2001）[3]は，戦略形成に関する近年の新たなアプローチは，〈図表9-2〉のように前述の10種類中のいくつかのスクールが融合した動きであると位置付けている。その上でMintzbergらは，この新たなアプローチの中で最も著名なアプローチは，ダイナミック・ケイパビリティ（Dynamic Capabilities）アプローチであろうとして，このコア・コンピタンス，戦略的意図，ストレッチ等の概念は，ラーニング学派とデザイン学派の融合，すなわち継続的な戦略的学習を促す強力なリーダーシップであると述べている。さらに，資源ベース戦略論（resource-based theory）はラーニング学派とカルチャー学派の融合であり，ダイナミック・ケイパビリティ・アプローチと内容は同じだが方向性が異なっている。すなわち，ダイナミック・ケイパビリティ・アプローチはより規範的であり実務家に焦点を当てているのに対して，資源ベース戦略論はより記述的で研究に焦点を当てると共に，組織の

---

3 Mintzberg, H. and Lampel, J.（2001）"Reflecting on the Strategy Process," *Strategic Thinking for the Next Economy*, Wiley & Sons.（グロービス・マネジメント・インスティテュート（訳）（2003）『MIT スローン・スクール 戦略論』東洋経済新報社，pp. 49-54）.

本質に根ざした能力（つまりカルチャー）に焦点を当てていると，この時点での見解を述べている。

9-2-3 資源ベース論と能力ベース論

　資源ベース論と能力ベース論という2つの理論的アプローチに対して十川（2002）[4]は，これらは共に，競争優位性の源泉を戦略的ポジショニング・アプローチのように企業の外側ではなく企業の内部要因に注目している。そして能力ベース論は資源ベース論を補完しており，その発展形態として位置付けられると主張している。これら理論の相違点を詳細に述べている内容をまとめると〈図表9-3〉のように表すことができる。

図表9-3　資源ベース論と能力ベース論

	資源ベース論	能力ベース論
＊競争優位性の「源泉」	●希少資源（有形・無形）の「保有とコントロール」 →既に蓄積された資源（ストック）	●企業内で経営資源をレバレッジする「組織能力」 ●組織能力の基礎となる「知識」
＊主たる関心点	●蓄積された資源の企業内における「(再)配置」	●経営資源の蓄積・改善と能力の開発・更新プロセス
＊戦略形成の主体と活動	●トップマネジメントの意思決定（製品−市場環境における企業内の資源配置）	●組織プロセス（創発的プロセス） ●トップマネジメントの意思決定と，ミドル・マネジメントの戦略的役割（上方への影響力行使等）
＊競争優位の持続性	●競争優位性の持続性に疑問（コア・ケイパビリティが更新されず，コア・リジディティになる恐れあり）	●競争優位性の持続性に有効（コア・ケイパビリティが更新されていく）

出所：十川（2002）pp. 31-36の記述を基に筆者作成。

　まず「資源ベース論」は競争優位性の源泉を，有形・無形の希少資源の保有とコントロールと考えているので獲得プロセスには関心がない。ここで，希

─────────
4　十川廣國（2002）『新戦略経営・変わるミドルの役割』文眞堂。

218　第2部▶進化的イノベーションのダイナミクスと組織能力マネジメント

少資源とはブランド名，技術的知識，従業員の熟練，機械，効率的な生産プロセス，資本など，有形・無形の資源を含むものである。主たる関心点は，蓄積された資源の企業内における「（再）配置」であり，戦略形成の主体はトップマネジメントで，その活動は製品－市場環境における企業内の資源配置意思決定である。しかし，このような認識ではコア・ケイパビリティが更新されずコア・リジディティに陥る恐れがあり，競争優位の持続性に疑問が残るとしている。ここで Leonard-Barton（1995）によると，コア・ケイパビリティとは「企業独自の知識体系で企業が競争優位性を構築する為の根源」であり，コア・リジディティとは「コア・ケイパビリティが変異して硬直化し，優位性を失ってしまった状態」を指している。つまり，コア・ケイパビリティを創り出すシステムがルーティン・ワーク化によって環境との相互作用を失い，環境変化に追従できない硬直化した状態を意味しているのである。

　続けて十川（2002）は，他方の「能力ベース論」において競争優位性の源泉は，企業内で経営資源をレバレッジできる「組織能力（組織としての様々な活動を接着しうるような経営資源の活用能力）」であり，その組織能力の基盤となる知識も源泉とした。そして，主たる関心点は経営資源の蓄積・改善と能力の開発・更新のプロセスであると述べ，その理由は戦略形成の主体は組織プロセスとりわけ創発的なプロセスであり，トップマネジメントの意図や意思決定を補完するミドル・マネジメントの戦略的役割（上方への影響力を行使し戦略形成・決定に一定の役割を果たすこと）だからとした。つまり十川は，能力ベース論と資源ベース論の重要な分岐点について，「組織能力」を資源として捉えるか否かによるものであるとした。そして，この組織能力によってこそコア・コンピタンスは発現していくこととなり，そこに組織学習（組織の知識や価値基盤が変化し，問題解決能力と行動能力の改善に導くプロセス）が含まれるとしている。

5　Wernerfelt, B.（1996）"A Resource-based View of the Firm," in Makiernan（ed.），P. *Historical Evolution of Strategic Management* Vol. II, Routledge, pp. 369-378.

6　Leonard-Barton, D.（1995）*Wellspring of Knowledge*, Harvard Business School Press（阿部孝太郎・田畑暁生（訳）（2001）『知識の源泉：イノベーションの構築と持続』ダイヤモンド社）．

図表9-4　戦略形成プロセスの統合的モデル

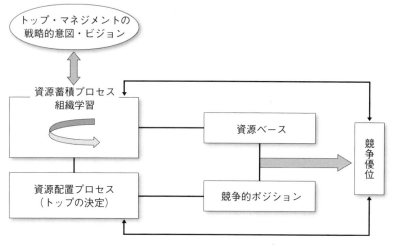

出所：Floyd & Wooldridge（2000）[8]を参考に，十川（2002）p. 38。

　さらに十川（2002）[7]は，〈図表9-4〉を示し，「競争優位性は企業内の資源ベースと企業外に目を向けた競争的ポジショニングによって構築される。これらを形成する企業内の要素としての資源関連に着目すると，競争的ポジションはトップマネジメントが資源配置を決定するプロセスによって決まり，一方の資源ベースはトップマネジメントの戦略的意図とビジョンを踏まえた組織学習によって適時更新される資源蓄積のプロセスによって支えられている」と，広範な視野から統合的に議論をまとめている。

7　十川廣國（2002）前掲書。
8　Floyd, S. W. and Wooldridge, B.（2000）*Building Strategy from the Middle: Reconceptualizing Strategy Process*, Sage Publications.

9-3 進化的イノベーションとダイナミック・ケイパビリティ(DC)論

9-3-1 HelfatとTeeceによるDC理論

　前述の資源ベース論と能力ベース論等に続いて発展した，ダイナミック・ケイパビリティ（Dynamic Capabilities：以下DC）理論にフォーカスして進化的イノベーションのダイナミクスに対する示唆を得たいと考える。まずHelfat *et al.*（2007）[9]によると，DCとは「組織が意図的に資源ベースを創造，拡大，修正する能力」である。ここで資源ベースとは，「組織が所有，コントロールの対象として優先的にアクセスできるケイパビリティだけでなく，有形・無形・人的資産（ないし資源）も含まれている」としている。さらに，特定のタスクを上手く実行する能力であるオペレーショナル・ケイパビリティ（Operational Capabilities：OC）と区別して，組織の資源ベースを変化させる能力としてDCを位置付けている。そしてHelfatらは，「ケイパビリティ」も「コンピタンス」も「際立った能力」を意味する言葉ではなく，「妥当なパフォーマンス」を実現できる可能性を意味するに過ぎないと強調している。本書では「ケイパビリティ（Capability）」はその意味を継承するが，「コンピタンス（Competence）」は語源のcompeteの含意から相対的に優れた能力を意味するものとし，区別して用いることとしたい。

　次にTeece（2009）[10]は，DCは①センシング（感知）：Sensing，②シージング（捕捉）：Seizing，③再配置／転換：Reconfiguring／Transformingからなり，〈図表9-5〉のような「選択されたミクロ的基礎」から構成されるとした。な

9　Helfat, C. E., Finkelstein, S., Mitchell, W., Peteraf, M., Singh, H., Teece, D., and Winter, S. G.（2007）*Dynamic Capabilities: Understanding Strategic Change in Organizations*, Blackwell Publishers（谷口和弘・蜂巣旭・川西章弘（訳）（2010）『ダイナミック・ケイパビリティ：組織の戦略変化』勁草書房）.

10　Teece, D. J.（2009）*Dynamic Capabilities & Strategic Management: Organizing for Innovation and Growth*, 1st ed., Oxford University Press（谷口和弘・蜂巣旭・川西章弘・ステラ・S・チェン（訳）（2013）『ダイナミック・ケイパビリティ戦略：イノベーションを創発し，成長を加速させる力』ダイヤモンド社）.

第9章▶進化的イノベーションを超克する組織のケイパビリティ　221

図表 9-5 ダイナミック・ケイパビリティの構成

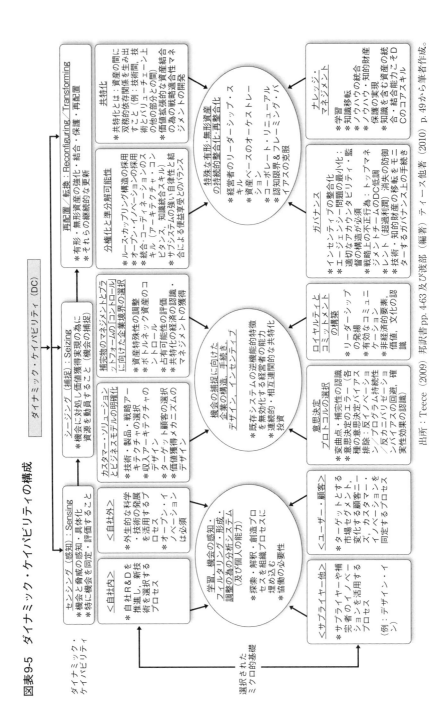

222 第2部▶進化的イノベーションのダイナミクスと組織能力マネジメント

おTeeceは，オペレーショナル・ケイパビリティ，経営ケイパビリティ，ガバナ
ンス・ケイパビリティの3つのカテゴリーをまとめて一般的ケイパビリティとし，
DCと区別している。以下，図表に添ってTeeceの主張をレビューし考察する。

　第1のセンシング（感知）とは，機会と脅威の感知・具体化で，特に機会
を同定・評価することである。それは学習，機会の感知・フィルタリング・
形成・調整の為の分析システム（及び個人の能力）であり，探索・解釈・創
造プロセスを組織プロセスに埋め込むこと等，協働の必要性を強調している。
選択されたミクロ的基礎は4点あり，図表のように①自社内，②自社外，③
サプライヤー他，④ユーザー・顧客という4者に対して，どのように感知能
力を発揮するかに着目する構成となっている。なお，〈4-4節〉で述べたオー
プン・イノベーションは必須とされている。

　さて，この4点の中で自社内・自社外・サプライヤー他という3つの観点
は相対的に供給者側の主に技術的感知にウェイトがあり，ユーザー・顧客に
関しては市場的感知にウェイトがあるものと考えられる。本書〈第8章〉にお
ける「イノベーション創出プロセス・モデル」〈8-3節〉，及び「企業等の協調
フォーメーション」〈8-7節〉との親和性も高い考え方と言えよう。また，こ
れらの感知能力は基本的には各個人が組織内で積み上げ培ったケイパビリテ
ィであろうが，これら各個人の中で次第に育まれていくケイパビリティを組
織プロセスに埋め込み，組織としてのケイパビリティにすると共に，各個人
のケイパビリティを組織的に高めていく考慮がなされていることに，（メタ・
ケイパビリティとしての）DCの真価があるものと考える。このDCを発揮す
るには，トップマネジメントチーム（Top Management Team：以下TMT）
の意図を受けた各ミドルマネジメントの指揮と現場スタッフ達の納得した動
きが欠かせない。ここで，感知能力を発揮すべき主体に関しては，TMTと共
に事業部門の現場における感知能力にも期待すべきであり，双方が担う役割
の比率は一概には言えないが全体としては半々程度（50/50）としておきたい。

　第2のシージング（捕捉）とは，機会に対処し価値獲得実現の為に資源を
動員すること（機会の捕捉）であり，機会の捕捉に向けた企業の構造，手続
き，デザイン，インセンティブである。さらに既存システムの逆機能的特徴
を無効化する経営者の能力や，連続的・相互連関的な共特化（後述）投資を

指している。選択されたミクロ的基礎は4点あり，①カスタマー・ソリューションとビジネスモデルの明確化，②補完物のマネジメントとプラットフォームの「コントロール」に向けた企業境界の選択，③意思決定プロトコルの選択，④ロイヤルティとコミットメントの構築，である。この中で，意思決定プロトコルの選択に関して，意思決定のエラー対策（各種の意思決定バイアス排除）には重点を置いた解説がなされている。そして，このDCを発揮するのは，TMTとされている。そこで，このシージング（捕捉）のDCを発揮する主体として，TMTと事業部門の比率は80/20 ～ 90/10と考えられよう。とりわけ近年はVolatility（変動性），Uncertainty（不確実性），Complexity（複雑性），Ambiguity（多義性／曖昧性）の頭文字からなる「VUCAの時代」と言われ，意思決定エラーには留意を要する一方，意思決定できない事態を避けねばならないことも肝に銘ずべきである。総じて，資源動員を妨げうる仕組みの要素を抜き出して論理的に意思決定し実行していく為のチェックリストとしても活用できるであろう。

　第3の再配置／転換とは，有形・無形資産の強化・結合・保護・再配置であり，それらを継続的に更新していくことである。選択されたミクロ的基礎は4点あり，①分権化と準分解可能性，②共特化，③ガバナンス，④ナレッジ・マネジメントである。ここでDCのキーコンセプトの1つである「共特化（co-specialization）」とは，資産の間（例：技術間，技術とバリューチェーン上の他の部分との間）に双務的依存関係を生み出すことで，価値拡張的な資産結合の為には戦略適合性のマネジメントの開発が必要となるとされる。つまりTeeceによる共特化とは，共同利用によって価値が高まることであり，経営者は企業内で共特化資産の結合を図ることによって特殊価値を創造できることを意味している。続くナレッジ・マネジメントに関してTeeceは，知識を含む資産の統合・結合能力こそDCのコアスキルであると述べているが，前節でレビューした十川（2002）が組織としての様々な活動を接着しうるような経営資源の活用能力を「組織能力」と定義し強調した考え方と類似していると捉えられる。この再配置／転換というDCを発揮するのも，TMTであると想定されている。従って，この再配置／転換というDCを発揮する主体として，TMTと事業部門の比率は90/10 ～ 100/0と考えて差し支えないであろう。

9-3-2 進化的イノベーションとダイナミック・ケイパビリティ(1)

前節までレビューしてきたDCの3要素は，進化的イノベーションの各フェーズにおいて，誰が，どのように発揮すべきか検討した結果を〈図表9-6〉に示す。縦方向にイノベーション・フェーズをとり，横方向に3要素を展開すると共に，図表下部にはDCの発揮主体のイメージを示してある。

第1のセンシング（感知）に関しては全てのイノベーション・フェーズを通じて発揮すべきDCであるが，センシングの方向性として技術的割合と市場的割合のウエイト配分が異なってくると考えるべきである。そこで左右にそのウエイト配分のイメージを示した。まず，〈第8章〉で論じたように，イノベーション初期のフェーズ［0］［1］［2］の時期における効果的イノベー

図表9-6　進化的イノベーションの各フェーズに必要なダイナミック・ケイパビリティ(1)

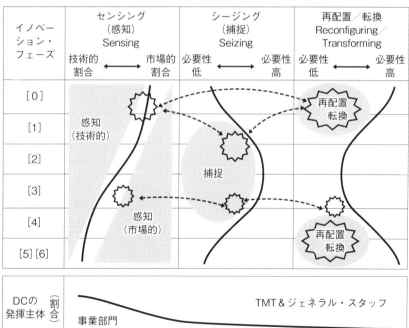

出所：筆者作成。

ションの為には，ニーズとシーズのダブル・リンキングが必須である。そして，その時期のウェイト配分としては，技術的感知のウェイトが市場的感知のウェイトを上回っているのが一般的であろうが，重要なのは市場的感知も併せて行うことによって新たな創造を実現することの重要性である。念の為に付け加えれば，この技術的・市場的感知を別組織で行うことは必ずしも必要ではない。技術開発者自らが市場において様々な感知を得ることも十分に可能である。それは〈4-5節〉で述べた通り，技術・市場の双方における「情報の粘着性（sticky information）」が高い程，別組織で実施するより同組織や個人が両方を行うことが有効なケースも多いと考えられるからである。技術開発者達自らが顧客やユーザー達の行動を観察したり，さらに直接的にディスカッションすることによって，彼らの感知能力が発揮され育成されると考えられるのである。そのような意味合いから，図表には［0］［1］の頃に注目マークを記してある。続くイノベーション中期［3］頃には，顧客が求める品質やコストが中心的関心事項として浮上するので，彼らが求める刻々と移り変わる品質レベルやコストレベルを感知し，ジャストミートする企画を打ち出す必要性から，技術と市場のウェイト配分も市場サイドが大きくなるのが必然であろう。さらにイノベーション後期［4］［5］に向かう感知のウェイトは相対的に市場サイドが大きくなるべきであろう。マーケティング＆サービス・イノベーション実現の為に，企業は市場に対してその感知能力を研ぎ澄まし，顧客層の変化にどのようなイノベーションが必要となるのかを感知して，新たなビジネスモデルの仮説構築・トライアル・実践などを含めた次ステップの捕捉へ向けて進む必要があるからである。つまり，本章でこの後に検討するが，イノベーション・フェーズ［4］の頃に進化的イノベーションの第n世代として2回目の勝負時を想定できることから，注目マークを記したのである。

　第2のシージング（捕捉）に関するDCを発揮する必要性の高低に着目し，図表では左右の巾で示すこととした。まず先行研究の中から，「資源を動員するのは，S字カーブが一気に上昇する局面」[11]，「ドミナント・デザインが出現

11　Foster, R. N. (1986) *Innovation: The Attacker's Advantage,* Summit Books（大前研一（訳）（1987）『イノベーション：限界突破の経営戦略』TBSブリタニカ).

後に重点的に投資」[12]等の記述から，イノベーション・フェーズ［2］〜［3］の時期に最も要求されるダイナミック・ケイパビリティと考えることが妥当であろう。さらに，「ネットワーク外部性／収穫逓増が存在する場合は，早期の参入とコミットメントが必要で，場合によっては大規模な先行投資が必要になる」[13]ことは合理的コメントと考えられ，業務特性に応じて資源動員のピークはシフトするので，幅を持って考えておくことも要点となろう。また，その他の時期にもゼロではないことは言うまでもなく，例えば，ビジネスモデルの転換が必要となるイノベーション・フェーズ［4］頃には，別の種類の資源動員が必要になると考えられる。次に，「センシング（感知）」で述べた2回目の勝負時に向けて感知されたチャンスを，ビジネスモデルの転換による成長の機会捕捉の為に資源動員が必要になるものと考えられるので，図表のように必要性のカーブを描くと共に注目マークをそれら2か所に記したのである。なお，イノベーション・フェーズ［2］の時期を左右するのはセンシング（感知）能力が発揮されることがトリガーとなり，また，これらセンシング（感知）能力とシージング（捕捉）能力を発揮しうるメンバーを各所に配置したのは，前述のようにTMTの再配置／転換能力の結果なので，そこからの矢印を示してある。一方のイノベーション・フェーズ［4］頃に行われるビジネスモデル転換は，センシング（感知）能力との相互作用によって実現しうるもので，場合によっては再配置／転換能力を引き出すことも必要になることから，矢印によってDCの3構成要素間のインタラクションを示してある。

　第3の再配置／転換に関するDCも発揮する必要性の高低に関して，図表では左右の巾で示すこととした。進化的イノベーションに対して各企業等が持つスタンスによって時期はズレるが，当該進化的イノベーションの初期と最終期における，云わば「舞台転換」時に相対的なピークがあると考えられる。なお，進化的イノベーション内の各フェーズにおける再配置／転換もあ

12　Teece, D. J. (2009) *Dynamic Capabilities & Strategic Management: Organizing for Innovation and Growth,* 1st ed., Oxford University Press（谷口和弘・蜂巣旭・川西章弘・ステラ・S・チェン（訳）（2013）『ダイナミック・ケイパビリティ戦略：イノベーションを創発し，成長を加速させる力』ダイヤモンド社）.

13　同上書。

るが，比較的インクリメンタル・イノベーションの期間に当たるイノベーション・フェーズ［3］の頃は，再配置／転換の観点から見るならばボトムに相当する時期と言って良いであろう。そして前述したイノベーション・フェーズ［4］頃に，シージング（捕捉）能力の為の再配置／転換が，世代交代期と比すと小規模ながら必要とされる可能性があるので，図表のように必要性のカーブを描くと共に，注目マークをそれら2か所に記した次第である。

そして，図表の最下段に「DCの発揮主体」をここまでの考察をベースに記載してある。なお，ここにTMTを支えるジェネラル・スタッフ（GS：General Staff：参謀）を追加してあるが，多くの日本企業が経営企画部門等のGSを要職として抱えている状況に鑑みてのことである。

9-3-3 進化的イノベーションとダイナミック・ケイパビリティ⑵

続いて，進化的イノベーションはその名の通り，脈々と世代を超えて受け継がれていくものである。それはあるカスタマー・ニーズやChristensen *et al.* （2016）[14]が主張する「顧客がかたづけたい用事（Jobs to Be Done）」に対して深い次元からの解決を念頭に向き合うことで，第 n 世代のソリューションから次世代となる第n＋1世代のソリューションへと形を変えながら受け継がれていくものと想定している。第 n 世代のどのイノベーション・フェーズで第n＋1世代のイノベーションが起きるか（或いは，起こすか）はケース・バイ・ケースであるが，〈6-4節〉で思考実験を行ったようにその影響は大きい。ここでは蓋然性が比較的高いと思われる，第 n 世代のフェーズ［4］頃に第n＋1世代のフェーズ［0］が進行し第 n 世代のフェーズ［5］頃に第n＋1世代のフェーズ［1］が始まるケースを事例に，進化的イノベーションの世代交代に関するDCの必要要素を考察してみたい。前項の検討結果をベースに，世代交代を重ね合わせた結果を〈図表9-7〉に示す。

---

14 Christensen, C. M., Hall, T., Dillon, K., and Duncan, D. S. （2016）*Competing Against Luck: The Story of Innovation and Customer Choice*, HarperCollins（依田光江（訳）（2017）『ジョブ理論：イノベーションを予測可能にする消費のメカニズム』ハーパーコリンズ・ジャパン）.

図表9-7　進化的イノベーションの各フェーズに必要なダイナミック・ケイパビリティ (2)

巻頭カラー図表参照

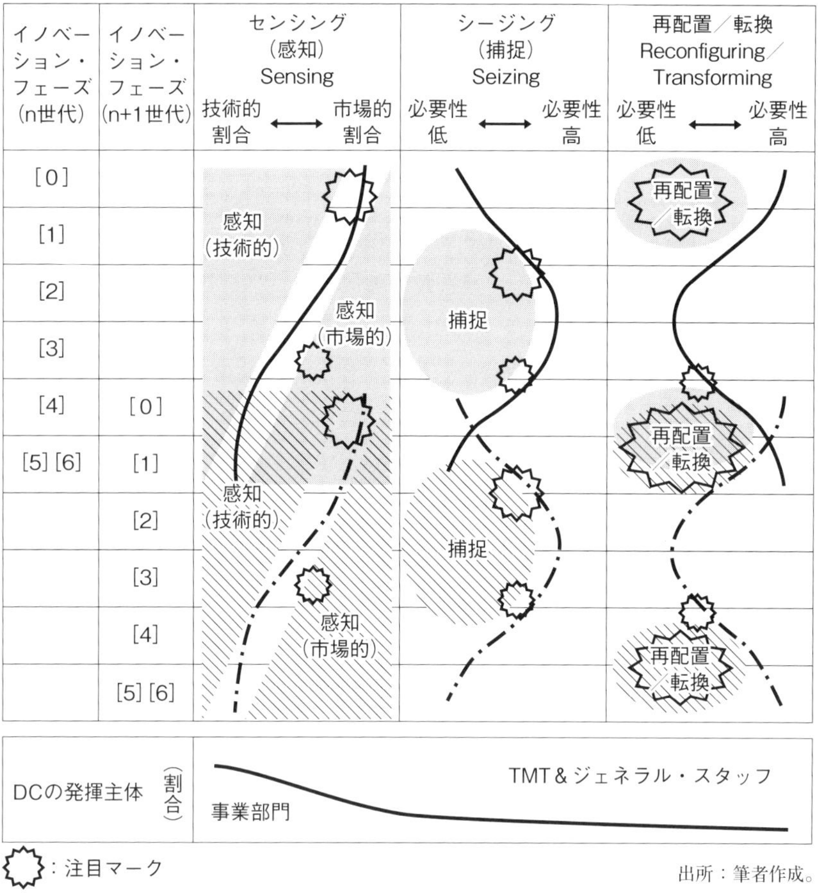

イノベーション・フェーズ（n世代）	イノベーション・フェーズ（n+1世代）	センシング（感知）Sensing 技術的割合 ← → 市場的割合	シージング（捕捉）Seizing 必要性低 ← → 必要性高	再配置／転換 Reconfiguring／Transforming 必要性低 ← → 必要性高
[0]		感知（技術的）		再配置／転換
[1]			捕捉	
[2]		感知（市場的）		
[3]				
[4]	[0]			再配置／転換
[5][6]	[1]	感知（技術的）	捕捉	
	[2]			
	[3]			
	[4]	感知（市場的）		再配置／転換
	[5][6]			

DCの発揮主体（割合）	TMT＆ジェネラル・スタッフ ／ 事業部門

☆：注目マーク

出所：筆者作成。

　第1のセンシング（感知）に関して，進化的イノベーションの第n世代の後期［4］［5］の時期は，市場的感知努力はその程度を高めてマーケティング＆サービス・イノベーションに向かって従来型ビジネスモデルのモディファイや転換へ繋げるタイミングであるが，技術的感知は既に次世代へ向けて多大な探索をしており，新たな視点での市場的感知と併せて前述のダブル・リンキングによるプロダクト・イノベーションを模索している時期である。言わば，市場的感知に関しては現世代対応と次世代対応の両面で脳漿を絞る時期

なのである，本来は。従来の日本企業の状況を見ている立場からすると，この時期には次世代対応の技術開発に目が向き過ぎて，市場的感知のOC（オペレーショナル・ケイパビリ）とDCは必ずしも発揮されておらず，ここに改めて（本来は）変革フロンティアの１つがあると強調したい。

第２のシージング（捕捉）に関しては，進化的イノベーションのある世代のチャレンジが成否を懸けるタイミングと勝敗がほぼ決した頃にその能力が求められる。従って，進化的イノベーションの世代交代の時期におけるDCの発揮という観点からは，最重点とはなりにくい位置付けではあろう。

第３の再配置／転換に関しては前節で述べたように，舞台転換時に相対的なピークがあるので，図表のように従来システムの棄却と新規システムの構築という両面を同時達成せねばならない。しかも，従来システムで余剰となった経営資源は，必ずしも新規システムへ容易に再配置という訳にはいかず，経営トップに対して大きな転換の意思決定が要求される時期となる。これに関してTeece（2009）[15]は，「イノベーションを支援する為のプロセス・構造をデザインすると同時に，過去にデザインしたプロセス・構造の逆機能による束縛を解く為に，経営者は多くの物事をなしうる」と述べている。このように，ダイナミック・ケイパビリティのセンシング（感知），シージング（捕捉），再配置／転換という３要素に関しても，進化的イノベーションの進行フェーズに合わせて考察を進めると，その発揮すべきタイミングと重要ポイントが明らかになるものと思慮されよう。

9-4 組織セットに関する諸理論

これまでの考察を踏まえて，進化的イノベーションを実現する組織はどのようなものであろうか。それを検討する前段階として，経営組織論の分野で論じられてきた組織における整合性と組織セットに関して，まずレビューすることとしたい。

15　Teece, D. J.（2009）前掲書。

図表9-8　7Sモデル

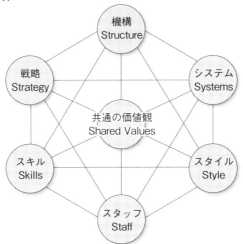

出所：Peters & Waterman（1982）邦訳書 p. 45。

9-4-1 組織に必須な整合性

　Peters & Waterman（1982）[16]は，組織づくりを知的に考えようとすれば，互いに切り離せない関係にある少なくとも7つの変数を同時に包含して扱っていかざるを得ないとして，〈図表9-8〉を示している。7つのSとは，以下の要素の頭文字である。

①機構（Structure）：組織構造であり，ハードウェアと例えている。
②戦略（Strategy）：戦略もハードウェアの一部としている。
③システム（Systems）：経営の体系と手順を示しており，当初案は「体系と手順（Systems & procedures）」であった。
④共通の価値観（Shared values）：企業文化とも言えるとしている。
⑤スタイル（Style）：「経営の型（management style）」を意味する。
⑥スタッフ（Staff）：人々（people）である。
⑦スキル（Skills）：当初案では「現有する／又は望ましい企業の強さ或いは技術（present and hoped-for corporate strengths or skills）」であった。

16　Peters, T. J. and Waterman, R. H. (1982) *In Search of Excellence*, Warner Books（大前研一（訳）（2003）『エクセレント・カンパニー（復刊版）』英治出版）．

なお①と②をハードウェアに，それら以外をソフトウェアに例えている。重要なのは，これら７つの要素を指摘し共通の価値観を中心としてその他の要素が互いに密接に連係する相互依存関係にあること，つまり各組織要素をバラバラな変数ではなく，１つのセットとして考えるべきだとの主張である。それを7Sモデルとしてインパクトを持って示し，そしてこの重要コンセプトを一般ビジネスマンに対して認識・浸透させたことは彼らの功績であろう。本書においても，組織の各要素に整合性があることを意図した組織モデルを「組織セット」と呼び，広義の組織モデルと区別することとする。

9-4-2 タッシュマン＆オライリー・モデル

Nadler & Tushman（1992）[17]が〈図表9-9〉のようなモデルにおいて，組織

図表9-9　組織の整合性モデル

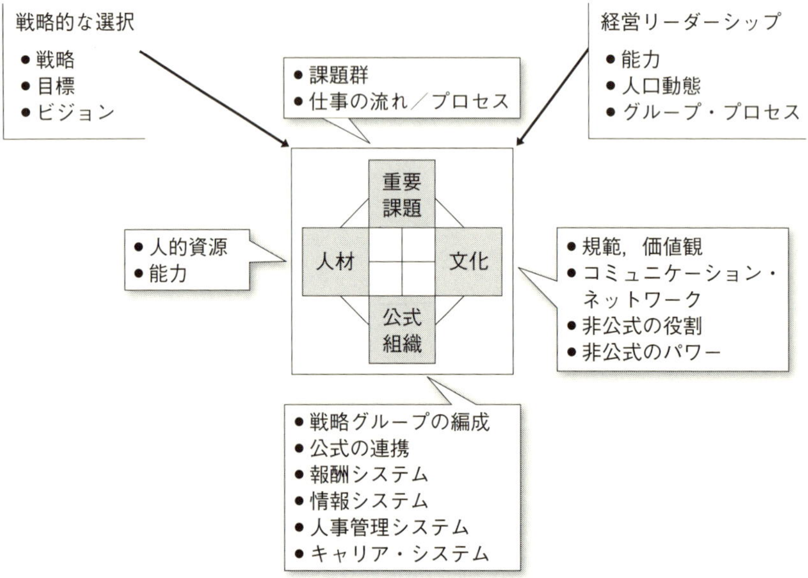

出所：Tushman & O'Reilly Ⅲ（1997）邦訳書 p. 74。

17　Nadler, D. A. and Tushman, M. L.（1992）"Designing Organizations That Have Good Fit," in Nadler, D. A.（ed.）, *Organizational Architecture*, Jossey-Bass.

における4要素とそれらの間の整合性を主張していることを取り上げたい。

　戦略と組織を構成する4つの要素として，①重要課題，②文化，③公式組織，④人材を挙げて，これら4つの構成要素間の調和つまり整合性が成功を導くとしている。

　①重要課題（Main issues）：重要課題群と仕事の流れ／プロセスである。

　②文化（Culture）：規範，価値観，コミュニケーション・ネットワーク，非公式の役割，非公式のパワーを内包した括りである。

　③公式組織（Formal structure）：戦略グループの編成，公式の連携，報酬システム，情報システム，人事管理システム，キャリア・システムを意味している。

　④人材（Human resource）：人的資源と彼らの能力である。

　続いて，Tushman & O'Reilly Ⅲ（1997）[18]はイノベーションの為に組織の基本構成がどのように変遷すべきかを〈図表9-10〉のように示している。

　まずTushmanらは，新たなテクノロジーの出現によって始まるテクノロジー・サイクルを5つのフェーズで以下のサイクルのように説明している。

　①テクノロジーの不連続性の出現時期，②動乱期，③支配的なデザイン（ドミナント・デザイン：dominant design）の出現時期，④漸進的変革期，⑤（次の）テクノロジーの不連続性の出現時期

　ここで，フェーズ②動乱期における組織モデルは，前述の4要素すなわち「重要課題」，「文化」，「公式組織」，「人材」の順序で，「ルーズなプロセス」，「ルーズな文化」，「ルーズな組織」，「研究開発・企業家精神的な組織能力」という整合性を持ったセットであるとしている。動乱期の不連続型イノベーションは，企業家精神に富み，相手を出し抜くタイプの組織から生まれる。単位組織は比較的規模が小さく，緩やかで分散化した生産構造，実験指向の文化，ルーズな業務プロセス，強力な企業家精神と技術力，相対的に若く雑多な従業員で構成される。そしてこのような組織単位は効率が悪く，収益も少なく，確立した経歴も持たないが組織内の古い部分が価値を置いている規範

18　Tushman, M. L. and O'Reilly Ⅲ, C. A.（1997）*Winning through Innovation*, Harvard Business School Press（斎藤彰悟・平野和子（訳）（1997）『競争優位のイノベーション』ダイヤモンド社）.

第9章▶進化的イノベーションを超克する組織のケイパビリティ　233

図表9-10　組織の基本構成とテクノロジー・サイクル

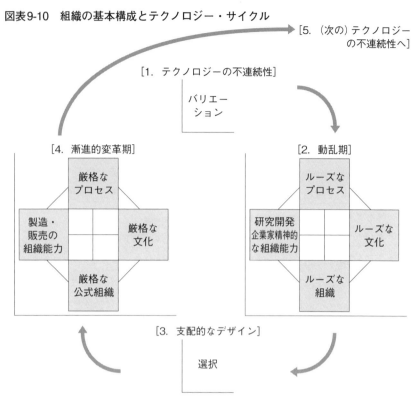

出所：Tushman & O'Reilly Ⅲ (1997) 邦訳書 p. 205 より作成。

を敢えて打破する場合もある，と述べている。

　一方，④漸進的変革期における組織モデルは同様の順序で，「厳格なプロセス」，「厳格な文化」，「厳格な組織」，「製造・販売の組織能力」という整合性あるセットであるとしている。そして，公式の役割と責任，集中的な手順，職能別構造，効率志向の文化，十分に設計された業務プロセス，製造及び販売に強い能力，均質で年齢が高く経験の豊富な人材を備えている方が望ましい，そしてこのような組織単位は深く根付いた前提と知識体系を備え，文化的には効率性，チームワーク，絶え間ない改善を重視する，と述べている。

　すなわち，外部環境に応じて必要とされるイノベーションの種類に応じた組織モデルのセットがあり，それぞれはそれぞれの目的に適した特徴を備えてい

るが，他方の目的に対しては対応が難しく，「両手利きの組織（ambidextrous organization）[19]」を築くことが重要であると主張しているものと考えられる。なお，この「両手利きの組織」に関しては，〈第10章〉でも触れることになる。

9-4-3 組織的DNAモデル

Govindarajan & Trimble（2005）[20]は，組織的DNAの4要素として以下を挙げ，それらの間の相互作用性を含めて〈図表9-11〉のように図示している。彼らは戦略的イノベーションを検討する為に様々な組織モデルを検討した結果，この4要素からなる組織の整合性モデルが最も考え易いとして，以下のように説明している。

図表9-11 組織的DNAの4要素

スタッフ	リーダーシップの特徴，人事方針，能力，昇進方針，キャリアパス
組織構造	正式な報告関係，意思決定の権限，情報フロー，仕事やプロセスの流れ
システム	企画，予算編成，管理システム，事業成果評価基準，インセンティブや報奨システム
組織文化	評価される行動の概念，事業上の当然期待されること，意思決定バイアス

出所：Govindarajan & Trimble（2005）邦訳書 p. 51。

①「スタッフ（Staff）」：リーダーシップの特徴，人事方針，能力，昇進方針，キャリアパス

②「組織構造（Structure）」：正式な報告関係，意思決定の権限，情報フロー，仕事やプロセスの流れ

---

19 ambidextrous organization には翻訳者により，「両手利きの組織」の他，「両刀使いの組織」，「双眼的組織」等の訳語が存在するが，本書では「両手利きの組織」を使用する。

20 Govindarajan, V. and Trimble, C. (2005) *Ten Rules for Strategic Innovators*, Harvard Business School Press（酒井泰介（訳）(2006)『戦略的イノベーション：新事業成功への条件』ランダムハウス講談社）．

③「システム（Systems）」：企画，予算編成，管理システム，事業成果評価基準，インセンティブや報奨システム

④「組織文化（Culture）」：評価される行動の概念，事業上の当然期待されること，意思決定バイアス

　続いてGovindarajan & Trimbleは，効率を求めて規律を重視する組織と，創造性を重視する組織の特性を〈図表9-12〉のように示している。まず，効率を求めて規律を重視する組織を彼らは「コードA」と呼び，自分の職務に専念する，得意分野を追求する，現在の顧客ニーズを満たす，物事を計画する，説明責任を要求する，物事のやり方や組織構造を押しつける，という特性を挙げている。他方，創造性を重視する組織「コードB」について，枠にとらわれずに発想する，未知の領域に挑戦する，将来の顧客ニーズを予測する，あるがままに委ねる，自由と柔軟性をもたらす，手続きを廃し組織構造を超えた交流を促す，という特性である，としている。

　さらに彼らは，4要素が新規事業に対応するケースと既存事業に対応するケースで，それぞれ異なる整合性あるセットが必要であると論じて，〈図表9-13〉のように示した。つまり，既存事業に必要なDNAの4要素は，「業務に精通した人材」というスタッフ，「階層構造」の組織構造，「固定給色が強く，説明責任重視」のシステム，「リスクを避ける」組織文化であるとし，新

図表9-12　規律重視型組織と創造性重視型組織

規律を重んじる組織の効率追求 （コードA）	創造性を重んじる組織の効率追求 （コードB）
自分の職務に専念する	枠にとらわれずに発想する
得意分野を追求する	未知の領域に挑戦する
現在の顧客ニーズを満たす	将来の顧客ニーズを予測する
物事を計画する	あるがままに委ねる
説明責任を要求する	自由と柔軟性をもたらす
物事のやり方や組織構造を押しつける	手続きを廃し，組織構造を超えた交流を促す

出所：Govindarajan & Trimble（2005）邦訳書p. 44より作成。

図表9-13　新規事業が持たなくてはならない既存事業とは違うDNAの4要素

出所：Govindarajan & Trimble（2005）邦訳書 p. 55。

規事業に必要なDNAの4要素は，「クリエーター／インスパイアラー」という種類のスタッフ，「フラット」な組織構造，「柔軟な報酬体系／学習能力重視」のシステム，「リスクを受け入れる」組織文化というセットである。そして，コードAを主張する既存事業組織とコードBを主張する新規事業組織の間の軋轢は非生産的である。何故ならどのようなイノベーションにも序盤・中盤・終盤という局面があり，コードBの創造性が必要なのはイノベーション序盤，コードAの効率性が有効なのはイノベーション終盤であると彼らは述べて，中盤に必要なものをコードXと置いた。すなわち，イノベーション序盤・中盤・終盤という時間経過に連れて，コードB，コードX，コードAという組織セットが適合するということであろう。

9-4-4　スターモデル

本節では様々な組織セットとイノベーションの関係を見てきたが，その多くはイノベーション前期のラジカル・イノベーション適応とイノベーション後期のインクリメンタル・イノベーション適応という二元論において解釈がなされてきている。しかし，本書の〈第8章〉で検討したように，プロダクト・イノベーションと生産プロセス・イノベーションに続く，第3のイノベーションの可能性が理解され始めている。本書ではマーケティング＆サービス・イノベーションと名付けているが，イノベーション後期において市場サ

イドを中心とするイノベーションが必要ではないかとする見解である。そこで，顧客中心主義を主張している先行研究を参照しておきたい。

Galbraith (2002[21]; 2005[22]) は組織変革に関する要素を，〈図表9-14〉のように示し，これら5つの構成要素を以下のように説明している。

①戦略 (Strategy)：方向を示す
②構造 (Structure)：意思決定のパワーの所在を示す
③プロセス (Process)：情報の流れに関連し，特に情報技術の手段を指す
④リウォード (褒賞システム：Reward Systems)：組織目標に挑戦し，達成する人材のモチベーションに影響を及ぼす
⑤人材 (People／Human Resource) ポリシー：人材のマインドセットやスキルに影響を及ぼし，その範囲を定める

図表9-14　スターモデル

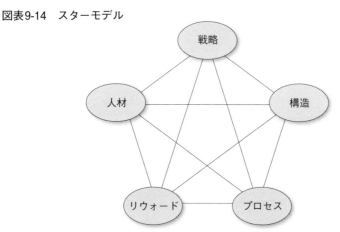

出所：Galbraith (2005) 邦訳書 p. 19。

Galbraithの主張で注目すべきは，これらの5つの構成要素の全てが影響し合って「組織文化」を生む，としている点である。〈図表9-15〉に示したが，

21　Galbraith, J. R. (2002) *Designing Organizations*, Jossey-Bass.
22　Galbraith, J. R. (2005) *Designing the Customer-Centric Organizations*, John Wiley & Sons（梅津祐良（訳）(2006)『顧客中心組織のマネジメント』生産性出版）.

図表9-15 製品中心 対 顧客中心

		製品中心主義	顧客中心主義
戦略	ゴール	●顧客に対してベスト製品	●顧客に対してベスト・ソリューション
	主要な提供物	●新製品	●製品、サービス、サポート、教育、コンサルティングを個別化したパッケージ
	価値創造のルート	●先進的製品、使い易い形状、新しいアプリケーション	●ベスト・トータル・ソリューションへの特注化
	最も重要な顧客	●最も先進的な顧客	●最も利益率が高く、ロイヤルティの高い顧客
	優先順位決定の鍵	●製品ポートフォリオ	●顧客ポートフォリオ（顧客の利益率に基づく）
	価格設定	●市場における価格	●価値とリスクに対する価格
構造	組織上の概念	●製品プロフィットセンター、製品レビュー、製品チーム	●顧客セグメント、顧客チーム、顧客別損益計算
プロセス	最も重要なプロセス	●新製品開発	●顧客関係マネジメントとソリューション開発
リワード	評価基準	●新製品の数、2年以内の製品からの売上比率、マーケット・シェア	●最も重要な顧客におけるカスタマ・シェア、顧客満足、顧客のライフタイムの価値、顧客の保持率
	人材へのアプローチ	●製品開発した人材にパワー、次世代の最もチャレンジングな製品に取り組んでいる人材に最高のリワード、締切のチャレンジを与えて創造的な人材をマネジする	●顧客とビジネスについて深い知識を持つ人材にパワー、最高のリワードは顧客ビジネスを向上させたリレーションズ・マネジャーに
人材	メンタルプロセス	●拡散的思考：この製品にはどれだけの使い道が優先か	●収斂的思考：この顧客にはどのような製品の組み合わせがベストか
	セールスの重点	●取引において売り手優先	●取引において買い手優先
	文化	●新しい製品文化：新しいアイデアに対してオープン、実験重視	●関係マネジメント文化：満足させるべき、さらなる顧客ニーズを追求

出所：Galbraith（2005）邦訳書 pp. 18-27。

スターモデル5つの構成要素をブレークダウンした各項目を，目指す組織文化に適した内容へと組み立てていくことによって，この例では製品中心主義と顧客中心主義の文化（図表の最下欄参照）を構築できるとしているのである。

　この顧客中心主義の組織セットと考え方は，進化的イノベーションのライフを通じて参考になるものであるが，相対的に製品中心主義でも乗り越えられるプロダクト・イノベーションと生産プロセス・イノベーションというターム＆フェーズから，第3のマーケティング＆サービス・イノベーションという，顧客中心主義へシフトすることによって新たなチャンスを創出しようとする考え方を示している本書にとって，大きな示唆を得られるものと位置付けられる。

9-4-5 創造と価値獲得モデル

　Davila *et al.* (2006)[23]は，イノベーションを起こす組織づくりの為には戦略やイノベーション・プロセスを構築するだけでは不十分で，組織全体にイノベーションを組み込み根付かせる必要があるとしている。そして，イノベーションが進展している企業では，創造性と価値獲得（市場化）の機能が共にフルに活用されており，経営陣を含め社内全体がイノベーションの成功には創造的プロセスと市場化プロセスの両方のバランスが必要であると理解している，として〈図表9-16〉のようにバランス感覚を表現している。

　まず「創造のプロセス」を「創造力のコンセプト」として，独創的思考，斬新なアイデアと洗練されたアイデア，実験，曖昧さ／不確実性，調査，直感，意外性，勇気，適切に選別する，疑問を投げかけ，未知のイノベーションを探求する，機会を捉える，未来を視覚化しあらゆる選択肢を考慮する，インクリメンタル／ラディカルの両イノベーションを含める，を挙げている。一方「価値獲得のプロセス」を「具現化コンセプト」として，形式的思考，エ

23　Davila, T., Epstein, M. J., and Shelton, R. (2006) *Making Innovation Work: How to Manage It, Measure It, and Profit from It*, Wharton School Publishing（スカイライトコンサルティング（訳）(2007)『イノベーション・マネジメント』英治出版）．

図表9-16　イノベーションには創造性と獲得とのバランスが必要

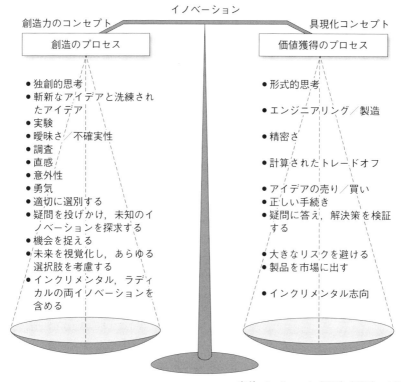

出所：Davila *et al.* (2006) 邦訳書 p. 140。

ンジニアリング／製造，精密さ，計算されたトレードオフ，アイデアの売り／買い，正しい手続き，疑問に答え解決策を検証する，大きなリスクを避ける，製品を市場に出す，インクリメンタル志向，を挙げている。

　続いてDavilaらは，〈図表9-17〉のように2種類の文化に至る要因を示している。図表の右側には，安定を求めるインクリメンタル・イノベーションの期間に関して，均衡（継続的に改善することが目標，決められたことを達成する能力），集中化（現在の価値に結び付く効率性とスピード），規律（プロセスの着実な実行），プライド（プライドによってイノベーションに必要な自信を育てる），保守的（資源の配分に注意を払う），指針（探索する分野を定

第9章▶進化的イノベーションを超克する組織のケイパビリティ　241

図表9-17　イノベーション企業文化の要因

ストレッチ目標，リスクテイク，意外性を追求できる能力	不均衡	《 》	均　衡	継続的改善が目標，決められたことを達成する能力
ラディカル・イノベーション期間	変　化	《 》	安　定	インクリメンタル・イノベーション期間
「遺伝子」を変えて将来の価値創出に繋げる	多様化	《 》	集中化	現在の価値に結び付く効率性とスピード
想定外の事象を学習事項として取り込む	意外性	《 》	規　律	プロセスの着実な実行
脅威によって自信過剰を抑制する	脅　威	《 》	プライド	プライドによってイノベーションに必要な自信を育てる
リスクを評価し，リスクテイクすべき時期を判断できる	革新的	《 》	保守的	資源の配分に注意を払う
探索する分野を大きい順に並べる	自　由	《 》	指　針	探索する分野を定義する
曖昧さをコントロールする	信　頼	《 》	統　制	確実性をコントロールする

出所：Davila *et al.*（2006）邦訳書 p. 336 から筆者作成。

義する），統制（確実性をコントロールする）という特徴に着目している。一方左側には，変化を求めるラディカル・イノベーションの期間に関して，不均衡（ストレッチ目標，リスクテイク，意外性を追求できる能力），多様化（「遺伝子」を変えて将来の価値創出に繋げる），意外性（想定外の事象を学習事項として取り込む），脅威（脅威によって自信過剰を抑制する），革新的（リスクを評価し，リスクテイクすべき時期を判断できる），自由（探索する分野を大きい順に並べる），信頼（曖昧さをコントロールする），等の特徴を前者とは対照的に表現している。

9-5 進化的イノベーションを超克する組織モデル

9-5-1 進化的イノベーションを超克する組織に必要なマネジメント力

　これまでの検討を踏まえ，進化的イノベーションを推進し実現する組織に必要なマネジメント力とはどのようなものかを抽出して〈図表9-18〉に表した。

　この図表は，〈第8章〉で検討した〈図表8-4〉のメインストリーム部分に〈図表8-7〉で網掛けを施した3種のイノベーション（プロダクト・イノベーション，生産プロセス・イノベーション，マーケティング＆サービス・イノベーション）の形態を必要なマネジメントとして重ねて示し，その上の組織

図表9-18　進化的イノベーションを超克する組織に必要なマネジメント力

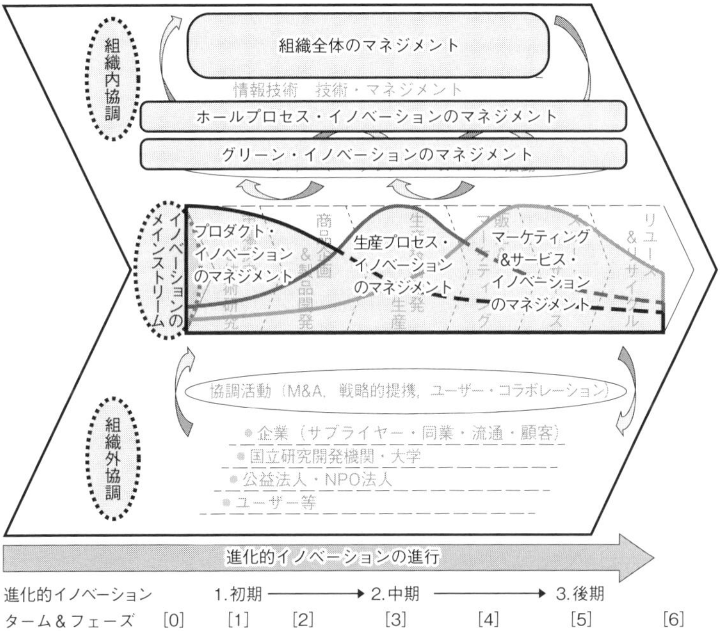

出所：筆者作成。

第9章▶進化的イノベーションを超克する組織のケイパビリティ　243

内協調部分に「グリーン・イノベーションのマネジメント」と「ホールプロセス・イノベーションのマネジメント」を，さらに上部の経営（トップマネジメント／経営企画）部分に「組織全体のマネジメント」を位置付けたものである。つまり，進化的イノベーションの進行に合わせて，これら6種類のマネジメントを効果的・効率的に達成できる組織モデルを導出することが本節での目的となる。

9-5-2 進化的イノベーションを超克する組織と先行研究

前項で示した6種類のマネジメント（イノベーション5種のマネジメントと組織全体のマネジメント）を抜き出し，前節でレビューした先行研究との関係性を〈図表9-19〉に表現した。図表において6種のマネジメントの左側に示したように，上部にTMT（Top Management Team：トップマネジメントチーム）とGS（General Staff：ジェネラル・スタッフ）のようなヘッドクォーター部門主導によって実現すべきものを，下部に事業部門主導によるべきものを示してある。グリーン・イノベーションとホールプロセス・イノベーションは，実動は事業部門としても事業部門任せではこれら2種のイノベーションに必須である組織全体的視点が乏しくなる傾向が否めない。やはりTMTの強力なサポートを得てこそ実現するものとすれば，図表のように中間的な位置付けとして良いであろう。

まず，Peters & Waterman（1982）[24]の7Sモデル他は整合性ある組織セットを主張する点は共通しているが，時間的な一断面としてのあるべき姿（静的）を示していると言えよう。それを認識した上で，移行するイノベーション・ターム＆フェーズに対応してどのように組織変容すべきかが課題なので，図表中央部分に示してあるTushman & O'Reilly Ⅲ（1997）[25]のタッシュマン＆オライリー・モデルは，ドミナント・デザインの成立時期（〈第6章〉で論じたようにイノベーション・フェーズ［2］〜［3］の間頃の時期）を挟んで，動乱期と漸進的変革期があると主張しているので，イノベーション・フェーズ

24　Peters, T. J. and Waterman, R. H.（1982）前掲書。
25　Tushman, M. L. and O'Reilly Ⅲ, C. A.（1997）前掲書。

244　第2部▶進化的イノベーションのダイナミクスと組織能力マネジメント

図表9-19 進化的イノベーションを超克する組織と先行研究

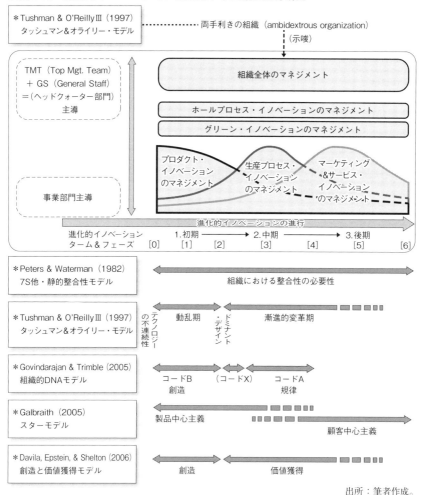

出所：筆者作成。

の［2］頃までを動乱期，［3］以降を漸進的変革期と位置付けられよう。また，彼らの「両手利きの組織」は組織モデル上部のTMT＋GSというヘッドクォーター部門への示唆なので，図表の上部にも示してある。Govindarajan & Trimble（2005）[26]の組織的DNAモデルでは，イノベーション序盤・中盤・終盤という時間経過に連れて，コードB（創造），コードX，コードA（規律）

26　Govindarajan, V. and Trimble, C. (2005) 前掲書。

第9章▶進化的イノベーションを超克する組織のケイパビリティ　245

という組織セットが適合するので図表のような位置付けとした。Galbraith (2005)[27]によるスターモデルの製品中心主義と顧客中心主義は前述したように，イノベーション・プロセス全体への示唆も含めて受け止められることから，図表のように幅を持たせて表示した。Davila, *et al.* (2006)[28]の創造と価値獲得モデルでは，例えば価値獲得に「製品を市場に出す」とあるように，研究・開発段階を「創造」と位置付け，その後上市して価値獲得していくという流れなので，本図表の下部に示したような位置付けとして良いであろう。

9-5-3 進化的イノベーションを超克する組織セット

それでは，進化的イノベーションを乗り越えていく為には，どのような整合性ある組織としての組織セットを構築していくことが必要となるのであろうか。前述の〈図表9-10〉を参考として考えてみたい。

進化的イノベーションを乗り越える為には，〈8-4節〉で示した「新たなイノベーションの必要性」〈図表8-6〉における3種類のイノベーション（プロダクト・イノベーション／生産プロセス・イノベーション／マーケティング＆サービス・イノベーション）を次々とクリアーしていくことが必要であろう。それら3種類のイノベーションに対応するような組織セットを，〈9-4節〉でレビューしたTushman & O'Reilly Ⅲ（1997）[29]による「組織の基本構成とテクノロジー・サイクル」〈図表9-10〉を参考にして考察すると，〈図表9-20〉のようにまとめることができる。

すなわち，進化的イノベーション初期の「プロダクト・イノベーション」に対応する組織セットとしては，前述の4要素である重要課題，文化，公式組織，人材の順に，「ルーズなプロセス」「ルーズな文化」「ルーズな組織」「研究開発ケイパビリティと企業家精神」という整合性を持ったセットである。また，具体的な特徴としては図表の下部に記載した通り，「情熱＋論理」「大胆さ」「チャレンジ精神」「失敗を責めない」というような性格付けであろう。

27　Galbraith, J. R.（2002）前掲書。
28　Davila, T., Epstein, M. J., and Shelton, R.（2006）前掲書。
29　Tushman, M. L. and O'Reilly Ⅲ, C. A.（1997）前掲書。

図表9-20　進化的イノベーションを超克する組織のケイパビリティ

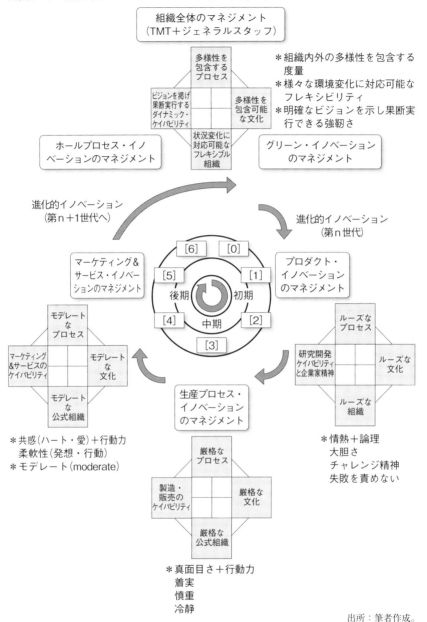

出所：筆者作成。

第2の「生産プロセス・イノベーション」に対応する組織セットとしては，同様の順序で「厳格なプロセス」「厳格な文化」「厳格な組織」「製造・販売のケイパビリティ」というセットであり，具体的な特徴は，「真面目さ＋行動力」「着実」「慎重」「冷静」というような性格付けであろう。

　第3の「マーケティング＆サービス・イノベーション」に対応する組織セットに関しては，適度に厳格なプロセス等は必要なものの，従業員の人々が接するのは作業工程中のマシン／部品のように品質が均一の無機質なモノではない。接する相手は様々な性格を持つ生身の人間なので，あまりにもマニュアルに添った画一的な対応ではなく，第3の組織モデルとしての「モデレート」な組織モデルが方向性として必要であると想定される。すると，同様の順序で「モデレートなプロセス」「モデレートな文化」「モデレートな組織」「マーケティング＆サービスのケイパビリティ」というセットが考えられる。また，具体的な特徴としては，「共感（ハート・愛）＋行動力」「柔軟性（発想・行動）」というような方向の「モデレート（moderate）」に代表される性格付けが想定できる。

　そして最上部に記載したのは，「組織全体のマネジメント」と共に「グリーン・イノベーション」と「ホールプロセス・イノベーション」というTMT＋ジェネラル・スタッフの立場から推進すべきものを実現可能とする組織セットである。4要素である重要課題，文化，公式組織，人材は同様の順序で「多様性を包含するプロセス」「多様性を包含可能な文化」「状況変化に対応可能なフレキシブル組織」「ビジョンを掲げ果断実行するダイナミック・ケイパビリティ（DC）」というセットであり，具体的な特徴は「組織内外の多様性を包含する度量」「様々な環境変化に対応可能なフレキシビリティ」「明確なビジョンを示し果断実行できる強靭さ」というような性格付けであると考える。ダイナミック・ケイパビリティに関しては，本章で検討してきたようにTMTに負うところが大きく，この第4の組織セットの設計・運用を含めて，その力量が試されることになる。

　なお，この視点を発展させると，多様な組織セットを内包する「組織全体のマネジメント」に対してどの様に取り組めば良いのか，という総括的な課題が浮上してくる。次章においては，この高度な課題解決にチャレンジして，本書の締め括りとしたい。

第**10**章

進化的イノベーションを超克する組織全体マネジメント

10-1 本章の目的と要約

　本章の目的は，進化的イノベーションを乗り越え，かつ自社を優位なポジションへシフトし，さらにそれを持続する為に，多彩な特性の組織セットを内包する「組織全体」をどのようにマネジメントすれば良いかという，高度なマネジメントの可能性に関する仮説を構築して本書を締め括ることである。

　要約としては以下のとおりである。〈10-2節〉では，組織の能力発揮を阻む障壁に関する組織特性を各イノベーション特性と事業特性の2軸によって4類型化し，〈10-3節〉で各々のケースに対してTMT（トップマネジメントチーム）が意識すべき「個人の心理的障壁」「イノベーション特性間の障壁」「事業特性間の障壁」という3つの障壁を明らかにした。続く〈10-4節〉では，これら3種の障壁に対してTMTが取り得る方策を論じた。それは個人の心理的障壁の打破，ブレークスルー組織の活用，Hand-in-Hand施策という3つの要素で構成される。ブレークスルー組織に関してはCFT（Cross Functional Team），CBT（Cross Business Team），CWC（Company-Wide Commitee）等の仕掛けによって障壁を打破し，進化的イノベーションに必要な5種のイノベーションを推進する構想を図示化すると共に，両手利き組織のマネジメ

ントにも言及した。Hand-in-Hand施策に関しては，まず組織能力をマネジメントする要素として組織のクリアー・プログラムのみではなく，組織のヒドゥン・プログラムがあることを指摘した。次いで〈10-5節〉において，組織における公式／非公式の区分を示し，それらを勘案する形式による組織能力マネジメント・マトリクスを発案した。そして，各々のセルに応じた施策群に関する上記のブレークスルー組織を含む形で，実例を交えながら組織能力マネジメントの可能性を論じた。このように，障壁を打破して異種混合の化学変化を仕掛ける組織能力により，イノベーションの知恵とエネルギーを生み出すダイナミズムを生起・発展させることができると考えるのである。

10-2 組織特性による組織の類型化

10-2-1 組織全体マネジメントを論ずる意義

　前章までに，進化的イノベーションのダイナミクスを解き明かし，内包する数種類のイノベーションを次々とマネジメントして，進化的イノベーションを超克する為に必要なケイパビリティを検討してきた。ここまでは，ある組織がある事業における進化的イノベーションの全タームに関わって次世代へと生き延び，当該組織自体も進化していく姿を想定しながら論じてきた。しかし，企業戦略としては，進化的イノベーションの一部のイノベーション（プロダクト・イノベーション／プロセス・イノベーション／マーケティング＆サービス・イノベーション）に特化する戦略も有り得る。或いは，複数事業を抱える多角化企業においては，ターム／フェーズが異なる進化的イノベーションの途上にある複数事業を，同時並行的にマネジメントする必要性もあろう。そこで重視すべきなのはTMT（トップマネジメントチーム）の視点である。〈第9章〉で検討したDC（ダイナミック・ケイパビリティ）に関して，「知識を含む資産の統合・結合能力こそDCのコアスキル」であり，「その発揮に対してTMTの役割が大きい」と強調されている通りである。

250　第2部▶進化的イノベーションのダイナミクスと組織能力マネジメント

本章においては，進化的イノベーションを超克しつつ持続的競争優位性を確保する企業戦略立案の立場から解決策を検討したい。まず，組織全体としての進化的イノベーションに対する戦略を類型化し，それぞれが持つ組織特性を検討して知識・資産の結合を妨げる障壁は何かを考察する。次いで，その障壁を突破する方策について議論することにより，組織全体の観点からTMTが実施すべき組織能力マネジメントの方向性を明らかにして本書の締め括りとしたい。これは組織全体の進化的イノベーション・マネジメントをどのように考えて推進するかという問いに対する考察である。

10-2-2 組織の類型化

組織全体マネジメントを論ずる為に，まずは組織の類型化を行い，各々の組織特性に応じて議論を進めたい。2つの視点から考えると，第1の区分は，進化的イノベーションが内包する数種類のイノベーションの全てに当該組織が関わっていくのか，一部のイノベーションに特化するのかであり，前者をフル・イノベーション戦略（full innovation strategy），後者を特化イノベーション戦略（specialized innovation strategy）と呼ぶことにする。個々のイノベーションには前章までに考察したように必要な組織要件が異なるので，その組織がどの範囲のイノベーション特性に対応したケイパビリティを同時に組織内に保有しようとする戦略的意図なのか，という視点である。特化イノベーション戦略を採用する企業群の具体例としては，①プロダクト・イノベーションに特化するのは，例えば研究開発ベンチャー企業，マーチャンダイジング企業である。また②生産プロセス・イノベーションに特化するのは，例えばEMS（electronics manufacturing service：電子機器の受託生産）企業や半導体ファウンドリ専門企業（pure-play foundry company）などである。そして，③マーケティング＆サービス・イノベーションに特化するのは，例えば販売専門企業（複数メーカーの製品を販売），メンテナンス（maintenance）専門企業，コールセンター受託運営企業などを想定すれば良いであろう。

一方の，フル・イノベーション戦略は，進化的イノベーションの流れを通じて全てのイノベーションを主体的に乗り越えようとする戦略であるが，特

化イノベーション戦略企業に業務委託をしても可であり，主導していることがポイントである。この区分ではイノベーション特性として，それぞれのイノベーションのコアとなる職能（function）に求められる組織特性の差異が相互理解と結合の障壁となり得る。例えば，ラジカルなプロダクト・イノベーションの研究開発に従事しているスタッフは，ブレークスルー的思考が習慣化しており，100に1つの発明で成功すれば素晴らしい結果だという価値観であるのに対して，インクリメンタルな生産プロセス・イノベーションに従事しているスタッフはミスを起こさないことを優先し，100に1つの生産ミスをするようでは，生産工程品質は失格だという価値観を持っている，というように各々の組織に内在する基本前提（basic assumption）は，時として暗黙的であるだけに慎重な見極めが重要となる。

　第2の区分は，当該組織が単一事業（single business）にフォーカスする戦略なのか，複数事業（multi-business）に多角化する戦略の意図なのか，という視点である。これは単一の事業特性のマネジメントなのか，異なる事業特性の相違を同時にマネジメントせねばならないのか，ということである。すなわち，たとえ同類の商品であってもビジネスのエリア（広域・国・国内地方）が異なると，異なる事業特性を有すると捉えるべきケースも多い。例えば，顧客／ユーザーの消費文化・流通ルートの整備状況（温度管理帯を含む）・経済力格差等々の差異から起因して，各種の状況が生み出されるからである。複数事業の場合，その戦略立案時点におけるイノベーションのタームが事業毎に異なるだけでなく，全く異なるスピードでタームが進行していることがむしろ常態であることを念頭におかねばならない。複数事業に多角化している企業において，例えば化学製品と機械製品の両事業を擁する場合，生産機能だけを考えても化学プラント（20年単位の意思決定）と組立工場（数年で立地変更も可能）とでは事業の時間特性も異なるゆえ，別種の意思決定が必要である。生産特性はこのようなプラント／アセンブリの他基本的事項として，受注生産／見込み生産，大量連続生産／少量バッチ生産等々とあり，販

　1　堀紘一（監修），ボストンコンサルティンググループ（1990）『タイムベース競争：90年代の必勝戦略』プレジデント社。この文献における時間に関して組織が持つ特性を「時間特性」とした。

図表10-1　組織特性の類型

《各イノベーションの相違を同時に組織に内包するか》

	特化イノベーション (specialized innovation)	フル・イノベーション (full innovation)
単一事業 (single business)	（A） シングルビジネス ＆特化イノベーション 組織特性	（B） シングルビジネス ＆フル・イノベーション 組織特性
複数事業 (multi-business)	（C） マルチビジネス ＆特化イノベーション 組織特性	（D） マルチビジネス ＆フル・イノベーション 組織特性

《各事業特性の相違を同時に組織に内包するか》

出所：筆者作成。

売特性にも機器販売／ソリューション提供，ルートセールス／個別セールス等々と多様性の枚挙に暇がない。同一事業内部における機能間の組織モデルの相違とは異なる観点から幅広い相違点を抱えていると認識することが，組織能力を検討するに当たっては必要と考えられる。

　このように複数事業の場合には事業特性（研究開発特性，生産特性，販売特性，商品特性，サービス特性，時間特性等々）の差異が相互理解と結合の障壁となり得るが，単一事業の場合には担当する商品特性の差異（ハイクラス／ミドルクラス／ロークラス他）等はあるものの，障壁は相対的に低いと考えられよう。

　そこで，これら2つの区分を考え合わせ，〈図表10-1〉のようなマトリクスにおいて，（A）シングルビジネス＆特化イノベーション組織特性，（B）シングルビジネス＆フル・イノベーション組織特性，（C）マルチビジネス＆特化イノベーション組織特性，（D）マルチビジネス＆フル・イノベーション組織特性，の4種類に類型化できる。

第10章▶進化的イノベーションを超克する組織全体マネジメント　253

10-3 組織能力の発揮を阻む障壁

本節では，これら4種の組織特性に関してTMTが組織全体のイノベーション・マネジメントを推進する際にどのような障壁があるか検討し，本章後半において，それをどのように突破していくかという議論へ発展させていく。

10-3-1 シングルビジネス＆特化イノベーション組織特性：(A)類型

進化的イノベーションを構成する1種類のイノベーションに特化してケイパビリティを磨き，単一事業のみに展開している類型で，企業内においては基本的には唯一の組織モデル（重要課題，文化，公式組織，人材）で企業活動が行われている。組織能力が問われるポイントとしては，各個人の知識や

図表10-2　シングルビジネス＆特化イノベーション組織特性と障壁

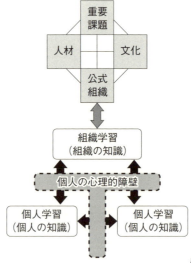

出所：小沢（2008b)[2] p. 63.

2　小沢一郎（2008b）「イノベーションと組織能力に関する考察（その2）」『専修経営学論集』第86号，専修大学経営学会。

能力を別の個人と共有すべく情報流通等の相互作用を促進すること，或いは，個人学習を仕組みによって組織学習へと高め，組織の知識として定着させていくことである。そして，その組織能力の発揮を妨げる障壁としては，「個人の心理的障壁」が挙げられよう。その状況を〈図表10-2〉に表してみた。

状況をイメージする為に，各個人に対する評価指標として各個人の営業成績のみが設定されている営業部門を想定してみると，各営業マン個人は営業ノウハウは自分が苦労して築き上げた財産であるので，そうそうたやすく共有化を図ろうとしない。仲の良い同僚と非公式にノウハウの交換をする程度であろう。つまり，このようなケースに問われる組織能力は，各個人の得た学習内容をいかにスムーズに組織の知識として共有・蓄積し，組織全体としてのパフォーマンスを高められるか，ということとなるであろう。

10-3-2 シングルビジネス＆フル・イノベーション組織特性：（B）類型

進化的イノベーションを構成する数種類のイノベーションに対応してケイパビリティを磨き，単一事業へ展開して進化的イノベーションを乗り越えようとしている類型である。単一事業だが，複数のイノベーション特性を同時にマネジメントする必要性があり，イノベーション毎の組織セット間に障壁が存在する。そのイメージを「個人の心理的障壁」も含めて〈図表10-3〉に表現してみた。

3種類のイノベーション組織セットは前章までに考察したように，極めて異なる特性を有しており，その間に存在する障壁を「イノベーション特性間の障壁」として図示してある。なお，時折，ライン部門とスタッフ部門間の壁（意識の差）も論じられるので，「全体マネジメント組織セット」との障壁も併せて図示し，今後の対策へ議論を繋げる準備としている。

10-3-3 マルチビジネス＆特化イノベーション組織特性：（C）類型

進化的イノベーションを構成する或る種のイノベーションに特化してケイパビリティを磨き複数事業に展開する組織であるが，同種類のイノベーショ

図表10-3　シングルビジネス＆フル・イノベーション組織特性と障壁

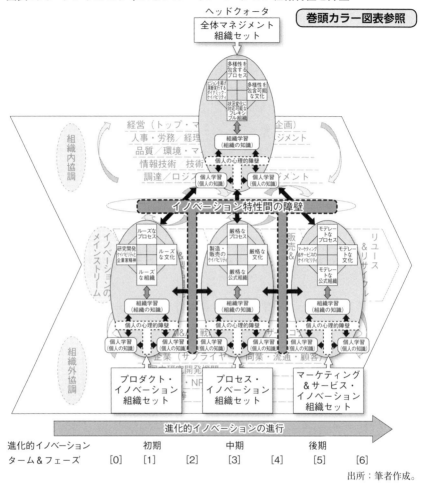

出所：筆者作成。

ンであっても，複数の各事業によって異なる特性が必要になるのである。例えば，ある研究開発特化型企業におけるプロダクト・イノベーションでも，ある事業での商品は進化的イノベーション初期でドミナント・デザインも定まっていない時期故に，ラジカルなプロダクト・イノベーションが必要なタイミングであり，別事業の商品では進化的イノベーション中期でQCD（品質・コスト・適時生産）を重視したインクリメンタルなプロダクト・イノベーションによる改善が必要な時期である，というように。その状況を「個人の心

図表10-4 マルチビジネス＆特化イノベーション組織特性と障壁

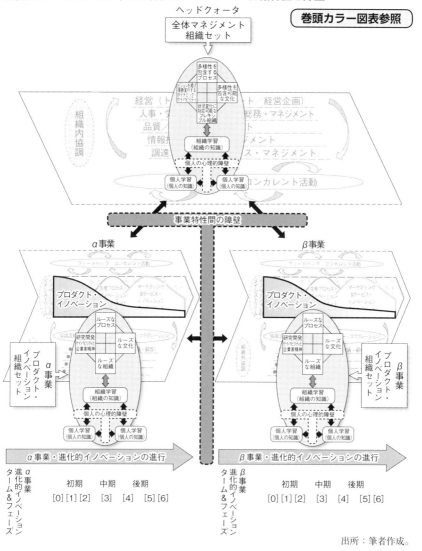

出所：筆者作成。

理的障壁」も含めて〈図表10-4〉に，「事業特性間の障壁」として示した。

なお，各事業部門が担当する国や地域による顧客特性の違いや商慣行や各種制度の差異によって形成される事業特性間の障壁も意識すべきである。さらに，ここにも前述の「全体マネジメント組織セット」と事業部門との障壁

第10章▶進化的イノベーションを超克する組織全体マネジメント 257

巻頭カラー図表参照

図表10-5 マルチビジネス＆フル・イノベーション組織特性と障壁

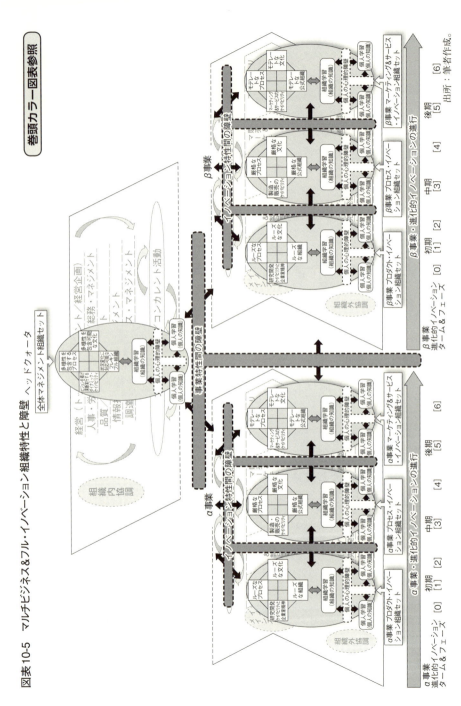

258 第2部▶進化的イノベーションのダイナミクスと組織能力マネジメント

も併せて表記している。

10-3-4 マルチビジネス＆フル・イノベーション組織特性：(D) 類型

　進化的イノベーションを構成する数種類のイノベーションに対応してケイパビリティを磨き，複数事業に展開する組織である。各事業ではイノベーション・タームと共に組織セットを変化させるが，一時点においても，現世代の持続と次世代への進化的イノベーション準備などターム対応は多様となり，さらに複数事業のバリエーションも内包している。つまり，「個人の心理的障壁」「イノベーション特性間の障壁」「事業特性間の障壁」を全て有する状況を〈図表10-5〉に表現してみた。なお，この様に多階層の組織になると，ライン部門とスタッフ部門間の障壁にも階層が生じるので，各事業部間内でのラインとスタッフ，及び，各事業部と全体マネジメント部門という意味合いでのラインとスタッフ間の障壁という全てを意識する必要がある。

10-3-5 各組織類型における障壁の総括

　なお，これまで図表と共に検討してきた4種類の組織特性類型における3種の障壁の状況を，〈図表10-6〉にまとめた。

図表10-6　各組織類型における障壁の総括

組織の類型	代表的な組織例	個人の心理的障壁	イノベーション特性間の障壁	事業特性間の障壁
(A) シングルビジネス＆特化イノベーション	(専業) Ｒ＆Ｄベンチャー，EMS，独立系販社等	有	―	―
(B) シングルビジネス＆フル・イノベーション	専業メーカー（グループ内に開発・生産・販売・サービス機能あり）等	有	有	―
(C) マルチビジネス＆特化イノベーション	(多角化) Ｒ＆Ｄベンチャー，EMS，独立系販社等	有	―	有
(D) マルチビジネス＆フル・イノベーション	多角化メーカー（グループ内に開発・生産・販売・サービス機能あり）等	有	有	有

出所：筆者作成。

第10章▶進化的イノベーションを超克する組織全体マネジメント　259

このように，ここでは4種類の組織特性と3種類の代表的な障壁を想定して総括したが，TMTとしては，組織におけるコア・コンピタンスの先鋭化を図りながら，いかにしてこれだけ重層的な組織能力発揮の障壁を突破し，どのようにDCを発揚していけば良いであろうか。次節において検討していきたい。

10-4 組織能力マネジメント

10-4-1 個人の心理的障壁の打破

前節で述べた3種類の代表的な障壁を突破していく方策に関して検討するが，最初に組織内の代表的職能に関して個人の心理的障壁の状況を概観してみたい。

まず，研究開発関連部門において研究開発構成員は，学生時代から各人の研究ノート記載を習慣とする等の基礎的文化を経て育ち，入社後も特許出願，論文投稿等個人名を表示する職務も多く，個人の知的資産に対する意識が高い。また1件の発明が巨額の利益を企業等にもたらすことも多く，いわゆる「職務発明」を巡って個人と組織の利益相反問題（Conflicts Of Interest：COI）は一部では裁判で争われる事態も招いてきた。そこで，特許庁・経済産業省等が主導し，2015年7月に「特許法等の一部を改正する法律」（平成27年法律第55号）[3]を成立させ，翌2016年4月にはガイドラインを発表した。これは，職務発明制度を充実させ，企業の競争力強化と研究者のインセンティブ確保の両立を図ったもので，基本的に（予め定めておけば）職務発明の権利は企業，しかし発明に関わった従業員は相当の金銭や経済上の利益を受ける権利があるとした。このように，社会的・組織的に個人の知的資産を組織内で共有し活用していく後押しも進んでいる。そもそも，発明ないしアイデア創出から商品化検討・開発・試作・量産を経て上市しサービスからリユース・リサイクルに至るまで，通常，組織的に多くの関係者の協働によって成り立つ

3　2015年7月10日公布，2016年4月1日施行。

図表10-7　個人学習と組織学習の橋渡し

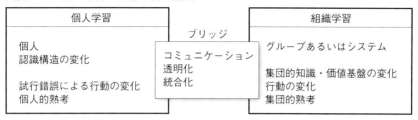

出所：Probst & Buchel（1997）p. 21。

構造であり，研究開発もチームで達成するケースが多い。特に日本企業が得意とするインテグラル型（integral：擦り合わせ型）の製品アーキテクチャに関わる組織においては，まさにこの協働意識がコンピタンスを育むベースに存在し，今後も必要な要件であろう。

　生産関連部門において，生産行為は組織的に協働することが常態であり，QCサークル等小集団活動でも，各人のアイデアを組織的に評価し，水平展開する組織文化が存在している為，相対的に本件に関するコンフリクトはこれまでは少なかったと考えてよかろう。

　販売関連部門における旧来体質の組織では，各々が扱う商材と顧客特性にミートする営業ノウハウという知的資産は各個人に帰属し，その反面では特許等と異なり組織的にも社会的にも保護されず，個人売上等に基づくセールス表彰などのインセンティブ制度が或る程度の状況であった。しかも，この個人評価偏重による制度が，さらに組織学習への抵抗を生み障壁を高くしてしまう構造も見受けられた。おそらく，従来は最も組織学習に対する心理的障壁が高い職能部門であろう。この状況に風穴を開ける試みの1つは1990年代後半から国内においても展開が始まっているSFA（Sales Force Automation：販売支援システム）の導入であるが，20年以上経過している現在においても失敗事例が散見される実情である。

　個人の心理的障壁に関する状況を概観したが，個人学習から組織学習への連携に関して，Probst & Buchel（1997）[4]は〈図表10-7〉のように示している。つまり，個人学習から組織学習への橋渡し（ブリッジ）として，コミュニケー

4　Probst, G. and Buchel, B.（1997）*Organizational Learning*, Prentice Hall.

ション／透明化／統合化の３つの要素を挙げている。そして，この透明化と統合化を促進するには，組織の上位者が情報を抱え込み下位メンバーとの情報非対称性をパワーの源泉とする悪しき慣習を打破し，可能な限りオープンに情報共有する見える化も重要である。また，日本企業でここしばらくの間見受けられた，成果主義等の名の下で個人に偏重する評価システムは，心理的障壁を高く・厚くする逆方向への動きであり，これを統合方向へ価値基盤を変更することも重要課題の範疇に入る。例えば評価制度を，個人・グループ・支店・事業部・全社等々のように段階的割合で設計し，各個人がノウハウを抱え込まず組織学習へ貢献する方が得策になるグループ報奨システムへ変更する，或いは成果に至るプロセス評価やチームへの多様な貢献度などの多角的評価とする施策も絡め，組織への貢献意欲と一体化・統合化を高めていくことが必要となるであろう。その他，この後に続く２つの節で論ずる施策も，この個人の心理的障壁を崩す効果を含む内容となっている。

10-4-2 ブレークスルー組織の活用

ここから，上記の個人の心理的障壁に加えイノベーション特性間の障壁，事業特性間の障壁を突破する施策を２つの方向性から検討する。１つ目は本節で扱う「ブレークスルー組織」であり，２つ目はより広い観点からの「Hand-in-Hand施策」であり次節で扱う。いくつもの障壁を打破するという目的達成の為のメタファーとしては，前者は外科手術を含む西洋医学的処置法であり，後者は時間を要する体質改善にもアプローチする漢方医学的処置法と言えよう。まず，「ブレークスルー組織」に関して，〈図表10-8〉を用いて議論を進めたい。

(1) CFT（Cross Functional Team）

まずイノベーション特性間の障壁であるが，これは各種イノベーションのコア職能を担う組織間の障壁とも近い関係性にある。その職能横断的に横串を通すプロジェクトチームに必要なテーマを付与することによって，イノベーション特性間（各職能組織間）の障壁を突き破り，イノベーションを起こ

262 第2部▶進化的イノベーションのダイナミクスと組織能力マネジメント

図表10-8 ブレーク・スルー組織

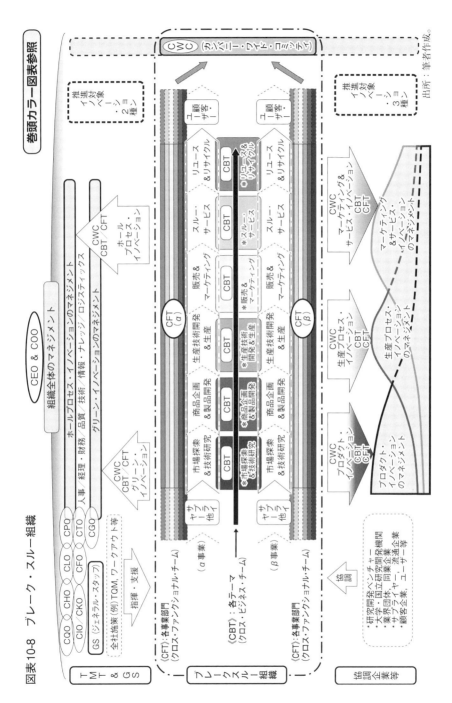

第10章▶進化的イノベーションを超克する組織全体マネジメント 263

していく素地を築くことができるであろう。図表の中央には α 事業と β 事業という2事業部門のイノベーション創出プロセスが左から右へ流れているが，組織内で完結するテーマもあれば，サプライヤーや顧客をも巻き込みながらオープン・イノベーション的に展開すべきテーマも考え得ることを図表の濃淡にて表現している。日産自動車㈱が1999年以降に発足させたCFTによって，縦割りの硬直した組織文化を打破して多くのイノベーションを実現し，業績を急回復させたことは良く知られているところである。

(2) CBT（Cross Business Team）

次に事業特性間の障壁であるが，これをブレークスルーする組織は事業横断的に職能を繋ぐ組織が一案である。イノベーション創出プロセスの各段階を担う同様の職能部門同士も事業が異なると相互理解が進まず，組織全体として様々な機会を失っていることが間々ある。その対策は業務改革・改善に対する固定観念の枠を外す発想，協調することによるコスト削減等々多様である。図表では，これらCBTを各プロセス毎に繋ぐ位置付けで表してある。

(3) CWC（Company-Wide Committee）

上記のCFTやCBTを束ねて，組織全体の視点から整合化／最適化させる役割を担うブレークスルー組織として，CWCを位置付けている。この目的は組織全体をマネジメントするCEO（Chief Executive Officer）／COO（Chief Operating Officer）を中心とするTMTの意思を，通常組織とは異なる体系化であるブレークスルー組織においても浸透させることにある。従って，既存組織が，この目的を満たせるのであれば必須ではないが，大組織になる程に，意思伝達や相互コミュニケーションの疎遠化を防ぐ為のこのような潤滑油的組織は必要なケースも多いものと思慮している。いずれにせよ，トップの強い関与は必須である。

さて，これらブレークスルー組織の役割は総体として進化的イノベーションの推進に資することであり，〈第8章〉＆〈第9章〉で検討してきた内容のように，5つのイノベーションを効果的・効率的に実現していくことであった。すなわち，図表においては下部にプロダクト・イノベーション／生産プロセス・イノベーション／マーケティング＆サービス・イノベーションをこれら

のブレークスルー組織が支援し，上部にある全体的視点のグリーン・イノベーションとホールプロセス・イノベーションを推進することを明記してある。さらに，〈第4章〉や〈第8章〉で検討してきた協調的組織群をブレークスルー組織への支援組織との位置付けで左下に配置してある。また，左上には，ブレークスルー組織を指揮・支援する位置付けで，TMT＆GSに加えてTQMやワークアウト（GEでの実施が有名）のような全社施策としての諸活動を表した。なお，TMTとして前述のCEO／COO以外に記載したメンバーは，CHO（Chief Human resource Officer），CFO（Chief Financial Officer）を中心に，CQO（Chief Quality Officer），CLO（Chief Logistic Officer），CPO（Chief Process Officer），CIO／CKO（Chief Information Officer/Chief Knowledge Officer），CTO（Chief Technology Officer），CGO（Chief Green Officer）等を例として示してある。例えば，グリーン・イノベーションは担当役員のCGOがCTOらTMTと連携し，ホールプロセス・イノベーションは担当役員のCPOがCLOらTMTと連携しながら推進する図式となっている。

　なお，念の為に書き加えると，これら全てのブレークスルー組織が必須ではなく，また，前述した全ての障壁を打破する必要は必ずしもない。どの障壁は緊急に強力なパワーで打破し，どの障壁は残し，どの障壁は中間的な対応をするのかという見極めが重要であり，これこそまさにTMTがそのDC（ダイナミック・ケイパビリティ）に関する真骨頂を発揮する場面であると考える。

　さて，この第2・第3の障壁に関連して，Tushman & O'Reilly Ⅲ（1997）[5]は，〈図表10-9〉のように表現している。つまり，全社組織に相当するエグゼクティブ・チーム（本書ではTMT）が，「漸進型イノベーション」「構築型イノベーション」「不連続型イノベーション」という3種類のイノベーションを想定した各組織に対してどのように，組織マネジメントすれば良いかに関して述べているのである。まず漸進型イノベーション（＝インクリメンタル・イノ

5　Tushman, M. L. and O'Reilly Ⅲ, C. A.（1997）*Winning Through Innovation*, Harvard Business School Press（斎藤彰悟・平野和子（訳）（1997）『競争優位のイノベーション』ダイヤモンド社）．
　＊（注）和訳本は「両刀使いの組織」と訳されているが，〈9-4節〉の脚注で述べた事情による。本書は「両手利きの組織」で統一している。

第10章▶進化的イノベーションを超克する組織全体マネジメント　265

図表10-9　組織の基本構成：両手利き組織の管理

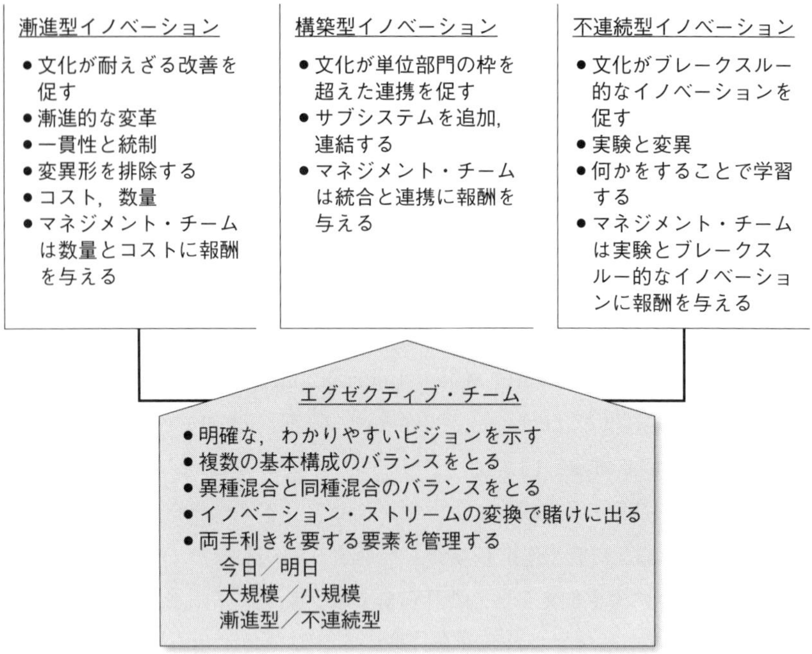

漸進型イノベーション
- 文化が耐えざる改善を促す
- 漸進的な変革
- 一貫性と統制
- 変異形を排除する
- コスト，数量
- マネジメント・チームは数量とコストに報酬を与える

構築型イノベーション
- 文化が単位部門の枠を超えた連携を促す
- サブシステムを追加，連結する
- マネジメント・チームは統合と連携に報酬を与える

不連続型イノベーション
- 文化がブレークスルー的なイノベーションを促す
- 実験と変異
- 何かをすることで学習する
- マネジメント・チームは実験とブレークスルー的なイノベーションに報酬を与える

エグゼクティブ・チーム
- 明確な，わかりやすいビジョンを示す
- 複数の基本構成のバランスをとる
- 異種混合と同種混合のバランスをとる
- イノベーション・ストリームの変換で賭けに出る
- 両手利きを要する要素を管理する
  今日／明日
  大規模／小規模
  漸進型／不連続型

出所：Tushman & O'Reilly III（1997）邦訳書p. 211。

ベーション）を担う組織が持つ特性として，文化が耐えざる改善を促す／漸進的な変革／一貫性と統制／変異形を排除する／コストと数量／マネジメント・チームは数量とコストに報酬を与える，という要素を挙げている。次に不連続型イノベーション（＝ラディカル・イノベーション）を担う組織が持つ特性として，文化がブレークスルー的なイノベーションを促す／実験と変異／何かをすることで学習する／マネジメント・チームは実験とブレークスルー的なイノベーションに報酬を与える，という特徴を示している。さらに，構築型イノベーションを担う組織が持つ特性として，文化が単位部門の枠を超えた連携を促す／サブシステムを追加・連結する／マネジメント・チームは統合と連携に報酬を与える，という特徴を挙げているが，これは本書におけるジェネラル・スタッフ（GS）部門に対応するものと捉えられる。そして最後にエグゼクティブ・チーム（本書ではTMT）が持つべき特性として，明

確な・わかり易いビジョンを示す／複数の基本構成のバランスをとる／異種混合と同種混合のバランスをとる／イノベーション・ストリームの変換で賭けに出る／両手利きを要する要素（今日と明日，大規模と小規模，漸進型と不連続型）を管理する，との特徴を主張しているのである。

10-5 組織能力マネジメント・マトリクス

10-5-1 組織能力マネジメント・マトリクスの考え方

　これまで本書で設定した３種類の障壁に着目し，その解消へ向かう方策を検討してきたが，その３種類以外にも例えばさらにオープン・イノベーションを推進すれば企業（文化）間の障壁等，様々な障壁が存在している。それはこれまでの議論の応用と捉え，ここでは，改めて組織内に目を向けてみる。本来は掛け替えのない味方であるメンバーが視野の狭さ故に些細なコンフリクトによって本来的意味での協働関係を実現できないことに対して，たとえ時間を要してもじっくりと向き合う継続的努力は，DCを理解しているTMTが率いる組織にとって必要であろう。

　上記の目的を達成する為にTMT主導の努力は当然のこととして，実は組織内の各所では心あるメンバー達による様々な動きが存在している。それらの施策群を「Hand-in-Hand施策」と呼んでおくが，心持としては全社一丸というような組織上部からの圧力的ニュアンスではなく，独立した一個人達が，自らの意思を持って手を取り合い協力して個人と組織のwin-win関係を築いていく施策群という想いを込めてある。それら努力を総体として認識し，前述のブレークスルー組織を含むフレームワークとして，組織能力マネジメント・マトリクスを以下の〈図表10-10〉に提案したい。

　このフレームワークの考え方に関しては，縦軸と横軸共に，組織が発信した意図をメンバーが共有することからスタートしている。まず縦軸は，組織／組織トップ（TMT）が意図する目的を（少なくとも当初は）明示するか

第10章▶進化的イノベーションを超克する組織全体マネジメント　267

図表10-10　組織能力マネジメント・マトリクス

		組織（規則）の位置付け	
		フォーマル（業務）	インフォーマル
組織の深い意図まで明示しているか（直接的効果が不確実な）	クリアー・プログラム	(A) クリアー＆ フォーマル活動	(B) クリアー＆ インフォーマル活動
	ヒドゥン・プログラム	(C) ヒドゥン＆ フォーマル活動	(D) ヒドゥン＆ インフォーマル活動

出所：小沢（2008b）[6] p. 79を修正。

／否かとした。当初から意図を明示している施策を「クリアー・プログラム（clear program）」，少なくとも当初は意図を明示しない施策を「ヒドゥン・プログラム（hidden program）」とした。教育学の分野における「ヒドゥン・カリキュラム（hidden curriculum）」という概念は，Jackson（1968）[7]が用いて以来現在に至るまで認知されている概念であるが，表に現れない裏のカリキュラム或いは隠れたカリキュラムが教育機関には存在する，という考え方である。それは教育機関が有する様々な教育資源が暗黙のうちに生徒／学生達に様々な影響を与えており，表のカリキュラムに劣らず，この隠れたカリキュラムの影響力が非常に大きいと考えられているのである。この概念をヒントとして，企業等組織においても明文化されるなど明確に意識される「クリアー・プログラム」と共に，この「ヒドゥン・プログラム」を意図的に仕込むことが有効であろうと考えるのである。本書における組織のヒドゥン・プログラムには，TMTは直接的な効果を望むがそれを当初から公開すべきではない性格のものと，間接的な効果は期待できるものの直接的効果が不確実なので公開が憚られるもの等が混在していると捉えるべきであろう。

6　小沢一郎（2008b）「イノベーションと組織能力に関する考察（その2）」『専修経営学論集』第86号，専修大学経営学会。

7　Jackson, P. W.（1968, 1990）*Life in classroom*, Teachers College Pr.

268　第2部▶進化的イノベーションのダイナミクスと組織能力マネジメント

一方の横軸の考え方は，構成員が行動する際の意識として「フォーマル（業務）」と意識するように組織が規則として定めているのか否か，という区分けである。この区分けは，時間外手当を支払うのかどうかという事項にも結び付くケースが多い。次項から，この区分けによって多彩・多様な活動を類型化しつつ，この種の活動に関して考えたいと思う。

10-5-2 組織能力マネジメント・マトリクスの活用

（A）クリアー＆フォーマル活動

このセルは，前述のCFT・CBT・CWCを含み，その他のPT（Project Team）やTF（Task Force）等々，恒常組織以外の臨時組織を駆使してイノベーションに挑むのだが，それらは社内公示等を伴うクリアー＆フォーマル・モードで行われるのが通常であろう。

（B）クリアー＆インフォーマル活動

このセルは，周囲に特に秘密にすることもない組織の意図を伴いながら正式業務としては位置付けない性格の行動である。例えば，「勉強会」の名目で時間外手当無しの研修，自由参加が建前の「小集団活動」など，この種の行動が暗黙的圧力の裡に増加するとブラック企業との境界に迫ることになる。しかし，3M社の有名な「15％カルチャー（旧15％ルール）」は，上司も活動内容を聞いてはならないインフォーマルな自主的活動をフォーマルなルールで認めてしまう制度であり，この類型においてもやはり注目すべきである。これは，3M社の「汝アイデアを殺すなかれ」という理念，「ブートレッキング（密造酒づくり）」という伝統等々に裏打ちされているだけに強靭であり，グーグル社の「20％ルール」等への拡散を見ている。国内における事例では，コクヨ社で職場内でのイベント（飲み会／ボーリング等）に補助金を支給する，後に職場間でのイベントに補助金を支給する等の動きが見られ，これもまた注目すべき動向である。広くは伝統的なクラブ活動等の人的交流（趣味／地域交流会／各（入社）年代交流会…）に対する補助金等の施策も同じ本セルに入る動きである。但しこれら施策に対して，単なる福利厚生施策とは異なる戦略的意図をTMTが持つかどうか，がポイントとなるであろう。

（C）ヒドゥン＆フォーマル活動

このセルは，フォーマル業務に関わる様々な環境整備などに，隠された意図に基づく配慮をすることによって，組織間や個人間の結合を促す施策群が配置される。事例としては，某社においてコンフリクトが度々発生していたデザイン部門と営業部門を同じフロアーに配置し，両部門の間にコピーマシン・喫茶コーナー・廃棄物分別収集スペース等を設置して，その結果，常日頃から両部門の社員が交流して顔見知りとなったが，それには心理的に近しい関係性を紡ぐという上部の意図があった。またヤクルト本社・中央研究所においては日当たりの良い窓際に居室を配置し，奥側には実験スペースをオープンスペース化して配置することにより，ともすれば閉ざされた実験室内という閉鎖環境で見えなくなってしまう各研究員の活動を見えるように改善し，相互作用によるイノベーションの萌芽を期待している。しかも，異なる分野の研究メンバーが交流する機会（報告会等）も設け，新たな知の刺激を意図した仕掛けを複合的に設けているものと思われる。また，日本IBM・大和事業所の事例では，社員食堂におけるテーブルを真っすぐには歩けないように配置して，研究者間の様々な声掛けなど交流を生み出す環境を設定してある（これはドン・キホーテ店内やゲームセンター等で顧客を商品やゲームと遭遇させる為の手法と類似している）。最後に大学機関の大学スポーツ（野球・ラグビー等）の応援を例に挙げてみよう。学生達が応援に参加し易くする為に，授業を休講とするのは表のカリキュラムであるが，定められている訳ではないヒドゥン・プログラム（ヒドゥン・カリキュラム）が多く存在している。球場で肩を組んで応援する，大学名を何百回も連呼する，大学を好きになってしまうカレッジソングを大声で歌う，大学の応援グッズ（帽子など）を身に付ける／使う，等々である。このような体験の連続が結果として生む効果によって学生達の愛校心が高まり，仲間達との心の結び付きが強くなり，社会に出てからも同窓生と聞くと連帯感を感じる源泉となるのである。表のカリキュラムの中で学長が，愛校心を高めようとか・連帯感を感じよう，などと何十回も言うよりも，効果はヒドゥン・カリキュラムの方が高く，心と体に染み込んでしまう継続的効果を持つと考えられよう。

（D）ヒドゥン&インフォーマル活動

　このセルはインフォーマルな活動を（実は）組織的に隠された意図を伴って社員が行っている姿である。例えば，某社において人事スタッフが隠密に行動して若手研究者の何人かを焚き付けてインフォーマルな懇親会・交流会を自主的に企画・実行させ，異分野研究者の交流を進めているケースがある。人事スタッフとして焚き付ける行動は（人事部としては）フォーマルな活動だが，受け手の研究者からすればヒドゥン&インフォーマルな活動なのである。また，研究所と生産工場を郊外の事業所としている某企業では，夏の納涼祭やクリスマス・パーティ等々，若者達が集う機会を多く開催していた。業務以外という意味ではインフォーマルな活動であり，社員の親睦を深めることは通常の表向きの目的で，暗に組織コミットメントとモチベーションを高めることも推測の範囲だが，さらなるヒドゥン部分では「若手研究者が地元の女性社員と結婚し定住することで転職を抑止し終身勤務へ向かわせつつ，社員寮で異分野の主要研究者が密接に交流する」ことも意図していた。社員寮の部屋割りも，社内イベントのチーム分けも，上記の類の趣旨を満たす「意図」の下に組み立てられていたが，あくまでもヒドゥンな領域として扱われていた。

　日本人のような「ハイ・コンテクスト文化」の人間においては殊更に，インフォーマルな繋がりがフォーマルな繋がりと活動に活き，結果として成果を生み出す構造にある。少なくとも，漢方薬のようにじんわりと効いてくる可能性は否定できないであろう。ところが，イノベーション最先端でロー・コンテクスト文化圏内に属するアメリカ所在のテスラ社（Tesla, Inc.）CEOであるイーロン・マスク氏（MASK, Elon）が全社員宛に発信したe-mailが2017年9月に報道された。そこには，個人や狭い組織という壁の内部に留まらずに，壁のないコミュニケーションを実施することによって全社の為に貢

8　Hall, E. T.（1976）*Beyond Culture*, Anchor Books.

9　https://www.inc.com/justin-bariso/elon-musk-sent-an-extraordinary-email-to-employees-and-taught-a-major-lesson-in.html, https://gigazine.net/news/20170901-elon-musk-what-great-communication-looks-like/ （2017.09.08 参照）

　　＊木谷哲夫（2018）「テスラCEOが全社員に宛てたメールの中身」『東洋経済オンライン』（2018年03月17日記事）https://toyokeizai.net/articles/-/212417（2018.05.07 参照）

献して欲しいというマスク氏の熱意が示されており，それと裏腹に実在する障壁に対する葛藤を感ぜずには居られなかった。

　すなわち，この組織能力マネジメント・マトリクスには，トップが壇上から語る正式セレモニーから，暗黙のうちに進行する個人間及び組織間の動きまでを，計画的のみならず創発的な仕掛けをも含めて企画・実行する要素が含まれている。このようなマネジメントを意図している企業は未だそれ程多くないと想定しうるが，組織能力自体を向上させていく基本的枠組みの1つを提示することができたと考える。

　このように，本章でテーマとした組織能力を阻む障壁と，それをブレークスルーするTMTの組織能力マネジメント（組織づくり，様々な仕掛け，トップメッセージ等々）が進化的イノベーションに対して欠かせないエッセンスであり，組織能力マネジメント・マトリクスを新たな切り口として，弁証法における「止揚（Aufheben：アウフヘーベン）」を促進できることを示して，本章と本書の締め括りとしたい。

あとがき

1 本書の主要メッセージ（★印：巻頭カラー図表あり）

本書における主要なメッセージをまとめておくと，以下の24点である。

(1) **企業等組織の盛衰を大きく左右する要因として，「進化的イノベーション」の進行メカニズムを理解すべきである。それは，「顧客のパワー」2種と「企業等のパワー」2種という合計4種のパワーが原動力である。**

→「イノベーションのパワーバランス・モデル（基本型）」〈図表2-8〉参照。

(2) **顧客パワーと顧客間相互作用が増大し常に変化し続けている状況を，企業等側は十分に認識して戦略に組み込む必要がある。**

消費者行動理論等のレビューによると，現時点のイノベーション採用の決定はクチコミ等の周辺ルートが有力である。その顧客間相互作用の諸理論を図示した。

→「顧客間相互作用の諸理論」〈図表3-5〉参照。

また，企業等の対応必要性を述べる為に，インターネットの影響力を踏まえて顧客パワーが増大している様を明示した。

→「インターネット時代のコミュニケーション方法」〈図表3-12〉参照。

(3) **企業等のインタラクションが複雑化・活発化している状況を歴史的構造変化の視点も踏まえて理解し，戦略に組み込むことが有効である。**

企業等間のインタラクションを論じる認識ベースとして，まず企業等間関係のタイプを分類・図示すると共に，日本の三十数年間における制度改革を年表化した。意図としては，このような構造的潮流の中における一時点を意識しつつ，組織としての戦略（短期・中期・長期）を決定する重要性を論じた次第である。

→「企業等間関係のタイプ」〈図表4-2〉，「企業等間インタラクションに影響を与える制度改革年表」〈図表4-5〉参照。

273

なお，国内においては企業等間協調の場として機能しながら，これまで注目されていなかった工業会等の標準化母体も，業際化という流れの中で変遷している歴史も認識しておきたい。

→「写真システムと移動電話の標準化母体」〈図表4-8〉参照。

(4) **企業等間インタラクションの主題である「競争」と「協調」に関して，「競争が生む協調観」と「協調が生む競争観」という新たなパースペクティブからなるフレームワークを提案した。**

→「競争と協調のフレームワーク」〈図表4-6〉参照。

また，「企業等」と表現しているプレーヤー達は，「企業」という境界を越えてサプライヤー企業や顧客企業・ユーザーへ広がると共に，企業内の各レベルの組織単位も含めて複雑化し，変化していく状況を認識せねばならない。

→「企業内組織レベルを含む企業等間相互作用（例示）」〈図表4-12〉参照。

(5) **進化的イノベーションの進行は，「4種類の主要パワー」と「それら内外の相互作用（10種類）」のパワーバランスによって決定する。**

4種類の主要パワーとは，イノベーションを進めたい「顧客の積極的パワー」とイノベーション採用をためらい拒む「顧客の消極的パワー」，イノベーション採用容易化を進めたい「企業の積極的パワー」とイノベーション採用容易化に抗う「企業の消極的パワー」である。そのパワー4種と，それら内外の相互作用10種類のパワーバランスによって，イノベーションの進行が一時的に停滞したり，ある時期一気に加速したりする動きが決定される。

→「イノベーションのパワーバランス・モデル（発展型）」〈図表5-1〉[★]参照。

(6) **企業戦略として，「サイド・アタック」と「逆サイド・アタック」が奏効するが，基本的戦略転換として，その時点で味方の顧客を継続的に満足させ続けることが最重要である。**

イノベーションに積極的企業は積極的顧客から消極的顧客への相互作用を利活用するサイド・アタックが有効であるし，消極的企業は消極的顧客から積極的顧客への相互作用という逆ルートでの逆サイド・アタックが奏効する。そのアタックをサポートするいくつかの戦術（相互作用促進の為のインセンティブ付与等）はあるが，基本的戦略転換としては，その時点で味方の顧客を継続的に満足（ないし満足を越える歓喜）させ続けることが最重要である。

274

→「企業戦略へのリンケージ・モデル（拡張型）」〈図表5-10〉★,「進化的イノベーションに対する企業等の戦略（拡張型）〈図表5-11〉参照。

⑺　**「純粋（正逆）サイド・アタックから「純粋フロンタル・アタック」にかけて，「黒衣的（正逆）サイド・アタック」や「擬似的（正逆）サイド・アタック」というスペクトラム的戦術が存在していて興味深い。**

→「（正逆）サイド・アタックのバリーション」〈図表5-6〉参照。

⑻　**進化的イノベーションの進行に伴い，パワーバランスの変化を動的に捉えて戦略変更と組織能力の再構築を実施することは必須である。**

進化的イノベーションの進行に伴い顧客層がシフト・変化するのでターゲット顧客群の特性が次々と変化していく。その顧客群と相対する企業等側も各顧客グループ及び競争企業等への戦略変更が必須となる。しかも，それらの戦略を策定・実行する為には，組織における多様な能力を再構築することも必要になる。つまり，短期的な組織の能力とその組織の能力自体を変化させるメタレベルの組織能力（ダイナミック・ケイパビリティ）が必須となるのである。

→「進化的イノベーション進行の7フェーズ＆3ターム」〈図表6-1〉,「進化的イノベーションのダイナミクス検討手順」〈図表6-11〉参照。

⑼　**進化的イノベーションの5つの顧客グループ特性を熟知する。**

→「Rogersによる，5つの顧客グループ特性」〈図表7-1〉,「Mooreによる，5つの顧客グループ特性」〈図表7-2〉参照。

⑽　**さらに，論理的に導出した顧客グループ内＆グループ間における相互作用の大きさと方向は極めて有効なヒントとなる。**

→「各顧客の相互作用（グループ内＆グループ間から受ける影響力)」〈図表7-5〉参照。

＊相互作用における発信と受信の状況を表現する相互作用マトリクス上で，反時計回りに顧客グループが移動していく様子は興味深い。

→「相互作用マトリクスにおける顧客グループ」〈図表7-6〉参照。

⑾　**これら顧客グループ特性に合わせて，前述の「フロンタル・アタックからサイド・アタックへのスペクトラム」を応用し，有効な各種アタック方法を編み出した。**

→「顧客グループに応じた各種アタック（総括）」〈図表7-7〉参照。

⑿ **イノベーションを創出する組織モデルを提示し，既存研究との差異を明示した。**

　→「イノベーション創出プロセス・モデル」〈図表8-4〉，「イノベーション創出プロセス・モデルのアピールポイント」〈図表8-5〉参照。

⒀ **「プロダクト・イノベーション」と「生産プロセス・イノベーション」の後に，「マーケティング＆サービス・イノベーション」のチャンスが増す。**

　進化的イノベーションの後期の時期には特に，マーケティング＆サービス・イノベーションの実現によって，当該イノベーションのさらなる展開・発展を期すことが可能である。これまでは，せっかく生まれた進化的イノベーションの後期のチャンスを逃してきた可能性もある。

　→「新たなイノベーションの必要性」〈図表8-6〉参照。

　進化的イノベーションは上記3種のイノベーションがサイクルを描く様に進行していき，イノベーション創出プロセスとの関係も図示した。

　→「イノベーション創出プロセスにおける重点ポイント」〈図表8-7〉[★]参照。

⒁ **加えて地球環境経営としての「グリーン・イノベーション」を加えた4種のイノベーションを含む全体プロセスを刷新する「ホールプロセス・イノベーション」が必要であり，総合すると進化的イノベーション・サイクルが形成される。 さらに，進化的イノベーションの世代交代時期を想定すると，複数世代の進化的イノベーション・サイクルが同時並行的に回転する様相となる。**

　→「進化的イノベーション・サイクル（1）」〈図表8-8〉，「進化的イノベーション・サイクル（2）」〈図表8-9〉参照。

⒂ **進化的イノベーションに対し（各時点で）積極的企業も消極的企業も，5種の顧客グループに対する5種のフェーズの戦略，すなわち25種の対応として顧客戦略を総括することが可能である。**

　→「積極的企業の顧客戦略」〈図表8-10〉[★]，「消極的企業の顧客戦略」〈図表8-11〉[★]参照。

⒃ **さらに，各時期における企業等の協調戦略も例示することができる。**

　→「企業等の協調フォーメーション」〈図表8-12〉参照。

276

⒄　企業のトップマネジメント・チーム（TMT）とジェネラル・スタッフ（GS）にとって，組織の能力を転換させる能力であるダイナミック・ケイパビリティ（DC）の３要素（感知・捕捉・再配置／転換）は企業の持続的競争優位性構築の鍵を握っている。

　→「ダイナミック・ケイパビリティの構成」〈図表9-5〉参照。

⒅　ダイナミック・ケイパビリティ（DC）の３要素は進化的イノベーションの時期に応じて発揮すべき方向性と軽重が異なる。さらに，進化的イノベーションの世代交代時期を想定すると，複数世代を包含するDCの在り様を想定することができる。

　→「進化的イノベーション各フェーズに必要なダイナミック・ケイパビリティ（1）」〈図表9-6〉，「進化的イノベーション各フェーズに必要なダイナミック・ケイパビリティ（2）」〈図表9-7〉★ 参照。

⒆　「プロダクト」「生産プロセス」「マーケティング＆サービス」「グリーン」「ホールプロセス」，という５種のイノベーションを包含する組織全体のマネジメントに関して，それらをリードする主体（トップマネジメント・チーム（TMT）／事業部門）には，進化的イノベーションの時期に応じて，発揮すべきパワーの質と大きさに適切な配分が存在する。

　→「進化的イノベーションを超克する組織に必要なマネジメント力」〈図表9-18〉，「進化的イノベーションを超克する組織と先行研究」〈図表9-19〉参照。

⒇　進化的イノベーションを超克する組織のケイパビリティ（DC）とは，進化的イノベーションの各時期によって異なるケイパビリティ（OC & DC自体）をマネジメントできることである。

（なお，OCとはオペレーショナル・ケイパビリティである）

　→「進化的イノベーションを超克する組織のケイパビリティ」〈図表9-20〉参照。

㉑　上記⒇をさらに詳細に論述するには，組織特性の類型化が必要である。

　組織特性を「各事業特性の相違を同時に組織に内包するか」という軸と，「各イノベーションの相違を同時に組織に内包するか」という軸によって４種に類型化できる。すなわち，（A）シングルビジネス＆特化イノベーション組織特性，（B）シングルビジネス＆フル・イノベーション組織特性，（C）マルチ

あとがき　277

ビジネス＆特化イノベーション組織特性，（D）マルチビジネス＆フル・イノベーション組織特性である。読者はご自身の対象企業の特性から類型を判断して頂きたい。

→「組織特性の類型」〈図表10-1〉参照。

⑵⑵ **ダイナミック・ケイパビリティを発揮するに際し，各組織類型にはそれぞれに以下の３種類の障壁の組み合わせが存在する。①個人の心理的障壁，②イノベーション特性間の障壁，③事業特性間の障壁。**

→「シングルビジネス＆特化イノベーション組織特性と障壁〈図表10-2〉，「シングルビジネス＆フル・イノベーション組織特性と障壁」〈図表10-3〉[★]，「マルチビジネス＆特化イノベーション組織特性と障壁」〈図表10-4〉[★]，「マルチビジネス＆フル・イノベーション組織特性と障壁」〈図表10-5〉[★]，「各組織類型における障壁の総括」〈図表10-6〉参照。

⑵⑶ **ダイナミック・ケイパビリティ発揮の為に障壁を打破する手段として，「個人学習から組織学習への橋渡し」，「ブレークスルー組織（クロスファンクショナル・チーム，クロスビジネス・チーム，カンパニーワイド・コミッティ）の活用」がある。**

→「個人学習と組織学習の橋渡し」〈図表10-7〉，「ブレークスルー組織」〈図表10-8〉[★]参照。

⑵⑷ **ダイナミック・ケイパビリティ発揮の為に障壁を打破する手段として，上記トップダウン施策にボトムアップの動き（Hand-in-Hand施策）をも包含する全体像として，「組織能力マネジメント・マトリクス」に応じた施策展開を提案する。**

→「組織能力マネジメント・マトリクス」〈図表10-10〉参照。

2　お読み頂いた「ビジネスパーソン」の皆様へ

本書をお読み頂ければ，必ず，それぞれのお立場でのビジネスに役立つ指針やヒントが含まれていると確信して，祈るような想いで本書を世に送り出しております。

⑴ 経営者の皆様

近年，日本企業による画期的イノベーションの実現が少なくなったのでは

と言われています。その原因として，経営陣の評価が短期志向に傾いていること，その流れを受けてか，個人ベースでの成果によって評価する制度が行き過ぎていること等々が挙げられています。あるシニア実務者の方の発言によれば，「今の若手は"頭が良い"ので，リスクの大きいチャレンジはせずに，成果が見える課題に注力する傾向が大きい」とのこと。それは，リスクを引き受けない"若手"の責任でもあるが，むしろ組織文化をその方向へリードし，そのような行動様式に向かわせている経営陣の責任であろうと筆者は考えています。

　すなわち，組織がブツブツと分断され，最終的には個々人の単位にまで切り離され，組織としてのダイナミック・ケイパビリティはおろかオペレーショナル・ケイパビリティすら十分に発揮できていない，というモドカシサを感じざるを得ません。個々人はもっと大きなポテンシャルを持っている。（世界的に見ても）優秀な人財を十二分に活かし切れていないのでは，という反省です。かつて日本企業が発揮していた組織力を，冷静な思考と燃える情熱を合わせた新たな形で実現する必要があるのです。

　経営者の皆様，是非，効率重視に陥らずに，効果的イノベーションを創出する為の組織スラックを許容した上で，本書後半で述べたダイナミック・ケイパビリティをマネジメントして頂きたいと心底から願っております。

⑵ 全てのビジネスパーソンの皆様

　本書の内容の一部を講演で話した後にビジネスパーソンの方が質問に来られました。質問内容は，「業界的にも画期的な商品を自社が先んじて発売したのだが，普及率が20％程度を過ぎてからピタっと販売が進まなくなり悩んでいる」。確認したところ，営業トークやパンフレット等の販促品は発売当初のまま，とのこと。筆者としては，顧客グループ特性が明らかに変化する時期に，それへの対応がなされていないと推察できました。そこで，進化的イノベーションの第3フェーズに差し掛かっていて，これまでの技術的先進性などをアピールする営業トークやパンフレット等ではミートしないので，採用者の高評価などを盛り込むこと，或いは，ユーザー会を組織化し情報交換すると共に，そこへアタック中の顧客を招くなどサイド・アタックの要素を取

あとがき　279

り入れること，等をアドバイスしました。

　このように，本書の進化的イノベーションのダイナミクスを理解できれば，研究開発・商品企画・営業・販売・サービス・間接スタッフ，それぞれのお立場で有益なアイデアが浮かぶものと信じております。是非，各種の障壁を乗り越えて綜合的能力を発揮し，顧客・ユーザーが喚起する商品・サービスを創出し，結果として企業競争力が増しますよう祈念しております。

■ 参考文献

Aaker, D. A. (1991) *Managing Brand Equity*, The Free Press（陶山計介・中田善啓・尾崎久仁博・小林哲（訳）（1994）『ブランド・エクイティ戦略：競争優位をつくりだす名前，シンボル，スローガン』ダイヤモンド社）.

Aaker, D. A. (1996) *Building Strong Brands*, The Free Press（陶山計介・小林哲・梅本春夫・石垣智徳（訳）（1997）『ブランド優位の戦略』ダイヤモンド社）.

Aaker, D. A. (2001) *Developing Business Strategies*, John Wiley & Sons（今枝昌宏（訳）（2002）『戦略立案ハンドブック』東洋経済新報社）.

Aaker, D. A. (2004) *Brand Portfolio Strategy*, The Free Press（阿久津聡（訳）（2005）『ブランド・ポートフォリオ戦略：事業の相乗効果を生み出すブランド体系』ダイヤモンド社）.

Aaker, D. A. (2008) *Spanning Silos*, Harvard Business School Press（大里真理子（訳）（2009）『シナジー・マーケティング：部門間の壁を越えた全社最適戦略』ダイヤモンド社）.

Aaker, D. A. (2011) *Brand Relevance*, John Wiley & Sons（阿久津聡（監訳），電通ブランド・クリエーション・センター（訳）（2011）『カテゴリー・イノベーション：ブランド・レレバンスで戦わずして勝つ』日本経済新聞出版社）.

Aaker, D. A. and Joachimsthaler, E. (2000) *Brand Leadership*, The Free Press（阿久津聡（訳）（2000）『ブランド・リーダーシップ：「見えない企業資産」の構築』ダイヤモンド社）.

Aaker, J. and Smith, A. (2010) *The Dragonfly Effect: Quick, Effective, and Powerful Ways to Use Social Media to Drive Social Change*, Jossey-Bass（阿久津聡（監修），黒輪篤嗣（訳）（2011）『ドラゴンフライ エフェクト：ソーシャルメディアで世界を変える』翔泳社）.

Abell, D. F. (1980) *Defining the Business: The Starting Point of Strategic Planning*, Prentice-Hall（石井淳蔵（訳）（1984）『事業の定義：戦略計画策定の出発点』千倉書房：石井淳蔵（訳）（2012）『[新訳] 事業の定義：戦略計画策定の出発点』碩学舎）.

Abernathy, W. J., Clark, K. B., and Kantrow, A. M. (1983) *Industrial Renaissance: Producing a Competitive Future for America*, Basic Books（望月嘉幸（監訳），日本興業銀行産業調査部（訳）（1984）『インダストリアル・ルネサンス』ＴＢＳブリタニカ）.

Abernathy, W. J. and Clark, K. B. (1985) "Innovation: Mapping the Winds of Creative Destruction," *Research Policy*, Vol. 14, No. 1.

Abernathy, W. J. and Utterback, J. M. (1978) "Patterns of Industrial Innovation," *Technology Review*, Vol. 80, No. 7, MIT Alumni Association.

Adner, R. (2012) *The Wide Lens: A New Strategy for Innovation*, Portfolio（清水勝彦（監

訳）（2013）『ワイドレンズ：イノベーションを成功に導くエコシステム戦略』東洋経済新報社）.

Ai, R. and Trout, J. (2001) *Positioning: The Battle for Your Mind*, McGraw-Hill（川上純子（訳）（2008）『ポジショニング戦略［新版］』海と月社）.

Albrecht, K. and Zemke, R. (2002) *Service America in the New Economy*, McGraw-Hill（和田正春（訳）（2003）『サービス・マネジメント』ダイヤモンド社）.

Aldrich, H. E. (2006) *Organizations Evolving*, Sage Publications（若林直樹・高瀬武典・岸田民樹・坂野友昭・稲垣京輔（訳）（2007）『組織進化論：企業のライフサイクルを探る』東洋経済新報社）.

Anderson, C. (2012) *Makers: The New Industrial Revolution*, Random House Business Books（関美和（訳）（2012）『MAKERS：21世紀の産業革命が始まる』NHK出版）.

Ansoff, H. I. (1965) *Corporate Strategy*, McGraw-Hill（広田寿亮（訳）（1969）『企業戦略論』産業能率大学出版部）.

Ansoff, H. I. (1988) *The New Corporate Strategy*, Wiley（中村元一・黒田哲彦（訳）（1990）『最新・戦略経営』産業能率大学）.

Anthony, S. D., Johnson, M. W., Sinfield, J. V., and Altman, E. J. (2008) *The Innovator's Guide to Growth: Putting Disruptive Innovation to Work*, Harvard Business School Press（栗原潔（訳）（2008）『イノベーションへの解：実践編』翔泳社）.

Aral, S. (2013) "What would Ashton Do: and Does it Matter?," *Harvard Business Review*, May, pp. 25-27.

Argon-Correa, J. A. and Sharma, S. (2003) "A Contingent Resource-Based View of Proactive Corporate Environmental Strategy," *Academy of Management Review*, Vol. 28, Issue 1.

Argyris, C. (1977) "Double Loop Learning in Organization," *Harvard Business Review* Sep.-Oct.（有賀裕子（訳）（2007）「「ダブル・ループ学習」とは何か」『ダイヤモンド・ハーバード・ビジネス・レビュー』4月号，ダイヤモンド社）.

Argyris, C. (1978) *Organizational Learning: A Theory of Action Perspective*, Addison-Wesley.

Argyris, C. (1991) "Teaching Smart People How to Learn," *Harvard Business Review*, May-June（梅津祐良（訳）（1991）「防衛的思考を転換させる学習プロセス」『ダイヤモンド・ハーバード・ビジネス・レビュー』11月号，ダイヤモンド社）.

Argyris, C. (1994) "Good Communication That Blocks Learning," *Harvard Business Review*, July-Aug.（熊谷鉱司（訳）（1994）「学習する組織へのブレークスルー」『ダイヤモンド・ハーバード・ビジネス・レビュー』11月号，ダイヤモンド社）.

Armstrong, D. L. and Yu, K. W. (1996) *The Persona Principle: How to Succeed in Business with Image-Marketing*, Simon & Schuster（徳永守也（訳）（1997）『ペルソナの法則』東急エージェンシー出版部）.

Arthur, W. B. (2009) *The Nature of Technology: What it is and How it Evolves*, Free Press（有賀裕二（監訳），日暮雅通（訳）（2011）『テクノロジーとイノベーション：進化／生成の理論』みすず書房）.

Astley, W. G. and Fombrun, C. J. (1983) "Collective Strategy: Social Ecology of

Organizational Environments," *Academy of Management Review,* Vol. 8, No. 4.

Babbie, E. (2001) *The Practice of Social Research,* 9th ed., Wadsworth/Thomson Learning（渡辺聡子（監訳）（2003）『社会調査法（1）：基礎と準備編』培風館；渡辺聡子（監訳）（2005）『社会調査法（2）：実施と分析編』培風館）.

Baden-Fuller, C. and Stopford, J. M. (1994) *Rejuvenating the Mature Business,* Harvard Business School Press（石倉洋子（訳）（1996）『成熟企業の復活：ヨーロッパ企業はどう蘇ったか』文眞堂）.

Baldwin, C. Y. and Clark, K. B. (2000) *Design Rules : The Power of Modularity,* The MIT Press（安藤晴彦（訳）（2004）『デザイン・ルール：モジュール化パワー』東洋経済新報）.

Barnard, C. I. (1938) *The Functions of the Executive,* Harvard University Press（山本安次郎・田杉競・飯野春樹（訳）（1968）『新訳 経営者の役割』ダイヤモンド社）.

Barney, J. B. (1986) "Strategic Factor Markets: Expectations, Luck, and Business Strategy," *Management Science,* Vol. 32, No. 10.

Barney, J. B. (1986) "Organizational Culture: Can It Be a Source of Sustained Competitive Advantage?" *Academy of Management Review,* Vol. 11, No. 3.

Barney, J. B. (2001) "Resource-Based Theories of Competitive Advantage: A Ten-Year Retrospective on the Resource-Based View," *Journal of Management,* Vol. 27, No. 6.

Barney, J. B. (2002) *Gaining and Sustaining Competitive Advantage,* 2nd ed., Prentice Hall（岡田正大（訳）（2003）『企業戦略論：競争優位の構築と持続』ダイヤモンド社）.

Bartlett, C. A. and Ghoshal, S. (1997) *The Individualized Corporation,* HarperCollins Publishers（グロービス・マネジメント・インスティテュート（訳）（1999）『個を活かす企業』ダイヤモンド社）.

Baudrillard, J. (1970) *La Societe de Consommation: Ses Mythes, Ses Structures,* Editions Denoel（今村仁司・塚原史（訳）（1979）『消費社会の神話と構造』紀伊國屋書店）.

Benner, M. J. and Tushman, M. L. (2002) "Process Management and Technological Innovation: A longitudinal Study of the Photography and Paint industries," *Administrative Science Quarterly,* Vol. 47, Issue 4.

Bennis, W. (2003) *On Becoming A Leader,* HarperCollins（伊東奈美子（訳）（2008）『リーダーになる［増補改訂版］』海と月社）.

Bennis, W. and Nanus, B. (1985, 1997, 2003, 2007) *Leaders: Strategies for Taking Charge,* HarperCollins（伊東奈美子（訳）（2011）『本物のリーダーとは何か』海と月社）.

Berkun, S. (2007) *The Myths of Innovation,* O'Reilly & Associates（村上雅章（訳）（2007）『イノベーションの神話』オライリー・ジャパン）.

Berry, M. J. A. and Linoff, G. S. (2004) *Data Mining Techniques: For Marketing, Sales, and Customer Relationship Management,* Wiley Publishing（江原淳・佐藤栄作・上野勉・稲葉努・河野順一・寺田英治・斉藤史朗・谷岡日出男・藤本浩司（訳）（2008）『データマイニング手法：営業，マーケティング，CRMのための顧客分析』海文堂）.

Bettman, J. R. (1979) *An Information Processing Theory of Consumer Choice,* Addison-Wesley.

Blackwell, R. D., Miniard, P. W., and Engel, J. F. (2005) *Consumer Behavior,* 10th ed., South-Western.

Blaxill, M. and Eckardt, R. (2009) *The Invisible Edge,* Portfolio（村井章子（訳）(2010)『インビジブル・エッジ：その知財が勝敗を分ける』文藝春秋).

Bohm, D. (1996) *On Dialogue,* 2nd ed., edited by Nichol, L., Routledge（金井真弓（訳）(2007)『ダイアローグ：対立から共生へ，議論から対話へ』英治出版).

Botkin, J. (1999) *Smart Business,* Free Press（米倉誠一郎（監訳），三田昌弘（訳）(2001)『ナレッジ・イノベーション：知的資本が競争優位を生む』ダイヤモンド社).

Bourne, F. S. (1957) "Group Influence in Marketing and Public Relations," in Likert, R. and Hayes, S. P. (eds.), *Some Applications of Behavioral Research,* UNESCO, pp. 207-257.

Boyd, D. and Goldenberg, J. (2013) *Inside the Box: A Proven System of Creativity for Breakthrough Results,* Highbridge（池村千秋（訳）(2014)『インサイドボックス：究極の創造的思考法』文藝春秋).

Brady, H. E. and Collier, D. (eds.) (2010) *Rethinking Social Inquiry: Diverse Tools, Shared Standard,* 2nd ed., Rowman and Littlefield Publishers（泉川泰博・宮下明聡（訳）(2014)『社会科学の方法論争：多様な分析道具と共通の基準（原著第2版）』勁草書房).

Brandenburger, A. M. and Nalebuff, B. J. (1996) *Co-opetition,* Doubleday（嶋津祐一・東田啓作（訳）(1997)『コーペティション経営』日本経済新聞社；嶋津祐一・東田啓作（訳）(2003)『ゲーム理論で勝つ経営：競争と協調のコーペティション戦略』日本経済新聞社).

Briskin, A., Erickson, S., Ott, J., and Callanan, T. (2009) *The Power of Collective Wisdom and the Trap of Collective Folly,* Berret-Koehler Publishers（上原裕美子（訳）(2010)『集合知の力，衆愚の罠：人と組織にとって最もすばらしいことは何か』英治出版).

Bruch, H. and Ghoshal, S. (2004) *A Bias for Action,* Harvard Business School Press（野田智義（訳）(2005)『意志力革命：目的達成への行動プログラム』ランダムハウス講談社).

Brynjolfsson, E. and McAfee, A. (2011) *Race Against the Machine: How the Digital Revolution is Accelerating Innovation, Driving Productivity, and Irreversibly Transforming Employment and the Economy,* Digital Frontier Press（村井章子（訳）(2013)『機械との競争』日経BP社).

Buckman, R. H. (2004) *Building A Knowledge-Driven Organization,* McGrow-Hill（日本ナレッジ・マネジメント学会翻訳委員会（訳）(2005)『知識コミュニティにおける経営』シュプリンガー・フェアラーク東京).

Burgelman, R. A. (1983) "Corporate Entrepreneurship and Strategic Management: Insights from a Process Study," *Management Science,* Vol. 29, No. 12, pp. 1349-1364.

Burgelman, R. A. and Doz, Y. L. (2001) "The Power of Strategic Integration," *MIT Sloan Management Review,* Vol. 42, No. 3.

Burgelman, R. A. (2002) *Strategy Is Destiny: How Strategy-Making Shapes a Company's Future,* Free Press（石橋善一郎・宇田理（監訳）(2006)『インテルの戦略：企業変貌を実現した戦略形成プロセス』ダイヤモンド社).

Burgelman, R. A. (2002) "Strategy as Vector and the Inertia of Coevolutionary Lock-in," *Administrative Science Quarterly,* Vol. 47, No. 2.

Burgelman, R. A., Christensen, C. M., and Wheelwright, S. C. (2004) *Strategic Management of Technology and Innovation,* 4th ed., McGraw-Hill.

Burgelman, R. A., Christensen, C. M., and Wheelwright, S. C. (2004) *Strategic Management of Technology and Innovation,* 4th ed., McGraw-Hill（青島矢一・黒田光太郎・志賀敏宏・田辺孝二・出川通・和賀三和子（監修），岡真由美・斉藤裕一・櫻井祐子・中川泉・山本章子（訳）（2007）『技術とイノベーションの戦略的マネジメント（上・下）』翔泳社）.

Burgelman, R. A. and McKinney, W. (2006) "Managing the Strategic Dynamics of Acquisition Integration: Lessons from HP and Compaq," *California Management Review,* Vol. 48, No. 3.

Burgelman, R. A. and Siegel, R. (2007) "Defining the Minimum Winning Game in High-Technology Ventures," California *Management Review,* Vol. 49, No. 3.

Burton-Jones, A. (1999) *Knowledge Capitalism: Business, Work, and Learning in the New Economy,* Oxford University Press（野中郁次郎（監訳）有賀裕子（訳）（2001）『知識資本主義：ビジネス，就労，学習の意味が根本から変わる』日本経済新聞社）.

Cameron, K. S. and Quinn, R. E. (2006) *Diagnosing and Changing Organizational Culture: Based on the Competing Values Framework,* John Wiley and Sons（中島豊（監訳），鈴木ヨシモト直美・木村貴浩・寺本光・糠谷文孝・村田智幸（訳）（2009）『組織文化を変える：「競合価値観フレームワーク」技法』ファーストプレス）.
  ＊付録A, B, C, D, E, F.（http://www.firstpress.co.jp/ より DL，（2013.09.12参照））.

Cameron, K. S. and Quinn, R. E. (2011) *Diagnosing and Changing Organizational Culture: Based on the Competing Values Framework,* 3rd ed., John Wiley and Sons.
  ＊ Premium Content (DL from http://www.josseybass.com/go/cameron, accessed 2013.09.12).

Carlsson, B., Keane, J., and Martin, J. B. (1988) "Learning and Problem Solving: R&D Organization as Learning Systems," in Katz, R. (eds.), *Managing Professionals in Innovative Organizations,* Ballinger.

Carlson, C. R. and Wilmot, W. W. (2006) *Innovation,* Crown Business（楠木建（監訳），電通イノベーションプロジェクト（訳）（2012）『イノベーション5つの原則：世界最高峰の研究機関SRIが生みだした実践理論』ダイヤモンド社）.

Chamberlin, E. H. (1962) *The Theory of Monopolistic Competition,* 8th ed., Harvard University Press（青山秀夫（訳）（1966）『独占的競争の理論』至誠堂）.

Chandler, A. D. Jr. (1962, 1990) *Strategy and Structure,* MIT Press（有賀裕子（訳）（2004）『組織は戦略に従う［復刊版］』ダイヤモンド社）.

Chandler, A. D. Jr. (1977) *The Visible Hand: The Managerial Revolution in American Business,* The Belknap Press of Harvard University Press（鳥羽欽一郎・小林袈裟治（訳）（1979）『経営者の時代（上・下）』東洋経済新報社）.

Chesbrough, H. (2003) *Open Innovation: The New Imperative for Creating and Profiting from Technology,* Harvard Business School Press（大前恵一朗（訳）（2004）『OPEN INNOVATION：ハーバード流イノベーション戦略のすべて』産業能率大学出版部）.

Chesbrough, H. (2006) *Open Business Models,* Harvard Business School Publishing（栗原潔（訳）（2007）『オープンビジネスモデル：知的競争時代のイノベーション』翔泳社）.

Chesbrough, H. (2011) *Open Services Innovation: Rethinking Your Business to Grow and Compete in a New Era,* Jossey-Bass（博報堂大学 ヒューマンセンタード・オープンイ

ノベーションラボ（監修・監訳）（2012）『オープン・サービス・イノベーション：生活者視点から，成長と競争力のあるビジネスを創造する』阪急コミュニケーションズ）.

Chesbrough, H., Vanhaverbeke, W., and West, J. (eds.) (2006) *Open Innovation; Researching a New Paradigm,* Oxford University Press（PRTM（監訳），長尾高弘（訳）（2008）『オープンイノベーション：組織を越えたネットワークが成長を加速する』英治出版）.

Chesbrough, H. and Kusunoki, K. (1999) "The Modularity Trap: Innovation, Technology Phase-shifts, and Resulting Limits of Virtual," *Working Paper, WP#99-06,* Institute of Innovation Research, Hitotsubashi University.

Christensen, C. M. (1997) *The Innovator's Dilemma: When Technology Cause Great Firm to Fail,* Harvard Business School Press（玉田俊平太（監修），伊豆原弓（訳）（2000）『イノベーションのジレンマ：技術革新が巨大企業を滅ぼすとき』翔泳社）.

Christensen, C. M., Anthony, S. D., and Roth, E. A. (2004) *Seeing What's Next,* Harvard Business School Press（宮本喜一（訳）（2005）『明日は誰のものか：イノベーションの最終解』ランダムハウス講談社）.

Christensen, C. M., Anthony, S. D., and Roth, E. A. (2004) *Seeing What's Next,* Harvard Business School Press（玉田俊平太（解説），櫻井祐子（訳）（2014）『イノベーションの最終解』翔泳社）.

Christensen, C. M., Craig, T., and Hart, S. L. (2001) "The Great Disruption," *Foreign Affairs,* Vol. 80, No. 2.

Christensen, C. M., Dyer, J., and Gregersen, H. (2011) *The Innovator's DNA: Mastering the Five Skills of Disruptive Innovators,* Harvard Business Review Press（櫻井祐子（訳）（2012）『イノベーションのDNA：破壊的イノベーターの5つのスキル』翔泳社）.

Christensen, C. M., Grossman, J., and Hwang, J. (2009) *The Innovator's Prescription: A Disruptive Solution for Healty Care,* McGraw-Hill（山本雄士・的場匡亮（訳）（2015）『医療イノベーションの本質：破壊的創造の処方箋』碩学舎）.

Christensen, C. M., Hall, T., Dillon, K., and Duncan, D. S. (2016) *Competing agingst Luck: The Story of Innovation and Customer Choice,* HarperCollins（依田光江（訳）（2017）『ジョブ理論：イノベーションを予測可能にする消費のメカニズム』ハーパーコリンズ・ジャパン）.

Christensen, C. M. and Overdorf, M. (2000) "Meeting the Challenge of Disruptive Change," *Harvard Business Review,* Vol. 78, No. 2.

Christensen, C. M. and Raynor, M. E. (2003) *The Innovator's Solution,* Harvard Business School Press（玉田俊平太（監修），櫻井祐子（訳）（2003）『イノベーションへの解：利益ある成長に向けて』翔泳社）.

Clark, K. B. and Baldwin, C. Y. (1997) "Managing in an Age of Modularity," *Harvard Business Review,* Vol. 75, No. 5 (Sept.-Oct.).

Clark, K. B. and Fujimoto, T. (1991) *Product Development Performance: Strategy, Organization, and Management in the World Auto Industry,* Harvard Business School Press（田村明比古（訳）（1993）『製品開発力：日米欧自動車メーカー20社の詳細調査』ダイヤモンド社）.

Clark, K. B. and Fujimoto, T. (1991) *Product Development Performance: Strategy, Organization, and Management in the World Auto Industry,* Harvard Business School Press（田村明比古（訳）（2009）『【増補版】製品開発力：自動車産業の「組織能力」と「競争力」の研究』ダイヤモンド社）.

Clark, K. B. and Wheelwright, S. C. (1992) "Organization and Leading 'Heavyweight' Development Teams," *California Management Review,* Vol. 34, No. 3.

Clark, T., and Hazen, B. (2017) *Business Models for Teams: See How Your Organization Really Works and How Each Person Fits in,* Portfolio（今津美樹（訳）（2017）『ビジネスモデル for Teams』翔泳社）.

Coase, R. (1937) "The Nature of Firm," *Economica,* 4, pp. 386-405.

Coase, R. H. (1988) *The Firm, The Market, and The Law,* The University of Chicago（宮沢健一・後藤晃・藤垣芳文（訳）（1992）『企業・市場・法』東洋経済新報社）.

Cohen, W. M. and Lavinthal, D. A. (1990) "Absorptive Capacity: A New Perspective on Learning and Innovation," *Administrative Science Quarterly,* Vol. 35, No. 1.

Cohen, S. and Roussel, J. (2013) *Strategic Supply Chain Management: The Five Disciplines for Top Performance,* 2nd ed., McGraw-Hill（尾崎正弘・鈴木慎介（監訳）（2015）『戦略的サプライチェーンマネジメント：競争優位を生み出す5つの原則』英治出版）.

Collins, J. C. and Porras, J. I. (1994) *Built to Last: Successful Habits of Visionary Companies,* Curtis Brown（山岡洋一（訳）（1995）『ビジョナリー・カンパニー：時代を超える生存の原則』日経BP社）.

Collins, J. C. (2001) *Good to Great,* Curtis Brown（山岡洋一（訳）（2001）『ビジョナリー・カンパニー2：飛躍の法則』日経BP社）.

Collins, J. C. (2005) *Good to Great and the Social Sectors: A Monograph to Accompany Good to Great,* Curtis Brown（山岡洋一（訳）（2006）『ビジョナリー・カンパニー［特別編］』日経BP社）.

Collins, J. C. (2009) *How the Mighty Fall: And Why Some Companies Never Give in,* Curtis Brown（山岡洋一（訳）（2010）『ビジョナリー・カンパニー3：衰退の五段階』日経BP社）.

Collins, J. C. and Hansen, M. T. (2011) *Great by Choice: Uncertainty, Chaos, and Luck,* Curtis Brown（牧野洋（訳）（2012）『ビジョナリー・カンパニー4：自分の意志で偉大になる』日経BP社）.

Collis, D. J. and Montgomery, C. A. (1998) *Corporate Strategy: A Resource-Based Approach,* McGraw-Hill（根来龍之・蛭田啓・久保亮一（訳）（2004）『資源ベースの経営戦略論』東洋経済新報社）.

Cusumano, M. A. (2004) *The Business of Software: What Every Manager, Programmer, and Entrepreneur Must Know to Thrive and Survive Good Times and Bad,* Free Press（サイコム・インターナショナル（訳）（2004）『ソフトウェア企業の競争戦略』ダイヤモンド社）.

Cusumano, M. A. (2010) *Staying Power: Six Enduring Principles for Managing Strategy and Innovation in an Uncertain World,* 1st ed., Oxford University Press（延岡健太郎（解説）・鬼澤忍（訳）（2012）『君臨する企業の「6つの法則」：戦略のベストプラクティ

スを求めて』日本経済新聞出版社).

Daft, R. L. (2001) *Essentials of Organization Theory & Design,* 2nd ed., South-Western College Publishing (高木晴夫 (訳) (2002)『組織の経営学:戦略と意思決定を支える』ダイヤモンド社).

Davenport, T. H. and Harris, J. G. (2007) *Competing on Analytics: The New Science of Winning,* Harvard Business School Publishing (村井章子 (訳) (2008)『分析力を武器とする企業』日経BP社).

Davila, T., Epstein, M. J., and Shelton, R. (2006) *Making Innovation Work: How to Manage it, Measure it, and Profit from it,* Wharton School Publishing. (スカイライト コンサルティング (訳) (2007)『イノベーション・マネジメント』英治出版).

Day, G. S., Schoemaker, P. J. H., and Gunther, R. E. (eds.) (2000) *Wharton on Management Emerging Technologies,* John Wiley & sons (小林陽太郎 (監訳), 黒田康史・鈴木益恵・村手俊夫・大塔達也・田中喜博 (訳) (2002)『ウォートンスクールの次世代テクノロジー・マネジメント』東洋経済新報社).

Day, G. S. and Reibstein, D. J. (eds.), (1997) *Wharton on Dynamic Competitive Strategy,* John Wiley & sons (小林陽太郎 (監訳), 黒田康史・池田仁一・村手俊夫・荻久保直志 (訳) (1999)『ウォートンスクールのダイナミック競争戦略』東洋経済新報社).

Denison, D. R. (1990) *Corporate Culture and Organizational Effectiveness,* John Wiley & Sons.

Dewey, J. (1938) *Experience and Education,* The Macmillan Company (市村尚久 (訳) (2004)『経験と教育』講談社).

DiMaggio, P. J. and Powell, W. W. (1983) "The Iron Cage Revisited: Institutional Isomorphism and Collective Rationality in Organizational Fields," *American Sociological Review,* Vol. 48, No. 2, pp. 147-160.

Dixon, N. M. (2000) *Common Knowledge,* Harvard Business School Press (梅本勝博・沿道温・末永聡 (訳) (2003)『ナレッジ・マネジメント5つの方法:課題解決のための「知」の共有』生産性出版).

Dodgson, M., Gann, D., and Salter, A. (2005) *Think, Play, Do: Technology, Innovation, and Organization,* Oxford University Press (太田進一 (監訳), 企業政策研究会 (訳) (2008)『ニュー・イノベーション・プロセス:技術, 革新, 組織』晃洋書房).

Dolan, R. J. and Simon, H. (1996) *Power Pricing: How Managing Price Transforms the Bottom Line,* The Free Press (吉川尚宏 (監訳), エコノミクス・コンサルティング研究会 (2002)『価格戦略論』ダイヤモンド社).

Dosi, G. (1982) "Technological Paradigms and Technological Trajectories: A suggested Interpretation of the Determinants and Directions of Technical Change," *Research Policy,* No. 11.

Doyle, P. (1978) "The Realities of the Product Life Cycle," *Quarterly Review of Marketing,* Summer, pp. 1-6.

Doyle, P. (2000) *Value-Based Marketing: Marketing Strategies for Corporate Growth and Shareholder Value,* John Wiley and Sons (恩藏直人 (監訳), 須永努・韓文熙・貴志奈央子 (訳) (2004)『価値ベースのマーケティング戦略論』東洋経済新報社).

Drucker, P. F.（1954）*The Practice of Management,* Harper & Brothers Pubs（上田惇生（訳）（1996）『［新訳］現代の経営』ダイヤモンド社）.

Drucker, P. F.（1973, 1974）*Management: Tasks, Responsibilities, Practices,* Harper Business（上田惇生（編訳）（2001）『［エッセンシャル版］マネジメント：基本と原則』ダイヤモンド社）.

Drucker, P. F.（1985）*Innovation and Entrepreneurship: Practice and Principles,* Harper & Row（上田惇生（訳）（1997）『［新訳］イノベーションと起業家精神：その原理と方法』ダイヤモンド社）.

Drucker, P. F.（1989）*The New Realities,* Mandarin（上田惇生（訳）（2004）『［新訳］新しい現実：政治, 経済, ビジネス, 社会, 世界観はどう変わるか』ダイヤモンド社）.

Drucker, P. F.（1990）*Managing the Nonprofit Organization,* HarperCollins（上田惇生（訳）（2007）『非営利組織の経営』ダイヤモンド社）.

Drucker, P. F.（1993）*The Ecological Vision: Reflections on the American Condition,* Transaction Publishers（上田惇生・佐々木実智男・林正・田代正美（訳）（1994）『すでに起こった未来：変化を読む眼』ダイヤモンド社）.

Drucker, P. F.（1999）*Management Challenges for the 21st Century,* Harper Business（上田惇生（訳）（1999）『明日を支配するもの：21世紀のマネジメント革命』ダイヤモンド社）.

Drucker, P. F.（2002）*Management in the Next Society,* St Martins Press（上田惇生（訳）（2002）『ネクスト・ソサエティ：歴史が見たことのない未来がはじまる』ダイヤモンド社）.

Drucker, P. F. and Stern, G. J.（1999）（田中弥生（監訳）（2000）『非営利組織の成果重視マネジメント：NPO・行政・公益法人のための［自己評価手法］』ダイヤモンド社）.

Duesenberry, J. S.（1949）*Income, Saving, and The Theory of Consumer Behavior (Economic Studies: No.87),* Harvard University Press.

Duggan, W.（2007）*Strategic Intuition: The Creative Spark in Human Achievement,* Columbia University Press（杉本希子・津田夏樹（訳）（2010）『戦略は直観に従う：イノベーションの偉人に学ぶ発想の法則』東洋経済新報社）.

Easterby-Smith, M., Thorpe, R., and Lowe, A.（2002）*Management Research: An Introduction,* 2nd ed., Sage Publications（木村達也・宇田川元一・佐渡島沙織・松尾睦（訳）（2009）『マネジメント・リサーチの方法』白桃書房）.

Eisenhardt, K. M. and Martin, J. A.（2000）"Dynamic Capabilities: What Are They?," *Strategic Management Journal,* Vol. 21, No. 10/11.

Eisenhardt, K. M. and Schoonhoven, C. B.（1996）"Resource-Based View of Strategic Alliance Formation: Strategic and Social Effects in Entrepreneurial Firms," *Organization Science,* Vol. 7, No. 2.

Eisenhardt, K. M. and Sull, D. N.（2001）"Strategy as Simple Rules," *Harvard Business Review,* Vol. 79, No. 1.

Emerson, R. M.（1962）"Power-Dependence Relations," *American Sociological Review,* Vol. 27, No. 1, pp. 31-41.

Esslinger, H.（2009）*A Fine Line: How Design Strategies Are Shaping the Future of Business,*

John Wiley & Sons（黒輪篤嗣（訳）（2010）『デザインイノベーション：デザイン戦略の次の一手』翔泳社）.

Evan, W. M. (1966) "The Organization Set: Toward a Theory of International Relations," in Tompson, J. D. (ed.), *Approach to Organizational Design,* University of Pittsberg Press.

Finkelstein, S., Harvey, C., and Lawton, T. (2007) *Breakout Strategy,* The McGraw-Hill（橋口寛（監訳），矢沢聖子（訳）（2007）『ブレイクアウト・ストラテジー：2桁成長企業の戦略』日経BP）.

Fisk, R. P., Grove, S. J., and John, J. (2004) *Interactive Services Marketing,* Houghton Mifflin Company（小川孔輔・戸谷圭子（訳）（2005）『サービス・マーケティング』法政大学出版局）.

Floyd, S. W. and Wooldridge. B. (2000) *Building Strategy from the Middle: Reconceptualizing Strategy Process,* Sage Publications.

Foss, N. J. (1997) *Resources, Firms, and Strategies: A Reader in the Resource-Based Perspective,* Oxford University Press.

Foster, R. N. (1986) *Innovation: The Attacker's Advantage,* Summit Books（大前研一（訳）（1987）『イノベーション：限界突破の経営戦略』TBSブリタニカ）.

Foster, R. N. and Kaplan, S. (2001) *Creative Destruction: Why Companies That Are Built to Last Underperform the Market and How to Successfully Transform Them,* Doubleday（柏木亮二（訳）（2002）『創造的破壊：断絶の時代を乗り越える』翔泳社）.

Frese, E. (2000) *Grundlagen Der Organisation,* Gabler（清水敏允（監訳），井藤正信・宮田将吾・山縣正幸・柴田明（訳）（2010）『組織デザインの原理：構想・原則・構造』文眞堂）.

Friedman, T. L. (2007) *The World Is Flat: A Brief History of the Twenty-first Century,* (further update and expanded ed.), Picador（伏見威蕃（訳）（2010）『フラット化する世界：経済の大転換と人間の未来（普及版）（上・中・下）』日本経済新聞出版社）.

Furr, N. and Dyer, J. (2014) *The Innovator's Method: Bringing the Lean Start-up into Your Organization,* Harvard Business Review Press（新井宏征（訳）（2015）『成功するイノベーションは何が違うのか？』翔泳社）.

Gadiesh, O. and Gilbert, J. L. (1998a) "Profit Pools: A Fresh Look at Strategy," *Harvard Business Review,* May-June（森本博行（訳）（1998）「事業再構築への収益構造分析：プロフィット・プール」『ダイヤモンド・ハーバード・ビジネス・レビュー』11月号，ダイヤモンド社）.

Gadiesh, O. and Gilbert, J. L. (1998b) "How to Map Your Industry's Profit Pool," *Harvard Business Review,* May-June（黒田由貴子・有賀裕子（訳）（1998）「プロフィット・プール・マップによる戦略発想」『ダイヤモンド・ハーバード・ビジネス・レビュー』11月号，ダイヤモンド社）.

Galbraith, J. R. and Nathanson, D. A. (1978) *Strategy Implementation: The Role of Structure and Process,* West Publishing（岸田民樹（訳）（1989）『経営戦略と組織デザイン』白桃書房）.

Galbraith, J. R. (1995) *Designing Organizations: An Executive Briefing on Strategy,*

Structure, and Process, Jossey-Bass.

Galbraith, J. R.（2001）*Designing Organizations: An Executive Guide to Strategy, Structure, and Process,* new and revised ed., Pfeiffer（梅津祐良（訳）（2002）『組織設計のマネジメント』生産性出版）.

Galbraith, J. R.（2005）*Designing the Customer-Centric Organization,* John Wiley & Sons（梅津祐良（訳）（2006）『顧客中心組織のマネジメント』生産性出版）.

Garvin, D. A.（2001）*Learning in Action: A Guide to Putting the Learning Organization to Work,* Harvard Business School Press（沢崎冬日（訳）（2002）『アクション・ラーニング』ダイヤモンド社）.

Gawer, A. and Cusumano, M. A.（2002）*Platform Leadership: How Intel, Microsoft, and Cisco Drive Industry Innovation,* Harvard Business School Press（小林敏男（監 訳）（2005）『プラットフォーム・リーダーシップ：イノベーションを導く新しい経営戦略』有斐閣）.

George, A. L. and Bennett, A.（2005）*Case Studies and Theory Development in the Social Sciences,* The MIT Press（泉川泰博（訳）（2013）『社会科学のケース・スタディ：理論形成のための定性的手法』勁草書房）.

Ghemawat, P.（2001）*Strategy and The Business Landscape: Core Concepts,* Prentice Hall（大柳正子（訳）（2002）『競争戦略論講義』東洋経済新報社）.

Ghemawat, P.（2007）*Redefining Global Strategy: crossing borders in a world where differences still matter,* Harvard Business School Press（望月衛（訳）（2009）『コークの味は国ごとに違うべきか：ゲマワット教授の経営教室』文藝春秋）.

Ghoshal, S. and Bartlett, C. A.（1992）*Transnational Management: Text Cases and Readings in Cross-Border Management,* Richard D. Irwin（梅津祐良（訳）（1998）『MBAのグローバル経営』日本能率協会マネジメントセンター）.

Ghoshal, S. and Bartlett, C. A.（1997）*The Individualized Corporation,* Harper Collins（グロービス・マネジメント・インスティテュート（訳）（1999）『個を活かす企業：自己変革を続ける組織の条件』ダイヤモンド社）.

Giddens, A.（2001）*Sociology,* 4th ed., Polity Press（松尾精文・西岡八郎・藤井達也・小幡正敏・叶堂隆三・立松隆介・内田健（訳）（2004）『社会学（第4版）』而立書房）.

Giddens, A.（2006）*Sociology,* 5th ed., Polity Press（松尾精文・西岡八郎・藤井達也・小幡正敏・立松隆介・内田健（訳）（2010）『社会学（第5版）』而立書房）.

Giddens, A.（2009）*Sociology,* 6th ed., Polity Press.

Gilbert, C. and Bower, J. L.（2002）"Disruptive Change: When Trying Harder Is Part of the Problem," *Harvard Business Review,* Vol. 80, No. 5.

Gladwell, M.（2000）*The Tipping Point: How Little Things Can Make a Big Difference,* Little, Brown and Company（高橋啓（訳）（2000）『ティッピング・ポイント：いかにして「小さな変化」が「大きな変化」を生み出すか』飛鳥新社；高橋啓（訳）（2007）『急に売れ始めるにはワケがある：ネットワーク理論が明らかにする口コミの法則』ソフトバンククリエイティブ）.

Goertz, G. and Mahoney, J.（2012）*A Tale of Two Cultures: Qualitative and Quantitative Research in the Social Sciences,* Princeton University Press（西川賢・今井真士（訳）

(2015)『社会科学のパラダイム論争：2つの文化の物語』勁草書房).

Goleman, D. (2013) *Focus: The Hidden Driver of Excellence,* Harper（土屋京子（訳）(2015)『フォーカス』日本経済新聞出版社).

Goleman, D., Boyatzis, R., and Mckee, A. (2002) *Primal Leadership: Realizing the Power of Emotional Intelligence,* Harvard Business School Press（土屋京子（訳）(2002)『EQリーダーシップ：成功する人の「こころの知能指数」の活かし方』日本経済新聞出版社).

Gorchels, L. (2006) *The Product Manager's Handbook,* 3rd ed., McGraw-Hill（新井宏征（訳）(2006)『プロダクトマネジャーの教科書』翔泳社).

Govindarajan, V. and Trimble, C. (2005) *Ten Rules for Strategic Innovators: From Idea to Excution,* Harvard Business School Press（酒井泰介（訳）(2006)『戦略的イノベーション：新事業成功への条件』ランダムハウス講談社).

Govindarajan, V. and Trimble, C. (2005) *Ten Rules for Strategic Innovators: From Idea to Excution,* Harvard Business School Press（三谷宏治（監修），酒井泰介（訳）(2013)『ストラテジック・イノベーション：戦略的イノベーターに捧げる10の提言』翔泳社).

Govindarajan, V. and Trimble, C. (2010) *The Other Side of Innovation: Solving the Execution Challenge,* Harvard Business Review Press（吉田利子（訳）(2012)『イノベーションを実行する：挑戦的アイデアを実現するマネジメント』NHK出版).

Govindarajan, V. and Trimble, C. (2012) *Reverse Innovation,* Harvard Business Review Press（渡部典子（訳）(2012)『リバース・イノベーション：新興国の名もない企業が世界市場を支配するとき』ダイヤモンド社).

Govindarajan, V. and Trimble, C. (2013) *How Stella Saved the Farm,* St. Martin's Press（花塚恵（訳）(2014)『世界トップ3の経営思想家による はじめる戦略：ビジネスで「新しいこと」をするために知っておくべきことのすべて』大和書房).

Grant, R. M. (1991) "The Resource-Based Theory of Competitive Advantage: Implications for Strategy Formulation," *California Management Review,* Vol. 33, No. 3.

Grant, R. M. (2007) *Contemporary Strategy Analysis,* 6th ed., Wiley-Blackwell（加瀬公夫（訳）(2008)『グラント 現代戦略分析』中央経済社).

Greenleaf, R. K. (1998) *The Power of Servant Leadership,* Berrett-Koehler（野津智子（訳）(2016)『サーバントであれ：奉仕して導く，リーダーの生き方』英治出版).

Greenleaf, R. K. (2002) *Servant Leadership: A Journey into the nature of Legitimate Power and Greatness,* 25th Anniversary ed., Paulist Press（金井壽宏（監訳），金井真弓（訳）(2008)『サーバントリーダーシップ』英治出版).

Greiner, L. E. (1989) "Evolution and Revolution as Organizations Grow," in Tushman, M. L., O'Reilly Ⅲ, C. A., and Nadler, D. A. (eds.), *The Management of Organizations,* Harper & Row.

Grönroos, C. (2007) *In Search of a New Logic for Marketing: Foundations of Contemporary Theory,* John Wiley & Sons（蒲生智哉（訳）(2015)『サービス・ロジックによる現代マーケティング理論：消費プロセスにおける価値共創へのノルディック学派アプローチ』白桃書房).

Gummesson, E. (1999, 2002) *Total Relationship Marketing,* 2nd ed., Butterworth-Heinemann

（若林靖永・太田真治・崔容熏・藤岡章子（訳）（2007）『リレーションシップ・マーケティング：ビジネスの発想を変える30の関係性』中央経済社）.

Hamel, G. (1996) "Strategy as Revolution," *Harvard Business Review,* July-Aug.（萩原貴子（訳）（1997）「革新の戦略その10原則」『ダイヤモンド・ハーバード・ビジネス・レビュー』2－3月号）.

Hamel, G. (2000) *Leading the Revolution,* Harvard Business School Press（鈴木主税・福嶋俊造（訳）（2001）『リーディング・ザ・レボリューション』日本経済新聞社）.

Hamel, G. (2012) *What Matters Now: How to Win in a World of Relentless Change, Ferocious Competition, and Unstoppable Innovation,* Jossey-Bass（有賀裕子（訳）（2013）『経営は何をすべきか：生き残るための5つの課題』ダイヤモンド社）.

Hamel, G. and Breen, B. (2007) *The Future of Management,* Harvard Business School Press（藤井清美（訳）（2008）『経営の未来：マネジメントをイノベーションせよ』日本経済新聞社）.

Hamel, G. and Doz, Y. L. (1998) *Alliance Advantage: The Art of Creating Value through Partnering,* Harvard Business School Press（志田勤一・柳孝一（監訳），和田正春（訳）（2001）『競争優位のアライアンス戦略：スピードと価値創造のパートナーシップ』ダイヤモンド社）.

Hamel, G. and Prahalad, C. K. (1989) "Strategic Intent," *Harvard Business Review,* Vol. 67, No. 3.

Hamel, G. and Prahalad, C. K. (1994) *Competing for the Future: Breakthrough Strategies for Seizing Control of Your Industry and Creating the Markets of Tomorrow,* Harvard Business School Press（一條和生（訳）（1995）『コア・コンピタンス経営：大競争時代を勝ち抜く戦略』日本経済新聞社）.

Hammer, M. and Champy, J. (1993) *Reengineering the Corporation: A Manifesto for Business Revolution,* Harpercollins（野中郁次郎（監訳）（1993）『リエンジニアリング革命：企業を根本から変える業務革新』日本経済新聞社）.

Haour, G. (2004) *Resolving the Innovation Paradox,* Palgrave Macmillan（石原昇（監訳），サイコム・インターナショナル（訳）（2006）『イノベーション・パラドックス：技術立国復活への解』ファーストプレス）.

Hart, S. L. and Christensen, C. M. (2002) "The Great Leap: Driving Innovation from the Base of the Pyramid," *MIT Sloan Management Review,* Vol. 44, No. 1.

Helfat, C. E., Finkelstein, S., Mitchell, W., Peteraf, M., Singh, H., Teece, D., and Winter, S. G. (2007) *Dynamic Capabilities: Understanding Strategic Change in Organizations,* Blackwell Publishers（谷口和弘・蜂巣旭・川西章弘（訳）（2010）『ダイナミック・ケイパビリティ：組織の戦略変化』勁草書房）.

Henderson, R. and Clark, K. B. (1990) "Architectural Innovation: The Reconfiguration of Existing Product Technologies and the Failure of Established Firms," *Administrative Science Quarterly,* Vol. 35, No. 1.

Hersted, L. and Gergen, K. J. (2013) *Relational Leading: Practices for Dialogically Based Collaboration,* Taos Institute Publications（伊藤守（監訳），二宮美樹（訳）（2015）『ダイアローグ・マネジメント：対話が生み出す強い組織』ディスカヴァー・トゥエンテ

ィワン).

Heskett, J. L., Sasser, W. E., and Schlesinger, L. A. (1997) *The Service Profit Chain,* Free Press (島田陽介 (訳) (1998)『カスタマー・ロイヤルティの経営：企業利益を高める CS戦略』日本経済新聞社).

Heskett, J. L., Sasser, W. E., and Schlesinger, L. A. (2003) *The Value Profit Chain: Treat Employees Like Customers and Customers Like Employees,* Free Press (山本昭二・小野譲司 (訳) (2004)『バリュー・プロフィット・チェーン：顧客・従業員を「利益」と連鎖させる』日本経済新聞社).

Heskett, J. L., Sasser, W. E., and Wheeler, J. (2008) *The Ownership Quotient: Putting the Service Profit Chain to Work for Unbeatable Competitive Advantage,* Harvard Business School Press (川又啓子・諏澤吉彦・福冨言・黒岩健一郎 (訳) (2010)『オーナーシップ指数ＯＱ：サービスプロフィットチェーンによる競争優位の構築』同文舘出版).

Hirschman, A.O. (1970) *Exit, Voice, and Loyalty: Responses to Decline in Firms, Organizations, and States,* Harvard University Press.

Hirschman, A.O. (1970) *Exit, Voice, and Loyalty: Responses to Decline in Firms, Organizations, and States,* Harvard University Press (矢野修一 (訳) (2005)『MINERVA人文・社会科学叢書99：離脱・発言・忠誠：企業・組織・国家における衰退への反応』ミネルヴァ書房).

Hitt, M.A., Ireland, R. D., and Hoskisson, R. E. (2009) *Strategic Management: Competitiveness and Globalization, Concepts,* 8th ed., Cengage Learning (久原正治・横山寛美 (監訳) (2010)『戦略経営論：競争力とグローバリゼーション』センゲージラーニング).

Hofstede, G. (1991) *Cultures and Organizations: Software of the Mind,* McGraw-Hill (岩井紀子・岩井八郎 (訳) (1995)『多文化世界：違いを学び共存への道を探る』有斐閣).

Howard, J. A. and Sheth, J. N. (1969) *The Theory of Buyer Behavior,* John Wiley & Sons.

Hoyer, W. D. and MacInnis, D. J. (2001) *Consumer Behavior,* 2nd ed. Houghton Miffin.

Hruby, F. M. (1998) *Techno Leverage,* Amacom (佐々木浩二 (訳) (1999)『テクノレバレッジ：最大の「価値」と驚異の「利益」を創造する新・戦略』IDGコミュニケーションズ).

Hunter, J. C. (1998) *The Servant,* Crown Business (髙山祥子 (2012)『サーバント・リーダー：「権力」ではない。「権威」を求めよ。』海と月社).

Iansiti, M. (1998) *Technology Integration,* Harvard Business School Press (NTTコミュニケーションウェア (訳) (2000)『技術統合：理論・経営・問題解決』NTT出版).

Iansiti, M. and Levien, R. (2004) *The Keystone Advantage: What the New Dynamics of Business Ecosystems Mean for Strategy, Innovation, and Sustainability,* Harvard Business School Press (杉本幸太郎 (訳) (2007)『キーストーン戦略：イノベーションを持続させるビジネス・エコシステム』翔泳社).

Inkpen, A. C. and Tsang, E. W. K. (2005) "Social Capital, Networks, and Knowledge Transfer," *Academy of Management Review,* Vol. 30, No. 1, pp. 146–165.

Iyer, A. V., Seshadri, S., and Vasher, R. (2009) *Toyota's Supply Chain Management: A Strategic approach to the Principles of Toyota's Renowned System,* McGraw-Hill (西宮久雄 (訳) (2010)『トヨタ・サプライチェーン・マネジメント (上) (下)』マグロウ

ヒル・エデュケーション）.

Jaworski, J.（1996）*Synchronicity: The Inner Path of Leadership,* Flowers, B. S.（ed.）, introduction by Senge, P., Berrett-Koehler Publishers（金井壽宏（監修），野津智子（訳）（2007）『シンクロニシティ：未来をつくるリーダーシップ』英治出版）.

Jaworski, J.（2011）*Synchronicity: The Inner Path of Leadership,* 2nd ed., Berrett-Koehler Publishers（金井壽宏（監訳），野津智子（訳）（2013）『シンクロニシティ：未来をつくるリーダーシップ（増補改訂版）』英治出版）.

Jaworski, J.（2012）*Source: The Inner Path of knowledge Creation,* Berrett-Koehler Publishers（金井壽宏（監訳），野津智子（訳）（2013）『源泉：知を創造するリーダーシップ』英治出版）.

Jelassi, T. and Enders, A.（2005）*Strategies for e-business: Creating Value through Electronic and Mobile Commerce: Concepts and Cases,* Prentice Hall.

Johnson, G., Langley, A., Melin, L., and Whittington, R.（2007）*Strategy as Practice,* Cambridge University Press（高橋正泰（監訳），宇田川元一・高井俊次・間嶋崇・歌代豊（訳）（2012）『実践としての戦略：新たなパースペクティブの展開』文眞堂）.

Johnson, M. W., Crhistensen, C. M. and Kaagermann, H.（2008）"Reinventing Your Business Model," *Harvard Business Review,* December, pp. 50-59.

Kanter, R. M.（1994）"Collaborative Advantage: The Art of Alliances," *Harvard Business Review,* July-Aug.（宮下清（訳）（1994）「コラボレーションが創る新しい競争優位」『ダイヤモンド・ハーバード・ビジネス・レビュー』11月号，ダイヤモンド社）.

Kaplan, R. S. and Norton, D. P.（1997）*The Balanced Scorecard: Translating Strategy into Action,* Harvard Business School Press（吉川武男（訳）（1997）『バランス・スコアカード：新しい経営指標による企業変革』生産性出版）.

Kaplan, R. S. and Norton, D. P.（2008）*The Execution Premium: Linking Strategy to Operations for Competitive Advantage,* Harvard Business School Publishing（櫻井通晴・伊藤和憲（監訳）（2009）『バランスト・スコアカードによる 戦略実行のプレミアム』東洋経済新報社）.

Keeley, L., Walters, H., Pikkel, R., and Quinn, B.（2013）*Ten Types of Innovation: The Discipline of Building Breakthroughs,* John Wiley & Sons（平野敦士カール（監修），藤井清美（訳）（2014）『ビジネスモデル・イノベーション：ブレークスルーを起こすフレームワーク10』朝日新聞出版）.

Kegan, R. and Lahey, L. L.（2009）*Immunity to Change: How to Overcome It and Unlock the Potential in Yourself and Your Organization,* Harvard Business Review Press（池村千秋（訳）（2013）『なぜ人と組織は変われないのか：ハーバード流 自己変革の理論と実践』英治出版）.

Kegan, R. and Lahey, L. L.（2016）*An Everyone Culture: Becoming a Deliberately Developmental Organization,* Harvard Business Review Press（中土井僚（監訳），池村千秋（訳）（2017）『なぜ弱さを見せあえる組織が強いのか：すべての人が自己変革に取り組む「発達指向型組織」をつくる』英治出版）.

Keller, K. L.（1998）*Strategic Brand Management,* Prentice-Hall（恩蔵直人・亀井昭宏（訳）（2000）『戦略的ブランド・マネジメント』東急エージェンシー）.

Keller, K. L. (2003) *Strategic Brand Management and Best Practice in Branding Cases,* 2nd ed., Pearson Education（恩蔵直人研究室（訳）(2005)『ケラーの戦略的ブランディング』東急エージェンシー）.

Kelley, T. and Littman, J. (2001) *The Art of Innovation: Lessons in Creativity from IDEO, America's Leading Design Firm,* Doubleday（鈴木主税・秀岡尚子（訳）(2002)『発想する会社！：世界最高のデザイン・ファームＩＤＥＯに学ぶイノベーションの技法』早川書房）.

Kelley, T. and Kelley, D. (2013) *Creative Confidence: Unleashing The Creative Potential Within Us All,* Crown Business（千葉敏生（訳）(2014)『クリエイティブ・マインドセット：想像力・好奇心・勇気が目覚める驚異の思考法』日経BP社）.

Kelly, K. (2010) *What Technology Wants,* Viking（服部桂（訳）(2014)『テクニウム：テクノロジーはどこへ向かうのか？』みすず書房）.

Kelly, K. (2016) *The Inevitable: Understanding the 12 Technological Forces That Will Shape Our Future,* Viking（服部桂（訳）(2016)『〈インターネット〉の次に来るもの：未来を決める12の法則』NHK出版）.

Kim, W. C. and Mauborgne, R. (2005) *Blue Ocean Strategy,* Harvard Business School Press（有賀裕子（訳）(2005)『ブルー・オーシャン戦略：競争のない世界を創造する』ランダムハウス講談社）.

Kim, W. C. and Mauborgne, R. (2015) *Blue Ocean Strategy: Expanded Edition,* Harvard Business School Publishing（入山章栄（監訳），有賀裕子（訳）(2015)『[新版]ブルー・オーシャン戦略：競争のない世界を創造する』ダイヤモンド社）.

King, G., Keohane, R.O., and Verba, S. (1994) *Designing Social Inquiry: Scientific Inference in Qualitative Research,* Princeton University Press（真渕勝（監訳）(2004)『社会科学のリサーチ・デザイン：定性的研究における科学的推論』勁草書房）.

Kline, S. J. (1990) *Innovation Styles in Japan and The United States: Cultural bases; implications for competitiveness,* Stanford University（鴫原文七（訳）(1992)『イノベーション・スタイル：日米の社会技術システム変革の相違』アグネ承風社）.

Kono, T. and Clegg, S. R. (1998) *Transformations of Corporate culture: Experiences of Japanese Enterprises,* Walter de Gruyter（吉村典久・北居明・出口将人・松岡久美（訳）(1999)『経営戦略と企業文化：企業文化の活性化』白桃書房）.

Kotler, P. (1980) *Principles of Marketing,* Prentice-Hall（村田昭治（監修），和田充夫・上原征彦（訳）(1983)『マーケティング原理：戦略的アプローチ（第10版）』ダイヤモンド社）.

Kotler, P. (1991) *Marketing Management: Analysis, Planning, Implementation, and Control,* 7th ed., Prentice-Hall（村田昭治（監修），小坂恕・疋田聰・三村優美子（訳）(1996)『マーケティング・マネジメント（第７版）』プレジデント社）.

Kotler, P. (2000) *Marketing Management: Millennium Edition,* 10th ed., Prentice-Hall（恩蔵直人（監修），月谷真紀（訳）(2001)『コトラーのマーケティング・マネジメント ミレニアム版（第10版）』ピアソン・エデュケーション）.

Kotler, P. (2003) *Marketing Insights from A to Z: 80 Concepts Every Manager Needs to Know,* John Wiley & Sons（恩蔵直人（監訳），大川修二（訳）(2003)『コトラーのマ

ーケティング・コンセプト』東洋経済新報社).

Kotler, P. and Armstrong, G.（1997）*Marketing: An Introduction,* 4th ed., Prentice-Hall（恩
藏直人（監修），月谷真紀（訳）（1999）『コトラーのマーケティング入門（第4版）』ト
ッパン）.

Kotler, P., Kartajaya, H., and Setiawan, I.（2010）*Marketing 3.0: From Products to Customers
to the Human Spirit,* John Wiley & Sons（恩藏直人（監訳），藤井清美（訳）（2010）
『コトラーのマーケティング3.0：ソーシャル・メディア時代の新法則』朝日新聞出版）.

Kotler, P., Kartajaya, H., and Setiawan, I.（2017）*Marketing 4.0: Moving from Traditional to
Digital,* John Wiley & Sons（恩藏直人（監訳），藤井清美（訳）（2017）『コトラーのマー
ケティング4.0：スマートフォン時代の究極法則』朝日新聞出版）.

Kotler, P. and Keller, K. L.（2006）*Marketing Management,* 12th ed., Prentice-Hall.

Kotler, P. and Keller, K. L.（2006）*Marketing Management,* 12th ed., Prentice-Hall（恩藏直人
（監修），月谷真紀（訳）（2008）『コトラー＆ケラーのマーケティング・マネジメント
（第12版）』ピアソン・エデュケーション）.

Kotler, P. and Pfoertsch, W.（2010）*Ingredient Branding: Making the Invisible Visible,*
Springer（杉光一成（訳）（2014）『コトラーのイノベーション・ブランド戦略：もの
づくり企業のための要素技術の「見える化」』白桃書房）.

Kotler, P. and Trias de Bes, F.（2010）*Winning at Innovation: The A-to-F Model,* Palgrave
Macmillan（櫻井祐子（訳）（2011）『コトラーのイノベーション・マーケティング』翔
泳社）.

Kotter, J. P.（1982）*The General Managers,* The Free Press（金井壽宏・加護野忠男・谷光
太郎・宇田川富秋（訳）（2009）『J. P. コッター　ビジネス・リーダー論』ダイヤモン
ド社）.

Kotter, J. P.（1996）*Leading Change,* Harvard Business School Press（梅津祐良（訳）（1997）
『２１世紀の経営リーダーシップ』日経BP社）.

Kotter, J. P.（1996）*Leading Change,* Harvard Business School Press（梅津祐良（訳）（2002）
『企業変革力』日経BP社）.

Kotter, J. P.（1997）*Matsushita Leadership: Lessons from the 20th Century's Most
Remarkable Entrepreneur,* The Free Press（金井壽宏（監訳），高橋啓（訳）（2008）
『幸之助論：「経営の神様」松下幸之助の物語』ダイヤモンド社）.

Kotter, J. P. and Cohen, D. S.（2002）*The Heart of Change,* Harvard Business School Press
（高遠裕子（訳）（2003）『ジョン・コッターの企業変革ノート』日経BP社）.

Kotter, J. P. and Rathgeber, H.（2005）*Our Iceberg Is Melting,* St. Martin's Press（藤原和博
（訳），野村辰寿（絵）（2007）『カモメになったペンギン』ダイヤモンド社）.

Kouzes, J. M. and Posner, B. Z.（2007）*The Leadership Challenge,* John Wiley & Sons（金井
壽宏（監訳），伊東奈美子（訳）（2010）『リーダーシップ・チャレンジ』海と月社）.

Krugman, P.（1996）*The Self-Organizing Economy,* Blackwell Publishers（北村行伸・妹尾
美起（訳）（1997）『自己組織化の経済学』東洋経済新報社）.

Kumar, V.（2013）*101 Design Methods: A Structured Approach for Driving Innovation in
Your Organization,* Wiley（渡部典子（訳）（2015）『101デザインメソッド：革新的な
製品・サービスを生む「アイデアの道具箱」』英治出版）.

Kunda, G. (1992) *Engineering Culture: Control and Commitment in a High-Tech Corporation,* Temple University Press（金井壽宏（監修），樫村志保（訳）（2005）『洗脳するマネジメント：企業文化を操作せよ』日経BP社）.

Lafley, A. G. and Charan, R. (2008) *The Game-Changer: How You Can Drive Revenue and Profit Growth with Innovation,* Crown Business（斎藤聖美（訳）（2009）『ゲームの変革者：イノベーションで収益を伸ばす』日本経済新聞出版社）.

Langlois, R. N. and Robertson, P. L. (1992) "Networks and Innovation in a Modular System: Lessons from the Microcomputer and Stereo Component Industries," *Research Policy,* Vol. 21, Issue 4, pp. 297-313.

Latham, G. (2007) *Work Motivation: History, Theory, Research,* and Practice, Sage Publications（金井壽宏（監訳），依田卓巳（訳）（2009）『ワーク・モティベーション』NTT出版）.

Lave, J. and Wenger, E. (1991) *Situated Learning: Legitimate Peripheral Participation,* Cambridge University Press（佐伯胖（訳）（1993）『状況に埋め込まれた学習：正統的周辺参加』産業図書）.

Lee, C. M., Miller, W. F., Hancock, M. G., and Rowen, H. S. (eds.) (2000) *The Silicon Valley Edge: A Habitat for Innovation and Entrepreneurship,* Stanford University Press（中川勝弘（監訳）（2001）『シリコンバレー：なぜ変わり続けるのか（上・下）』日本経済新聞社）.

Leibenstein, H. (1950) "Bandwagon, Snob, and Veblen Effects in the Theory of Consumer Demand," *The Quarterly Journal of Economics,* Vol. 64, No. 2, pp. 183-207.

Leonard-Barton, D. (1992) "Core Capabilities and Core Rigidities: A Paradox in Managing New Product Development," *Strategic Management Journal,* Vol. 13, No. 5, pp. 111-125.

Leonard-Barton, D. (1995) *Wellspring of Knowledge,* Harvard Business School Press（阿部孝太郎・田畑暁生（訳）（2001）『知識の源泉：イノベーションの構築と持続』ダイヤモンド社）.

Leonard, D. and Swap, W. (1999) *When Sparks Fry: Igniting Creativity in Groups,* Harvard Business School Press（吉田孟史（監訳），古澤和行・藤川なつこ（訳）（2009）『創造の火花が飛ぶとき：グループパワーの活用法』文眞堂）.

Leonard-Barton, D. and Swap, W. (2004) "Deep Smart," *Harvard Business Review,* Sep.（堀美波（訳）（2005）「ディープ・スマート：暗黙知の継承」『ダイヤモンド・ハーバード・ビジネス・レビュー』2月号）.

Leonard, D. and Swap, W. (2005) *Deep Smarts: How to Cultivate and Transfer Enduring Business Wisdom,* Harvard Business School Press（池村千秋（訳）（2005）『「経験知」を伝える技術：ディープスマートの本質』ランダムハウス講談社）.

Lester, R. K. and Piore, M. J. (2004) *Innovation: The Missing Dimension,* Harvard University Press（依田直也（訳）（2006）『イノベーション：「曖昧さ」との対話による企業革新』生産性出版）.

Levitt, T. (1969) *The Marketing Mode,* McGraw-Hill.

Levitt, T. (1980) "Marketing Success through Differentiation of Anything," *Harvard Business Review,* Jan.-Feb..

Lilien, G. L., Morrison, P. D., Searls, K., Sonnack, M., and von Hippel, E. (2002) "Performance Assessment of the Lead User Idea-Generation Process for New Product Development," *Management Science,* Vol. 48, No. 8.

Lindstrom, M. (2005) *Brand Sense,* The Free Press（ルディ和子（訳）（2005）『五感刺激のブランド戦略』ダイヤモンド社).

Lipman-Blumen, J. and Leavitt, H. J. (2001) *Hot Groups: Seeding Them, Feeding Them, & Using Them to Ignite Your Organization,* Oxford University Press（上田惇生（訳）（2007）『最強集団ホットグループ奇跡の法則』東洋経済新報社).

Looy, B. V., Dierdonck, R. V., and Gemmel, P. (2003) *Services Management: An Integrated Approach,* Pearson Education（白井義男（監修），平林祥（訳）（2004）『サービス・マネジメント：統合的アプローチ（上）（中）（下）』ピアソン・エデュケーション).

Lovelock, C. and Wirtz, J. (2007) *Service Marketing: People, Technology, Strategy,* 6th ed., Prentice-Hall（白井義男（監訳），武田玲子（訳）（2008）『ラブロック＆ウィルツのサービス・マーケティング』ピアソン・エデュケーション).

Lovelock, C. and Wright, L. (1999) *Principles of Service Marketing and Management,* Prentice-Hall（小宮路雅博（監訳），高畑泰・藤井大拙（訳）（2002）『サービス・マーケティング原理』白桃書房).

Lupton, E., McCarty, C., McQuaid, M., and Smith, C. (2010) *Why Design Now?,* Cooper-Hewitt（北村陽子（訳）（2012）『なぜデザインが必要なのか：世界を変えるイノベーションの最前線』英治出版).

Lusch, R. F. and Vargo, S. L. (2014) *Service-Dominant Logic: Prenises, Perspectives, Pssibilities,* Cambridge Universitiy Press（井上崇通（監訳），庄司真人・田口尚史（訳）（2016）『サービス・ドミナント・ロジックの発想と応用』同文舘出版).

MaCarthy, E. J. (1960) *Basic Marketing: A Managerial Approach,* R. D. Irwin.

Madson, P. R. (2005) *Improv Wisdom: Don't Prepare, Just Show Up,* Crown Archetype（野津智子（訳）（2011）『スタンフォード・インプロバイザー：一歩を踏み出すための実践スキル』東洋経済新報社).

Maidique, M. A. and Burgelman, R. A. (1987) *Strategic Management of Technology and Innovation,* Richard D. Irwin（浅田孝幸・金井一頼・森俊介（監訳），小野寺薫・神部信幸・木村龍也・小溝裕一（訳）（1994）『ハーバードで教えるR&D戦略：技術と革新の戦略的マネジメント』日本生産性本部).

Maister, D. H. (1993) *Managing the Professional Service Firm,* The Free Press（高橋俊介（監訳），博報堂マイスター研究会（2002）『プロフェッショナル・サービス・ファーム：知識創造企業のマネジメント』東洋経済新報社).

Malhotra, N. K. (2004) *Marketing Research, An Applied Orientation,* 4th ed., Pearson Education（日本マーケティング・リサーチ協会（監修），小林和夫（監訳）（2006）『マーケティング・リサーチの理論と実践（理論編・技術編）』同友館).

Maney, K. (2009) *Trade-off: Why Some Things Catch On, and Others Don't,* Crown Business（有賀裕子（訳）（2010）『トレードオフ：上質をとるか，手軽をとるか』プレジデント社).

March, J. G. (1991) *"Exploration and Exploitation in Organizational Learning,"* Organization

Science, Vol. 2, No. 1.

March, J. G. and Simon, H. A. (1993) *Organizations,* 2nd ed., John Willey & Sons（高橋伸夫（訳）(2014)『オーガニゼーションズ：現代組織論の原典』ダイヤモンド社）.

Markides, C. C. (2000) *All the Right Moves: A Guide to Crafting Breakthrough Strategy,* Harvard Business School Press（有賀裕子（訳）(2000)『戦略の原理：独創的なポジショニングが競争優位を生む』ダイヤモンド社）.

Marone, M. and Lunsford, S. (2005) *Strategies That Win Sales,* Kaplan（富士ゼロックス総合教育研究所（訳）(2005)『最強の営業組織7つの戦略』ダイヤモンド社）.

Marrison, P. D., Roberts, J. H., and von Hippel, E. (2000) "Determinants of User Innovation and Innovation Sharing in a Local Market," *Management Science,* Vol. 46, No. 12.

Maslow, A. H. (1954, 1970) *Motivation and Personality,* Harper & Row Publishers（小口忠彦（訳）(1987)『［改定新版］人間性の心理学：モチベーションとパーソナリティ』産業能率大学出版部）.

Maslow, A. H. (1998) *Maslow on Management,* Wiley & Sons（金井壽宏（監訳），大川修二（訳）(2001)『完全なる経営』日本経済新聞社）.

Mazzeo, M., Oyer, P., and Schaefer, S. (2014) *Roadside MBA: Back Road Lessons for Entrepreneurs, Executives, and Small Business Owners,* Business Plus（楠木建（監訳），江口泰子（訳）(2015)『道端の経営学：戦略は弱者に学べ』ヴィレッジブックス）.

McGrath, M. E. (2001) *Product Strategy for High-Technology Companies,* 2nd ed., McGraw-Hill（菅正雄・伊藤武志（訳）(2005)『プロダクトストラテジー：最強最速の製品戦略』日経BP社）.

McGregor, D. (1960) *The Human Side of Enterprise,* McGraw-Hill（高橋達男（訳）(1970)『企業の人間的側面（新版）』産業能率大学出版部）.

McInerney, F. (2007) *Panasonic: The Largest Corporate Restructuring in History,* Truman Talley Books（沢崎冬日（訳）(2007)『松下ウェイ：内側から見た改革の真実』ダイヤモンド社）.

McInerney, F. (2013) *Super Genba: Ten Things Japanese Companies Must Do to Gain Global Competitiveness,* Amazon Service International（倉田幸信（訳）(2014)『日本企業はモノづくり至上主義で生き残れるか：「スーパー現場」が顧客情報をキャッシュに変える』ダイヤモンド社）.

McInerney, F. and White, S. (1993) *Beating Japan: How Hundreds of American Companies are Beating Japan Now,* Truman Talley Books（鈴木主税（監訳）(1993)『日本の弱点：アメリカはそれを見逃さない』NTT出版）.

Merriam, S. B. (1998) *Qualitative Research and Case Study Applications in Education,* John Wiley & Sons（堀薫夫・久保真人・成島美弥（訳）(2004)『質的調査法入門：教育における調査法とケース・スタディ』ミネルヴァ書房）.

Meyer, J. and Scott, W. (eds.) (1983) *Organizational Environments: Ritual and Rationality,* Sage.

Meyer-Krahmer, F. and Schmoch, U. (1998) "Science-based technologies: University-industry interactions in four fields," *Research Policy,* Vol. 27, Issue 8, Dec., pp. 835-851.

Milgrom, P. and Roberts, J. (1992) *Economics, Organization, and Management,* Prentice

Hall（奥野正寛・伊藤秀史・今井晴雄・西村理・八木甫（訳）（1997）『組織の経済学』NTT出版).

Milton, N. (2005) *Knowledge Management for Teams and Projects,* Chandos Publishing（梅本勝博・石村弘子（監訳），シンコム・システムズ・ジャパン（訳）（2009）『プロジェクト・ナレッジ・マネジメント：知識共有の実践手法』生産性出版).

Mintzberg, H. (1994) *The Rise and Fall of Strategic Planning,* Prentice Hall（中村元一（監訳），黒田哲彦・崔大龍・小高照男（訳）（1997）『戦略計画：創造的破壊の時代』産業能率大学出版部).

Mintzberg, H. (2009) *Managing,* Berrett-Koehler Publishers（池村千秋（訳）（2011）『マネジャーの実像：「管理職」はなぜ仕事に追われているのか』日経BP社).

Mintzberg, H., Ahlstrand, B., and Lampel, J. (1998) *Strategy Safari: A Guided Tour through the Wilds of Strategic Management,* Free Press（齋藤嘉則（監訳），木村充・奥澤朋美・山口あけも（訳）（1999）『戦略サファリ：戦略マネジメント・ガイドブック』東洋経済新報社).

Mintzberg, H., Ahlstrand, B., and Lampel, J. (2009) *Strategy Safari: The Complete Guide through the Wilds of Strategic Management,* 2nd ed., Pearson Education（齋藤嘉則（監訳），ビジネスコラボレーション（訳）（2013）『戦略サファリ（第2版）：戦略マネジメント・コンプリートガイドブック』東洋経済新報社).

Mintzberg, H. and Lampel, J. (2001) "Reflecting on the Strategy Process," Cusmano, M. A. and Markides, C. C. (eds.), *Strategic Thinking for the Next Economy,* Jossey-bass（グロービス・マネジメント・インスティテュート（訳）（2003）『MITスローン・スクール戦略論』東洋経済新報社).

Moody, J. B. and Nogrady, B. (2010) *The Sixth Wave: How to Succeed in a Resource-Limited World,* Random House Australia（峯村利哉（訳）（2011）『第6の波：環境・資源ビジネス革命と次なる大市場』徳間書店).

Moore, G. A. (1991, 1999) *Crossing the Chasm: Marketing and Selling High-Tech Products Mainstream Customers,* Capstone Publishing（川又政治（訳）（2002）『キャズム：ハイテクをブレークさせる「超」マーケティング理論』翔泳社).

Moore, G. A. (2000) *Living on the Fault Line,* HarperBusiness（高田有現・齋藤幸一（訳）（2001）『企業価値の断絶』翔泳社).

Moore, G. A. (2004) *Inside the Tornado: Strategies for Developing, Leveraging, and Surviving Hypergrowth Markets,* HarperBusiness（中山宥（訳）（2011）『トルネード：キャズムを越え，「超成長」を手に入れるマーケティング戦略』海と月社).

Moore, G. A. (2005) *Dealing with Darwin: How Great Companies Innovate at Every Phase of their Evolution,* Portforio（栗原潔（訳）（2006）『ライフサイクルイノベーション：成熟市場＋コモディテイ化に効く14のイノベーション』翔泳社).

Moore, G. A. (2011) *Escape Velocity: Free Your Company's Future from the Pull of the Past,* Harper Business（栗原潔（訳）（2011）『エスケープ・ベロシティ：キャズムを埋める成長戦略』翔泳社).

Moore, G. A. (1991, 1999, 2002, 2014) *Crossing the Chasm: Marketing and Selling High-Tech Products Mainstream Customers,* 3rd ed. Harper Business（川又政治（訳）（2014）『キ

ャズム Ver.2［増補改訂版］：新製品をブレイクさせる「超」マーケティング理論』翔泳社）.

Moore, G. A. (2015) *Zone to Win: Organizing to Compete in an Age of Disruption*, Diversion Publishing（栗原潔（訳）(2017)『ゾーンマネジメント：破壊的変化の中で行く残る策と手順』日経BP社）.

Morris, L. (2006) *Permanent Innovation*, Lulu.Com（宮正義（訳）(2009)『イノベーションを生み続ける組織：独創性を育む仕組みをどうつくるか』日本経済新聞出版社）.

Motterlini, M. (2006) *Economia Emotiva: Che Cosa Si Nasconde Dietro i Nostri Conti Quotidiani*, RCS Libri,（泉典子（訳）(2008)『経済は感情で動く：はじめての行動経済学』紀伊國屋書店）.

Mullins, J. W. (2006) *The New Business Road Test: What Entrepreneurs and Executives Should Do before Writing a Business Plan*, FT Press（秦孝昭・出口彰浩・兎耳山晋（訳）(2007)『ビジネスロードテスト：新規事業を成功に導く7つの条件』英治出版）.

Nadler, D. A. (1998) *Champions of Change*, Jossey-Bass（斎藤彰悟（監訳），平野和子（訳）(1998)『組織変革のチャンピオン』ダイヤモンド社）.

Nadler, D. A., Show, R. B., Walton, A. E., and Associates (1995) *Discontinuous Change*, Jossey-Bass（斎藤彰悟（監訳）平野和子（訳）(1997)『不連続の組織変革：ゼロベースからの競争優位を創造するノウハウ』ダイヤモンド社）.

Nadler, D. A. and Tushman, M. L. (1992) "Designing Organizations that Have Good Fit," in Nadler, D. A. (ed.), *Organizational Architecture*, Jossey-Bass.

Nadler, D. A. and Tushman, M. L. (1997) *Competing by Design*, Oxford University Press（斎藤彰悟・平野和子（訳）(1999)『競争優位の組織設計』春秋社）.

Nadler, G. and Hibino, S. (1990) *Breakthrough Thinking: Why We Must Change the Way We solve Problems, and the Seven Principles to Achieve This*, Prima Publishing and Communications（佐々木元（訳）(1991)『ブレイクスルー思考：ニュー・パラダイムを創造する7原則』ダイヤモンド社）.

Nagle, T. T. and Holden, R.N. (2001) *The Strategy and Tactics of Pricing: A Guide to Profitable Decision Making*, 3rd ed., Prentice-Hall（ヘッドストロング・ジャパン（訳）(2004)『プライシング戦略：利益最大化のための指針』ピアソン・エデュケーション）.

Naisbitt, J. (1982) *Megatrends: Ten New Directions Transforming Our Lives*, Warner Books（竹村健一（訳）(1983)『メガトレンド：10の社会潮流が近未来を決定づける！』三笠書房）.

Naisbitt, J. (2006) *Mind Set!*, HarperCollins Publishers（本田直之（監訳），門田美鈴（訳）(2008)『マインドセット：ものを考える力』ダイヤモンド社）.

Nelson, R. R. and Winter, S. G. (1982) *An Evolutionary Theory of Economic Change*, Harvard University Press（後藤晃・角南篤・田中辰雄（訳）(2007)『経済変動の進化理論』慶應義塾大学出版会）.

Neumeier, M. (2007) *ZAG: The #1 Strategy of High-Performance Brands*, Pearson Education（千葉敏生（訳）(2009)『ザグを探せ！：最強のブランドをつくるために』実務教育出版）.

Neumeier, M. (2009) *The Designful Company*, Pearson Education（近藤隆文（訳）(2012)

『デザインフル・カンパニー』海と月社).

Nisbett, R. E.（2003）*The Geography of Thought: How Asians and Westerners Think Differently...and Why*（村本由紀子（訳）（2004）『木を見る西洋人 森を見る東洋人：思考の違いはいかにして生まれるのか』ダイヤモンド社).

Nonaka, I.（1991）"The Knowledge-Creating Company,"*Harvard Business Review* Nov.-Dec.（野中郁次郎（1992）「ナレッジ・クリエイティング・カンパニー」『ダイヤモンド・ハーバード・ビジネス・レビュー』3月号).

Nonaka, I. and Takeuchi, H.（1995）*The Knowledge Creating Company,* Oxford University Press（梅本勝博（訳）（1996）『知識創造企業』東洋経済新報社).

Nonaka, I. and Toyama, R.（2005）"The Theory of the Knowledge-Creating Firm: Subjectivity, and Synthesis,"*Industrial and Corporate Change,* Vol. 14, Issue 3, pp. 419-436.

Olve, N., Roy, J., and Wetter, M.（1999）*Performance Drivers: A Practical Guide to Using the Balanced Scorecard,* Wiley（吉川武男（訳）（2000）『戦略的バランス・スコアカード：競争力・成長力をつけるマネジメント・システム』生産性出版).

Orlikowski, W. J.（1992）"The Duality of Technology: Rethinking the Concept of Technology in Organizations,"*Organization Science,* 3-3.

O'Reilly Ⅲ, C. A. and Pfeffer, J.（2000）*Hidden Value: How Great Companies Achieve Extraordinary Results with Ordinary People,* Harvard Business School Press（廣田里子・有賀裕子（訳）（2002）『隠れた人材価値：高業績を続ける組織の秘密』翔泳社).

O'Reilly Ⅲ, C. A. and Tushman, M. L.（2016）*Lead and Disrupt: How to Solve the Innovator's Dilemma,* Stanford University Press（入山章栄（監訳・解説），冨山和彦（解説），渡部典子（訳）（2019）『両利きの経営：「二兎を追う」戦略が未来を切り拓く』東洋経済新報社).

Osono, E., Shimizu, N., and Takeuchi, H.（2008）*Extreme Toyota: Radical Contradictions That Drive Success at the World's Best Manufacturer,* John Wiley & Sons（大園恵美・清水紀彦・竹内弘高（訳）（2008）『トヨタの知識創造経営：矛盾と衝突の経営モデル』日本経済新聞出版社).

Osterwalder, A. and Pigneur, Y.（2010）*Business Model Generation: A Handbook for Visionaries, Game Changers, and Challengers,* Wiley（小山龍介（訳）（2012）『ビジネスモデル・ジェネレーション：ビジネスモデル設計書』翔泳社).

Osterwalder, A., Pigneur, Y., Smith, A., and Bernarda, G.（2014）*Value Proposition Design: How to Create Products and Services Customers Want,* Wiley（関美和（訳）（2015）『バリュー・プロポジション・デザイン：顧客が欲しがる製品やサービスを創る』翔泳社).

Park, C. W. and Lessig, V. P.（1977）"Students and Housewives: Differences in Susceptibility to Reference Group Influence,"*Journal of Consumer Research,* Vol. 4, Sep., pp. 102-110.

Parmar, R., Mackenie, I., Cohn, D., and Gann, D.（2014）"The New Pattern of Innovation: How to Use Date to Drive Growth,"*Harvard Business Review,* January-February, pp. 86-95.

Petty, R. E. and Cacioppo, J. T.（1986）*Communication and Persuasion: Central and Peripheral Routes to Attitude Change,* Springer-Verlag.

Penrose, E.（1959）*The Theory of the Growth of the Firm,* Basil Blackwell（末松玄六（訳）

（1980）『会社成長の理論』ダイヤモンド社）.

Penrose, E. (1959) *The Theory of the Growth of the Firm*, 3rd ed., Oxford University Press（日髙千景（訳）（2010）『企業成長の理論［第3版］』ダイヤモンド社）.

Peppers, D. and Rogers, M. (1993) *The One to One Future: Building Relationships One Customer at a Time*, Doubleday（ベルシステム24（訳）（1995）『One to Oneマーケティング：顧客リレーションシップ戦略』ダイヤモンド社）.

Peppers, D. and Rogers, M. (1997) Enterprise One to One: Tools for Competing in the Interactive Age, Doubleday（井関利明・ワン・トゥ・ワン・マーケティング協議会（監訳），倉持真理・富士通iMiネット（訳）（1997）『One to One 企業戦略：顧客主導型ビジネスの実践法』ダイヤモンド社）.

Peppers, D. and Rogers, M. (1997) *One to One Manager*, Doubleday（井関利明（監訳），ワン・トゥ・ワン・マーケティング協議会・沢崎冬日（訳）（2000）『One to One マネジャー：先駆者たちの実践CRM戦略』ダイヤモンド社）.

Peters, T. J. and Waterman, R. H. (1982) *In Search of Excellence*, Warner Books（大前研一（訳）（2003）『エクセレント・カンパニー（復刊版）』英治出版）.

Peter, J. P. and Olson, J. C. (2010) *Consumer Behavior and Marketing Strategy*, 9th ed., Irwin/McGraw-Hill.

Pfeffer, J. (1992) *Managing with Power*, Harvard Business School Press（奥村哲史（訳）（2008）『影響力のマネジメント：リーダーのための「実行の科学」』東洋経済新報社）.

Pfeffer, J. (1998) *The Human Equation: Building Profits by Putting People First*, Harvard Business School Press（守島基博（監修），佐藤洋一（訳）（2010）『人材を活かす企業：「人材」と「利益」の方程式』翔泳社）.

Pfeffer, J. (2010) *Power: Why Some People Have It – and Others Don't*, Harper Business（村井章子（訳）（2011）『「権力」を握る人の法則』日本経済新聞出版社）.

Pfeffer, J. and Salancik, G. (1978) *The External Control of Organization*, Harper and Row.

Pfeffer, J. and Sutton, R. I. (2000) *The Knowing-Doing Gap: How Smart Companies Turn Knowledge into Action*, Harvard Business School Press（長谷川喜一郎（監訳），菅田絢子（訳）（2014）『なぜ，わかっていても実行できないのか：知識を行動に変えるマネジメント』日本経済新聞出版社）.

Pfeffer, J. and Sutton, R. I. (2006) *Hard Facts, Dangerous Half-Truths, and Total Nonsense: Profiting from Evidence-Based Management*, Harvard Business School Press（清水勝彦（訳）（2009）『事実に基づいた経営：なぜ「当たり前」ができないのか？』東洋経済新報社）.

Pike, B., Ford, R. C., and Newstrom, J. W. (2009) *The Fun Minute Manager*, CTT Press（中村文子（監修），住友進（訳）（2010）『不機嫌な職場を楽しい職場に変えるチーム術』日本能率協会マネジメントセンター）.

Pine Ⅱ, B. J. (1993) *Mass Customization*, Harvard Business School Press（江夏健一・坂野友昭（監訳），IBI国際ビジネス研究センター（訳）（1994）『マス・カスタマイゼーション革命』日本能率協会マネジメントセンター）.

Pine Ⅱ, B. J. and Gilmore, J. H. (1999) *The Experience Economy*, Harvard Business School Press（岡本慶一・小髙尚子（訳）（2005）『［新訳］経験経済：脱コモディティ化のマ

304

ーケティング戦略』ダイヤモンド社).

Polanyi, M.（1966）*The Tacit Dimension,* Routledge & Kegan Paul Ltd.（佐藤敬三（訳）
（1980）『暗黙知の次元：言語から非言語へ』紀伊國屋書店；高橋勇夫（訳）（2003）『暗
黙知の次元』筑摩書房).

Porras, J., Emery, S., and Thompson, M.（2007）*Success Built to Last: Creating a Life that
Matters,* Pearson Education（宮本喜一（訳）（2007）『ビジョナリー・ピープル』英治
出版).

Porter, M. E.（1980）*Competitive Strategy,* Free Press（土岐坤・中辻萬治・服部照夫（訳）
（1982）『競争の戦略』ダイヤモンド社).

Porter, M. E.（1985）*Competitive Advantage: Creating and Sustaining Superior Performance,*
Free Press（土岐坤・中辻萬治・小野寺武夫（訳）（1985）『競争優位の戦略：いかに高
業績を持続させるか』ダイヤモンド社).

Porter, M. E.（1990）*The Competitive Advantage of Nations,* Free Press（土岐坤・中辻萬治・
小野寺武夫・戸成富美子（訳）（1990）『国の競争優位（上・下）』ダイヤモンド社).

Porter, M. E.（1996）"What Is Strategy?" *Harvard Business Review,* Nov.-Dec., pp. 61-78.

Porter, M. E.（1998）*On Competition,* Harvard Business School Press（竹内弘高（訳）（1999）
『競争戦略論Ⅰ／競争戦略論Ⅱ』ダイヤモンド社).

Porter, M. E.（2008）"The Five Competitive Forces That Shape Strategy," *Harvard
Business Review,* Jan.（DHBR編集部（訳）（2011）「［改定］競争の戦略」『ダイヤモン
ド・ハーバード・ビジネス・レビュー』6月号，ダイヤモンド社).

Porter, M. E., Takeuchi, H., and Sakakibara, M.（2000）*Can Japan Compete? ,* Macmillan（マ
イケル・E・ポーター・竹内弘高・榊原磨理子（2000）『日本の競争戦略』ダイヤモン
ド社).

Powell, W. W. and DiMaggio, P. J.（eds.）（1991）*The New Institutionalism in Organizational
Analysis,* 2nd ed., University of Chicago Press.

Prahalad, C. K.（2005）*The Fortune at the Bottom of the Pyramid: Eradicating Poverty
through Profits,* Wharton School Publishing（スカイライトコンサルティング（訳）
（2005）『ネクスト・マーケット』英治出版).

Prahalad, C. K. and Hamel, G.（1990）"The Core Competence of the Corporation," *Harvard
Business Review,* May-June, pp. 79-91（坂本義実（訳）（1990）「コア競争力の発見と開
発」『ダイヤモンド・ハーバード・ビジネス・レビュー』8－9月号).

Prahalad, C. K. and Krishnan, M. S.（2008）*The New Age of Innovation,* McGraw-Hill（有賀
裕子（訳）（2009）『イノベーションの新時代』日本経済新聞出版社).

Prahalad, C. K. and Ramaswamy, V.（2000）"Co-opting Customer Competence," *Harvard
Business Review,* Jan-Feb（中島由利（訳）（2000）「カスタマー・コンピタンス経営」
『ダイヤモンド・ハーバード・ビジネス・レビュー』10－11月号).

Prahalad, C. K. and Ramaswamy, V.（2004）*The Future of Competition: Co-Creating Unique
Value with Customers,* Harvard Business School Press（有賀裕子（訳）（2004）『価値
共創の未来へ：顧客と企業のCo-Creation』ランダムハウス講談社).

Probst, G. J. B. and Buchel, B.（1997）*Organizational Learning: The Competitive Advantage
of the Future,* Prentice Hall.

Pruitt, J. S. and Adlin, T. (2006) *Persona Lifecycle: keeping People in Mind Throughout Product Design,* Morgan Kaufmann（秋本芳伸・岡田泰子・ラリス資子（訳）(2007)『ペルソナ戦略：マーケティング，製品開発，デザインを顧客志向にする』ダイヤモンド社）.

Ramaswamy, V. and Gouillart, F. (2010) *The Power of Co-Creation,* Free Press（尾崎正弘・田畑萬（監修），山田美明（訳）(2011)『生き残る企業のコ・クリエーション戦略：ビジネスを成長させる「共同創造」とは何か』徳間書店）.

Ramdas, K., Teisberg, E., and Tucker, A. (2012) "Four Ways to Reinvent Service Delivery," *Harvard Business Review,* Dec., pp. 99-106.

Raynor, M. E. (2007) *The Strategy Paradox: Why Committing to Success Leads to Failure (and What to Do about It)*, Currency（松下芳生・高橋淳一（監修），櫻井祐子（訳）(2008)『戦略のパラドックス』翔泳社）.

Reichheld, F. (2001) *Loyalty Rules: How Today's Leaders Build lasting Relationships,* Harvard Business School Publishing（伊藤良二（監訳），沢崎冬日（訳）(2002)『ロイヤルティ戦略論』ダイヤモンド社）.

Reichheld, F. (2006) *The Ultimate Question: Driving Good Profits and True Growth,* Harvard Business School Press（堀新太郎（監訳），鈴木泰雄（訳）(2006)『顧客ロイヤルティを知る「究極の質問」』ランダムハウス講談社）.

Ricci, R. and Wiese, C. (2011) *The Collaboration Imperative: Exective Strategies for Unlocking Your Organization's True Potential,* Cisco Systems（シスコシステムズ合同会社 執行役員会（監修・訳）(2013)『コラボレーション革命：あなたの組織の力を引き出す10のステップ』日経BP社）.

Ries, A., and Trout, J. (2001) *Positioning: The Battle for Your Mind,* McGraw-Hill（川上純子（訳）(2008)『ポジショニング戦略［新版］』海と月社）.

Rindova, V. P. and Kotha, S. (2001) "Continuous 'Morphing': Competing through Dynamic Capabilities, Form, and Function," *Strategic Management Journal,* Vol. 44, No. 6, pp. 1263-1280.

Rivette, K. G. and Kline, D. (2000) *Rembrandts in The Attic,* Harvard Business School Press（荒川弘熙（監修）(2000)『ビジネスモデル特許戦略』NTT出版）.

Robbins, S. P. (1997) *Essentials of Organization Behavior,* 5th ed., Prentice-Hall（高木晴夫（監訳）(1997)『組織行動のマネジメント：入門から実践へ』ダイヤモンド社）.

Robert, M. A. (2005) *Why Great Leaders Don't Take Yes for an Answer: Managing for Conflict and Consensus,* Wharton School Publishing（スカイライトコンサルティング（訳）(2006)『決断の本質：プロセス志向の意思決定マネジメント』英治出版）.

Robertson, T. S. (1971) *Innovative Behavior and Communications,* Holt, Rinehart, and Winston Inc.（加藤勇夫・寶多國弘（訳）(1975)『革新的消費者行動』白桃書房）.

Roberts, D. J. (2004) *The Modern Firm: Organizational Design for Performance and Growth,* Oxford University Press（谷口和弘（訳）(2005)『現代企業の組織デザイン：戦略経営の経済学』NTT出版）.

Rogers, E. M. (1982) *Diffusion of Innovations,* 3rd ed., Free Press（青池愼一・宇野善康（監訳）(1990)『イノベーション普及学』産能大学出版部）.

Rogers, E. M.（1986）*Communication Technology: The New Media in Society*, Free Press（安田寿明（訳）（1992）『コミュニケーションの科学：マルチメディア社会の基礎理論』共立出版）.

Rogers, E. M.（1995）*Diffusion of Innovations*, 5ᵗʰ ed., Free Press.

Rogers, E. M.（1995）*Diffusion of Innovations*, 5ᵗʰ ed., Free Press（三藤利雄（訳）（2007）『イノベーションの普及』翔泳社）.

Rosen, E.（2000）*The Anatomy of Buzz: How to Create Word-of-Mouth Marketing*, Random House（濱岡豊（訳）（2002）『クチコミはこうしてつくられる：おもしろさが伝染するバズ・マーケティング』日本経済新聞社）.

Rosenberg, N.（1976）*Perspectives on Technology*, Cambridge University Press.

Rosenberg, N.（1982）*Inside the Black Box: Technology and Economics*, Cambridge University Press.

Rumelt, R. P.（1974）*Strategy, Structure, and Economic Performance*, Harvard University Press（鳥羽欽一郎・山田正喜子・川辺信雄・熊沢孝（訳）（1977）『多角化戦略と経済成果』東洋経済新報社）.

Rumelt, R. P.（1997）"Towards a Strategic Theory of the Firm," *Resource, Firms, and Strategies: A Reader in the Resource-Based Perspective*, Oxford university Press.

Rumelt, R. P.（2011）*Good Strategy, Bad Strategy: The Difference and Why It Matters*, Crown Business（村井章子（訳）（2012）『良い戦略，悪い戦略』日本経済新聞出版社）.

Sadler-Smith, E.（2009）*The Intuitive Mind: Profiting from The Power of Your Sixth Sense*, Wiley（吉田利子（訳）（2010）『直観力マネジメント：第六感が利益を生む』朝日新聞出版）.

Saloner, G., Shepard, A., and Podolny, J.（2001）*Strategic Management*, John Wiley & Sons（石倉洋子（訳）（2002）『戦略経営論』東洋経済新報社）.

Sarasvathy, S. D.（2008）*Effectuation: Elements of Entrepreneurial Expertise*, Edward Elgar Publishing（加護野忠男（監訳），高瀬進・吉田満梨（訳）（2015）『エフェクチュエーション：市場創造の実効理論』碩学舎）.

Sauber, T. and Tschirky, H.（2006）*Structured Creativity: Formulating an Innovation Strategy*, Palgrave Macmillan（佐藤亮・高井徹雄・高橋真吾・柴直樹・河合亜矢子（訳）（2009）『イノベーション・アーキテクチャー：イノベーションの戦略策定の方法論』同友館）.

Saxenian, A.（1994）*Regional Advantage*, Harvard University press（大前研一（訳）（1995）『現代の二都物語』講談社）.

Scharmer, C. O.（2007）*Theory U: Leading from the Future as it Emerges*, Berrett-Koehler Publishing（中土井僚・由佐美加子（訳）（2010）『U理論：過去や偏見にとらわれず，本当に必要な「変化」を生み出す技術』英治出版）.

Scharmer, C. O.（2016）*Theory U: Leading from the Future as it Emerges*, 2ⁿᵈ ed., Berrett-Koehler Publishing（中土井僚・由佐美加子（訳）（2017）『U理論：過去や偏見にとらわれず，本当に必要な「変化」を生み出す技術（第2版）』英治出版）.

Schein, E. H.（1978）*Career Dynamics: Matching Individual and Organizational Needs*, Addison-Wesley（二村敏子・三善勝代（訳）（1991）『キャリア・ダイナミクス』白桃

書房）.

Schein, E. H.（1980）*Career Anchors and Career Paths: Discovering Your Real Values*, Revised ed., Pfeiffer（金井壽宏（訳）（2003）『キャリア・アンカー：自分の本当の価値を発見しよう』白桃書房）.

Schein, E. H.（1995）*Career Survival: Strategic Job and Role Planning*, Pfeiffer（金井壽宏（訳）（2003）『キャリア・サバイバル：職務と役割の戦略的プランニング』白桃書房）.

Schein, E. H.（1999）*Process Consultation Revisited: Building the Helping Relationship*, Addison-Wesley（稲葉元吉・尾川丈一（訳）（2002）『プロセス・コンサルテーション：援助関係を築くこと』白桃書房）.

Schein, E. H.（1999）*The Corporate Culture: Survival Guide*, Jossey-bass（金井壽宏（監訳），尾川丈一・片山佳代子（訳）（2004）『企業文化：生き残りの指針』白桃書房）.

Schein, E. H.（2006）*Career Anchors: Self-Assessment*, 3rd ed., Pfeiffer（金井壽宏・高橋潔（訳）（2009）『キャリア・アンカー：セルフアセスメント』白桃書房）.

Schein, E. H.（2009）*Helping: How to Offer, Give, and Receive Help*, Berrett-Koehler Publishers（金井壽宏（監訳），金井真弓（訳）（2009）『人を助けるとはどういうことか：本当の「協力関係」を作る7つの原則』英治出版）.

Schein, E. H.（2009）*The Corporate Culture: Survival Guide*, New and Revised ed., John Wiley & Sons（尾川丈一（監訳），松本美央（訳）（2016）『企業文化（改訂版）：ダイバーシティと文化の仕組み』白桃書房）.

Schein, E. H., Ogawa, J., and Bond, D. S.（2009）*Organizational Therapy: Multiple Perspectives*, Alternative View Publishing（尾川丈一・稲葉祐之・木村琢磨（訳）（2014）『組織セラピー：組織感情への臨床アプローチ』白桃書房）.

Schein, E. H.（2010）*Organizational Culture and Leadership*, 4th ed., John Wiley and Sons（梅津祐良・横山哲夫（訳）（2012）『組織文化とリーダーシップ』白桃書房）.

Schein, E. H.（2013）*Humble Inquiry: The Gentle Art of Asking Instead of Telling*, Berrett-Koehler Publishing（金井壽宏（監訳），原賀真紀子（訳）（2014）『問いかける技術：確かな人間関係と優れた組織をつくる』英治出版）.

Schmitt, B. H. and Simonson, A.（1997）*Marketing Aesthetics: The Strategic Management of Brands, Identity, and Image*, The Free Press（河野龍太（訳）（1998）『「エステティクス」のマーケティング戦略："感覚的経験"によるブランド・アイデンティティの戦略的管理』プレンティスホール出版）.

Schmitt, B. H.（1999）*Experiential Marketing; How to Get Customers to Sense, Feel, Think, Act, Relate*, Free Press（嶋村和恵・広瀬盛一（訳）（2000）『経験価値マーケティング：消費者が「何か」を感じるプラスαの魅力』ダイヤモンド社）.

Schmitt, B. H.（2003）*Customer Experience Management*, John Wiley & Sons（嶋村和恵・広瀬盛一（訳）（2004）『経験価値マネジメント：マーケティングは，製品からエクスペリエンスへ』ダイヤモンド社）.

Schmitt, B. H.（2007）*Big Think Strategy*, Harvard Business School Press（樫村志保（訳）（2008）『大きく考える会社は，大きく育つ』日本経済新聞出版社）.

Schuman, P. A. Jr.（1993）"Creativity and Innovation in Large Organizations," Kuhn, R. L.（ed.），*Generating Creativity and innovation in Large Bureaucracies*, Quorum Books.

Schumpeter, J. A. (1934) *The Theory of Economic Development,* Harvard University Press (塩野谷祐一・中山伊知郎・東畑精一 (訳) (1977)『経済発展の理論 (上・下)』岩波書店).

Scott, D. M. (2012) *Real-Time marketing & PR,* (Revised and Updated Version), Wiley (有賀裕子 (2012)『リアルタイム・マーケティング:生き残る企業の即断・即決戦略』日経BP社).

Senge, P. M. (1990) *The Fifth Discipline: The Art & Practice of The Learning Organization,* Doubleday. (守部信之 (訳) (1995)『最強組織の法則:新時代のチームワークとは何か』徳間書店).

Senge, P. M., Kleiner, A., Roberts, C., Ross, R. B., and Smith, B. J. (1990) *The Fifth Discipline Fieldbook: Strategies and Tools for Building a Learning Organization,* Nicholas Brealey (柴田昌治・スコラコンサルト (監訳), 牧野元三 (訳) (2003)『フィールドブック 学習する組織「5つの能力」:企業変革をチームで進める最強ツール』日本経済新聞社).

Senge, P. M., Kleiner, A., Roberts, C., Ross, R. B., Roth, G., and Smith, B. J. (1999) *The Dance of Change: Mastering the Twelve Challenges to Change in a Learning Organization,* Nicholas Brealey (柴田昌治・スコラコンサルト (監訳), 牧野元三 (訳) (2004)『フィールドブック 学習する組織「10の変革課題」:なぜ全社改革は失敗するのか?』日本経済新聞社).

Senge, P. M., Scharmer, C. O., Jaworski, J., and Flowers, B. S. (2005) *Presence: An Exploration of Profound Change in People, Organizations, and Society,* Currency (野中郁次郎 (監訳), 高遠裕子 (訳) (2006)『出現する未来』講談社).

Senju, S., Fushimi, T., and Fujita, S. (1989) *Profitability Analysis; Japanese Approach,* Asian Productivity Organization.

Shane, S. A. (2005) *Finding Fertile Ground: Identifying Extraordinary Opportunities for New Ventures,* Wharton School Publishing (スカイライトコンサルティング (訳) (2005)『プロフェッショナル・アントレプレナー』英治出版).

Shapiro, C. and Varian, H. R. (1999) *Information Rules,* Havard Business School Press.

Shenkar, O. (2010) *Copy Cats: How Smart Companies Use Imitation to Gain a Strategic Edge,* Harvard Business School Publishing (井上達彦 (監訳), 遠藤真美 (訳) (2013)『コピーキャット』東洋経済新報社).

Sheth, J. N. (2007) *The Self-Destructive Habits of Good Companies: And Hoe to Break Them,* Pearson Education (スカイライト コンサルティング (訳) (2008)『自滅する企業:エクセレント・カンパニーを蝕む7つの習慣病』英治出版).

Silverstein, D., Samuel, P., and DeCarlo, N. (2009, 2012) *The Innovator's Toolkit: 50+ Techniques for Predictable and Sustainable Organic Growth,* 2nd ed., John Wiley and Sons (野村恭彦 (監訳), 清川幸美 (訳) (2015)『発想を事業化するイノベーション・ツールキット:機会の特定から実現性の証明まで』英治出版).

Simon, H. A. (1996) *The Sciences of The Artificial,* 3rd ed., The MIT Press (稲葉元吉・吉原英樹 (訳) (1999)『システムの科学 第3版』パーソナルメディア).

Simon, H. A. (1997) *Administrative Behavior: A Study of Decision-Making Processes in Administrative Organizations,* 4th ed., The Free Press (二村敏子・桑田耕太郎・高尾

義明・西脇暢子・高柳美香（訳）（2009）『新版 経営行動：経営組織における意思決定過程の研究』ダイヤモンド社）.

Simons, R. (1995) "Control in an Age of Empowerment," *Harvard Business Review*, Mar.-Apr. （宮下清（訳）（1996）「エンパワーメントを成功させる4つの方法」『ダイヤモンド・ハーバード・ビジネス・レビュー』12－1月号）.

Simons, R. (2000) *Performance Measurement and Control Systems for Implementing Strategy*, Prentice Hall （伊藤邦雄（監訳）（2003）『戦略評価の経営学：戦略の実行を支える業績評価と会計システム』ダイヤモンド社）.

Simons, R. (2005) *Levers of Organization Design; How Managers Use Accountabilities Systems for Greater Performance and Commitment*, Harvard Business School Press （谷武幸・窪田祐一・松尾貴巳・近藤隆史（訳）（2008）『戦略実現の組織デザイン』中央経済社）.

Sirota, D., Mischkind, L. A., and Meltzer, M. I. (2005) *The Enthusiastic Employee: How Companies Profit by Giving Workers What They Want*, Wharton School Publishing （スカイライトコンサルティング（訳）（2006）『熱狂する社員：企業競争力を決定するモチベーションの3要素』英治出版）.

Smith, C. E. (ed.) (2007) *Design for the Other 90%*, Cooper-Hewitt （槌屋詩野（監訳），北村陽子（訳）（2009）『世界を変えるデザイン：ものづくりには夢がある』英治出版）.

Solomon, M. R. (2013) *Consumer Behavior*, 10th ed., Pearson Education （松井剛（監訳），大竹光寿・北村真琴・鈴木智子・西川英彦・朴宰佑・水越康介（訳）（2015）『ソロモン消費者行動論（上）（中）（下）』丸善出版）.

Stalk, G., Evans, P., and Shulman, L. (1992) "Competing on Capabilities: The New Rules of Corporate Strategy," *Harvard Business Review*, March-April. （八原忠彦（訳）（1992）「戦略行動能力に基づく競争戦略」『ダイヤモンド・ハーバード・ビジネス・レビュー』6－7月号）.

Stalk, G. and Hout, T. H. (1990) *Competing Against Time: How Time-Based Competition Is Reshaping Global Markets*, Free Press （堀紘一（監訳），ボストンコンサルティング（訳）（1990）『タイムベース競争：90年代の必勝戦略』プレジデント社）.

Stark, D. (2009) *The Sense of Dissonance: Accounts of Worth in Economic Life*, Princeton University Press （中野勉・中野真澄（訳）（2011）『多様性とイノベーション：価値体系のマネジメントと組織のネットワーク・ダイナミズム』マグロウヒル・エデュケーション）.

Steele, L. W. (1989) *Managing Technology: The Strategic View*, McGraw-Hill （山之内昭夫・後藤正之（訳）（1991）『技術マネジメント：総合的技術経営戦略の展開』日本能率協会マネジメントセンター）.

Stefik, M. and Stefik, B. (2004) *Breakthrough: Stories and Strategies of Radical Innovation*, MIT Press （鈴木浩（監訳），岡美幸・永田宇征（訳）（2006）『ブレイクスルー：イノベーションの原理と戦略』オーム社）.

Sterne, J. (2010) *Social Media Metrics: How to Measure and Optimize Your Marketing Investment*, John Wiley & Sons （酒井泰介（訳）（2011）『実践 ソーシャル・メディア・マーケティング：戦略・戦術・効果測定の新法則』朝日新聞出版）.

Stone, E. F. (1978) *Research Methods in Organizational Behavior*, 5th ed., Prentice-Hall（鎌田伸一・野中郁次郎（訳）（1980）『組織行動の調査方法』白桃書房）.

Takeuchi, H. and Nonaka, I. (1986) "The New New Product Development Game," *Harvard Business Review,* Jan.-Feb.

Taylor, F. W. (2006) *The Principles of Scientific Management,* Cosimo（有賀裕子（訳）（2009）『新訳 科学的管理法：マネジメントの原点』ダイヤモンド社）.

Teboul, J. (2006) *Service is Front Stage,* Palgrave Macmillan（小山順子（監訳），有賀裕子（訳）（2007）『サービス・ストラテジー：価値優位性のポジショニング』ファーストプレス）.

Teece, D. J. (1980) "Economies of Scope and the Scope of the Enterprise," *Journal of Economic Behavior and Organization,* Vol. 1, pp. 223-233.

Teece, D. J. (2009) *Dynamic Capabilities & Strategic Management: Organizing for Innovation and Growth,* 1st ed., Oxford University Press（谷口和弘・蜂巣旭・川西章弘・ステラ・S・チェン（訳）（2013）『ダイナミック・ケイパビリティ戦略：イノベーションを創発し，成長を加速させる力』ダイヤモンド社）.

Teece, D. J., Pisano, G., and Shuen, A. (1997) "Dynamic Capabilities and Strategic Management," *Strategic Management Journal,* Vol. 18, No. 7, pp. 509-533.

Tett, G. (2015) *The Silo Effect: The Peril of Expertise and the Promise of Breaking Down Barriers,* Simon & Schuster（土方奈美（訳）（2016）『サイロ・エフェクト：高度専門化社会の罠』文藝春秋）.

Thompson, J. D. (1967) *Organization in Action,* The McGraw-Hill（大月博司・廣田俊郎（訳）（2012）『J.D. トンプソン 行為する組織：組織と管理の理論についての社会科学的基盤』同文舘出版）.

Thorndike, E. L. (1920) "A Constant Error in Psychological Ratings," *Journal of Applied Psychology,* Vol. 4, Issue 1（Mar.），pp. 25-29.

Tichy, N. M. and Bennis, W. G. (2007) *Judgment: How winning Leaders Make Great Calls,* Portfolio（宮本喜一（訳）（2009）『決断力の構造：優れたリーダーの思考と行動』ダイヤモンド社）.

Tidd, J., Bessant, J., and Pavitt, K. (2001) *Managing Innovation: Integrating Technological, Market and Organizational Change,* 2nd ed., John Wiley & Sons（後藤晃・鈴木潤（監訳）（2004）『イノベーションの経営学：技術・市場・組織の統合的マネジメント』NTT出版）.

Toffler, A. (1980) *The Third Wave,* Pan Books（徳岡孝夫（監訳）（1982）『第三の波』中央公論社）.

Torbert, B. and Associates, (2004) *Action Inquiry: The Secret of Timely and Transforming Leadership,* Berrett-Koehler（小田理一郎・中小路佳代子（訳）（2016）『行動探求：個人・チーム・組織の変容をもたらすリーダーシップ』英治出版）.

Tschirky, H., Jung, H. H., and Savioz, P. (2003) *Technology and Innovation Management on the Move,* Industrielle Organaisation（亀岡秋男（監訳）（2005）『科学経営のための実践的MOT：技術主導型企業からイノベーション主導型企業へ』日経BP社）.

Tushman, M. L. and Anderson, P. (1986) "Technological Discontinuities and Organizational

Environments," *Administrative Science Quarterly,* Vol. 31, Issue 3.

Tushman, M. L. and Anderson, P. (1990) "Technological Discontinuities and Dominant Designs: Cyclical Model of Technological Change," *Administrative Science Quarterly,* Vol. 35, Issue 4.

Tushman, M. L. and O'Reilly Ⅲ, C. A. (1997) *Winning through Innovation,* Harvard Business School Press（斎藤彰悟・平野和子（訳）（1997）『競争優位のイノベーション：組織変革と再生への実践ガイド』ダイヤモンド社）.

Ulrich, D., Kerr, S., and Ashkenas, R. (2002) *The GE Work-Out: How to Implement GE's Revolutionary Method for Busting Bureaucracy & Attacking Organizational Problems - Fast!,* McGraw-Hill Education（高橋透・伊藤武志（訳）, 一條和生（解説）（2003）『GE式ワークアウト』日経BP社）.

Ulrich, D. and Smallwood, N. (2003) *Why the Bottom Line isn't! : How to Build Value through People and Organization,* John Wiley & Sons（伊藤邦雄（監訳）, 淡川桂子（訳）（2004）『インタンジブル経営：競争優位をもたらす「見えざる資産」構築法』ランダムハウス講談社）.

Ulrich, D. and Smallwood, N. (2004) "Capitalizing on Capabilities," *Harvard Business Review,* June（西尚久（訳）（2004）「組織能力の評価法」『ダイヤモンド・ハーバード・ビジネス・レビュー』11月号）.

Urban, G. (2005) *Don't Just Relate: Advocate!,* Wharton School Publishing（スカイライトコンサルティング（監訳）, 山岡隆志（訳）（2006）『アドボカシー・マーケティング：顧客主導の時代に信頼される企業』英治出版）.

Urban, G. L. and von Hippel, E. (1988) "Lead User Analyses for the Development of New Industrial Products," *Management Science,* Vol. 34, No. 5.

Utterback, J. M. (1994) *Mastering the Dynamics of Innovation,* Harvard Business School Press（大津正和・小川進（監訳）（1998）『イノベーション・ダイナミクス：事例から学ぶ技術戦略』有斐閣）.

Utterback, J. M., Vedin, B., Alvarez, E., Ekman, S., Sanderson, S. W., Tether, B., and Verganti, R. (2006) *Design-Inspired Innovation,* World Scientific Publishing（サイコム・インターナショナル監訳）（2008）『デザイン・インスパイアード・イノベーション：顧客に喜びを与え, 簡素と品位を強調し, 意味を創造する』ファーストプレス）.

van Wulfen, G. (2013) *The Innovation Expedition: A Visual Toolkit to Start Innovation,* Bis Publishers（高崎拓哉（訳）（2015）『スタート・イノベーション！』ビー・エヌ・エヌ新社）.

Veblen, T. B. (1899) *The Theory of the Leisure Class: An Economics Study in the Evolution of Institutions,* Macmillan（高哲男（訳）（1998）『有閑階級の理論：制度の進化に関する経済学的研究』ちくま学芸文庫）.

Vogel, C. M., Cagan, J., and Boatwright, P. (2005) *The Design of Things to Come: How Ordinary People Create Extraordinary Products,* Wharton School Publishing（スカイライトコンサルティング（訳）（2006）『ヒット企業のデザイン戦略』英治出版）.

von Hippel, E. (1976) "The Dominant Role of Users in the Scientific Instruments Innovation Process," *Research Policy,* Vol. 5, pp. 212-239.

von Hippel, E. (1986) "Lead Users: A Source of Novel Product Concepts," *Management science*, Vol. 32, No. 7, pp. 791-805.

von Hippel, E. (1998) "Economics of Product Development by Users: The Impact of "Sticky" Local Information," *Management Science*, Vol. 44, No. 5, pp. 629-644

von Hippel, E. (1988) *The Sources of Innovation*, Oxford University Press（榊原清則（訳）(1991)『イノベーションの源泉：真のイノベーターはだれか』ダイヤモンド社）.

von Hippel, E. (1994) "'Sticky Information' and the Locus of Problem Solving: Implications for Innovation," *Management Science*, Vol. 40, No. 4, pp. 429-439.

von Hippel, E. (1998) "Economics of Product Development by Users: The Impact of 'Sticky' Local Information," *Management Science*, Vol. 44, No. 5, pp. 629-644.

von Hippel, E. (2005) *Democratizing Innovation*, MIT Press（サイコム・インターナショナル（監訳）(2006)『民主化するイノベーションの時代：メーカー主導からの脱皮』ファーストプレス）.

von Hippel, E. and Katz, R. (2002) "Shifting Innovation to Users via Toolkits," *Management Science*, Vol. 48, No. 7, pp. 821-833.

von Krogh, G., Ichijo, K., and Nonaka, I. (2000) *Enabling Knowledge Creation: How to Unlock the Mystery of Tacit Knowledge and Release the Power of Innovation*, Oxford University Press（ゲオルク・フォン・クロー・一條和生・野中郁次郎 (2001)『ナレッジ・イネーブリング：知識創造企業への五つの実践』東洋経済新報社）.

von Krogh, G. and von Hippel, E. (2006) "The Promise of Research on Open Software," *Management Science*, Vol. 52, No. 7.

Wade, W. (2012) *Scenario Planning: A Field Guide to the Future*, John Wiley & Sons（野村恭彦（監訳），関美和（訳）(2013)『シナリオ・プランニング：未来を描き，創造する』英治出版）.

Ward, A. C. and Sobek, D. K. (2014) *Lean Product and Process Development*, 2nd ed., Lean Enterprise Institute（稲垣公夫（訳）(2014)『リーン製品開発方式：トヨタが実践する価値創造の確かな進め方』日刊工業新聞社。）.

Wasson, C. R. (1978) *Dynamic Competitive Strategy and Product Life Cycles*, Austin Press.

Weber, J. A. (1976) "Planning Corporate Growth with Inverted Product Life Cycles," *Long Range Planning*, Oct. pp. 12-29.

Weber, M. (1921) *Burokratie Grundrib der Sozialokonomik*, Ⅲ. Abteilung, Wirtschaft und Gesellschaft, Verlag von J. C. B. Mohr, Tubingen, Dritter Teil, Kap（阿閉吉男・脇圭平（訳）(1987)『官僚制』恒星社厚生閣）.

Weick, K. E. (1969) *The Social Psychology of Organizing*, 2nd ed., McGraw-Hill（遠田雄志（訳）(2007)『組織化の社会心理学』文眞堂）.

Weick, K. E. (1995) *Sensemaking in Organizations*, Sage Publications（遠田雄志・西本直人（訳）(2001)『センスメーキング イン オーガニゼーションズ』文眞堂）.

Wenger, E., McDermott, R. and Snyder, W. M. (2002) *Cultivating Communities of Practice*, Harvard University Press（野村恭彦（監修），櫻井祐子（訳）(2002)『コミュニティ・オブ・プラクティス：ナレッジ社会の新たな知識形態の実践』翔泳社）.

Wernerfelt, B. (1984) "A Resource-based View of the Firm," *Strategic Management Journal*,

Vol. 5, No. 2, pp. 171-180.

Wessel, M. and Christensen, C. M. (2012) "Surviving Disruption," *Harvard Business Review,* December, pp. 56-64.

Wheatley, M. J. (2006) *Leadership and the New Science: Discovering Order in a Chaotic World,* 3rd ed., Berrett-Koehler Publishers（東出顕子（訳）（2009）『リーダーシップとニューサイエンス』英治出版）.

Williamson, O. E. (1975) Ma*rkets and Hierarchies: Analysis and Antitrust Implications,* The Free Press（浅沼萬里・岩崎晃（訳）（1980）『市場と企業組織』日本評論社）.

Williamson, O. E. (1981) "The Economics of Organization: The Transaction Cost Approach," *American Journal of Sociology,* Vol. 87, No. 3, pp. 548-577.

Winter, S. G. (2003) "Understanding Dynamic Capabilities," *Strategic Management Journal,* Vol. 24, No. 10, pp. 991-995.

Yin, R. K. (1994) *Case Study Research* 2nd ed., Sage Publications（近藤公彦（訳）（1996）『ケース・スタディの方法』千倉書房）.

Yoshino, M. and Rangan, U. S. (1995) *Strategic Alliances,* Harvard Business School Press.

Zaichkowsky, J. L. (1985) "Measuring the Involvement Construct," *Journal of Consumer Research,* Vol. 12, Issue 3.

Zook, C. (2007) "Finding Your Next Business," *Harvard Business Review,* June（山本冬彦（訳）（2007）「新たなコア事業を発見する法」『ダイヤモンド・ハーバード・ビジネス・レビュー』6月号，ダイヤモンド社）.

Zook, C. (2007) *Unstoppable: Finding Hidden Assets to Renew the Core and Fuel Profitable Growth,* Harvard Business School Press（山本真司・牧岡宏（訳）（2008）『コア事業進化論：成長が終わらない企業の条件』ダイヤモンド社）.

Zook, C. and Allen, J. (2012) *Repeatability: Build Enduring Businesses for a World of Constant Change,* Harvard Business Review Press（火浦俊彦・奥野慎太郎（訳）（2012）『リピータビリティ：再現可能な不朽のビジネスモデル』プレジデント社）.

Zucker, L. (ed.) (1988) *Institutional Patterns and Organizations: Culture and Environment,* Ballinger.

青池愼一（2007）『イノベーション普及過程論』慶應義塾大学出版会。

青木昌彦・安藤晴彦（2002）『モジュール化：新しい産業アーキテクチャの本質』東洋経済新報社。

青木幹喜（2006）『エンパワーメント経営』中央経済社。

青木幸弘・恩蔵直人（編）（2004）『製品・ブランド戦略：現代のマーケティング戦略①』有斐閣。

青木幸弘・新倉貴士・佐々木壮太郎・松下光司（2012）『消費者行動論：マーケティングとブランド構築への応用』有斐閣。

青島矢一・加藤俊彦（2003）『競争戦略論』東洋経済新報社。

赤岡功・日置弘一郎（編著）（2005）『経営戦略と組織間提携の構図』中央経済社。

浅井慶三郎（2005）『サービスとマーケティング：パートナーシップマーケティングへの展望（増補版）』同文舘出版。

浅川和宏（2002）「グローバルR&D戦略とナレッジ・マネジメント」『組織科学』第36巻第1号，東洋経済新報社。

浅川和宏（2003）『グローバル経営入門』日本経済新聞社。

浅羽茂（1995）『競争と協力の戦略：業界標準をめぐる企業行動』有斐閣。

淺羽茂（2002）『日本企業の競争原理：同質的行動の実証分析』東洋経済新報社。

淺羽茂（2004）『経営戦略の経済学』日本評論社。

淺羽茂・須藤実和（2007）『企業戦略を考える：いかにロジックを組み立て，成長するか』日本経済新聞出版社。

淺羽茂・新田都志子（2002）『ビジネスシステムレボリューション：小売業は進化する』NTT出版。

新井民夫・下村芳樹（2006）「サービス工学：製品のサービス化をいかに加速するか」『一橋ビジネスレビュー』第54巻第2号，東洋経済新報社。

新井範子（2007）『みんな力：ウェブを味方にする技術』東洋経済新報社。

池尾恭一（編著）（2003）『ネット・コミュニティのマーケティング戦略：デジタル消費社会への戦略対応』有斐閣。

池尾恭一（2011）『モダン・マーケティング・リテラシー』生産性出版。

池尾恭一（2015）『マーケティング・ケーススタディ』碩学舎。

池尾恭一・青木幸弘（編）（2010）『日本型マーケティングの新展開』有斐閣。

池尾恭一・青木幸弘・南知惠子・井上哲浩（2010）『マーケティング』有斐閣。

池上孝一・鈴木敏彰（2005）『顧客理解の技術：変化を先取りし，価値を創造する』ファーストプレス。

池田謙一（編）（2010）『クチコミとネットワークの社会心理：消費と普及のサービスイノベーション研究』東京大学出版会。

池田守男・金井壽宏（2007）『サーバント・リーダーシップ入門』かんき出版。

石井真一（2003）『企業間提携の戦略と組織』中央経済社。

石井淳蔵（1993）『マーケティングの神話』日本経済新聞社。

石井淳蔵（1999）『ブランド：価値の創造』岩波書店。

石井淳蔵（2004）『営業が変わる：顧客関係のマネジメント』岩波書店。

石井淳蔵（2009）『ビジネス・インサイト：創造の知とは何か』岩波書店。

石井淳蔵・厚美尚武（編著）（2002）『インターネット社会のマーケティング：ネット・コミュニティのデザイン』有斐閣。

石井淳蔵・奥村昭博・加護野忠男・野中郁次郎（1996）『経営戦略論［新版］』有斐閣。

石井淳蔵・栗木契・嶋口充輝・余田拓郎（2004）『ゼミナール マーケティング入門』日本経済新聞社。

石井淳蔵・水越康介（編著）（2006）『仮想経験のデザイン：インターネット・マーケティングの新地平』有斐閣。

石倉洋子（2009）『戦略シフト』東洋経済新報社。

石嶋芳臣・岡田行正（編著）（2011）『経営学の定点』同文舘出版。

伊丹敬之（1980）『経営戦略の論理』日本経済新聞社。

伊丹敬之（1984）『新・経営戦略の論理』日本経済新聞社。

伊丹敬之（1999）『場のマネジメント：経営の新パラダイム』NTT出版。

伊丹敬之（2001）『創造的論文の書き方』有斐閣。

伊丹敬之（2005）『場の論理とマネジメント』東洋経済新報社。

伊丹敬之（2008）『経営の力学：決断のための実感経営論』東洋経済新報社。

伊丹敬之（2012）『経営戦略の論理（第4版）：ダイナミック適合と不均衡ダイナミズム』日本経済新聞社。

伊丹敬之・軽部大（編著）（2004）『見えざる資産の戦略と論理』日本経済新聞社。

伊丹敬之・東京理科大学MOT研究会（編著）（2011）『いまこそ出番 日本型技術経営：現場の知恵は企業の宝』日本経済新聞出版社。

伊丹敬之・日本能率協会コンサルティング（編著）（2010）『場のマネジメント 実践技術』東洋経済新報社。

一條和生（2003）「知的資産活用の経営：狭義のナレッジ・マネジメントから広義のナレッジ・マネジメントへ」『一橋ビジネスレビュー』第51巻第3号，東洋経済新報社。

一條和生（2004）『企業変革のプロフェッショナル』ダイヤモンド社。

一條和生・徳間晃一郎（2007）『シャドーワーク：知識創造を促す組織戦略』東洋経済新報社。

一條和生・徳間晃一郎・野中郁次郎（2010）『ＭＢＢ：「思い」のマネジメント』東洋経済新報社。

伊藤邦雄（1999）『グループ連結経営：新世紀の行動原理』日本経済新聞社。

伊藤邦雄（2000）『コーポレートブランド経営』日本経済新聞社。

伊藤邦雄（編著）（2006）『無形資産の会計』中央経済社。

伊藤秀史（編著）（2002）『日本企業 変革期の選択』東洋経済新報社。

伊藤秀史・沼上幹・田中一弘・軽部大（編著）（2008）『現代の経営理論』有斐閣。

伊藤宗彦（2005）『製品戦略マネジメントの構築：デジタル機器企業の競争戦略』有斐閣。

伊藤宗彦（2005）「モジュール化と製品競争力：デジタルカメラ産業における競争戦略の研究」『組織科学』第39巻第1号，白桃書房。

伊藤元重（1996）『ゼミナール国際経済入門』日本経済新聞社。

伊藤善夫（2000）『経営戦略と研究開発戦略：技術革新とトップマネジメントの役割』白桃書房。

伊藤良二・須藤実和（1999）『戦略グループ経営：事業ポートフォリオの再構築』東洋経済新報社。

伊藤良二・須藤実和（2004）「コア事業と成長戦略」『組織科学』第37巻第3号，pp. 11-20。

稲葉元吉（1979）『経営行動論』丸善。

稲葉元吉（2005）『現代経営学講座7：企業の組織』八千代出版。

稲葉元吉・山倉健嗣（編著）（2007）『現代経営行動論』白桃書房。

稲葉元吉（著），山倉健嗣（編・序）（2010）『組織論の日本的展開：サイモン理論を基軸として』中央経済社。

稲葉祐之・井上達彦・鈴木竜太・山下勝（2010）『キャリアで語る 経営組織：個人の論理と組織の論理』有斐閣。

稲盛和夫（2006）『アメーバ経営：ひとりひとりの社員が主役』日本経済新聞社。

井上崇通（2012）『消費者行動論』同文舘出版。

井上崇通・松村潤一（編著）（2010）『サービス・ドミナント・ロジック：マーケティング研究への新たな視座』同文舘出版。

井上達彦（編著）（2006）『収益エンジンの論理：技術を収益化する仕組みづくり』白桃書房。

井上達彦（2012）『模倣の経営学：偉大なる会社はマネから生まれる』日経BP社。

井上達彦（2014）『ブラックスワンの経営学：通説をくつがえした世界最優秀ケーススタディ』日経BP社。

井上哲浩・日本マーケティング・サイエンス学会（編著）（2007）『Webマーケティングの科学：リサーチとネットワーク』千倉書房。

井上俊・船津衛（編）（2005）『自己と他者の社会学』有斐閣。

井上春樹（1999）『実践サプライチェーン経営革命』日地出版。

井原哲夫（1999）『サービス・エコノミー』東洋経済新報社。

今井雅和（2016）『振興市場ビジネス論：国際経営のフロンティア』中央経済社。

今口忠政（1993）『組織の成長と衰退』白桃書房。

今口忠政（2001）『戦略的マネジメント2：戦略構築と組織設計のマネジメント』中央経済社。

今田高俊（2005）『自己組織性と社会』東京大学出版会。

岩田智（2007）『グローバル・イノベーションのマネジメント：日本企業の海外研究開発活動を中心として』中央経済社。

岩崎美紀子（2008）『「知」の方法論：論文トレーニング』岩波書店。

魏晶玄（2004）『イノベーションの組織戦略：知識マネジメントの組織戦略』信山社。

上田隆穂・守口剛（編）（2004）『価格・プロモーション戦略：現代のマーケティング戦略②』有斐閣。

上野恭裕（2011）『戦略本社のマネジメント：多角化戦略と組織構造の再検討』白桃書房。

潮田邦夫・妹尾大（2007）『魔法のようなオフィス革命』河出書房新社。

宇田川勝・橘川武郎・新宅純二郎（編著）（2000）『日本の企業間競争』有斐閣。

内田和成（2008）『スパークする思考：右脳発想の独創力』角川書店。

内田和成（2009）『異業種競争戦略：ビジネスモデルの破壊と創造』日本経済新聞出版社。

内田和成（2015）『ゲーム・チェンジャーの競争戦略 ―ルール、相手、土俵を変える』日本経済新聞出版社。

内田恭彦・ヨーラン・ルース（2008）『日本企業の知的資本マネジメント』中央経済社。

内野崇（2006）『変革のマネジメント：組織と人を巡る理論・政策・実践』生産性出版。

梅澤正（2003）『組織文化 経営文化 企業文化』同文舘出版。

遠藤功（2007）「根源的組織能力としての現場力」『一橋ビジネスレビュー』第55巻第1号，東洋経済新報社。

大河内暁男（2001）『経営史講義［第2版］』東京大学出版会。

大薗恵美・児玉充・谷地弘安・野中郁次郎（2006）『イノベーションの実践理論：Embedded Innovation』白桃書房。

大薗恵美・清水紀彦・竹内弘高（2008）『トヨタの知識創造経営：矛盾と衝突の経営モデル』日本経済新聞出版社。

大月博司（2005）『組織変革とパラドックス 改訂版』同文舘出版。

大月博司・藤田誠・奥村哲史（2001）『組織のイメージと理論』創成社。

大平義隆（編著）（2006）『変革期の組織マネジメント：理論と実践』同文舘出版。

岡田依理（2003）『知財戦略経営：イノベーションが生み出す企業価値』日本経済新聞社。

岡本大輔（2018）『社会的責任とCSRは違う！』千倉書房。

小川紘一（2009）『国際標準化と事業戦略：日本型イノベーションとしての標準化ビジネスモデル』白桃書房。

小川紘一（2014）『オープン＆クローズ戦略：日本企業再興の条件』翔泳社。

小川進（2000）『イノベーションの発生論理：メーカー主導の開発体制を越えて』千倉書房。

小川進（2002）「流通システムの新しい担い手：ユーザー起動型ビジネスモデル」『組織科学』第35巻第4号，白桃書房。

小川進（2006）「ユーザー起動法とブランド・コミュニティ：良品計画の事例」『組織科学』第39巻第3号，白桃書房。

小川進（2006）『競争的共創論：革新参加社会の到来』白桃書房。

小川進（2013）『ユーザーイノベーション：消費者から始まるものづくりの未来』東洋経済新報社。

奥出直人（2007）『デザイン思考の道具箱：イノベーションを生む会社のつくり方』早川書房。

奥出直人（2012）『デザイン思考と経営戦略』NTT出版。

奥村恵一（1997）『経営管理論』有斐閣。

小沢一郎（2002）『日本の製造業における企業間格差に関する分析』青山学院大学大学院 国際政治経済学研究科 修士論文。

小沢一郎（2003）「今後の内部監査のあり方はいかにあるべきか：委員会等設置型の純粋持株会社における企業グループ・ガバナンスの一環としての内部監査のあり方」『月刊 監査研究』第29巻第11号，日本内部監査協会。

小沢一郎（2005）「進化的イノベーション・モデルの検討：写真システムの進化を題材として」『三田商学研究』第48巻第4号，慶應義塾大学商学会。

小沢一郎（2006a）「成長ベクトルと多角化戦略」十川廣國（編著）『経営学イノベーション〈2〉：経営戦略論』中央経済社。

小沢一郎（2006b）「進化的イノベーション・モデルの発展」『専修経営学論集』第83号，専修大学経営学会。

小沢一郎（2007）「進化的イノベーション・モデルの検討（2）：ダイナミック分析へ向けた試論的展開」『三田商学研究』第50巻第3号，慶應義塾大学商学会。

小沢一郎（2008a）「イノベーションと組織能力に関する考察（その1）」『専修大学経営研究所報』第175号，専修大学経営研究所。

小沢一郎（2008b）「イノベーションと組織能力に関する考察（その2）」『専修経営学論集』第86号，専修大学経営学会。

小沢一郎（2009a）「プロダクト・イノベーションに関する一考察：プロダクト（製品）再考」『専修大学経営研究所報』第177号，専修大学経営研究所。

小沢一郎（2009b）「プロダクト・イノベーションに関する一考察：機能＆ベネフィット・コンセプトの深耕」『専修大学経営研究年報』2008年，専修大学経営研究所。

小沢一郎（2009c）「プロダクト・イノベーションに関する一考察：機能＆ベネフィット・コ

ンセプトによるアプローチ」『専修経営学論集』第88号，専修大学経営学会。

小沢一郎（2009d）『進化的イノベーションのダイナミクス』慶應義塾大学商学研究科博士論文。

小沢一郎（2010）「プロダクト・イノベーションに関する一考察：「機能＆ベネフィット・コンセプト」から見た製品群の変遷」『創価経営学論集』第34巻第1号，創価大学経営学会。

小沢一郎（2011）「ワークスタイル・イノベーションに関する一考察：イノベーションのパワーバランス・モデルを応用する」『日本オフィス学会誌』第3巻・第1号，日本オフィス学会。

小沢一郎（2012）「プロダクト・イノベーションとプロセス・イノベーション：試論「プロ2・イノベーション」」『専修マネジメント・ジャーナル』第1巻第1&2号，専修大学経営研究所。

小沢一郎（2013a）「プロダクトとプロセスからビジネスモデルへ：「プロ2・イノベーション」が果たす役割」『専修マネジメント・ジャーナル』第3巻第1号，専修大学経営研究所。

小沢一郎（2013b）「成長ベクトルと多角化戦略」十川廣國（編著）『経営学イノベーション〈2〉：経営戦略論（第2版）』中央経済社。

小沢一郎（2014）「組織文化のイノベーションに関する一考察：組織文化における現状診断と変革方向性の理解」『専修マネジメント・ジャーナル』第3巻第2号，専修大学経営研究所。

小沢一郎・青木幹喜（2005）「「イノベーションの前提」について：日本とシリコンバレーとの比較から」『大東文化大学経営研究所 Research Paper』No. J-47。

小沢和彦（2014）「組織変革における組織文化の強さの組織慣性への影響：日産自動車の事例」『日本経営学会誌』第34巻，pp. 63-74。

小沢和彦（2015）「ラディカルな組織変革研究における一考察：インクリメンタルな組織変革との関連において」『日本経営学会誌』第36巻，pp. 74-85。

小田博志（2010）『エスノグラフィー入門：〈現場〉を質的研究する』春秋社。

小田理一郎（2017）『「学習する組織」入門：自分・チーム・会社が変わる持続的成長の技術と実践』英治出版。

小野譲司（2006）「検証：プロフィット・チェーン：顧客関係構築のシナリオをどう描くか」『一橋ビジネスレビュー』第54巻第1号，東洋経済新報社。

小野譲司（2006）「顧客起点のサービスマーケティング：囲い込みと使い分けのせめぎ合い」『一橋ビジネスレビュー』第54巻第2号，東洋経済新報社。

オフィスユースウェア・マネジメント研究会（2012）『いい会社はオフィスが違う』NTT出版。

織畑基一（2001）『ラジカル・イノベーション戦略：新市場を切り拓くプロダクト革新』日本経済新聞社。

恩藏直人（2006）「コモディティ化市場における市場参入戦略の枠組み」『組織科学』第39巻第3号，白桃書房。

恩藏直人（監修）富士ゼロックス総合教育研究所（2000）『戦略的ソリューション営業』ダイヤモンド社。

恩藏直人・井上淳子・須永努・安藤和代（2009）『顧客接点のマーケティング』千倉書房。

恩蔵直人・ADK R3 プロジェクト（2011）『R3コミュニケーション：消費者との「協働」による新しいコミュニケーションの可能性』宣伝会議。

恩蔵直人・及川直彦・藤田明久（2008）『モバイル・マーケティング』日本経済新聞出版社。

科学技術研究機構 研究開発戦略センター（編）（2009）『21世紀の科学技術イノベーション：日本の進むべき道』丸善プラネット。

加護野忠男（1988）『組織認識論：企業における創造と革新の研究』千倉書房。

加護野忠男（2002）「組織の認識スタイルとしての環境決定論と主体的選択論」『組織科学』第36巻第4号，白桃書房。

加護野忠男（2004）「コア事業をもつ多角化戦略」『組織科学』第37巻第3号，pp. 4-10，白桃書房。

加護野忠男（2010）『経営の精神：我々が捨ててしまったものは何か』生産性出版。

加護野忠男・井上達彦（2004）『事業システム戦略：事業の仕組みと競争優位』有斐閣。

加護野忠男・角田隆太郎・山田幸三・上野恭裕・吉村典久（2008）『取引制度から読みとく現代企業』有斐閣。

加護野忠男・砂川伸幸・吉村典久（2010）『コーポレート・ガバナンスの経営学：会社統治の新しいパラダイム』有斐閣。

片岡寛・見目洋子・山本恭裕（2005）『21世紀の商品市場：市場性と社会性の調和』白桃書房。

片野浩一（2007）『マス・カスタマイゼーション戦略のメカニズム：個客対応マーケティングの実践と成果』白桃書房。

片平秀貴・古川一郎・阿部誠（2003）『超顧客主義：顧客を超える経営者たちに学ぶ』東洋経済新報社。

片平秀貴・山本晶（2002）「Net or Die：新しい消費者が迫る新しい企業モデル」『一橋ビジネスレビュー』第50巻第3号，東洋経済新報社。

加藤和彦（2016）『IoT時代のプラットフォーム競争戦略：ネットワーク効果のレバレッジ』中央経済社。

加藤茂夫（2007）『心の見える企業〈増補版〉：ベンチャー企業とバルーン型組織への誘い』泉文堂。

加藤俊彦（2011）『技術システムの構造と革新：方法論的視座に基づく経営学の探求』白桃書房。

金井壽宏（1991）『変革型ミドルの探求：戦略・革新指向の管理者行動』白桃書房。

金井壽宏（2004）『組織変革のビジョン』光文社。

金井壽宏（2005）『リーダーシップ入門』日本経済新聞社。

金井壽宏・岸良裕司（2009）『過剰管理の処方箋』かんき出版。

金井壽宏・楠見孝（2012）『実践知：エキスパートの知性』有斐閣。

金井壽宏・佐藤郁哉・クンダ，ギデオン・マーネン，ジョンヴァン（2010）『組織エスノグラフィー』有斐閣。

金井壽宏・髙橋潔（2004）『組織行動の考え方』東洋経済新報社。

亀井昭宏・ルディー和子（2009）『新マーケティング・コミュニケーション戦略論』日本経済新聞出版社。

亀岡秋男（監修）（2007）『サービスサイエンス：新時代を拓くイノベーション経営を目指し

て』エヌ・ティー・エス。

亀川雅人（2018）『株式会社の資本論：成長と格差の仕組み』中央経済社。

苅谷剛彦（1996）『知的複眼思考法』講談社。

河合篤男（2006）『企業革新のマネジメント：破壊的決定は強い企業文化を変えられるか』中央経済社。

河合忠彦（1996）『戦略的組織革新：シャープ・ソニー・松下電器の比較』有斐閣。

河合忠彦（2004）『ダイナミック戦略論：ポジショニング論と資源論を超えて』有斐閣。

河合忠彦（2012）『ダイナミック競争戦略論・入門：ポーター理論の7つの謎を解いて学ぶ』有斐閣。

川上智子（2005）『顧客志向の新製品開発：マーケティングと技術のインタフェイス』有斐閣。

川尻耕太郎・小笠原敦（編著）水野博之・榊原清則・リチャード・K・レスター・内藤耕・西義雄（2007）『イノベーション創出の方法論：革新を促す土壌とマネジメント』工業調査会。

菊澤研宗（2006）『組織の経済学入門：新制度派経済学アプローチ』有斐閣。

菊澤研宗（2008）『戦略学：立体的戦略の原理』ダイヤモンド社。

菊澤研宗（2016）『組織の経済学入門：新制度派経済学アプローチ（改訂版）』有斐閣。

菊澤研宗（2018）『ダイナミック・ケイパビリティの戦略経営論』中央経済社。

菊澤研宗（2019）『成功する日本企業には「共通の本質」がある：ダイナミック・ケイパビリティの経営学』朝日新聞出版。

菊池康也（2006）『SCM（サプライチェーンマネジメント）の理論と戦略』税務経理協会。

岸川善光（編著），谷井良・八杉哲（著）（2004）『イノベーション要論』同文舘出版。

岸川善光（編著）（2010）『エコビジネス特論』学文社。

岸田民樹（編著）（2014）『組織学への道』文眞堂。

岸田民樹・田中政光（2009）『経営学説史』有斐閣。

北居明（2014）『学習を促す組織文化：マルチレベル・アプローチによる実証分析』有斐閣。

北原明彦（2005）『消費者行動論』創成社。

橘川武郎・島田昌和（編）（2008）『進化の経営史：人と組織のフレキシビリティ』有斐閣。

木村達也（2007）『インターナル・マーケティング：内部組織へのマーケティング・アプローチ』中央経済社。

木村達也（編著）（2009）『実践CRM：進化する顧客関係性マーケティング』生産性出版。

金原達夫・金子慎治・藤井秀道・川原博満（2011）『環境経営の日米比較』中央経済社。

楠木建（2010）『ストーリーとしての競争戦略：優れた戦略の条件』東洋経済新報社。

楠木建・阿久津聡（2006）「カテゴリー・イノベーション：脱コモディティ化の論理」『組織科学』第39巻第3号，白桃書房。

倉重光宏・平野真（監修），長内厚・榊原清則（編著）（2012）『アフターマーケット戦略：コモディティ化を防ぐコマツのソリューション・ビジネス』白桃書房。

クリエイティブ・オフィス推進運動実行委員会（2008）『CREATIVE OFFICE REPORT v. 2.0：12の知識創造行動と駆動力／加速装置』（社）ニューオフィス推進協議会。

栗木契（2003）『リフレクティブ・フロー：マーケティング・コミュニケーション理論の新しい可能性』白桃書房。

栗木契（2012）『マーケティング・コンセプトを問い直す：状況の思考による顧客志向』有斐閣。

栗木契・水越康介・吉田満梨（編）（2012）『マーケティング・リフレーミング：視点が変わると価値が生まれる』有斐閣。

栗原史郎（2003）『新・商品学の創造』白桃書房。

黒川文子（2005）『製品開発の組織能力：国際自動車産業の実証研究』中央経済社。

桑島健一（2006）『不確実性のマネジメント：新薬創出のR&Dの「解」』日経BP社。

桑田耕太郎・田尾雅夫（1998）『組織論』有斐閣。

慶應戦略経営研究グループ（2002）『「組織力」の経営：日本のマネジメントは有効か』中央経済社。

経済産業省（編）（2002）『競争力強化のための6つの戦略：グローバルトップを目指した「企業改革」と産業構造への転換』経済産業調査会。

経済産業省・企業会計研究会（2005）「企業会計研究会中間報告書」。

見目洋子・神原理（編著），大原悟務・朴宰佑・大平修司（著）（2006）『現代商品論』白桃書房。

見目洋子・在間敬子（編著）（2010）『環境コミュニケーションのダイナミズム（改訂版）：市場インセンティブと市民社会への浸透』白桃書房。

小池和男・洞口治夫（編）（2006）『経営学のフィールド・リサーチ：「現場の達人」の実践的調査手法』日本経済新聞社。

交告尚史・臼杵知史・前田陽一・黒川哲志（2012）『環境法入門（第2版）』有斐閣。

公正取引委員会事務総局（編）（1992）『日本の六大企業集団：その組織と行動』東洋経済新報社。

公正取引委員会事務総局（編）（2002）『業務提携と企業間競争に関する実態調査報告書』。

河野豊弘（編著），江口泰広・黒川文子・井上達彦・竹田明弘（2003）『新製品開発マネジメント：会社を変革する戦略と実行』ダイヤモンド社。

河野豊弘（2009）『研究開発における創造性』白桃書房。

國部克彦・伊坪徳宏・水口剛（2007）『環境経営・会計（第2版）』有斐閣。

國領二郎（1995）『オープン・ネットワーク経営：企業戦略の新潮流』日本経済新聞社。

國領二郎（1999）『オープン・アーキテクチャー戦略：ネットワーク時代の協働モデル』ダイヤモンド社。

國領二郎・野中郁次郎・片岡雅憲（2003）『ネットワーク社会の知識経営』NTT出版。

國領二郎・プラットフォームデザインラボ（編著）（2011）『創発経営のプラットフォーム：協働の情報基盤づくり』日本経済新聞出版社。

小坂国継・本郷均（編著）（2012）『概説 現代の哲学・思想』ミネルヴァ書房。

小坂満隆（2010）『〈知の成長モデル〉へのアプローチ：イノベーション創造に対する知の創造・活用・事業化』社会評論社。

児玉文雄（編）（2008）『技術潮流の変化を読む』日経BP社。

児玉充（2010）『バウンダリーチーム・イノベーション』翔泳社。

許斐義信（2010）『競争力強化の戦略：日本企業の生き残りを賭けた闘いが始まる！』PHP研究所。

小林三郎（2012）『ホンダ イノベーションの神髄：独創的な製品はこうつくる』日経BP社。

小林哲・南智惠子（編）（2004）『流通・営業戦略：現代のマーケティング戦略③』有斐閣。

小山周三（2005）『サービス経営戦略：モノづくりからサービスづくりへ』NTT出版。

近藤隆雄（2007）『サービス・マネジメント入門（第3版）』生産性出版。

近藤隆雄（2012）『サービス・イノベーションの理論と方法』生産性出版。

紺野登（1998）『知識資産の経営：企業を変える第5の資源』日本経済新聞社。

紺野登（2004）『創造経営の戦略：知識イノベーションとデザイン』筑摩書房。

紺野登（2007）『ダイナミック知識資産：不完全性からの創造』白桃書房。

紺野登（編）（2007）『ソーシャル イノベーション デザイン：日立デザインの挑戦』日本経済新聞出版社。

紺野登（2008）『知識デザイン企業』日本経済新聞出版社。

紺野登（2008）『儲かるオフィス：社員が幸せに働ける「場」の創り方』日経BP社。

紺野登（2010）『ビジネスのためのデザイン思考』東洋経済新報社。

紺野登・野中郁次郎（1995）『知力経営：ダイナミックな競争力を創る』日本経済新聞社。

榊原清則（1992）『企業ドメインの戦略論』中央公論社。

榊原清則（2005）『イノベーションの収益化』有斐閣。

榊原清則・香山晋（編著）（2006）『イノベーションと競争優位：コモディティ化するデジタル機器』NTT出版。

榊原清則・辻本将晴・松本陽一（2011）『イノベーションの相互浸透モデル』白桃書房。

坂本恒夫・大坂良宏（編著）（2004）『テキスト 現代企業論』同文舘出版。

櫻井通晴（2005）『コーポレート・レピュテーション：「会社の評判」をマネジメントする』中央経済社。

佐々木圭吾（2011）『経営理念とイノベーション：あこがれを信じ求める力が企業を動かす』生産性出版。

佐々木利廣・加藤高明・東俊之・澤田好宏（2009）『組織間コラボレーション：協働が社会的価値を生み出す』ナカニシヤ出版。

佐藤郁哉（2002）『フィールドワークの技法：問いを育てる，仮説をきたえる』新曜社。

佐藤郁哉（2006）『フィールドワーク 増訂版：書を持って街に出よう』新曜社。

佐藤郁哉（2015）『社会調査の考え方（上）』東京大学出版会。

佐藤郁哉・山田真茂留（2004）『制度と文化：組織を動かす見えない力』日本経済新聞出版社。

佐藤勝尚（2008）『経営戦略・事業戦略を成功に導く オペレーション・マネジメントの方法』日科技連。

佐藤剛（2006）『組織自律力：マネジメント像の転換』慶應義塾大学出版会。

佐藤剛（2008）『イノベーション創発論：セイコーエプソン・機器デザインセンターの挑戦』慶應義塾大学出版会。

柴田友厚（2008）『モジュール・ダイナミクス：イノベーションに潜む法則性の探求』白桃書房。

柴田友厚（2012）『日本企業のすり合わせ能力：モジュール化を超えて』NTT出版。

柴田友厚（2015）『イノベーションの法則性：成功体験の過剰適応を超えて』中央経済社。

柴田友厚・玄場公規・児玉文雄（2002）『製品アーキテクチャの進化論：システム複雑性と分断による学習』白桃書房。

柴田友厚・児玉充（2009）『マネジメントアーキテクチャ戦略』オーム社。

嶋口充輝（1994）『顧客満足型マーケティングの構図：新しい企業成長の論理を求めて』有斐閣。

嶋口充輝（1997）『柔らかいマーケティングの論理：日本型成長方式からの出発』ダイヤモンド社。

嶋口充輝（編著）（2004）『仕組み革新の時代：新しいマーケティング・パラダイムを求めて』有斐閣。

嶋口充輝（2008）『ビューティフル・カンパニー』ソフトバンク・クリエイティブ。

嶋口充輝（監修），川又啓子・余田拓郎・黒岩健一郎（編著）（2009）『マーケティング科学の方法論』白桃書房。

嶋口充輝・石井淳蔵・上原征彦・恩蔵直人・片平秀貴・竹内弘高（2001）『柔らかい企業戦略：マーケティング・アンビションの時代』角川書店。

嶋口充輝・石井淳蔵・黒岩健一郎・水越康介（2008）『マーケティング優良企業の条件：創造的適応への挑戦』日本経済新聞出版社。

嶋口充輝・内田和成（編著）（2004）『顧客ロイヤルティの時代』同文舘出版。

島田克美（1991）「系列の功罪と展望（上）」『公正取引』第491号，pp. 13-18，公正取引協会。

島田克美（1991）「系列の功罪と展望（下）」『公正取引』第492号，pp. 33-38，公正取引協会。

清水聰（1999）『新しい消費者行動』千倉書房。

清水聰（2002）「消費者の意思決定プロセスとマーケティング戦略」『一橋ビジネスレビュー』第50巻第3号，東洋経済新報社。

清水聰（2004）「消費者の情報処理プロセスと外部情報の研究」『三田商学研究』第47巻第3号，慶應義塾大学商学会。

清水聰（2006）『戦略的消費者行動論』千倉書房。

清水博（1990）『生命を捉えなおす：生きている状態とは何か（増補版）』中央公論新社。

清水博（1996）『生命知としての場の論理』中央公論新社。

清水博（1999）『新版・生命と場所』NTT出版。

清水博（2003）『場の思想』東京大学出版。

清水博（編著），久米是志・三輪敬之・三宅美博（著）（2000）『場と共創』NTT出版。

下谷政弘（1993）『日本の系列と企業グループ：その歴史と理論』有斐閣。

新宅純二郎（1994）『日本企業の競争戦略：成熟産業の技術転換と企業行動』有斐閣。

新宅純二郎・許斐義信・柴田高（編）（2000）『デファクト・スタンダードの本質：技術覇権競争の新展開』有斐閣。

新宅純二郎・浅羽茂（編）（2001）『競争戦略のダイナミズム』日本経済新聞社。

新宅純二郎・江藤学（編著）（2008）『コンセンサス標準戦略：事業活用のすべて』日本経済新聞出版社。

末松千尋（2002）『京様式経営：モジュール化戦略：「ネットワーク外部性」活用の革新モデル』日本経済新聞社。

鈴木智子（2013）『イノベーションの普及における正当化とフレーミングの役割：「自分へのご褒美」消費の事例から』白桃書房。

鈴木竜太（2013）『関わりあう職場のマネジメント』有斐閣。

妹尾堅一郎（2006）「サービスマネジメントに関する5つのイシュー：サービスとモノづく

りの関係から脱ニーズまで」『一橋ビジネスレビュー』第54巻第2号，東洋経済新報社。

妹尾堅一郎（2009）『技術力で勝る日本が，なぜ事業で負けるのか：画期的な新製品が惨敗する理由』ダイヤモンド社。

総務省（2004）『平成16年版情報通信白書』。

十川廣國（1983）『現代企業理論』森山書店。

十川廣國（1991）『企業家精神と経営戦略』森山書店。

十川廣國（1997）『企業の再活性化とイノベーション』中央経済社。

十川廣國（2000）『戦略経営のすすめ』中央経済社。

十川廣國（2002）『新戦略経営・変わるミドルの役割』文眞堂。

十川廣國（2002）「エコ・イノベーション：環境配慮型製品の開発と組織」『三田商学研究』第45巻第5号，慶應義塾大学商学会。

十川廣國（2004）「戦略的提携と組織間学習」『三田商学研究』第48巻第1号，慶應義塾大学商学会。

十川廣國（2005）『ＣＳＲの本質：企業と市場・社会』中央経済社。

十川廣國（2006）『経営学イノベーション〈1〉経営学入門』中央経済社。

十川廣國（編著）（2006）『経営学イノベーション〈2〉経営戦略論』中央経済社。

十川廣國（編著）（2006）『経営学イノベーション〈3〉経営組織論』中央経済社。

十川廣國（2013）『経営学イノベーション〈1〉経営学入門（第2版）』中央経済社。

十川廣國（編著）（2013）『経営学イノベーション〈2〉経営戦略論（第2版）』中央経済社。

十川廣國（編著）（2013）『経営学イノベーション〈3〉経営組織論（第2版）』中央経済社。

十川廣國（2006）「イノベーション戦略のためのマネジメント・プロセス」『三田商学研究』第49巻第4号，慶應義塾大学商学会。

十川廣國（2009）『マネジメント・イノベーション』中央経済社。

十川廣國・青木幹喜・遠藤健哉・馬場杉夫・清水馨・今野喜文・坂本義和・山崎秀雄・山田敏之・周炫宗・横尾陽道・小沢一郎・角田光弘（2003）「「未来創造形経営」に関するアンケート調査」『三田商学研究』第45巻第6号，慶應義塾大学商学会。

十川廣國・青木幹喜・遠藤健哉・馬場杉夫・清水馨・坂本義和・山崎秀雄・今野喜文・山田敏之・周炫宗・朱琰・横尾陽道・小沢一郎・角田光弘・岡田拓己・渡邉航（2003）「「新時代の企業行動 −継続と変化」に関するアンケート調査」『三田商学研究』第46巻第5号，慶應義塾大学商学会。

十川廣國・青木幹喜・遠藤健哉・馬場杉夫・清水馨・今野喜文・山崎秀雄・山田敏之・坂本義和・周炫宗・横尾陽道・小沢一郎・角田光弘・岡田拓己・渡邉航（2005）「「新時代の企業行動 −継続と変化」に関するアンケート調査（2）」『三田商学研究』第47巻第6号，慶應義塾大学商学会。

十川廣國・青木幹喜・遠藤健哉・馬場杉夫・清水馨・今野喜文・山崎秀雄・山田敏之・坂本義和・周炫宗・横尾陽道・小沢一郎・角田光弘・岡田拓己・永野寛子（2006）「「新時代の企業行動 −継続と変化」に関するアンケート調査（3）」『三田商学研究』第48巻第6号，慶應義塾大学商学会。

十川廣國・青木幹喜・遠藤健哉・馬場杉夫・清水馨・今野喜文・山崎秀雄・山田敏之・坂本義和・周炫宗・横尾陽道・小沢一郎・角田光弘・岡田拓己・永野寛子（2007）「変化の時代における不変のマネジメント」『三田商学研究』第49巻第7号，慶應義塾大学商学

会。

十川廣國・青木幹喜・神戸和雄・遠藤健哉・馬場杉夫・清水馨・今野喜文・山崎秀雄・山田敏之・坂本義和・周炫宗・横尾陽道・小沢一郎・角田光弘・永野寛子（2008）「イノベーションの源泉としての学習能力」『成城大学社会イノベーション研究』第3巻第2号，成城大学社会イノベーション学会。

十川廣國・榊原研互・高橋美樹・今口忠政・園田智昭（2006）『イノベーションと事業再構築』慶應義塾大学出版会。

組織学会（編）（2013）『組織論レビューⅠ：組織とスタッフのダイナミズム』白桃書房。

組織学会（編）（2013）『組織論レビューⅡ：外部環境と経営組織』白桃書房。

ダイヤモンド・ハーバード・ビジネス・レビュー編集部（編（訳））（2007）『組織能力の経営論：学び続ける企業のベスト・プラクティス』ダイヤモンド社。

田尾雅夫・吉田忠彦（2009）『非営利組織論』有斐閣。

高尾隆・中原淳（2012）『インプロする組織：予定調和を超え，日常をゆさぶる』三省堂。

高尾義明・王英燕（2012）『経営理念の浸透：アイデンティティ・プロセスからの実証分析』有斐閣。

高垣行男（2010）『環境経営戦略の潮流』創成社。

髙木晴夫（2012）『組織能力のハイブリッド戦略：「人ベース」の強みを活かした「仕事ベース」の導入』ダイヤモンド社。

高嶋克義（2002）『営業プロセス・イノベーション：市場志向のコミュニケーション改革』有斐閣。

高嶋克義（2005）『営業改革のビジョン：失敗例から導く成功へのカギ』光文社。

高嶋克義（2012）『現代商業学（新版）』有斐閣。

高嶋克義・南知惠子（2006）『生産財マーケティング』有斐閣。

高梨智弘（2009）『知の経営：透き通った組織』白桃書房。

高橋郁夫（2004）『増補・消費者購買行動：小売マーケティングへの写像』千倉書房。

高橋伸夫（2015）『経営学で考える』有斐閣。

高橋伸夫（編）（2000）『超企業・超組織論：企業を超える組織のダイナミズム』有斐閣。

高橋伸夫（2004）『虚妄の成果主義：日本型年功制復活のススメ』日経BP社。

高橋伸夫（2005）『〈育てる経営〉の戦略：ポスト成果主義への道』講談社。

高橋伸夫（2010）『組織力：宿す，紡ぐ，磨く，繋ぐ』筑摩書房。

高橋伸夫・中野剛治（編著）（2007）『ライセンシング戦略：日本企業の知財ビジネス（東京大学ものづくり経営研究シリーズ）』有斐閣。

高橋宏幸（2007）『戦略的持ち株会社の経営：グループ企業の再組織プロセスの研究』中央経済社。

武井淳（2010）『顧客に選ばれ，企業価値を生み出す ビジネス構造化経営理論』ダイヤモンド社。

武石彰（2003）『分業と競争』有斐閣。

武石彰・青島矢一（2007）「部品としての製品：製造業におけるアーキテクチャの革新」『組織科学』第40巻第4号，白桃書房。

武石彰・青島矢一・軽部大（2012）『イノベーションの理由：資源動員の創造的正当化』有斐閣。

竹内弘高・楠木建（2007）『イノベーションの生み出す力』ゴマブックス。

武田隆（2011）『ソーシャルメディア進化論』ダイヤモンド社。

竹田陽子（2000）『プロダクト・リアライゼーション：3次元情報技術が製品開発組織に与える影響』白桃書房。

田路則子（2005）『アーキテクチュラル・イノベーション』白桃書房。

田中彰（2013）「六大企業集団の無機能化：ポストバブル期における企業間ネットワークのオーガナイジング」『同志社商学』第64巻第5号，pp. 330-351，同志社大学商学会。

田中洋（2008）『消費者行動論体系』中央経済社。

田中洋（2015）『消費者行動論』中央経済社。

田中洋（編）（2014）『ブランド戦略全書』有斐閣。

田中洋・清水聰（編）（2006）『消費者・コミュニケーション戦略：現代のマーケティング戦略④』有斐閣。

田中雅子（2016）『経営理念浸透のメカニズム：10年間の調査から見えた「わかちあい」の本質と実践』中央経済社。

谷口和弘（2006）『戦略の実学：際立つ個人・際立つ企業』NTT出版。

谷口和弘（2008）『組織の実学：個人と企業の共進化』NTT出版。

谷口和弘（2012）『経営原論：実学の精神と越境力』培風館。

谷本寛治（2006）『ＣＳＲ：企業と社会を考える』NTT出版。

谷本寛治（2013）『責任ある競争力：ＣＳＲを問い直す』NTT出版。

玉田俊平太（2015）『日本のイノベーションのジレンマ：破壊的イノベーターになるための7つのステップ』翔泳社。

玉田俊平太・藤本雄一郎（2013）『破壊的イノベーション：市場の構造変化の見極めと対処法』中央経済社。

田村正紀（2006）『バリュー消費：「欲張りな消費者集団」の行動原理』日本経済新聞社。

田村正紀（2006）『リサーチ・デザイン：経営知識創造の基本技術』白桃書房。

田村正紀（2008）『業態の盛衰：現代流通の激流』千倉書房。

田村正紀（2015）『経営事例の質的比較分析：スモールデータで因果を探る』白桃書房。

通商産業調査会（編）（1990）『日米構造問題協議最終報告：日米新時代のシナリオ（英文併記）』通商産業調査会。

坪井順一・間嶋崇（編著）（2008）『経営戦略理論史』学文社。

出川通（2004）『技術経営の考え方：MOTと開発ベンチャーの現場から』光文社。

出口将人（2004）『組織文化のマネジメント：行為の共有と文化』白桃書房。

寺本義也（監修），山本尚利（2003）『MOTアドバンスト 技術戦略』日本能率協会マネジメントセンター。

寺本義也・岩崎尚人（2000）『ビジネスモデル革命：競争優位のドメイン転換』生産性出版。

寺本義也・原田保（2006）『無形資産価値経営：コンテクスト・イノベーションの原理と実践』生産性出版。

寺本義也・山本尚利（2004）『MOTアドバンスト 新事業戦略』日本能率協会マネジメントセンター。

寺本義也・山本尚利（2004）『技術経営の挑戦』筑摩書房。

徳岡晃一郎・舞田竜宣（2013）『MBB：「思い」のマネジメント 実践ハンドブック』東洋経

済新報社。

戸部良一・寺本義也・鎌田伸一・杉之尾孝生・村井友秀・野中郁次郎（1984）『失敗の本質：日本軍の組織論的研究』ダイヤモンド社。

内藤勲（編著）（2003）『価値創造の経営学：「驚き」がうみだすダイナミクス』中央経済社。

中垣俊之（2010）『粘菌：その驚くべき知性』PHP研究所。

中川功一（2011）『技術革新のマネジメント：製品アーキテクチャによるアプローチ』有斐閣。

中島克也（2008）『変革を定着させる行動原理のマネジメント』ダイヤモンド社。

中島昌也（編著）（1995）『知識資産の再構築：製品設計とテクノロジートランスファ』日刊工業新聞社。

中村洋・岡田正大・澤田直宏（2006）「経営資源・ケイパビリティ理論とＳＣＰ理論の動学的補完性に関する考察：内部経営資源の蓄積・活用と業界構造変化の相互作用の観点から」『組織科学』第40巻第1号。

長沢伸也（編著）（2005）『ヒットを生む経験価値創造』日科技連出版社。

長沢伸也（編著）（2007）『経験価値ものづくり：ブランド価値とヒットを生む「こと」づくり』日科技連出版社。

長沢伸也（編），三菱UFJリサーチ＆コンサルティング（2012）『環境ビジネスのゆくえ：グローバル競争を勝ち抜くために』日科技連出版社。

永田晃也（2003）「イノベーション・プロセスへの知的財産マネジメントの統合」『一橋ビジネスレビュー』第51巻第3号，東洋経済新報社。

中野勉（2011）『ソーシャル・ネットワークと組織のダイナミズム：共感のマネジメント』有斐閣。

永野寛子（2015）『資源ベース論の理論進化：企業における硬直化を巡る分析』中央経済社。

中原淳（編著），荒木淳子・北村士朗・長岡健・橋本諭（著）（2006）『企業内人材育成入門：人を育てる心理・教育学の基本理論を学ぶ』ダイヤモンド社。

中原淳（2010）『職場学習論：仕事の学びを科学する』東京大学出版会。

中原淳（2011）『知がめぐり，人がつながる場のデザイン：働く大人が学び続ける“ラーニングバー”というしくみ』英治出版。

中原淳（2014）『研修開発入門：会社で「教える」，競争優位を「つくる」』ダイヤモンド社。

中原淳・金井壽宏（2009）『リフレクティブ・マネジャー：一流はつねに内省する』光文社。

中原淳・長岡健（2009）『ダイアローグ：対話する組織』ダイヤモンド社。

名和高司（2015）『CSV経営戦略』東洋経済新報社。

西口泰夫（2009）『技術を活かす経営：「情報化時代」に適した技術経営の探求』白桃書房。

西野和美（2015）『自走するビジネスモデル：勝ち続ける企業の仕組みと工夫』日本経済新聞出版社。

日本経営学会（編）（2010）『［経営学論集80集］社会と企業：いま企業に何が問われているか』千倉書房。

日本ナレッジ・マネジメント学会（編）（2008）『「型」と「場」のマネジメント』かんき出版。

丹羽清（2006）『技術経営論』東京大学出版会。

丹羽清（2010）『イノベーション実践論』東京大学出版会。

丹羽清・山田肇（編）（1999）『技術経営戦略』生産性出版。

沼上幹（1999）『液晶ディスプレイの技術革新史：行為連鎖システムとしての技術』白桃書房。

沼上幹（2000）『行為の経営学：経営学における意図せざる結果の探求』白桃書房。

沼上幹（2003）『組織戦略の考え方：企業経営の健全性のために』筑摩書房。

沼上幹（2004）『組織デザイン』日本経済新聞社。

沼上幹（2009）『経営戦略の思考法：時間展開・相互作用・ダイナミクス』日本経済新聞出版社。

沼上幹・淺羽茂・新宅純二郎・網蔵久永（1993）「対話としての競争」伊丹敬之・加護野忠男・伊藤元重（編著）『リーディングス・日本の企業システム2：組織と戦略』有斐閣。

沼上幹・軽部大・加藤俊彦・田中一弘・島本実（2007）『組織の〈重さ〉：日本的企業組織の再点検』日本経済新聞出版社。 根来龍之（2005）『代替品の戦略』東洋経済新報社。

根来龍之（2014）『事業創造のロジック：ダントツのビジネスを発想する』日経BP社。

根来龍之（2015）『ビジネス思考実験：「何が起きるか？」を見通すための経営学100命題』日経BP社。

野中郁次郎（1986）『戦略的組織の方法論：イノベーションを躱る』ビジネス・アスキー。

野中郁次郎（1990）『知識創造の経営：日本企業のエピステモロジー』日本経済新聞社。

野中郁次郎（2012）『経営は哲学なり』ナカニシヤ出版。

野中郁次郎・勝見明（2004）『イノベーションの本質』日経BP社。

野中郁次郎・勝見明（2007）『イノベーションの作法：The Art of Innovation：リーダーに学ぶ革新の人間学』日本経済新聞出版社。

野中郁次郎・勝見明（2010）『イノベーションの知恵』日経BP社。

野中郁次郎・勝見明（2015）『全員経営：自立分散イノベーション企業 成功の本質』日本経済新聞出版社。

野中郁次郎・紺野登（2003）『知識創造の方法論：ナレッジワーカーの作法』東洋経済新報社。

野中郁次郎・紺野登（2007）『美徳の経営：Virtuous-Based Management』NTT出版。

野中郁次郎・紺野登（2012）『知識創造経営のプリンシプル：賢慮資本主義の実践論』東洋経済新報社。

野中郁次郎・嶋口充輝・価値創造フォーラム21（編）（2007）『経営の美学』日本経済新聞出版社。

野中郁次郎・遠山亮子・平田透（2010）『流れを経営する：持続的イノベーション企業の動態理論』東洋経済新報社。

野中郁次郎・徳岡晃一郎（編著）（2012）『ビジネスモデル・イノベーション：知を価値に転換する賢慮の戦略論』東洋経済新報社。

野中郁次郎・戸部良一・鎌田伸一・寺本義也・杉之尾宜生・村井友秀（2005）『戦略の本質：歴史に学ぶ逆転のリーダーシップ』日本経済新聞社。

野中郁次郎・永田晃也（編著）（1995）『日本型イノベーション・システム：成長の軌跡と変革への挑戦』白桃書房。

野中郁次郎・西原文乃（2017）『イノベーションを起こす組織：革新的サービス成功の本質』日経BP社。

野中郁次郎・山下義通・小久保厚郎・佐久間陽一郎（1997）『イノベーション・カンパニー』ダイヤモンド社。

延岡健太郎（2002）『製品開発の知識』日本経済新聞社。

延岡健太郎（2006）『MOT［技術経営］入門』日本経済新聞出版社。

延岡健太郎（2011）『価値づくり経営の論理：日本製造業の生きる道』日本経済新聞出版社。

野村恭彦（2012）『フューチャーセンターをつくろう：対話をイノベーションにつなげる仕組み』プレジデント社。

長谷川博和（2010）『ベンチャー・マネジメント：［事業創造］入門』日本経済新聞出版社。

蜂谷豊彦・中村博之（2001）『企業経営の財務と会計（経営システム工学ライブラリー）』朝倉書店。

服部勝人（2008）『ホスピタリティ学のすすめ』丸善。

馬場杉夫（2005）『個の主体性尊重のマネジメント』白桃書房。

濱岡豊（1993）「消費者間相互依存／相互作用」『マーケティング・サイエンス』第2巻第1・2号，pp. 60-85。

濱岡豊（2002）「創造しコミュニケーションする消費者，アクティブ・コンシューマを理解する」『一橋ビジネスレビュー』第50巻第3号，東洋経済新報社。

濱岡豊（2004）「共進化マーケティング：消費者が開発する時代におけるマーケティング」『三田商学研究』第47巻第3号，慶應義塾大学商学会。

濱岡豊（2007）「ユーザー主導のイノベーション：オープンソーズ・ソフトウェア・プロジェクトのパフォーマンスと規定要因」井上哲治・日本マーケティング・サイエンス学会（編）『Webマーケティングの科学：リサーチとネットワーク』千倉書房。

濱岡豊・里村卓也（2009）『消費者間の相互作用についての基礎研究：クチコミ，eクチコミを中心に』慶應義塾大学出版会。

林吉郎（1994）『異文化インターフェイス経営』日本経済新聞社。

林吉郎・福島由美（2003）『異端パワー：「個の市場価値」を活かす組織革新』日本経済新聞社。

林昇一・高橋宏幸（編集代表）（2003）『戦略経営ハンドブック』中央経済社。

日置弘一郎・二神恭一（編著）（2008）『コラボレーション組織の経営学』中央経済社。

東史恵・小沢一郎（2016）「イノベーションの主体の多様化と複雑化における拡張的学習の可能性」『専修経営学論集』第102号，pp. 1-17，専修大学経営学会。

一橋大学イノベーション研究センター（編）（2001）『知識とイノベーション』東洋経済新報社。

一橋大学イノベーション研究センター（編）（2001）『イノベーション・マネジメント入門』日本経済新聞社。

一橋大学イノベーション研究センター（編）（2017）『イノベーション・マネジメント入門（第2版）』日本経済新聞社。

日野健太（2010）『リーダーシップとフォロワー・アプローチ』文眞堂。

平井孝志（2007）『顧客力を高める』東洋経済新報社。

平久保仲人（2005）『消費者行動論：なぜ，消費者はAでなくBを選ぶのか！』ダイヤモンド社。

深澤寛晴（2017）『経営者のための実践コーポレートガバナンス入門』東洋経済新報社。

福島美明（1998）『サプライチェーン経営革命：製造・物流・販売を貫く最強システム』日本経済新聞社。

福島美明（1999）『日本型サプライチェーン経営への挑戦：キャッシュフローを生む組織への変革』日本プラントメンテナンス協会。

福島美明（2000）『ネット・ビジネスモデルの経営：進化するサプライチェーン革命』日本経済新聞社。

藤井大児（2017）『技術的イノベーションのマネジメント：パラダイム革新のメカニズムと戦略』中央経済社。

藤末健三（2005）『技術経営論』生産性出版。

藤田誠（1999）『経営学のエッセンス』税務経理協会。

藤田誠（2007）『企業評価の組織論的研究：経営資源と組織能力の測定』中央経済社。

藤本隆宏（1997）『生産システムの進化論：トヨタ自動車にみる組織能力と創発プロセス』有斐閣。

藤本隆宏（2001）『生産マネジメント入門（Ⅰ）：生産システム編』日本経済新聞社。

藤本隆宏（2001）『生産マネジメント入門（Ⅱ）：生産資源・技術管理編』日本経済新聞社。

藤本隆宏（2003）『能力構築競争：日本の自動車産業はなぜ強いのか』中央公論新社。

藤本隆宏（2004）『日本のもの造り哲学』日本経済新聞社。

藤本隆宏（2012）『ものづくりからの復活：円高・震災に現場は負けない』日本経済新聞社。

藤本隆宏・桑島健一（編）（2009）『日本型プロセス産業：ものづくり経営学による競争力分析』有斐閣。

藤本隆宏・新宅純二郎・青島矢一（編著）（2015）『日本のものづくりの底力』東洋経済新報社。

藤本隆宏・高橋伸夫・新宅純二郎・阿部誠・粕谷誠（2005）『リサーチ・マインド 経営学研究法』有斐閣。

藤本隆宏・武石彰・青島矢一（編）（2001）『ビジネス・アーキテクチャ：製品・組織・プロセスの戦略的設計』有斐閣。

藤本隆宏・東京大学21世紀ＣＯＥものづくり経営研究センター（2007）『ものづくり経営学：製造業を超える生産思想』光文社。

藤本隆宏・延岡健太郎（2006）「競争力分析における継続の力：製品開発と組織能力の進化」『組織科学』第39巻第4号，白桃書房。

藤本隆宏・安本雅典（編著）（2000）『成功する製品開発：産業間比較の視点』有斐閣。

二村敏子（編）（2004）『現代ミクロ組織論：その発展と課題』有斐閣。

古市峰子（2008）「会計制度改革の成果と課題：この10年を振り返って」『金融研究』第27巻第3号，日本銀行金融研究所。

古田興司・平井孝志（2005）『組織力を高める：最強の組織をどうつくるか』東洋経済新報社。

洞口治夫（2009）『集合知の経営：日本企業の知識管理戦略』文眞堂。

堀紘一（監修），相葉宏二（1993）『バリューポートフォリオ戦略：「企業価値」リストラへの挑戦』プレジデント社。

堀紘一（監修），ボストンコンサルティンググループ（1990）『タイムベース競争：90年代の必勝戦略』プレジデント社。

堀紘一（監修），ボストンコンサルティンググループ（1994）『ケイパビリティ・マネジメント：競争に勝つ組織能力』プレジデント社。

本田哲也（2007）『その1人が30万人を動かす！：影響力を見方につけるインフルエンサー・マーケティング』東洋経済新報社。

前川正雄（2004）『モノづくりの極意，人づくりの哲学：21世紀の「モノづくり」は日本を中心に回る』ダイヤモンド社。

前川隆司（編著）（2014）『システム×デザイン思考で世界を変える：慶應SDM「イノベーションのつくり方」』日経BP社。

松尾睦（2006）『経験からの学習：プロフェッショナルへの成長プロセス』同文舘出版。

松尾睦（2011）『職場が生きる人が育つ「経験学習」入門』ダイヤモンド社。

松田千恵子（2010）『グループ経営入門：グローバルな成長のための本社の仕事』税務経理協会。

真鍋誠司（2002）「企業間協調における信頼とパワーの効果」『組織科学』第36巻第1号，東洋経済新報社。

真鍋誠司・延岡健太郎（2002）「ネットワーク信頼の構築：トヨタ自動車の組織間学習システム」『一橋ビジネスレビュー』第50巻第3号，東洋経済新報社。

丸島儀一（2002）『キャノン特許部隊』光文社。

丸島儀一（2008）『知財，この人にきく（Vol.1）丸島儀一』発明協会。

丸島儀一（2011）『知的財産戦略：技術で事業を強くするために』ダイヤモンド社。

三藤利雄（2007）『イノベーション・プロセスの動力学：共組織化する技術と社会』芙蓉書房出版。

水島温夫（1998）『戦略ビジネスプラットフォーム：勝ち残るための6つのパターン』ダイヤモンド社。

三菱総合研究所事業コンサルティング室（1989）『DIドメイン・アイデンティティ：本業を生かす新事業開発』ダイヤモンド社。

三戸公（2002）『管理とは何か：テイラー，フォレット，バーナード，ドラッカーを超えて』文眞堂。

水戸浩・池内秀己・勝部伸夫（2004）『企業論（新版）』有斐閣。

南知惠子（2005）『リレーションシップ・マーケティング：企業間における関係管理と資源移転』千倉書房。

南知惠子（2006）『顧客リレーションシップ戦略』有斐閣。

南知惠子・西岡健一（2014）『サービス・イノベーション：価値共創と新技術導入』有斐閣。

三宅洋一・中口俊哉（2009）「色彩画像の画質評価：現状と課題」『Fundamentals Review』Vol. 2 No. 3 pp. 29-37，電子情報通信学会。

宮田加久子・池田謙一（編著），金宰輝・繁桝江里・小林哲郎（著）（2008）『ネットが変える消費者行動：クチコミの影響力の実証分析』NHK出版。

村上輝康・新井民夫・ＪＳＴ社会技術研究開発センター（編著）（2017）『サービソロジーへの招待：価値共創によるサービス・イノベーション』東京大学出版会。

元橋一之（編著）（2014）『アライアンスマネジメント：米国の実践論と日本企業への適用』白桃書房。

守口剛・竹村和久（編著）（2012）『消費者行動論：購買心理からニューロマーケティングま

で』八千代出版。

森俊也（2008）『イノベーション創発の戦略経営論：環境認識・トリガーの特定・トリガーの戦略化』創成社。

森田邦久（2010）『理系人に役立つ 科学哲学』科学同人。

諸上茂登・Kotabe, M.・大石芳裕・小林一（2007）『戦略的SCMケイパビリティ』同文舘出版。

安田洋史（2016）『（新版）アライアンス戦略論』NTT出版。

谷地弘安（2012）『「コト発想」からの価値づくり：技術者のマーケティング思考』千倉書房。

矢作敏行（編著）（2014）『デュアル・ブランド戦略：NB and/or PB』有斐閣。

山岡隆志（2009）『顧客の信頼を勝ちとる18の法則：アドボカシー・マーケティング』日本経済新聞出版社。

山岡徹（2015）『変革とパラドックスの組織論』中央経済社。

山倉健嗣（1993）『組織間関係：企業間ネットワークの変革に向けて』有斐閣。

山倉健嗣（2007）『新しい戦略マネジメント：戦略・組織・組織間関係』同文舘出版。

山田英司（監修），株式会社日本総合研究所戦略マネジメントグループ（編著）（2010）『グループ経営力を高める本社マネジメント：低成長の組織戦略』中央経済社。

山田幸三（2000）『新事業開発の戦略と組織：プロトタイプの構築とドメインの変革』白桃書房。

山田仁一郎（2015）『大学発ベンチャーの組織化と出口戦略』中央経済社。

山田肇（2005）『技術経営：未来をイノベートする』NTT出版。

山田英夫（1989）「技術規格と競争戦略」『研究・技術計画』第4巻第3号。

山田英夫（2004）『デファクト・スタンダードの競争戦略』白桃書房。

山田英夫（2009）『デファクト・スタンダードの競争戦略（第2版）』白桃書房。

山之内昭夫（1992）『新・技術経営論』日本経済新聞社。

山本大輔・森智世（2002）『入門 知的資産の価値評価』東洋経済新報社。

山本尚利（2001）『ナレッジマネジメントによる技術経営』同友館。

吉田耕作（2000）『国際競争力の再生：Joy of Workから始まるTQMのすすめ』日科技連出版社。

吉田耕作（2005）『ジョイ・オブ・ワーク：組織再生のマネジメント』

吉田耕作（2006）『直感的統計学』日経BP社。

吉田耕作（2010）『統計的思考による経営』日経BP社。

吉原英樹・佐久間昭光・伊丹敬之・加護野忠男（1981）『日本企業の多角化戦略：経営資源アプローチ』日本経済新聞社。

吉村孝司（1995）『企業イノベーション・マネジメント』中央経済社。

横山禎徳・安田隆二（1992）『コーポレートアーキテクチャー：環境適合型から「自己創造型」経営へのトータル・リ・デザイン』ダイヤモンド社。

米倉誠一郎（2011）『創造的破壊：未来をつくるイノベーション』ミシマ社。

米倉誠一郎・清水洋（編）（2015）『オープン・イノベーションのマネジメント：高い経営成果を生む仕組みづくり』有斐閣。

米盛裕二（2007）『アブダクション：仮説と発見の論理』勁草書房。

若杉隆平・伊藤萬里（2011）『グローバル・イノベーション』慶應義塾大学出版会。

若林直樹（2009）『ネットワーク組織：社会ネットワーク論からの新たな組織像』有斐閣。

若林靖永（2003）『顧客志向のマス・マーケティング』同文舘出版。

鷲田祐一（2014）『デザインがイノベーションを伝える：デザインの力を活かす新しい経営戦略の模索』有斐閣。

鷲田祐一（2015）『イノベーションの誤解』日本経済新聞出版社。

渡部俊也（編），新宅純二郎・妹尾堅一郎・小川紘一・立本博文・高梨千賀子（著）（2011）『東京大学知的資産経営総括寄付講座シリーズ第1巻 ビジネスモデルイノベーション』白桃書房。

渡部俊也（編），元橋一之・新宅純二郎・小川紘一・立本博文・富田純一（著）（2011）『東京大学知的資産経営総括寄付講座シリーズ第2巻 グローバルビジネス戦略』白桃書房。

渡部直樹（2006）「戦略と構造，そしてケイパビリティ：進化論の観点からの再構成」『三田商学研究』第49巻第4号，慶應義塾大学商学会。

渡部直樹（編著），デビッド・J・ティース他著（2010）『ケイパビリティの組織論・戦略論』中央経済社。

渡部直樹（編著）（2014）『企業の知識理論：組織・戦略の研究』中央経済社。

和田充夫（2002）『ブランド価値共創』同文舘出版。

和田充夫・三浦俊彦・恩蔵直人（2000）『マーケティング戦略』有斐閣。

和田充夫・恩蔵直人・三浦俊彦（2012）『マーケティング戦略（第4版）』有斐閣。

［索引］

■数字・欧文

7Sモデル	231
acquire	99
basic assumption	252
BMEモデル	57
capability	221
CBT	249, 264
CFT	249, 262
collaboration	75
competence	221
conflicts of interest	260
co-specialization	224
CRM	129
CWC	249, 264
DC	8, 213, 221, 248, 250, 265
demand-pull	103
divest	99
dynamic capabilities	213
dynamics	3
ELMモデル	55
GS	228, 244, 265, 266
Hand-in-Hand施策	249, 267
inbound	63
interaction	76
keiretsu relationships	83
KFS	42
lead user	102
license in	99
license out	99
M&A	77, 108, 210
MAOモデル	57, 178, 179
MECE	186
needs-push	103
NIH	97
NPO	38

NPO・公益法人改革	87
OC	221
open innovation	98
outbound	63
reach	63
richness	63
SFA	261
SII	83
SNS	69
S-O-Rモデル	53
spin in	99
spin out	99
S-Rモデル	53
statics	3
sticky information	102, 226
strategic alliance	77
technology-pull	103
technology-push	103
TMT	223, 244, 248, 250, 265, 266
TOB	83
TQC	188
TQM	188, 265
VUCA	224
WOM	62

■あ行

アーリー・アダプター	27, 155, 156, 161, 168, 176
アーリー・マジョリティ	27, 155, 157, 161, 168, 177
アドボカシー	128, 129
アブダクション	iii
一般的ケイパビリティ	223
イナーシャ	45, 201, 207

イノベーション ··············· iii, 1
イノベーション創出プロセス・モデル ······
············· 77, 184, 185, 189
イノベーション特性間の障壁 ······
············· 249, 255, 259, 262
イノベーションのパワーバランス・モデル
（基本型） ············· 26, 46
イノベーションのパワーバランス・モデル
（発展型） ············· 113
イノベーター ··· 27, 155, 156, 160, 167, 176
イノベーターのジレンマ ············· 18
インターネット時代のコミュニケーション
方法 ············· 74
インタラクション ············· 76
インテグラル型 ············· 261
インフルエンサー ············· 72
インフルエンス活動 ············· 107
インフルエンス・コスト ············· 107
ヴェブレン効果 ············· 64
演繹 ············· iii
オープン・イノベーション ············· 98
オペレーショナル・ケイパビリティ ··· 221

■か行

会計制度改革 ············· 86
会計ビッグバン ············· 86
革命的革新 ············· 2
画像ハンドリング性 ············· 20, 31
かたづけたい用事 ············· 228
価値獲得 ············· 240
価値連鎖 ············· 183
関係性マーケティング ············· 126
関与 ············· 59, 60
企業系列 ············· 83, 84
企業戦略へのリンケージ・モデル（基本型）
············· 26, 47, 48
企業戦略へのリンケージ・モデル（発展型）
············· 115, 116

企業等 ············· 1, 37, 75
企業等間関係 ············· 75, 77, 78, 79
企業等間関係のパースペクティブ ············· 79
企業等間の相互作用 ············· 76
企業等の消極的パワー ··· 26, 37, 42, 46
企業等の積極的パワー ··· 26, 37, 40, 46
疑似的逆サイド・アタック ············· 124
疑似的サイド・アタック ············· 124
擬似的（正逆）サイドアタック ············· 124
技術のS曲線 ············· 23
技術の不連続 ············· 24
帰納 ············· iii
基本前提 ············· 252
逆サイド・アタック ··· 120, 121, 174, 200
逆サイド・アタック封じ ············· 200
キャズム ············· 164, 199
強化 ············· 50
業界標準 ············· 100
競争 ············· 49
共創価値 ············· 127
競争的共創 ············· 104
競争と協調 ············· 49, 51
競争と協調のフレームワーク ············· 94, 96
協調 ············· 49
協調フォーメーション ············· 210
協同戦略パースペクティブ ············· 81
共特化 ············· 224
規律重視型組織 ············· 236
金融システム改革 ············· 85
金融ビッグバン ············· 85
クチコミ ············· 62, 172
クチコミネットでの位置カテゴリー ······
············· 62, 172
クリアー＆インフォーマル活動 ············· 269
クリアー＆フォーマル活動 ············· 269
クリアー・プログラム ············· 250, 268
グリーン・イノベーション ······
············· 194, 196, 244, 248
クロッシング ············· 11, 148, 202
継続的顧客満足 ············· 117

ケイパビリティ …………… 221, 251	刺激-生体-反応モデル ……… 53
限定的問題解決 ………………… 54	刺激-反応モデル ……………… 53
コア・ケイパビリティ ……… 219	資源依存パースペクティブ …… 79
コア・コンピタンス ………… 104	資源ベース …………… 217, 218
コア・リジディテイ ………… 219	持続的技術 ……………………… 18
構築型イノベーション ……… 265	充実度 …………………………… 63
構築的革新 ……………………… 2	周辺的ルート ………… 52, 55, 113
購買 ……………………………… 53	受信能力 ………………………… 93
顧客 …………………………… 1, 38	受信頻度 ………………………… 63
顧客間相互作用 ……… 63, 65, 166	準拠集団 ………………………… 61
顧客間相互作用のワナ …… 117, 205	消極的顧客 ……………………… 30
顧客グループ特性 …… 155, 159, 163	商品特性 ………………………… 253
顧客中心主義 ………… 240, 246	情報処理型モデル ……………… 54
顧客の消極的パワー … 26, 30, 33, 47	情報の2段階性 ………………… 61
顧客の積極的パワー … 26, 29, 31, 47	情報の粘着性 ………… 102, 226
顧客ロイヤルティ …… 126, 127	情報流通促進 …………………… 119
黒衣的逆サイド・アタック … 125	進化的イノベーション …… i, 3, 10
黒衣的サイド・アタック …… 125	進化的イノベーション・サイクル
黒衣的（正逆）サイド・アタック … 125	…………………… 194, 196, 197
個人学習 ……………… 255, 261	進化的イノベーションの概観モデル … 24
個人の心理的障壁 … 249, 255, 256, 259	進化的イノベーションを超克する組織のケ
コラボレーション … 75, 102, 186, 194	イパビリティ ………………… 247
コンカレント ………… 186, 194	シングルビジネス＆特化イノベーション組
コンピタンス ………… 104, 221	織特性 ………………… 253, 254
コンフリクト …………………… 105	シングルビジネス＆フル・イノベーション
	組織特性 ……………… 253, 255
	新市場型破壊 …………………… 20
■さ行	スイッチングコスト ……… 35, 49
	水面下の対話 …………………… 93
サイド・アタック … 116, 118, 124, 174, 205	スターモデル …………………… 237
サイド・アタック封じ ……… 205	スタティクス …………………… 3
再配置／転換 … 213, 221, 224, 227, 230	スノッブ効果 ………… 36, 64, 167
採用 ……………………………… 53	スルー・サービス …… 185, 186, 194
三位一体経営 …………………… 94	（正逆）サイド・アタック …… 123
サンクコスト ……………… 34, 49	（正逆）サイド・アタックのバリエーション
シージング … 213, 221, 223, 226, 230	…………………………… 123, 124
ジェネラル・スタッフ …… 228, 266	生産プロセス・イノベーション
時間特性 ………………………… 252	……… 191, 192, 196, 243, 248, 251
事業特性 ……………… 252, 253	精緻化見込みモデル …………… 55
事業特性間の障壁 … 249, 257, 259, 264	制度化パースペクティブ ……… 81

索引 337

製品中心主義	240, 246	通常的革新	2
静力学	3	定型的問題解決	54
積極的顧客	30	テクノロジー・ギャップ	24, 40
単一事業	252	テクノロジー・サイクル	234
漸進型イノベーション	265	デジュリ・スタンダード	100
センシング	213, 221, 223, 225, 229	デファクト・スタンダード	100
全体マネジメント	255, 257	デモンストレーション効果	32, 64, 169
戦略的提携	77, 210	到達範囲	63
相互作用マトリクス	63, 172	動力学	3
創造性	240	特化イノベーション戦略	251
創造性重視型組織	236	トップマネジメントチーム	223
創造と価値獲得モデル	240	ドミナント・デザイン	150, 233
双務的依存関係	224	取引コスト・パースペクティブ	82
促進	48		
組織学習	255, 261		
組織セット	80, 230, 232	**■な行**	
組織セット・パースペクティブ	80		
組織全体マネジメント	244, 245, 246, 250	軟化	49
組織的 DNA モデル	235	二重過程理論	55
組織特性	250	日米構造問題協議	83
組織特性の類型	253	ニッチ市場創造的革新	2
組織能力マネジメント	3, 251	ネットワーク外部性	31, 48, 50, 63, 227
組織能力マネジメント・マトリクス		能力体系	10
	250, 267, 268	能力ベース	218
組織の整合性モデル	232		
組織モデル	243		
ソーシャルメディア	69	**■は行**	

■た行

ターム	136, 138	ハイ・コンテクスト文化	271
ダイナミクス	3, 166	破壊的技術	18
ダイナミクス分析	152	発信能力	93
ダイナミック・ケイパビリティ		発信頻度	63
	8, 137, 213, 217, 221, 222, 248	バリエーション	123, 124, 177
対話としての競争	93	ハロー効果	32, 64, 169
ダブル・リンキング	182, 184, 229	パワー依存モデル	80
単一事業	252	バンドワゴン効果	36, 64, 169
中心的ルート	52, 55	擬似的（正逆）サイド・アタック	124
		ヒドゥン＆インフォーマル活動	271
		ヒドゥン＆フォーマル活動	270
		ヒドゥン・カリキュラム	268

ヒドゥン・プログラム　250, 268
ヒューリスティクス　54
標準化団体　100
フィードバック　182
フェーズ　136, 137, 138
フォトフィニッシング　43
普及曲線　139
複数事業　252
フル・イノベーション戦略　251
ブレークスルー組織　249, 262
不連続型イノベーション　265
プロセス・イノベーション　149
プロダクト・イノベーション
　149, 192, 196, 243, 246, 251
プロダクト・ライフサイクル　145
フロンタル・アタック　122, 174
包括的購買行動モデル　57
包括的問題解決　54
ホールプロセス・イノベーション
　196, 244, 248

■ま行

マーケティング　185, 194
マーケティング＆サービス・イノベーション
　192, 196, 243, 248, 251
マネジリアル・マーケティング　126
マルチビジネス＆特化イノベーション組織
　特性　253, 255
マルチビジネス＆フル・イノベーション組
　織特性　253, 259
メインストリーム　184, 194

■や行

ユーザー　1, 38
ユーザー・コラボレーション　210
抑制　50

■ら行

ラガード　27, 155, 157, 162, 170, 179
リード・ユーザー　102
リードユーザー・イノベーション　38, 102
利益相反問題　260
リニアモデル　181, 182
両手利きの組織　235, 245, 266
レイト・マジョリティ
　27, 155, 157, 162, 170, 178
連鎖モデル　181, 182
ローエンド型破壊　20
ロー・コンテクスト文化　271

■著者略歴

小沢 一郎（おざわ　いちろう）

・博士（商学）慶應義塾大学
・専修大学 経営学部 教授

　1957年（昭和32年）2月，東京生まれ。東京都立小山台高等学校卒業後，慶應義塾大学・工学部・機械工学科（人間工学研究室）卒業。1981年，小西六写真工業㈱（後のコニカ㈱，現在のコニカミノルタ㈱）に入社し25年間勤務。職務内容は以下。電子写真研究所及び開発センターにてコピーマシンの研究開発に従事し企画畑（研究・技術企画，商品企画，事業企画）へ。その後，本社・経営企画室にて約14年間，中期経営計画の立案・推進，及び中期経営計画の中核を成す数々の大型プロジェクト（全社情報戦略等）の具体化・実現を担当。さらに経営監査室マネージャとして各事業部・子会社の経営監査に従事した後に円満退職。この間，青山学院大学大学院・国際政治経済学研究科・国際ビジネス専攻（現在の国際マネジメント研究科）修士課程を修了し国際経営学修士（MBA）。公認内部監査人（CIA：Certified Internal Auditor）資格取得。2006年，専修大学経営学部・講師に就任，准教授を経て教授（現職）。専修大学・経営研究所・所長（現職）。2009年，慶應義塾大学大学院・商学研究科より課程博士学位取得し，博士（商学）：Ph.D. in Business and Commerce（KEIO University）。

　上記を図式化すると以下。縦軸に学術／実務，横軸に理工系／経営系をとると形成される4つの活動フィールドを，左上から右上へ反時計回りに動いた略歴となる。

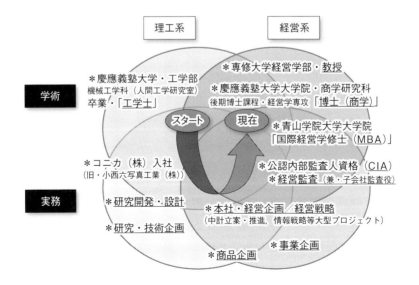

■ 進化的イノベーションのダイナミクス
　－変革期を超克する組織能力マネジメント－

■ 発行日——2019 年 11 月 6 日　初版発行　　　　　　　　　〈検印省略〉

■ 著　者——小沢　一郎

■ 発行者——大矢栄一郎

■ 発行所——株式会社　白桃書房

　　　　　〒101- 0021　東京都千代田区外神田 5- 1- 15
　　　　　☎03- 3836- 4781　📠03- 3836- 9370　振替00100- 4- 20192
　　　　　http://www.hakutou.co.jp/

■ 印刷・製本——藤原印刷

　　　　ⒸIchiro Ozawa　2019 Printed in Japan　ISBN 978-4-561-26720-1 C3034

本書のコピー，スキャン，デジタル化等の無断複製は著作権法上での例外を除き禁じられて
います。本書を代行業者等の第三者に依頼してスキャンやデジタル化することは，たとえ個
人や家庭内の利用であっても著作権法上認められておりません。

JCOPY〈出版者著作権管理機構　委託出版物〉
本書の無断複写は著作権法上の例外を除き禁じられています。複写される場合は，
そのつど事前に，出版者著作権管理機構（電話 03-5244-5088，FAX 03-5244-5089,
e-mail：info@jcopy.or.jp）の許諾を得てください。
落丁本・乱丁本はおとりかえいたします。